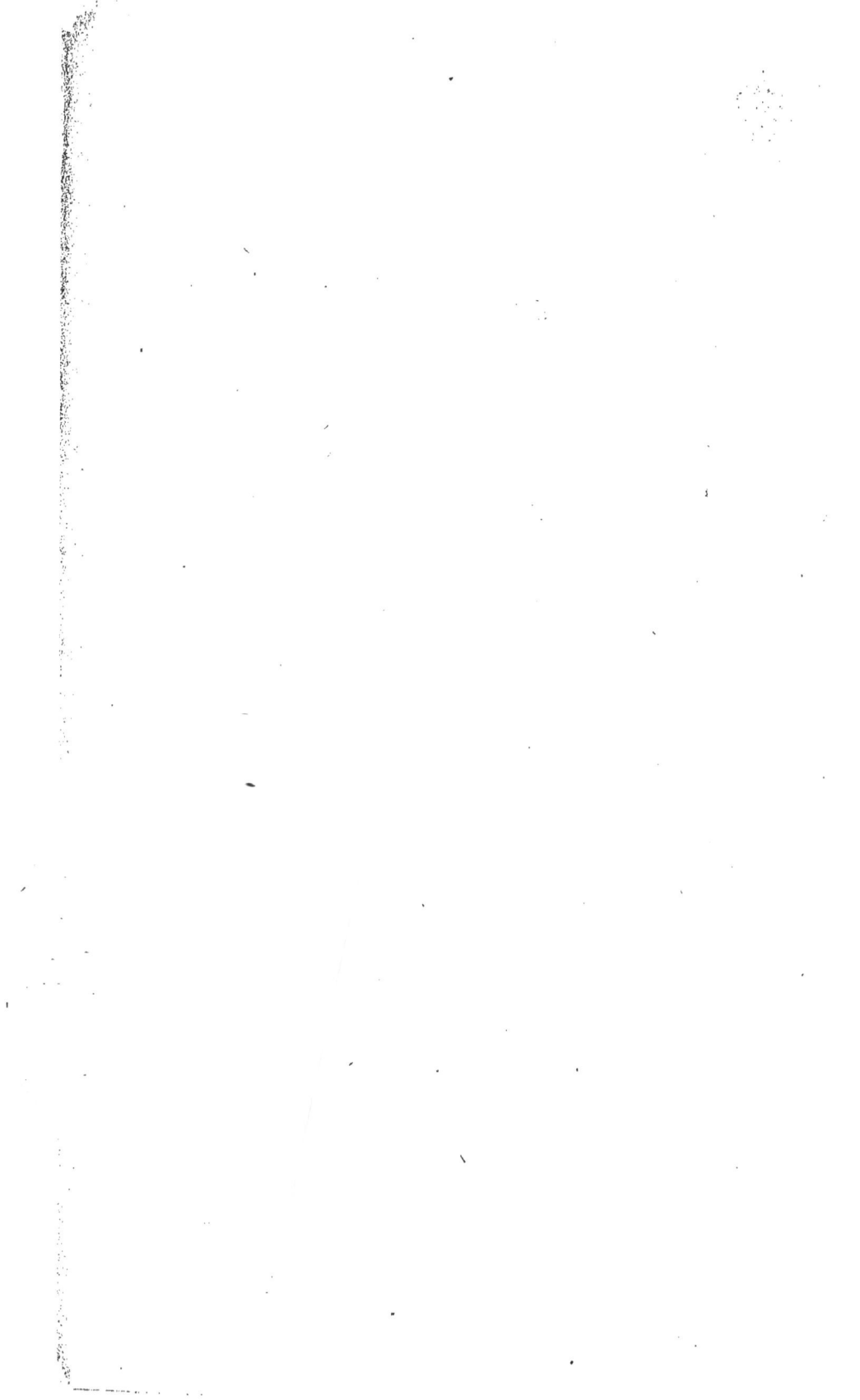

OEUVRES COMPLÈTES

DU CHANCELIER

D'AGUESSEAU.

SE TROUVENT AUSSI

CHEZ L'ÉDITEUR, RUE CHRISTINE, N.º 3, A PARIS;
ET CHEZ LES PRINCIPAUX LIBRAIRES DE FRANCE ET DE L'ÉTRANGER.

~~~~~~

DE L'IMPRIMERIE DE I. JACOB, A VERSAILLES;

OEUVRES COMPLÈTES

DU CHANCELIER

D'AGUESSEAU.

NOUVELLE ÉDITION,

AUGMENTÉE DE PIÈCES ÉCHAPPÉES AUX PREMIERS ÉDITEURS,
ET D'UN DISCOURS PRÉLIMINAIRE

PAR M. PARDESSUS,

PROFESSEUR A LA FACULTÉ DE DROIT DE PARIS.

TOME CINQUIÈME,

CONTENANT HUIT PLAIDOYERS.

PARIS,

FANTIN ET COMPAGNIE, LIBRAIRES,
QUAI MALAQUAI, N.° 3.

H. NICOLLE, A LA LIBRAIRIE STÉRÉOTYPE,
RUE DE SEINE, N.° 12.

DE PELAFOL, RUE DES GRANDS-AUGUSTINS, N.° 21.

M. DCCC. XIX.

TITRES

DES DIFFÉRENS OUVRAGES

CONTENUS DANS LE TOME CINQUIÈME.

PLAIDOYERS.

FIN DES TITRES DU TOME CINQUIÈME.

OEUVRES
DE D'AGUESSEAU.

~~~~~~

CINQUANTE-UNIÈME PLAIDOYER.

DU 13 FÉVRIER 1699.

Dans la cause du sieur DE LA PIVARDIÈRE et des officiers de Châtillon-sur-Indre.

1.º *Si le fait de l'existence d'un homme que l'on prétendoit avoir été assassiné, et qui s'étoit repré-senté pendant qu'on instruisoit le procès sur l'assas-sinat, doit être regardé comme un fait justificatif, dont la preuve ne puisse être admise qu'après avoir achevé toute l'instruction, ou comme un fait préa-lable qui détruit le corps du délit, et dont on doit ordonner la preuve sans attendre la fin du procès.*

2.º *S'il est à propos d'ordonner que cette preuve sera faite à la requête de la partie publique, et de lui réserver de suivre aussi l'instruction sur le pré-tendu délit.*

LA singularité des faits, la contrariété ou la bizar-rerie des événemens, les révolutions surprenantes que l'artifice des accusés, ou la force de la vérité ont fait paroître dans cette cause, l'opposition perpétuelle qui règne dans toutes ses parties entre le vrai et le vraisemblable, et tout ce qu'un peuple curieux, avide de prodiges et amateur de la nouveauté, vient admirer dans votre audience, n'est point ce qui oc-cupe notre esprit en commençant ce discours. Une vue plus élevée, un objet plus noble et plus important, attachent d'abord toute notre application ; c'est l'état dans lequel cette cause célèbre est portée aujourd'hui devant vous.

De quelque côté que nous l'envisagions, il semble que l'innocence disparoisse à nos yeux, et que, dans le grand nombre des parties qui attendent en suspens l'oracle de la justice, nous ne puissions plus trouver un innocent au milieu d'une multitude de criminels.

Ce n'est point ici une de ces causes ordinaires, où la justice incertaine, entre des présomptions opposées, cherche le crime à regret, et se flatte toujours de trouver l'innocence ; c'est un de ces tristes spectacles que la malice de l'homme présente quelquefois à la sévérité de la loi, dont la fin, toujours funeste, ne montre de loin que des crimes à punir ; où l'innocence de l'accusé devient la conviction de l'accusateur, où le juge même est coupable si l'accusé ne l'est pas, et où la justice, trop assurée de trouver un crime, ne peut presque plus hésiter que sur la qualité du crime et sur le choix du criminel.

Mais qui osera se déterminer entre deux extrémités qui paroissent toutes deux également incroyables ? Il y a un crime commis ; c'est un fait dont nous souhaiterions inutilement de pouvoir douter. Mais quel est ce crime ? Est-ce l'assassinat et l'imposture, que l'on impute aux accusés ? Est-ce la prévarication et la calomnie, que l'on reproche aux juges ?

Qui pourra découvrir cette vérité importante, au travers de tous les nuages qui l'environnent ? Sera-ce cet inconnu que l'on fait paroître aujourd'hui comme une lumière nouvelle, que la providence nous envoie pour porter le jour et la clarté dans les ténèbres de cette cause ? Mais comme s'il étoit impossible que des mains pures et innocentes eussent part à cet ouvrage, celui qui veut se rendre ici le protecteur de l'innocence des autres, ne sauroit défendre la sienne. Pour prouver son existence, il révèle sa propre honte. S'il existe, il est criminel ; et s'il est innocent, il n'existe plus : coupable certainement ou de bigamie, ou d'imposture, il confesse le premier crime, et il s'agit aujourd'hui d'approfondir le second.

Dirons-nous qu'il n'est pas à présumer que la vérité ait remis ses intérêts en de si indignes mains, ou croirons-nous, au contraire, qu'elle a choisi un instrument si vil, un homme si suspect, pour faire encore plus éclater sa puissance, et pour montrer aux hommes qu'elle peut, quand il lui plaît, faire sortir la lumière du sein des ténèbres, tirer le bien du mal même, et faire servir le crime du mari d'asile et de défenseur à l'innocence de la femme?

Suspendons encore nos jugemens ; n'imitons pas l'aveugle impatience d'un peuple entier qui nous écoute, et qui ose se donner la liberté de prévenir vos décisions. Pour nous, qui, dans cette affaire, devons unir, s'il est possible, la modération d'un juge au zèle et à la fermeté d'un accusateur, nous suivrons le sieur de la Pivardière, avec autant d'exactitude que de simplicité, dans les trois états différens dans lesquels ses accusateurs et ses juges doivent également le considérer.

Envisageons-le d'abord entre les bras de la mort ; voyons-le ensuite sortir de son tombeau, et renaître de ses cendres ; et, après l'avoir représenté comme mort et comme vivant, attachons-nous à son véritable état, c'est-à-dire, à cet état d'incertitude entre la vie et la mort, où nous devons le supposer par rapport à l'ordre de la procédure.

Mais, avant que d'entrer dans le récit fabuleux ou véritable de sa mort, souffrez, Messieurs, que nous vous retracions ici, en peu de paroles, les caractères différens des trois principaux acteurs d'une scène qui sera toujours tragique, quelque dénouement qu'elle puisse recevoir.

Louis de la Pivardière, s'il est vrai qu'il respire encore, réunit en lui des qualités si incompatibles, et des contrariétés si étonnantes, qu'il semble renfermer en sa personne deux esprits et deux corps ; en un mot, deux hommes différens ;

1*

L'un gentilhomme, d'une fortune médiocre, mais d'une naissance distinguée; l'autre, fils inconnu d'un bourgeois de Paris encore plus obscur que lui-même.

L'un, officier du roi attaché à son service dans ses armées en qualité de lieutenant de dragons; l'autre, réduit par la pauvreté à la condition peu honorable d'huissier royal dans la ville d'Auxerre :

Le premier, mari de dame Marguerite Chauvelin; le second, époux de la nommée Marie-Elisabeth Pillard (1).

Enfin, l'un expirant au mois d'août par la main d'une femme; l'autre arraché avec peine des bras d'une autre femme, pour paroître, dans une espèce de résurrection, le défenseur de ses assassins, et le libérateur de celle qu'on accusoit de lui avoir ravi et l'honneur et la vie.

Dame Marguerite Chauvelin, veuve ou femme du sieur de la Pivardière, porte un nom précieux au barreau, cher à toute la compagnie, honoré des premières dignités de la magistrature, nom respectable que nous souhaitons, avec tous les gens de bien, de voir bientôt à couvert du triste déshonneur que nous avons vu prêt à rejaillir sur lui. (Ce souhait nous échappe malgré toute la sévérité de notre ministère.) Que ne nous est-il permis aussi de dissimuler en faveur de ce nom, que si la dame de la Pivardière a eu l'avantage de mener une vie innocente, éloignée des moindres apparences du crime, elle n'a pas eu le bonheur de jouir d'une réputation entière. Nous voulons croire qu'elle n'est pas coupable; mais elle est assez malheureuse pour avoir besoin de se justifier. Une province entière, dont la voix n'est peut-être que celle de la médisance, mais qui souvent aussi est la langue et l'écho de la vérité, une nuée

_____

(1) Elle étoit fille d'un huissier d'Auxerre. Le sieur de la Pivardière crut qu'on ne pourroit découvrir qu'il étoit bigame, en faisant la fonction d'huissier, et cachant le nom de la Pivardière, sous lequel il étoit connu, conservant cependant ceux de *Louis de Bouchet*.

de témoins (1) s'élèvent contre sa conduite, et l'accusent publiquement.

Mais souvenons-nous de la protestation que nous avons faite de suspendre nos jugemens, et contentons-nous de remarquer que la dame de la Pivardière faisoit son séjour ordinaire dans le château de Nerbonne, lieu trop voisin, pour l'intérêt de son repos et de sa gloire, de l'abbaye de Miseray.

C'étoit en cette abbaye que vivoit frère Sylvain Charost, prieur du monastère, chapelain d'une chapelle fondée à Nerbonne, fils et frère du lieutenant-général de Châtillon-sur-Indre : heureux, si, fidèle à ses obligations, renfermé dans les bornes de son état, jouissant en paix d'une vertueuse obscurité, il n'eût jamais connu le monde, et si le monde ne l'eût jamais connu ! Mais la dissipation de son extérieur, sa négligence à remplir les devoirs de sa profession, ses fréquentations continuelles dans la maison de la dame de la Pivardière, que toute la province lui reprochoit, si l'on en croit plusieurs témoins, ont fait naître contre lui des soupçons qui ne sont peut-être pas absolument téméraires quoiqu'ils puissent être mal fondés.

Après vous avoir donné une première idée des principaux personnages qui ont eu part à cette affaire, nous ne vous dirons point que la dame de la Pivardière avoit déjà été mariée une première fois, lorsqu'elle épousa le sieur de la Pivardière ; que ce fut en l'année 1687, que ce second mariage fut célébré ; que, quoiqu'il ait été suivi de la naissance de deux enfans, il ne paroît pas néanmoins qu'il y ait jamais eu une grande union entre le mari et la femme ; que, soit que sa naissance et le malheur des temps aient obligé le sieur de la Pivardière à chercher dans les armes le chemin d'une meilleure fortune, soit que

(1) On a soutenu, dans l'instruction du procès, que l'on avoit fait entendre beaucoup de témoins suspects ; mais, suivant l'ordonnance, les reproches contre les témoins ne doivent être discutés qu'en jugeant le procès.

des divisions fatales, des chagrins domestiques, et surtout le désir d'ignorer ce qu'il ne pouvoit se cacher à lui-même lorsqu'il étoit présent, lui aient inspiré le dessein d'une absence presque continuelle, soit enfin que l'inconstance et le dégoût naturel à tous les hommes, et, plus encore que tout cela, l'attrait d'une nouvelle passion, l'aient engagé à renoncer presque toujours à sa famille, à ses enfans, à sa patrie, il est certain du moins, par l'aveu même des accusés, que le sieur de la Pivardière ne faisoit presque aucun séjour dans son château de Nerbonne, qu'à peine y est-il venu quatre ou cinq fois, pendant les quatre dernières années qui ont précédé son prétendu assassinat, et qu'après y avoir sacrifié quelques jours à la bienséance, il donnoit le reste de sa vie ou au devoir de sa profession ou à son inclination.

Tous ces faits sont constans, et notre devoir nous engage à vous expliquer plus particulièrement ceux qui sont contestés entre les parties.

Le sieur de la Pivardière, qui étoit parti de Nerbonne vers la Saint-Jean de l'année 1697, après y avoir passé deux ou trois jours, y revient au mois d'août de la même année.

On le voit passer au Bourg-Dieu, le jour de la Notre-Dame d'août, dans l'intention d'arriver le même jour à Nerbonne. Un paysan officieux en donne avis à la dame de la Pivardière et au prieur de Miseray, sur les quatre heures après midi.

La solennité de la fête avoit attiré un grand concours de peuple à Nerbonne : les gentilshommes du voisinage, le sieur et la dame de Préville, le sieur et la dame de Lanjay, la dame du Mets et son fils, le sieur Dupin, et enfin le prieur de Miseray, qui avoit célébré la messe ce jour là même dans la chapelle du château, étoient avec la dame de la Pivardière lorsqu'elle reçut la nouvelle de l'arrivée imprévue de son mari ; ils passent le reste de la journée avec elle ; elle les retient à souper.

Le soleil se couche ; on se met à table ; le souper

s'avance ; le sieur de la Pivardière arrive seul sur une
cavale qui boitoit, si l'on en croit un des témoins,
avec un manteau, des guêtres, un fusil. Il descend
de cheval ; il entre dans la chambre qu'il devoit
bientôt teindre de son sang, si les déclarations des
deux servantes sont véritables ; toute la compagnie
se lève, et court au-devant d'un homme qui, même
dans le temps où sa vie étoit la plus certaine, ne
paroissoit chez lui que comme un fantôme. La dame
sa femme est là seule qui le reçoit froidement ; on
lui en fait des reproches ; le sieur de la Pivardière
prend la parole, si l'on en croit une des servantes,
et dit qu'il étoit bien son mari, mais qu'il n'étoit
pas son ami, et que son ami étoit dans la compagnie.

A la vue du sieur de la Pivardière, le prieur de
Miseray disparoît et s'enfuit par la porte de la cave ;
c'est la déposition d'une des servantes.

Mais, si l'on écoute l'autre servante, et même un
gentilhomme qui étoit présent, le sieur de la Pivardière embrassa le prieur de Miseray ; il s'assit auprès de lui, et, pour nous servir des termes mêmes
de la servante, *ils choquèrent le verre ensemble.*

Sans nous arrêter à relever ici cette contradiction,
observons qu'il est toujours certain que le prieur de
Miseray sortit le premier de la chambre et de la maison, les autres conviés le suivirent de près, et la dame
de la Pivardière pria le sieur de Préville de trouver
bon qu'elle envoyât une cavale chez lui, de peur
que son mari ne l'emmenât.

Le mari et la femme restent seuls, l'un soupçonné
de bigamie, l'autre d'adultère. Comment la paix se
seroit-elle trouvée au milieu d'eux ? Aussi toutes les
parties conviennent que leur solitude et leur silence
ne furent interrompus que par des plaintes amères
et des reproches sanglans.

Permettez-nous, MESSIEURS, de rapporter ces faits
importans dans les termes simples et naïfs dans lesquels une des servantes les a expliqués.

Elle assure que la dame de la Pivardière dit à son

mari, *qu'elle ne pouvoit avoir d'amitié pour lui, parce qu'il avoit d'autres femmes* (1); et que le mari répondit *que cela n'étoit pas vrai, mais qu'elle avoit deux hommes*, parlant de lui et du prieur.

La lassitude du sieur de la Pivardière finit bientôt cette querelle. Il demanda à se coucher. La dame de la Pivardière dit qu'elle n'a pas envie de dormir. Elle sort de sa chambre. Elle fait enfermer une petite servante sous la clé. Elle emmène les deux autres, avec sa fille et son fils du premier lit, dans une chambre haute, dans laquelle ils n'avoient pas coutume de coucher.

Les enfans se couchent. La mère attend, pour descendre, qu'ils soient endormis. Elle ferme à clé la porte de leur chambre. On entend du bruit à une des portes du château; une des servantes y court; celui qui frappoit à la porte demande si le sieur de la Pivardière est venu; on lui répond qu'il est arrivé; il s'en va aussitôt.

Jusqu'ici tous les faits sont certains; les circonstances que nous venons de vous expliquer sont, ou avouées par les accusés, ou prouvées par des témoins non suspects.

A présent tout devient douteux : nous entrons, s'il est permis de parler ainsi, dans les ombres de la mort. Les ténèbres de cette nuit fatale qui a été le témoin d'un crime affreux, ou qui sert de voile à la plus noire calomnie qui fut jamais, ne sont pas encore dissipées.

Le jour commence à paroître. On ne retrouve point le sieur de la Pivardière. Une mort funeste ou une fuite précipitée l'avoit dérobé aux yeux de sa famille. La médisance, toujours prête à inventer de nouveaux crimes, ou la providence, toujours attentive à les

(1) Le sieur de la Pivardière a déclaré que ce fut ce reproche de sa femme qui lui fit prendre le parti de s'en aller précipitamment pendant la nuit, dans la crainte d'être arrêté pour le crime de bigamie, dont il voyoit que l'on avoit connoissance dans ce pays.

punir, fait naître des soupçons sur le sujet d'un départ si subit et si peu vraisemblable. La conduite
suspecte de la dame de la Pivardière, sa froideur
pour son mari, leur division trop connue du public;
des indices muets, mais qui paroissoient alors très-
pressans; un coup de fusil, et une voix plaintive
entendue pendant la nuit; des traces de sang trouvées dans la chambre, et qui sembloient demander
vengeance contre la dame de la Pivardière; le cheval,
le manteau, les guêtres de son mari, vus à Nerbonne
depuis sa retraite ou sa mort.

Enfin, le bruit public et la rumeur du voisinage
deviennent ses premiers délateurs. Elle demeure
tranquille pendant quelque temps au milieu de ces
accusations sourdes que la province commençoit à
former contre elle, soit que le témoignage de sa
conscience lui eût inspiré cette fermeté intrépide,
soit que le crime eût voulu emprunter en elle les
dehors et l'extérieur de l'innocence. Il ne paroît
point qu'elle ait abandonné sa maison pendant trois
semaines, qui se sont écoulées depuis le quinze
août jusqu'au commencement de la procédure criminelle.

Ce fut dans ces circonstances que le ministère
public, plus accusé pour lors de lenteur qu'il ne
l'est à présent de précipitation, commença à s'élever
contre la dame de la Pivardière.

Le procureur du roi de Châtillon-sur-Indre remontre au lieutenant-particulier du même siége, qu'il
s'étoit répandu des bruits fâcheux et des discours
sinistres sur la discorde du sieur et de la dame de la
Pivardiere, qu'on disoit que cette division funeste
avoit été suivie de la mort du mari, et qu'on prétendoit même avoir trouvé sa tête dans un bois. Il
demande permission d'informer.

Le sieur Bonnet, lieutenant-particulier, la lui accorde. On informe. Quinze témoins entendus font
naître des présomptions contre la dame de la Pivardiere. On lance un décret contre elle, contre ses
enfans, contre ses serviteurs et ses servantes. Le

décret est du 7 septembre, on ne l'exécute que le 16; et c'est en ce jour seulement qu'un huissier se transporte dans le château où demeuroit la dame de la Pivardiere, y fait perquisition de sa personne, y saisit et annote ses meubles.

Il arrête en même temps Catherine le Moyne, âgée de quinze ans, une de ces servantes qui sont devenues si fameuses dans cette cause par le crime de leur maîtresse, ou par leur variation.

On continue d'informer. Les preuves semblent croître tous les jours, pour assurer, s'il étoit possible, le corps du délit, attendu que le cadavre ne se trouvoit point. Le juge se transporte dans la maison de Nerbonne. Il dresse procès-verbal de l'état des lieux; mais il ne prend cette précaution que le 28 septembre, c'est-à-dire, six semaines après le prétendu assassinat. Il trouve une paillasse encore teinte de sang en plusieurs endroits, malgré le soin que l'on avoit pris de la laver. Il remarque qu'on ne voit, dans cette paillasse, qu'environ un quart de paille hachée, et le reste de paille nouvelle, qui n'avoit pas même été battue. Il suit les traces du sang. Il trouve huit ou dix ais au pied du lit, qui, quoique lavés plusieurs fois, sembloient porter encore les marques sanglantes de l'assassinat; il en découvre d'autres vestiges répandus dans plusieurs endroits de la chambre; il descend dans la cave, pour suivre l'indication de quelques témoins, qui disoient avoir ouï dire que le corps du sieur de la Pivardiere y avoit été mis; le juge y observe une fosse longue de trois pieds ou environ, et profonde d'un pied et demi, soit que cette fosse eût servi effectivement à l'usage funeste dont parlent les témoins, soit que, comme l'explique une des servantes, elle fût destinée à conserver le sel qui se consommoit dans la maison de la dame de la Pivardiere.

Ce procès-verbal fortifie les soupçons. Les nouveaux témoins, que l'on entend assiduement, les augmentent; et enfin les interrogatoires de trois différens

accusés semblent les justifier entièrement, et les
porter au dernier degré d'évidence.

Marie de la Pivardiere, âgée de neuf ans, est entendue comme accusée, le 29 septembre. Elle déclare
que le soir de l'arrivée de son père, sa mère l'emmena
avec son frère encore plus jeune qu'elle, dans une
chambre haute où ils n'avoient point accoutumé de
coucher ; que sa mère se mit sur le pied du lit ; que
les servantes ne se couchèrent point ; que s'étant
endormie, elle se réveilla au bruit d'une voix, qui
se plaignoit dans le château, en disant : *Ah! mon*
Dieu, Ah! mon Dieu, ayez pitié de moi, au bruit
de laquelle elle se leva pour savoir quelle étoit cette
voix, mais qu'elle ne put ni connoître la voix, ni
sortir, parce que la porte étoit fermée à clef ; qu'elle
retourna dans son lit, chercha sa mère et les servantes, et ne les trouva point ; que, le lendemain
matin, elle vit du sang en sept ou huit endroits sur
les ais de la chambre où son père avoit couché ; que
ces ais avoient été lavés avec de l'eau, mais qu'il y
paroissoit encore des traces de sang ; enfin elle assure
que sa mère, deux ou trois jours après, fit la lessive
elle seule, et qu'elle vit dans son linge trois ou quatre
serviettes toutes teintes de sang , et ne vit point de
draps.

Est-ce la simplicité de la nature qui rend gloire à
la vérité dans la bouche d'un enfant ? Est-ce la foiblesse de l'âge qui cède à la subornation des juges de
Châtillon, et qui prête, sans le savoir, des armes au
mensonge et des instrumens à la calomnie ? C'est,
Messieurs, ce que vous avez à décider en jugeant le
procès criminel. Pour nous, il nous suffit de vous
faire remarquer en passant, que la demoiselle de la
Pivardiere a été entendue trois fois par les juges de
Châtillon, qu'elle a déposé devant les juges de Luçai,
qu'elle s'est expliquée plusieurs fois en présence de
différens témoins, et que son langage a toujours été
le même, ses expressions uniformes , et sa sincérité
toujours également apparente.

Joignons à ce premier interrogatoire ceux des deux

servantes, Catherine le Moyne et Marguerite Mercier, l'une plus chancelante, l'autre beaucoup plus ferme dans ses déclarations.

Catherine le Moyne a été interrogée sept fois, sans parler de deux déclarations qu'elle a données d'elle-même, et que nous vous expliquerons dans un moment.

Si l'on ajoute foi à son premier interrogatoire, elle n'a rien vu, elle n'a rien entendu, elle n'a rien su de tout ce qu'on lui demande; sa maîtresse est innocente, et, par conséquent, elle n'est point complice d'un crime imaginaire. Il lui échappe néanmoins un fait important : elle avoue que la dame de la Pivardière l'ayant envoyé voir si son mari étoit levé, elle ne trouva personne dans sa chambre, qu'elle observa que l'on avoit mis d'autres draps que ceux qu'elle avoit vus la veille, *et que le lit paroissoit tout fraîchement fait.*

Dans le second interrogatoire, il semble que les remords de sa conscience, ou l'artifice du juge, commencent à vaincre sa première résistance. Elle n'a point vu le sieur de la Pivardière mort; mais elle a entendu, pendant la nuit, un coup d'arme à feu; mais elle a trouvé le lendemain, dans la cave, des draps tout sanglans; mais elle a vu, deux ou trois jours après, la dame de la Pivardière laver, elle seule, ces mêmes draps, témoins de sa cruauté; mais elle a ouï le prieur de Miseray dire à la dame de la Pivardière : *Otons-nous d'ici; si nous étions pris, nous serions perdus.*

C'est ainsi que la vérité ou la calomnie se développe peu à peu, et qu'enfin, dans le troisième interrogatoire, elle déclare qu'elle a vu son maître sacrifié à la passion et à la vengeance de sa maîtresse; qu'elle l'a trouvé mort, étendu sur une paillasse, ses draps ensanglantés, la chambre inondée de son sang.

Dans les deux interrogatoires suivans, non contente d'expliquer constamment, persévéramment, uniformément les mêmes faits dans leurs principales circonstances, elle y en ajoute quelques autres qui chargent encore les accusés.

Arrêtons-nous ici, et, avant que de passer aux derniers interrogatoires de Catherine le Moyne, interrompons la suite de ses réponses, pour placer en cet endroit les déclarations importantes de Marguerite Mercier, dans ses premiers interrogatoires, qui répondent à ceux de Catherine le Moyne, que nous venons de vous expliquer.

Nous ne trouvons point, dans cette seconde servante, la même peine, ou à rendre témoignage à la vérité, ou à céder aux violentes impressions des juges (1).

Elle explique, dès son premier interrogatoire, les circonstances les plus atroces de l'assassinat qu'elle prétend avoir été forcée d'éclairer elle-même. L'autre servante a vu son maître mort, celle-ci l'a vu blessé, percé de coups, demandant la vie à sa femme, et ne pouvant l'obtenir, succombant enfin à la fureur de ses assassins, et recevant le dernier coup mortel de la main même de celle qui auroit dû exposer sa vie pour le défendre.

On ne s'arrête pas à ce premier interrogatoire; on l'interroge trois fois, trois fois elle confirme la même vérité ou le même mensonge.

Jusque-là, en réunissant tous les interrogatoires des accusés, on trouvoit, à la vérité, des soupçons violens, des présomptions véhémentes, des indices qui ne paroissoient que trop clairs contre le prieur de Miseray. Il étoit représenté, par les témoins et par les accusés, comme l'unique auteur du scandale que la conduite de la flame de la Pivardière causoit dans la province. Ses valets, choisis pour ministres de l'assassinat, ses discours ambigus depuis le crime commis avóient paru plus que suffisans pour décréter

_____

(1) Cette servante a été condamnée pour faux témoignage par l'arrêt définitif, imprimé après le second plaidoyer. Le décès de l'autre, arrivé avant le jugement du procès, empêcha de la comprendre dans cet arrêt.

contre lui dès le 7 octobre ; mais on n'avoit point
encore de preuves de sa présence dans le temps même
du meurtre du sieur de la Pivardière.

Ces preuves ne sont survenues que dans les interrogatoires subis par les deux servantes, le 20 décembre 1697, et le 11 janvier 1698.

Catherine le Moyne y dit que les promesses du
prieur et les menaces de la dame de la Pivardière
l'ont empêchée de déclarer, dans ses premiers interrogatoires, qu'elle trouva le prieur de Miseray dans
la chambre du sieur de la Pivardière lorsqu'elle y
entra après sa mort.

Marguerite Mercier va encore plus loin. Specta-
trice, ou forcée ou volontaire, de l'assassinat, elle
assure que le prieur ne se contenta pas de rassasier
sa vue du spectacle inhumain de la mort de son ami,
qu'il arracha le sabre de la main de son valet, et
qu'il en porta lui-même un coup mortel dans le corps
du sieur de la Pivardière.

Elle ajoute que l'impression des menaces du prieur
a cédé enfin aux reproches de sa conscience ; malade à l'extrémité, prête à paroître devant le tribunal
du souverain juge, elle prétend que son confesseur
lui a dit qu'il n'y avoit point de salut à espérer pour
elle, si elle ne rendoit un compte exact à la justice
de toutes les circonstances d'un crime dont la vengeance dépendoit de sa sincérité. Elle avoit même
chargé son confesseur de déclarer les faits qu'elle
vient d'expliquer à l'official de Bourges, en cas
qu'une mort prompte ne lui permît pas de soulager
elle-même sa conscience d'un poids qui l'accabloit.

Voilà, MESSIEURS, quels sont les degrés par lesquels l'ouvrage de la vérité ou de la calomnie a été
consommé. Catherine le Moyne y a joint une déclaration volontaire ; dans laquelle elle assure qu'en
allant, par l'ordre de sa maîtresse, chercher du pain
au village de Trompe-Souris, elle vit les valets du
prieur de Miseray emporter le corps du sieur de la
Pivardière dans le bois de l'abbaye, avec Nicolas

Mercier, père de l'autre servante, et que la crainte
de perdre le père de sa compagne l'a portée à différer, jusqu'au 25 janvier, l'aveu sincère qu'elle fait
de cette dernière circonstance.

Le récollement a donné aux preuves le dernier
degré de solidité. Les servantes ont persisté, à la
réserve de quelques circonstances peu importantes ;
les témoins ont persévéré, si l'on en excepte deux ou
trois.

Ce grand procès alloit être jugé par contumace,
disons même qu'il l'a été par rapport au prieur de
Miseray, que l'official de Bourges a condamné à des
peines canoniques comme également convaincu de
l'adultère et de l'assassinat, lorsque l'emprisonne-
ment de cet accusé arrêta le cours de la procédure,
anéantit la sentence de Bourges, et changea la face
de l'accusation.

Le prieur, arrêté dans Paris, transféré dans les
prisons de Châtillon-sur-Indre, interrogé trois fois,
et trois fois constant à dénier tous les faits, à prendre
les juges à partie, à protester contre toute la procédure, fut enfin confronté à plusieurs témoins et aux
servantes, et triompha dans ce moment, ou de la
foiblesse et de la timidité de ses coaccusés, ou de la
calomnie et de la prévarication de ses juges.

A la vue du prieur de Miseray, Marguerite Mercier désavoue tout ce qu'elle a dit dans ses derniers
interrogatoires ; elle ne persévère que dans le premier, et cependant ce premier, seul, suffisoit pour
condamner la dame de la Pivardière, et pour faire
concevoir des suspicions véhémentes contre le prieur.
Catherine le Moyne, plus timide ou plus véritable,
rétracte tout ce qu'elle a dit ; et, quittant l'une et
l'autre le caractère tremblant d'un accusé que l'innocence même ne rassure pas toujours devant son
juge, elles prennent le ton et la hardiesse d'un accusateur. Celui qu'elles accusent est leur propre juge.
Elles se plaignent hautement d'avoir été menacées,
intimidées, surprises par le lieutenant particulier
de Châtillon. C'est lui seul qu'elles attaquent ; elles

respectent le vice-régent de M. l'archevêque de Bourges; elles assurent qu'il ne leur a jamais fait aucune menace; et, quand on leur demande quelles sont donc les violences dont le lieutenant particulier de Châtillon s'est servi pour extorquer d'elles la confession forcée de ce qu'elles n'ont jamais ni vu, ni entendu, ni pensé, elles disent, tantôt que leur frayeur est venue de ce que le juge leur a représenté qu'elles seroient criminelles si elles ne disoient la vérité; tantôt que le sujet de leur crainte a été la menace que le lieutenant particulier leur a faite de leur faire le procès comme à un muet, ou de les faire mettre à la gêne, si elles ne répondoient pas.

Jamais il n'y a eu de confrontation plus inquiète ni plus agitée. On y voit, d'un côté, le prieur de Miseray, attentif à faire des interpellations fréquentes, à profiter de l'embarras et de l'irrésolution des servantes; de l'autre, les servantes parlant d'une manière incertaine, ambigue, entrecoupée de plaintes et de soupirs, faisant des exclamations, appellant le ciel à leur secours, mêlant les juremens aux prières, menaçant le juge, et demeurant muettes aussitôt après sur la moindre interrogation; et enfin, les juges remontrant aux servantes le péril auquel leur retractation les expose, rappelant les circonstances qui ont accompagné leurs interrogatoires et leurs déclarations précédentes, et faisant écrire, avec une exacte et scrupuleuse sincérité, les faits les plus injurieux à leur réputation; en sorte que l'on retrouve dans leur procès-verbal une peinture fidèle et une image naïve, non-seulement des discours, mais des mouvemens, mais des gestes, mais des soupirs mêmes de tous les accusés.

Aussitôt après la confrontation, l'official de Bourges et le lieutenant particulier de Châtillon ordonnent, suivant les conclusions du procureur du roi, que le procès sera fait et parfait aux servantes comme faux témoins (1).

_____

(1) Cela est plus expliqué dans l'avis. Il paroît que les deux

Soit que la crainte de ce jugement ait troublé leur raison, soit que leur variation surprenante n'ait pas duré plus long-temps que la présence du prieur de Miseray qui la produisoit, il est certain qu'à peine furent-elles rendues à elles-mêmes, qu'elles recouvrèrent bientôt, ou leur première malice, ou leur première sincérité. Elles n'attendent pas que les juges les interrogent de nouveau. Impatientes de rétracter leur rétractation, elles rappellent ces mêmes juges qu'elles venoient d'accuser en face de séduction et de violence. Aussitôt qu'elles les voient entrer dans la prison, elles se jettent à leurs pieds, et, dans une espèce d'amende honorable qu'elles s'imposent à elles-mêmes, elles demandent pardon à Dieu et à leurs juges, de la foiblesse qu'elles ont eue de se rétracter, de la témérité avec laquelle elles ont osé accuser les ministres de la justice, forcées par les sollicitations secrètes de Nicolas Mercier, intimidées par la présence du prieur de Miseray, séduites par les mauvais conseils qu'on leur avoit données. Elles recommencent de nouveau le récit de l'assassinat, qui s'accorde presque entièrement avec leurs premiers interrogatoires, et elles assurent le juge qu'elles sont prêtes de réparer la faute qu'elles ont faite, et de soutenir au prieur tous les faits qu'elles ont déclarés plusieurs fois et qu'elles viennent encore de confirmer solennellement.

On ordonne qu'elles seront confrontées une seconde fois sur cette dernière déclaration; et, par un nouveau prodige, ces mêmes servantes qui n'avoient pu soutenir la vue du prieur de Miseray, qui avoient paru d'abord agitées de ces grands mouvemens que le combat de deux passions également violentes fait naître dans un cœur qu'elles déchirent, qui tantôt éloquentes, et tantôt muettes, accusoient les juges par leurs paroles, et l'accusé par leur silence; ces

juges délibérèrent de faire le procès aux deux servantes, mais que celui de Châtillon ne l'ordonna que contre une des deux, l'autre ayant rétracté auparavant sa rétractation.

mêmes servantes, fermes, intrépides, tranquilles, soutiennent sans émotion, sans frayeur, sans inquiétude, qu'elles n'ont rien avancé dans leurs interrogatoires qui ne soit exactement conforme à la vérité.

Les confrontations qui ont suivi cet incident si extraordinaire n'ont rien de singulier, si ce n'est que la demoiselle de la Pivardière qui, comme nous allons l'expliquer incontinent, avoit reconnu la partie de M.ᶜ Nivelle pour son père dès le mois de janvier, a néanmoins été confrontée au prieur de Miseray dans le mois de mai suivant, et a soutenu tous les faits qu'elle avoit expliqués dans son interrogatoire.

Voilà, MESSIEURS, l'histoire de la mort du sieur de la Pivardière achevée. Vous l'avez vu immolé à l'adultère de sa femme, ou à la calomnie d'un juge passionné. Il est temps de vous le montrer dans le second état dans lequel il doit paroître aujourd'hui, où vous allez le voir prenant une nouvelle vie dans le sein même de la mort, paroître d'abord avec éclat pour confondre la malice des ennemis de sa femme, rentrer ensuite dans l'obscurité, et, si nous osons le dire, dans le néant dont il étoit sorti, être traité comme un fantôme en votre audience, jusqu'au moment heureux ou malheureux pour les accusés, dans lequel, assuré de son existence, ou flatté du succès de son imposture, il s'est livré lui-même entre les mains de la justice.

A peine les officiers de Châtillon eurent-ils commencé à poursuivre la vengeance de la mort du sieur de la Pivardière, que la dame sa femme leur a opposé la certitude de sa vie, comme un obstacle invincible et une barrière impénétrable.

Dès le 21 et 22 septembre, plusieurs particuliers ramassés par ses soins, déclarèrent, les uns devant un notaire, les autres devant le bailli d'Erli, que le sieur de la Pivardière avoit paru le 17 et le 19 d'août à Châteauroux et à Issoudun, c'est-à-dire, qu'il étoit vivant deux ou trois jours après son prétendu assassinat.

Dès le 7 octobre, plusieurs habitans de la ville d'Auxerre avoient attesté, dans un acte extrajudiciaire passé par-devant deux notaires, qu'ils connoissoient parfaitement Louis du Bouchet de la Pivardière, huissier royal, mari d'Elisabeth Pillard; qu'après une absence de près de quatre mois, il étoit revenu vers la fin du mois d'août dans la ville d'Auxerre, qu'il n'en étoit parti que depuis peu, et même si l'on en croit les notaires qui déposent eux-mêmes dans l'acte qu'ils reçoivent, qu'il étoit encore à Auxerre le 6 octobre, c'est-à-dire, la veille du jour que l'acte est passé.

Enfin, dès le 22 octobre 1697, le vrai ou le faux de la Pivardière avoit comparu devant deux notaires à Flavigny, dans la province de Bourgogne, et leur avoit demandé acte de son existence.

Sans nous arrêter plus long-temps à vous expliquer tous ces actes irréguliers dans leur forme; sans vous parler ici de plusieurs lettres que l'on prétend que le sieur de la Pivardière a écrites en ce temps-là (1), attachons-nous uniquement à la procédure qui a été faite par le lieutenant-général de Romorantin, pour parvenir à la reconnoissance du prétendu de la Pivardière.

La dame de la Pivardière présente une requête à la chambre des vacations; elle y dissimule la procédure des officiers de Châtillon; elle expose que ses ennemis, abusant des fréquentes et longues absences de son mari, font courir de temps en temps le bruit qu'elle l'a assassiné; que ce bruit se renouvelle depuis le 15 août, et qu'on ose même supposer que l'on a trouvé, dans un bois, le corps du sieur de la Pivardière percé de coups de bayonnettes; et,

_____

(1) Ces lettres ont été vérifiées dans la suite, et reconnues conformes à l'écriture du sieur de la Pivardière. *Voyez* le second plaidoyer sur cette affaire.

sur cet exposé, elle demande qu'il lui soit permis d'informer d'une calomnie si injurieuse.

La cour ne lui accorde point la permission d'informer qu'elle demandoit, et renvoie seulement sa requête par-devant le lieutenant-général de Romorantin, pour y être pourvu.

Le 4 octobre, l'arrêt est présenté à ce juge. Il accepte la commission de la cour ; et, sans entrer dans aucune connoissance de cause, il ordonne qu'il sera informé à la requête de la dame de la Pivardière, des faits contenus dans sa requête.

Un mois entier s'écoule sans aucunes poursuites. Le 12 novembre suivant, la dame de la Pivardière se présente de nouveau devant le lieutenant-général de Romorantin : elle obtient de lui une permission de faire perquisition du sieur de la Pivardière, de l'arrêter et de le conduire par-devant lui, pour être dressé procès-verbal de sa vie et de son existence.

Un silence de deux mois avoit fait oublier cette procédure, lorsque le prétendu Louis de la Pivardière paroît à Romorantin, non avec l'extérieur et les marques apparentes d'un criminel qui n'ose soutenir les yeux de la justice, mais avec l'éclat et l'équipage d'un innocent qu'on ramène dans une espèce de triomphe, pour forcer la calomnie à se taire, et pour recevoir les hommages de ses plus grands ennemis.

Soubmain, notaire de Châtillon, personnage qu'on vous a représenté comme suspect, l'accompagne avec une troupe de cavaliers. Il se présente devant un juge dont la cour a blâmé la conduite, avant que d'infirmer sa procédure. Il déclare, avec confiance, qu'il est le sieur de la Pivardière que l'on avoit cru mort ; il explique plusieurs faits qui regardent sa naissance, son baptême, sa famille, son mariage, ses emplois, son arrivée à Nerbonne, le 15 août ; son départ précipité dès le lendemain matin. Si on l'en croit, il en est parti trois heures avant le jour, laissant sa cavale, parce qu'elle étoit boiteuse, et son manteau, parce qu'il devoit aller à pied. Il arrive à Châteauroux, le 16, il y séjourne le 17, il y joue à la boule avec un particulier qu'il nomme. Le 18, il va coucher à Issoudun, dans l'hôtellerie de la Cloche; et, le 19, il reprend la route de Bourgogne, où ses affaires le rappeloient.

Après ce récit de ses aventures, Soubmain, comme procureur de la dame de la Pivardière, demande qu'il soit procédé à la reconnoissance du sieur de la Pivardière, le juge l'ordonne. Il commence un long procès-verbal à Romorantin, qu'il continue ensuite en différens lieux. Il conduit publiquement le soi-disant de la Pivardière à Luçai, à Jeu, à Châtillon, à Jeu-Maloche, à Vallançay; une foule de personnes comparoissent devant lui; des gentilshommes, des curés, des marchands, des ouvriers, des paysans du voisinage, déclarent tous unanimement qu'il reconnoissent le sieur de la Pivardière, leur ami, leur voisin, leur seigneur.

Les juges même de Luçay, qui d'abord avoient informé et décrété contre la dame de la Pivardière, avouent leur erreur, et confessent, à la vue de celui qu'on leur présente, qu'ils se sont trompés.

La famille du sieur de la Pivardière joint son suffrage à celui des étrangers, et semble ajouter le dernier sceau à sa reconnoissance. Sa belle-sœur le reconnoît à Romorantin, sa fille à Jeu, ses deux sœurs à Vallançay.

Le peuple embrasse aussi avidement ce fantôme, ou cette réalité, qu'il avoit cru le bruit faux ou véritable de la mort du sieur de la Pivardière.

Tout semble conspirer en faveur des accusés, lorsqu'un nouvel événement interrompt le cours de leurs espérances et déconcerte leurs projets. On viole toutes les règles de la justice; un juge, sans pouvoir et sans caractère, entreprend de forcer l'asile des prisons de Châtillon, et d'assurer le succès de la reconnois-sance ou de l'imposture dont il étoit le ministre, par une confrontation solennelle du prétendu de la Pivar-dière avec les deux servantes. Le prévôt des maré-chaux l'assiste dans cette entreprise; et, au lieu de prêter le secours de la force qu'il avoit en main aux officiers de Châtillon, il ne s'en sert que pour appuyer l'injuste procédure du lieutenant-général de Romorantin. Le lieutenant-particulier fait des remontrances inutiles; contraint de céder à la violence, il se retire; les portes des prisons sont ouvertes; le lieutenant-général de Romorantin y entre suivi d'une troupe d'archers; il présente aux deux servantes celui qu'elles auroient dû reconnoître avec joie pour leur maître et pour leur libérateur.

Tel fut néanmoins, ou le pouvoir de la vérité, ou l'empire de la séduction, qu'elles déclarèrent l'une et l'autre, qu'elles ne reconnoissoient point celui qu'on leur montroit sous le nom de la Pivardière, qu'elles ne pouvoient voir vivant un homme qu'elles avoient vu mort. Marguerite Mercier ajouta même que l'imposteur ne ressembloit point à son maître.

Le procureur du roi de Châtillon fit en ce moment une réquisition digne du ministère public, qui est remis entre ses mains. Il demanda que le prétendu de la Pivardière fût arrêté, pour ne pas laisser échapper cette preuve vivante, ou de la vérité, ou de l'imposture.

Quelque juste que fût ce réquisitoire, il ne fit aucune impression sur le lieutenant-général de Romorantin. Il emmène avec lui ce gage précieux qu'on lui avoit confié, attendu, dit-il, que sa présence est nécessaire pour d'autres reconnoissances. Et enfin, après l'avoir fait encore reconnoître à différentes personnes, après avoir informé de la calomnie répandue contre la dame de la Pivardière, il permet à son prétendu mari de vaquer à ses affaires, à la charge de se représenter à toutes assignations.

Cette ordonnance ne fut pas plutôt rendue que le sieur de la Pivardière rentre dans les ténèbres d'où on l'avoit tiré. Il s'éclipse une seconde fois, et, après avoir paru dans deux états différens, c'est-à-dire dans un état de mort, et dans un état de résurrection, il entre dans le troisième état dans lequel nous avons dit qu'on le pouvoit envisager; état de doutes, de nuages, d'incertitude, où il est, pour ainsi dire entre la vie et la mort, état dont l'explication ne renferme que celle de la procédure.

Deux sortes d'appellations saisirent la cour de la connoissance de tous les faits que nous venons de vous répéter, soit par rapport à la vie, soit par rapport à la mort du sieur de la Pivardière.

Trois des accusés, la dame de la Pivardière, le prieur de Miseray, et son cuisinier, interjettent appel simple de la procédure extraordinaire de Châtillon et de Luçay, et appel comme d'abus de la procédure de l'official de Bourges.

M. le procureur-général fut reçu appelant de toute la procédure faite par le lieutenant-général de Romorantin ; et la cour, sur sa requête, décréta un ajournement personnel contre ce juge et le prévôt des maréchaux qui l'avoit assisté. Ils ont subi tous deux l'interrogatoire, et ont été renvoyés ensuite aux fonctions de leurs charges.

Incidemment à ces appellations, les officiers de Châtillon sont pris à partie. On demande que l'instruction soit renvoyée devant un autre juge, par-devant lequel il sera procédé à la vérification des lettres et autres écritures du sieur de la Pivardière.

Enfin, la partie de M.e Nivelle constitue un procureur, demande d'être reçue partie intervenante, soutient que les accusés doivent être renvoyés absous de l'accusation calomnieuse intentée contre eux, prend à partie les officiers de Châtillon, demande un sauf-conduit à la cour, attendu qu'il est bigame, et conclut, comme les accusés, à ce que les signatures par lui faites, depuis le jour de sa mort imaginaire, soient vérifiées.

Quinze audiences entières suffisent à peine à l'explication de cette grande cause.

Vous rendez un arrêt célèbre (1), par lequel vous confirmez la procédure de Châtillon et de Luçay, après

____

(1) Cet arrêt fut rendu le 23 juillet 1698, sur les conclusions de M. Portail, avocat-général, depuis premier président au parlement.

en avoir retranché quelques instructions pleines de nullités. Vous ordonnez que le procès sera fait et parfait aux accusés par le lieutenant criminel de Chartres, par-devant lequel vous renvoyez les requêtes à fin de vérification, pour y être fait droit en jugeant le procès suivant l'ordonnance. Vous infirmez, sur l'appel de M. le procureur-général, la procédure du juge de Romorantin. Non contens de débouter le soi-disant de la Pivardière de son intervention, vous décernez un décret de prise de corps contre lui. Vous instruisez enfin le lieutenant-particulier de Châtillon-sur-Indre de son devoir, par un grand nombre d'injonctions différentes.

Un événement inopiné fait renaître tous les doutes qu'il sembloit que votre arrêt avoit presque dissipés. La fiction s'évanouit, et fait place à la vérité. Celui qu'on n'avoit regardé que comme une ombre et un fantôme, paroît un sujet réel et véritable. Ce n'est plus un nom destiné à retarder l'instruction d'un procès criminel, c'est un homme certain, qui, à la faveur d'un sauf-conduit (1), s'est venu offrir à la justice. Il renonce à se servir de ce secours, pour le crime d'imposture ; il ne prétend opposer ce rempart qu'à l'accusation de bigamie.

Tant d'incidens bizarres, surprenans, merveilleux, l'importance et l'éclat de cette affaire, la difficulté de trouver des juges auxquels on pût commettre sûrement le soin d'une instruction si nouvelle et si délicate, ont porté le roi à choisir, pour uniques juges de ce procès, ceux auxquels il confie le dépôt précieux de sa justice souveraine.

A peine avez-vous été saisi du fond de la contestation, que le prétendu de la Pivardière a formé opposition à votre arrêt. Il joint, à cette opposition,

----

(1) Ce sauf-conduit étoit expédié en forme d'ordre adressé aux gouverneurs, lieutenans-généraux et officiers des villes. La singularité des circonstances détermina à le lui accorder, et empêcha de le poursuivre pour la bigamie, en instruisant seulement l'accusation d'imposture dont il fut absous.

des lettres en forme de requête civile, et il demande
enfin qu'il soit procédé à sa reconnoissance, avant
que de passer outre à l'instruction du procès, ou du
moins qu'il y soit procédé en même temps que l'on
continuera cette instruction.

Voilà, MESSIEURS, quel est l'état de cette grande
affaire, digne, par sa singularité, de l'attente et du
concours du public, mais encore plus digne, par sa
difficulté, de toute l'application de la justice.

Est-il nécessaire, après cela, d'entrer dans une
répétition exacte des moyens que le grand défenseur (1) du prétendu de la Pivardière vous a proposés ? Les impressions de cette éloquence mâle et
vigoureuse, qui semble se surpasser elle-même tous
les jours, sont trop fortes et trop durables pour avoir
besoin d'être touchées. Vous vous souvenez encore,
MESSIEURS, de la véhémence et de la solidité avec
laquelle on vous a dit d'abord que cette cause étoit
moins celle de Louis de la Pivardière que celle de
la justice et de la vérité, que tout le public sembloit
être devenu le protecteur de la partie de M.e Nivelle, et prendre aujourd'hui requête civile pour
lui ; que, soit que l'on examine l'équité naturelle,
soit que l'on consulte l'autorité des lois romaines,
la reconnoissance qu'il demande est aussi favorable
que légitime.

L'équité, disons même, la raison et la justice
souffrent-elles que l'on informe de la mort d'un
homme qui se représente comme vivant ; que l'on
fasse une instruction vaine, inutile, illusoire, indigne
de la sagesse des juges, contraire à cette compassion
que la plus sévère justice ne rougit pas d'avoir pour
des accusés qui peuvent être innocens ? Laisserez-vous
gémir ces innocens dans les fers et dans l'horreur
de la prison pendant le cours incertain d'une longue

(1) M.e *Louis Nivelle*, avocat célèbre par le genre d'éloquence que M. d'Aguesseau peint ici, et qui lui étoit naturel.

procédure ? Qui osera répondre, pendant ce temps,
de la durée de cette vie si précieuse, à laquelle
seule le salut ou la perte des accusés semble nécessairement attaché ; et, si un événement fatal leur
enlève leur libérateur, seront-ils réduits à chercher,
peut-être inutilement, dans la mémoire des hommes,
des preuves souvent incertaines et toujours foibles
et chancelantes de son existence ? Quel regret la
justice elle-même n'auroit-elle pas alors, d'avoir différé d'un moment à s'instruire d'un fait qui s'offroit,
pour ainsi dire, de lui-même à ses yeux, que l'on
pouvoit non-seulement prouver, mais voir, mais
toucher, mais sentir, et s'en convaincre par soi-
même.

Que, si la raison a besoin d'emprunter le secours
de l'autorité, quels principes sont plus constans dans
le droit romain, que ceux qui nous apprennent que
les exceptions péremptoires doivent toujours être
examinées, discutées, jugées dans le premier pas de
la contestation ; que toutes les fois qu'une action
préjuge l'autre, c'est par la première que l'on doit
ouvrir aux parties la carrière de la justice ; enfin,
que, dans les procédures criminelles, et surtout dans
les accusations capitales, il faut, avant toutes choses,
que le corps du délit soit assuré ? Jusque-là la loi
présume toujours l'innocence plutôt que le crime,
et elle épargne les criminels jusqu'à ce que le crime
soit certain : *Si delictum probatum fuerit*. Ce sont
les termes de la loi.

C'est en vain que, contre des principes fondés sur
l'équité même, et sur les pures lumières de la
raison, on emploie de vaines subtilités, des formalités captieuses, aussi contraires à l'esprit du législateur qu'à la lettre et à l'écorce de la loi, aussi
opposées à l'intention de la cour qu'à la forme et à
l'extérieur de l'arrêt.

Deux obstacles, dit-on, s'opposent à la prétention
du sieur de la Pivardière :

L'ordonnance et l'arrêt.

L'ordonnance, qui défend d'admettre un accusé à la preuve de ses faits justificatifs.

L'arrêt, qui a joint une demande par laquelle il sembloit que les accusés vouloient prouver l'existence de la partie de M.ᶜ Nivelle.

Mais, si l'on examine d'abord l'ordonnance, on reconnoîtra sans peine que c'est une loi rigoureuse, contraire à l'ancienne jurisprudence, qui doit être exécutée avec respect, mais qui ne doit pas être étendue au-delà de ses bornes légitimes.

Si on s'attache à la lettre de cette loi, elle ne convient point à l'espèce de cette cause. Que l'on parcoure le titre entier *des faits justificatifs* dans l'ordonnance, partout on trouvera qu'elle ne parle que de l'accusé. C'est à lui seul qu'elle interdit le droit de proposer ses faits justificatifs avant le jugement; mais ici le sieur de la Pivardière est-il accusé? Peut-il jamais l'être? Il s'agit de savoir s'il a été assassiné. Mettra-t-on au nombre des accusés celui qui est, pour ainsi dire, lui-même leur défenseur et leur défense?

Si l'on consulte ensuite l'esprit de la loi, on trouvera qu'elle suppose partout que le crime soit certain, et qu'il ne s'agisse que de savoir si un des accusés est innocent; c'est alors que la maxime de l'ordonnance reçoit une entière application. Il n'est pas juste, pour l'intérêt d'un seul, de suspendre une accusation à laquelle tout le public est intéressé.

Mais, lorsque le crime même est douteux; lorsque celui qu'on prétend en avoir été la victime, paroît aux yeux de la justice; lorsqu'il offre de prouver son existence, disons mieux, lorsqu'il la prouve par sa seule représentation, qui osera dire que la sagesse de l'ordonnance ait voulu rejeter ou différer d'entendre un fait de cette qualité?

Or, ici pourra-t-on soutenir que le crime soit certain, et comment le prouvera-t-on? Sera-ce par des indices suspects, incertains, équivoques, que la malice des juges ou le caprice du hasard a témérai-

rement rassemblés pour répandre quelques nuages
sur l'innocence des accusés ? Sera-ce sur le témoignage de deux servantes ? Mais il faudroit donc
oublier que ces deux servantes se sont rétractées,
que, rassurées par le prieur de Miseray, elles ont
rendu un témoignage éclatant à la vérité, qu'elles
ont dévoilé la calomnie, la prévarication de leurs
juges, qu'elles ont révélé ce secret qu'ils espéroient
d'ensevelir dans un éternel oubli, et qu'elles ont
déclaré, à la face de la justice, que tous les faits
dont elles avoient noirci la réputation de leur maîtresse étoient des faits calomnieux, inventés par les
juges, et arrachés par force à deux servantes timides, pour autoriser la plus fausse accusation qui
fût jamais.

Si le corps du délit n'est pas certain, si l'on peut
dire que la calomnie des juges est plus prouvée
que le crime des accusés, comment pourriez-vous,
MESSIEURS, refuser d'entendre un innocent qui paroît
ici dans des circonstances si singulières, qu'il n'est
pas à craindre que l'on puisse jamais abuser de cet
exemple, ni en tirer des conséquences dangereuses ?

Outre que la vérité paroît s'expliquer clairement
par sa bouche, outre que sa présence dissipe, dès
à présent, une partie des nuages qui couvroient la
surface de cette affaire, où trouvera-t-on jamais une
espèce semblable à celle de cette cause ? Tous les
siècles passés nous montrent-ils un homme qui, sans
intérêt, sans raison apparente, vienne se livrer aveu-
glément entre les mains de la justice, qui expose
gratuitement sa vie, et se soumette au dernier supplice pour sauver des criminels, par une imposture
aussi punissable que leurs crimes mêmes ; et, si l'avenir offre un pareil spectacle aux yeux de la justice,
quel sera l'inconvénient d'y appliquer la décision
célèbre que vous aurez prononcée dans cette affaire ?

En un mot, ou il n'y aura jamais d'espèce semblable, ou, s'il y en a, la loi se détruiroit plutôt, la
loi se condamneroit plutôt elle-même, que de fermer

la bouche à la vérité qui s'explique sans fard, sans déguisement, dans la personne d'un innocent.

L'arrêt que vous avez rendu, est encore moins contraire que la disposition de la loi, à la reconnoissance qui vous est demandée par la partie de M.ᵉ Nivelle.

Il ne seroit pas même nécessaire au sieur de la Pivardière, d'attaquer cet arrêt. Il n'a point préjugé la question que vous avez à décider. L'absence du sieur de la Pivardière l'a fait paroître alors indigne d'être écouté dans le tribunal de la justice. Ce motif cesse aujourd'hui; aussi favorable depuis sa représentation, qu'il l'étoit peu avant que de se livrer lui-même entre vos mains, il forme une demande nouvelle à laquelle l'arrêt n'oppose aucun obstacle.

Mais si l'on persiste à se servir de l'arrêt contre lui; si l'on veut se défendre par les règles rigoureuses de la procédure, il trouve heureusement dans la procédure même des moyens pour la combattre.

L'arrêt n'est point rendu avec lui. Il est vivant, et vous avez supposé qu'il étoit mort. Sans cela auriez-vous pu le débouter de son intervention? Ce n'est pas tout : auriez-vous pu décréter contre lui? Quel crime avoit-il commis pour mériter cette rigueur? Mais vous avez cru devoir le regarder comme imposteur tant qu'il seroit absent. C'est pour cela que vous lui avez arraché jusqu'à son nom et sa qualité; partout il est appellé le soi-disant, le prétendu de la Pivardière. Il s'oppose à ce qui s'est fait contre ce fantôme dans lequel il ne se reconnoît point. Ce remède seul seroit suffisant pour détruire l'arrêt; il en attaque le motif et le fondement. Il en est de même que d'un arrêt rendu par contumace; la seule représentation de l'accusé le détruit.

Mais enfin, pour n'avoir rien à se reprocher dans une affaire de cette importance, il joint la requête civile à l'opposition. L'ordonnance lui fournit quatre moyens indubitables.

Nullité dans la procédure. M. le procureur-général ne l'a point fait intimer sur l'appel de Romorantin, et cependant on prétend que cette procédure est infirmée, même par rapport à lui. On n'a point distingué dans cette procédure, ce qui étoit nul de ce qui étoit légitime. L'information faite par ce juge, le procés-verbal de reconnoissance pouvoient être suspects; mais pourquoi infirmer l'interrogatoire que le sieur de la Pivardière avoit subi devant lui? Par quelle loi a-t-on pu trouver qu'il étoit défendu à ce juge de donner à un innocent un simple acte de son existence? Enfin, pourquoi retrancher des qualités de l'arrêt, un homme qui n'étoit ni en décret, ni en interdit ? Il n'y a point de chef de l'arrêt qui ne fournisse des moyens indubitables de requête civile.

Contrariété dans les dispositions du même arrêt. D'un côté, l'on fait un grand nombre d'injonctions au lieutenant-particulier, et l'on juge par conséquent que sa procédure est vicieuse en plusieurs points essentiels. Cependant, de l'autre on confirme toute la procédure, à la réserve de quelques confrontations, sans retrancher de l'instruction tous les actes dans lesquels on découvre des nullités importantes qui ont servi de fondement aux injonctions.

Dol personnel des officiers de Châtillon. Ils ont fait entendre que l'on trouvoit un défaut essentiel dans cette confrontation importante où les servantes déchargent les accusés, afin de détruire le titre de leur innocence et la preuve de la calomnie; mais cependant ce défaut ne s'y trouve point. On lit dans le procés-verbal de confrontation, que les servantes ont déclaré que c'étoit de l'accusé présent qu'elles avoient entendu parler, et néanmoins l'arrêt infirme la confrontation, en ce que cette déclaration ne s'y trouve point.

Jugé, non pas sur une pièce fausse, mais ce qui est encore plus important, *sur la fausse supposition d'un crime.* Cependant, comme ce moyen dépend de l'instruction qui sera faite, on n'y insiste pas à présent.

Après cela, il est inutile d'examiner des fins de non-recevoir qu'on lui oppose, non pour la défense de la vérité, mais pour retarder une condamnation que la conscience des juges leur représente comme inévitable.

On veut renfermer la partie de M.ᶜ Nivelle dans un cercle captieux ; il faut qu'elle soit vivante pour détruire l'arrêt ; il faut qu'elle détruise l'arrêt pour être reconnu vivante. Mais l'on soutient que si jamais la justice a pu adoucir la rigueur de la forme, et tempérer, par sa sagesse, l'excessive sévérité de la procédure ; il n'y a point d'occasion dans laquelle elle puisse exercer ce pouvoir avec plus de raison, puisqu'il s'agit aujourd'hui de faire triompher l'innocence du crime, la vérité de la calomnie, et la simplicité des accusés, de la malice et des artifices de leurs juges.

De l'autre côté, les officiers de Châtillon vous ont représenté avec toute la modération qui convient à des juges, mais avec toute la fermeté qui convient à des juges accusés de prévarication à la face de toute la terre, qu'ils s'étonnent de la témérité avec laquelle on ose encore les rendre parties dans cette affaire, après l'arrêt solennel qui les a justifiés d'une manière si authentique.

Ils ne prennent point de part à ce qui regarde la reconnoissance demandée par le prétendu de la Pivardière ; ils ne peuvent, ils ne doivent pas l'empêcher. Si l'instruction de ce procès leur étoit confiée, ils examineroient pour lors si ce n'est point ici le cas d'appliquer la disposition inviolable de l'ordonnance, qui diffère jusqu'au jugement du procès, d'admettre la preuve des faits justificatifs ; mais, puisque cette instruction a passé en de meilleures mains, ils attendent, avec tout le public, l'événement de cette grande affaire.

Mais s'ils doivent être indifférens sur ce premier point de la contestation, leur honneur offensé né leur permet pas de demeurer insensibles aux autres demandes du sieur de la Pivardière. Il attaque un

arrêt qui fait toute leur défense ; mais, outre la justice qui protège toujours les jugemens que vous
prononcez en son nom et comme ses premiers ministres, cet arrêt est environné, si l'on ose s'exprimer
ainsi, d'une foule nombreuse de fins de non-recevoir
qui le rendent inaccessible aux efforts les plus hardis
d'une procédure entreprenante.

Quel est celui qui ose l'attaquer ? C'est un homme
dont le sort est encore incertain, dont la qualité est
mal assurée, qui hésite jusqu'à présent entre le nom
d'imposteur et celui du véritable de la Pivardière.
Mais, sans vouloir former de nouveaux doutes sur
son état, est-ce le même homme pour lequel on
plaida, pendant trois audiences, avant votre arrêt ?
Est-ce lui qui avoit signé une procuration, qui avoit,
comme les autres parties, un avocat et un procureur,
qui a été compris dans les qualités de l'arrêt sous le
nom de soi-disant de la Pivardière ? ou dira-t-on que
c'est un autre personnage qui se prépare peut-être
depuis long-temps à être l'artisan de l'imposture et
le consommateur d'une téméraire supposition ?

Si c'est la même partie pour laquelle on a plaidé,
comment ose-t-il former opposition à un arrêt contradictoire ? et si c'est un autre, lequel des deux est
donc le véritable de la Pivardière ? La vérité est une,
et le mensonge se détruit en cherchant à se multiplier.

On est allé encore plus loin, et l'on vous a dit
que si la partie de M.ᵉ Nivelle est un imposteur, elle
n'a aucun droit d'accuser les juges ; et si elle est le véritable de la Pivardière, quel sujet a-t-elle de se plaindre
de ces officiers zélés pour sa défense, dont tout le
crime a été d'avoir voulu venger sa mort ? Enfin,
quel changement est-il survenu depuis votre arrêt ?
On a plaidé pour lors tout ce qu'on vous propose
encore aujourd'hui : il n'y a rien de nouveau que la
représentation du prétendu de la Pivardière. Qu'il en
tire tous les avantages qu'il jugera à propos pour se
faire reconnoître ; mais qu'il convienne aussi que jus-

qu'à ce qu'il soit reconnu, il n'a encore aucun droit d'attaquer l'arrêt.

Mais avec qui prétend-il faire rétracter ce jugement solennel? Avec des juges qui ne paroissent dans cette cause, que comme pris à partie.

Toute prise à partie est une espèce d'accusation. Le juge, par-là forcé de descendre de son tribunal, se voit égalé à la partie, obligé de rendre compte de sa conduite au tribunal supérieur de la justice souveraine; mais quelle règle est en même temps plus certaine et plus favorable que celle qui ne permet pas qu'on intente deux fois une accusation pour le même crime? C'est assez d'avoir exposé une fois sa vie et son honneur. La justice affranchit pour toujours ceux qu'elle a une fois affranchis; et si cette maxime a lieu à l'égard des plus grands criminels, que sera-ce en faveur d'un juge dont la prise à partie a été jugée téméraire? Qu'on le méprise si l'on veut, mais qu'on respecte l'asyle sacré de votre arrêt qui le défend. C'est-là qu'il trouve son appui et sa défense, et il ne peut jamais rien craindre lorsqu'il envisage que, pour arriver jusqu'à lui, il faut forcer le rempart et le retranchement invincible de votre arrêt.

Dans quelle matière prend-on des lettres de requête civile? Dans une cause, dans une instruction criminelle où le bien de la justice demande qu'elles soient inconnues.

Enfin, par quels moyens prétend-on les soutenir? En violant toutes les règles de la justice, en proposant de vains griefs et des moyens d'appel contre un arrêt dont le public a admiré la justice.

On dit que la procédure de l'ordonnance n'a point été suivie; ce moyen regarde uniquement le ministère public. Les officiers ne Châtillon ne doivent point y entrer.

On prétend qu'il y a des contrariétés dans l'arrêt. Mais, outre que ces contrariétés regardent la procédure criminelle, qui n'a point pour objet le soi-disant de la Pivardière, et à laquelle par conséquent il ne doit prendre aucune part, quelles sont ces contradictions imaginaires ?

On a fait, dit-on, des injonctions aux juges, mais en même temps on n'a pas déclaré la procédure, qui sert de fondement à ces injonctions, nulle et vicieuse.

Jamais on n'a mieux vu jusqu'où va la témérité d'une requête civile.

Qui peut savoir, qui peut pénétrer les motifs de la cour ? Peut-être a-t-elle cru que, quoique les juges eussent manqué, leur faute ne produisoit pas une nullité essentielle. Peut-être n'a-t-elle point voulu entrer à l'audience dans un détail exact de toutes les procédures, comme il étoit presque impossible de le faire. Elle a infirmé celles qui lui ont été lues et dans lesquelles elle a trouvé des défauts éclatans ; mais elle a laissé aux juges qu'elle a commis pour l'instruction, le soin de la rectifier, et elle s'est réservé à elle-même le droit de l'examiner scrupuleusement lorsqu'elle jugeroit le procès.

On ajoute que les officiers de Châtillon sont coupables de dol personnel, en ce qu'ils ont supposé, dit-on, qu'il y avoit dans la confrontation des servantes un défaut qui ne s'y trouve point. Mais qu'ont fait ces juges ? Ils ont remis leur procédure au greffe, et la cour y a prononcé. Quelle étrange supposition que de vouloir persuader qu'ils ont supposé gratuitement une nullité qui ne se trouvoit pas dans leur instruction, afin de se faire condamner aux frais de cette procédure ? Il faudroit inventer des faits plus vraisemblables.

Enfin on soutient que l'on a jugé sur choses fausses ; mais, pour le dire, il faudroit avoir fait l'instruction.

Après cela, les juges vous ont dit qu'il ne s'agit plus aujourd'hui de justifier leur conduite et de répondre vainement à des déclamations injurieuses ; ils ont pour garant de leur procédure la justice elle-même, puisque la cour les a déchargés de la prise à partie. On a proposé, avant l'arrêt, tous les moyens que l'on répète inutilement aujourd'hui. Vous les

avez tous condamnés ; et qui peut attaquer sans témérité, une procédure qui a été confirmée si solennellement ? Ce n'est plus l'ouvrage des juges de
Châtillon, c'est votre ouvrage que l'on attaque. Vous
l'avez adoptée, pour ainsi dire, en la confirmant, et
l'on peut dire de votre arrêt par rapport aux jugemens
des juges inférieurs, ce que Justinien a dit du corps
du droit par rapport aux écrits des jurisconsultes :
Omnia nostra facimus, quia omnibus nostram au-
thoritatem impertimur.

Après vous avoir remis devant les yeux le détail
des circonstances du fait et les principaux moyens
des parties, nous croyons que rien n'est plus important que de renfermer cette cause dans ses bornes
légitimes, et de la réduire au véritable nœud de sa
difficulté.

Quelque singulière et quelqu'étendue qu'elle paroisse, de quelques couleurs que l'éloquence de ceux
qui l'ont plaidée avant nous l'aient embellie, il faut
avouer néanmoins que ce n'est qu'une simple question
de procédure.

Dégageons-là donc de tous les ornemens que l'art
des orateurs y a ajoutés, et proposons-la dans cet
état de simplicité, de vérité, qui ne convient pas
moins à la dignité de la justice, qu'à la gravité de
notre ministère.

Quelle est l'unique question qui forme véritablement le sujet de cette grande cause ? C'est un
doute important à la vérité, mais un doute qui ne
regarde que la forme ; c'est une difficulté qui consiste
uniquement à savoir si l'on fera un peu plutôt, ce
que l'on convient qu'il faudra toujours faire. C'est
un combat entre la lettre et l'esprit de la loi, dans
lequel il s'agit d'examiner, de peser, de déterminer
le sens et la force du terme de *Faits justificatifs*.
C'est un conflit entre deux procédures qui paroissent
toutes deux également nécessaires, l'une, pour assurer
les preuves de l'assassinat ; l'autre, pour prouver
l'existence du sieur de la Pivardière.

Et, pour mettre l'état de la question dans un plus grand jour, supposons que la preuve de l'assassinat soit complette et concluante au moins par rapport aux dépositions des témoins ; supposons que les servantes, recouvrant cette première fermeté qui avoit paru dans leurs interrogatoires, confondent les accusés dans une confrontation solennelle ; qu'en cet état, le procès soit présenté aux yeux de la justice, et que les accusés opposent pour unique défense, le même fait dont il s'agit aujourd'hui, l'existence de celui dont on veut leur imputer la mort ; que non contentes de demander à faire preuve d'un fait si décisif, elles représentent à leurs juges celui qu'on les accuse d'avoir assassiné, et qui donne à la justice sa personne et sa vie pour gage de sa sincérité. Considérons dans cette supposition, ce que la lumière naturelle dicte également à tous les hommes. Quel seroit pour lors le juge assez hardi pour mépriser un fait de cette nature, pour soutenir qu'il faut s'arrêter uniquement aux preuves du crime, sans vouloir entendre celles de l'innocence ? Et s'il s'en trouvoit quelqu'un qui pût être d'un avis si singulier, tous les autres ministres de la justice ne s'éleveroient-ils pas contre lui, pour lui représenter que des témoins peuvent être surpris, corrompus, intimidés ; que la preuve testimoniale, qui n'est qu'une présomption fondée sur la bonne foi de ceux qui déposent, doit céder à la lumière de la vérité, qui peut s'expliquer beaucoup plus clairement sur la vie que sur la mort d'un homme, puisque sa mort, et surtout une mort cruelle, n'a souvent pour témoins que les complices mêmes de son assassinat, au lieu que toute une famille, toute une province, tout un peuple, peut être témoin, et témoin incorruptible de sa vie ?

Ne nous arrêtons pas plus long-temps à prouver que, malgré la force et l'évidence des preuves testimoniales, il n'y a point de juge qui pût interdire la preuve de l'existence d'un homme qui semble l'avoir déjà faite par sa seule représentation.

Or, ce que vous feriez alors, après avoir vu le

procès criminel, pouvez-vous le faire aujourd'hui avant que de l'avoir vu? C'est l'unique et l'importante question de cette cause : les autres demandes qu'on y a fait entrer, l'opposition, la requête civile sont ou superflues ou prématurées.

Si le soi-disant de la Pivardière ne peut prouver la vérité de son existence ; s'il est convaincu de supposition et d'imposture, alors la requête civile et l'opposition ne seront plus regardées que comme des moyens criminels, inventés par les accusés pour éviter, ou du moins pour retarder la juste punition de leur crime ; et, sans avoir égard à ces artifices dangereux, vous ne vous occuperez que de la vengeance publique. Et quels supplices pourroient être assez grands pour punir cette réunion monstrueuse de trois crimes énormes, l'adultère, l'assassinat et l'imposture ?

Si, au contraire, la voix de la vérité se fait entendre en faveur du sieur de la Pivardière, s'il peut démontrer évidemment ce qui semble si facile, et ce qui est néanmoins si difficile à prouver, c'est-à-dire, qu'il est lui-même ; c'est alors qu'il faudra que la justice ouvre les yeux avec plaisir pour reconnoître l'innocence des accusés, qu'elle tende les bras à des malheureux qui auront été la victime de la calomnie, et que, s'élevant au-dessus d'elle-même, elle rétracte avec joie ce qu'elle a prononcé avec douleur, lorsque de tristes préjugés vous obligèrent, MESSIEURS, à ordonner la continuation de la procédure.

C'est donc à ce point important que nous nous attacherons uniquement. Peut-on recevoir dès-à-présent la preuve de l'existence du prétendu de la Pivardiere, ou doit-on regarder ce fait comme un fait justificatif, que l'ordonnance nous défend d'écouter avant le jugement du procès criminel ?

Nous avouerons d'abord qu'il faut renoncer aux préjugés du vulgaire et aux préventions les plus communes, pour trouver cette difficulté aussi grande qu'elle le paroît effectivement aux yeux éclairés et

aux magistrats instruits des règles sévères de notre
procédure.

Il nous semble que nous entendons de tous côtés
la voix du public qui demande, avec étonnement,
quelle est donc la raison qui peut interdire à un
homme le droit de prouver son existence, de se
faire reconnoître pour ce qu'il est, de tirer sa femme,
ses amis, ses domestiques, de l'injuste oppression
que l'incertitude de son état leur fait souffrir depuis
si long-temps ? La vérité doit-elle demeurer si long-
temps captive dans une indigne servitude ? La loi
ne sera-t-elle puissante que pour accabler des criminels et non pour sauver des innocens ? Enfin,
tombera-t-on dans l'étrange absurdité d'informer
sérieusement de la mort d'un homme qui demande
lui-même à prouver sa vie ? Et faut-il que chacun,
s'érigeant en législateur, accuse témérairement la loi
d'injustice, les juges d'ignorance, et le ministère
public d'un excès de sévérité ?

Examinons donc si la voix du peuple est celle de
la vérité, ou si ces suffrages prématurés que le public
donne au prétendu de la Pivardière, sont condamnés
par deux lois également inviolables ; l'une est la loi
générale, écrite dans l'ordonnance, touchant les
Faits justificatifs ; l'autre est la loi particulière
écrite dans votre arrêt, par lequel il semble que
vous ayez joint à l'instruction une demande presque
semblable à celle que l'on forme aujourd'hui.

Commençons par retrancher de cette cause toutes
les questions plus curieuses que nécessaires. N'allons
point chercher sa décision dans les maximes d'une
autre jurisprudence.

Reconnoissons sans peine, que si une semblable
contestation eût été portée devant les juges d'Athènes
ou de Rome, si elle avoit été traitée devant ces grands
hommes, qui sembloient autrefois avoir soumis toute
la terre, plutôt à la sagesse de leurs lois qu'à la force
de leurs armes ; ce que nous examinons comme une
grande difficulté, auroit paru indigne de l'attention
de la justice. Telle est la force de l'exemple et l'au-

torité de la coutume, que les juges se seroient élevés contre ceux qui auroient entrepris de fermer la bouche, pour un temps, aux justes défenses d'un accusé, et de ne lui permettre de faire sa preuve que lorsque celle de l'accusateur auroit été achevée.

L'antiquité Grecque et Romaine nous offriroit des preuves sans nombre de cette vérité, s'il s'agissoit ici de faire une dissertation savante, et non pas d'établir les fondemens solides de vos décisions.

La fameuse oraison que Démosthène, accusé par Eschine, composa pour sa défense, ce discours sublime, dans lequel il semble que l'éloquence ait voulu déployer toutes ses forces pour montrer jusqu'où elle pouvoit aller dans la bouche d'un mortel, seroit seule suffisante pour prouver quelle étoit la douceur, l'indulgence, la facilité des lois grecques dans tout ce qui pouvoit contribuer à la justification des accusés. Si l'accusateur y produisit ses témoins, l'accusé y fit entendre les siens; et, par un seul et même jugement, Démosthène prouva son innocence et la calomnie de son accusateur.

L'histoire romaine, les écrits des rhéteurs, et surtout les oraisons de Ciceron, présentent à tout moment des exemples semblables; et, soit que ce grand orateur accuse des coupables pour le bien de la république, (ce qui ne lui est arrivé que rarement,) soit que, suivant les lois de l'humanité, de l'amitié, de la reconnoissance, sa voix serve d'asyle à des malheureux, ou de rempart à des innocens, partout il paroît que l'accusé avoit le même privilége que l'accusateur; que l'accusation et la défense marchoient d'un pas égal, et que la preuve de l'innocence se faisoit en même temps que celle du crime.

Si nous pouvions interroger ces maîtres du monde, ces sages législateurs, dont les lois règnent souvent parmi nous par la seule force de la raison, sans emprunter le secours de l'autorité; s'il nous étoit permis de leur demander les raisons et les motifs de cet usage, ils nous répondroient d'abord, que la loi qui présume toujours l'innocence et qui craint de découvrir le crime, ne doit pas souffrir que l'accusateur puisse tout, dans le temps que l'accusé ne peut rien, et que la voix du premier se fasse entendre, lorsque le second est obligé de garder un triste et rigoureux silence; que, si la balance de la justice ne doit pas pencher plutôt du côté de l'accusé que de celui de l'accusateur (1), elle doit au moins être égale entre l'un et l'autre, et que le moindre privilége que doit espérer un accusé qui peut être innocent, c'est l'indifférence, et si l'on ose s'exprimer ainsi, l'équilibre de la justice. Ils nous diroient ensuite, que pour mieux juger de la vérité, il faut envisager d'un même coup-d'œil et dans un même point de vue l'accusation et la défense, réunir toutes les circonstances, rassembler les différens faits, ne point diviser ce qui est indivisible, de peur qu'en voulant juger dans un temps du crime, et dans un autre de l'innocence, on ne puisse juger sainement ni de l'un ni de l'autre; que les preuves de l'accusé peuvent périr dans le temps qu'on s'applique uniquement à examiner celles de l'accusateur; et que, quand l'accusé auroit le bonheur de conserver sa preuve dans toute son intégrité, il est toujours à craindre qu'une première impression trop vive et trop profonde ne ferme l'esprit des juges à la lumière de la vérité, et que la lenteur du contre-poison ne le rende même absolument inutile.

(1) Chez les Grecs et les Romains, tout particulier pouvoit être accusateur. En France, c'est un officier chargé de veiller à l'intérêt public, qui est toujours le véritable accusateur. On informe à charge et à décharge, pour connoître si l'accusé est coupable ou innocent; mais on n'informe que des faits qui font le sujet de l'accusation, sans y mêler une instruction sur des faits différens ou contraires; et, lorsqu'ils ne sont pas tels qu'ils détruisent le corps même du délit, il faut attendre que l'instruction sur le délit soit achevée, avant que d'admettre la preuve des faits qui tendent à justifier la personne qui est accusée de l'avoir commis. Cette règle, quoique rigoureuse, prévient les inconvéniens qui naîtroient de la diversité et de la contradiction de plusieurs instructions que l'on feroit à la fois sur des faits opposés.

La différence de nos lois et de nos mœurs ne permet pas que nous adoptions ces maximes ; elles sont véritablement du droit romain, mais ce droit, dans la question que nous traitons, est un droit étranger, condamné, rejeté par les ordonnances.

Avant l'ordonnance de 1539, on a pu, dans le doute, avoir recours aux oracles de la jurisprudence romaine ; non-seulement on a pu le faire, mais on l'a fait. Il seroit facile d'en rapporter plusieurs preuves. Mais enfin la loi a parlé ; il ne nous reste plus que la gloire de lui obéir. Quand ses motifs nous seroient inconnus, nous devrions toujours respecter son autorité ; mais sa raison ne nous est pas moins manifeste, et sans vouloir entreprendre inutilement de défendre une loi que personne ne peut attaquer et de justifier la justice elle-même, contentons-nous d'observer que, soit par rapport à la corruption de la nature, qui semble recevoir tous les jours un nouvel accroisement, soit par rapport au génie et au caractère de notre nation, on a jugé que rien n'étoit en même-temps ni plus nécessaire ni plus difficile que le secret et la diligence dans l'instruction des procès criminels. Toutes les preuves s'évanouissent aussitôt qu'elles sont découvertes. Le silence, l'obscurité sont, en cette matière, les seules gardes fidèles et les seules dépositaires incorruptibles de la vérité. La longueur du temps, qui sert à la découvrir dans d'autres occasions, l'obscurcit, l'efface, l'éteint même quelquefois dans les actions criminelles ; elle diminue peu à peu cette indignation salutaire à la justice, que l'horreur d'un crime récent excite dans les esprits ; elle rappelle, elle ranime cette compassion cruelle, qui se porte quelquefois à sacrifier l'intérêt de tous à la conservation d'un seul.

Mais quel est le dépôt si sacré que l'amour de la vie ne trouve pas bientôt le moyen de violer ? Quels artifices ce même amour ne suggère-t-il pas à un accusé pour différer du moins, s'il ne peut absolument éviter sa condamnation ? Que si, entre tous les moyens que la malice des hommes, toujours plus

ingénieuse à violer la loi que la justice ne peut être
appliquée à la défendre, on permettoit encore aux
accusés de proposer de prouver, dès le commencement de l'accusation, leurs faits justificatifs, le même
jugement qui leur accorderoit cette permission fatale
au bien public, seroit pour eux un titre et une assurance d'impunité; le mystère de la justice seroit
révélé. Sous prétexte de faire leurs preuves, les
accusés éluderoient indirectement celles qui peuvent
les convaincre; et diminuant la force, l'autorité, le
poids des témoins qui leur seroient contraires, sans
avoir même prouvé leurs faits justificatifs, ils met-
troient souvent la justice hors d'état de prononcer
et sur le crime et sur l'innocence. De quoi peuvent-
ils justement se plaindre dans l'ordre que la sagesse
de nos loix a établi? On informe, on décréte. S'ils
ne sont pas criminels, qu'ils se présentent à la justice accompagnés de leur seule innocence, c'en est
assez pour être en sûreté à ses yeux. Il ne survient
presque jamais de retardement que de la part de
l'accusé; on ne séparera point la vue du crime de
celle de l'innocence; la justice envisagera en même
temps les faits prouvés contre l'accusé, et ceux dont
l'accusé demande à faire la preuve. Ainsi l'accusation,
qui avoit d'abord prévenu la défense pour empêcher
le dépérissement des preuves, sera obligée de l'attendre dans la suite; on les divisera, si l'on veut,
dans l'instruction; et on les réunira toujours dans le
jugement.

Mais cette loi, si sage dans ses motifs, si respectable par son autorité, si inviolable dans son exécution, est-elle aussi claire qu'elle le paroît, et n'a-t-elle
besoin du secours d'aucune interprétation?

Deux questions semblent naître de ces termes.

La première regarde la qualité des faits que l'ordonnance appelle *justificatifs*.

La seconde, la qualité de celui qui les propose.

Examinons d'abord la première question; qu'est-ce
qu'un *Fait justificatif?* On ne peut s'en former que

deux idées différentes; et, pour les mieux développer, supposons ici que toute accusation renferme
deux choses quelquefois inséparables, souvent très-
distinctes et très-séparées, mais toujours également
essentielles, un crime et un accusé.

Quelquefois le crime est tellement attaché à la
personne, que l'on ne peut diviser l'un d'avec l'autre,
et qu'il est impossible que le crime ait été commis,
sans que celui que l'on accuse soit véritablement
coupable. Ainsi, dans l'adultère, il seroit absurde
que l'on pût distinguer, par rapport à la preuve,
le crime et la personne de l'accusée, l'adultère et
celle qui l'a commis. La même preuve qui établit la
vérité du crime, établit nécessairement la qualité du
criminel.

Mais il y a d'autres crimes (et ce sont presque
tous les autres excès dont l'humanité est capable)
dans lesquels on peut séparer la personne de l'accusé,
du crime dont on l'accuse. Le crime peut être certain, et l'accusation téméraire; la preuve de l'un ne
renferme pas nécessairement la conviction de l'autre.
Il y a, si l'on veut, un meurtre, un vol, un incendie, un
sacrilége commis; mais s'ensuit-il pour cela que celui
qu'on en accuse, soit le véritable criminel? C'est une
conséquence que l'on ne pourroit tirer, sans rendre
les accusateurs arbitres souverains de la vie et de la
mort des accusés.

Disons donc avec l'orateur romain, que toute accusation suppose d'abord un crime dont elle détermine la qualité; qu'elle demande ensuite un coupable
sur qui l'évidence des preuves puisse faire tomber
le poids de la condamnation. *Accusatio crimen desiderat, rem ut definiat, hominem ut notet, argu-
mento probet, teste confirmet* (1).

Ces premières notions étant supposées, nous disons
qu'on ne peut concevoir le terme de *fait justificatif*,
que sous deux idées, ou, si l'on veut, sous deux

_____

(1) *Cic. pro M. Cœlio n. 3.*

faces différentes, dont l'une concerne le crime considéré en lui-même, l'autre regarde la personne de l'accusé.

En effet, tout fait justificatif a pour objet, ou d'éteindre absolument la preuve du crime, d'en montrer la fausseté, d'anéantir le principe et le fondement de l'accusation; ou, sans toucher à la vérité du crime, de justifier seulement la personne de l'accusé.

Ne cherchons point hors de cette cause un exemple fameux de la première espèce des faits justificatifs.

Quel est le grand fait que l'on vous propose aujourd'hui, et dont votre audience a retenti tant de fois? L'existence du sieur de la Pivardière. Celui qu'on avoit cru mort, paroît comme vivant. Ce fait ne tend pas à justifier simplement les accusés, il tend à effacer l'idée et l'apparence même du crime.

Si l'on disoit, au contraire, le sieur de la Pivardière est mort, il a été tué dans le château de Nerbonne, mais on ne peut accuser sa femme de ce crime, puisqu'elle étoit absente dans le temps que le meurtre a été commis; alors ce ne seroit plus un fait capable de dissiper jusqu'aux soupçons du crime, il ne pourroit produire que la décharge et l'absolution d'un des accusés.

En un mot, comme la vérité du crime et la vérité de l'accusation sont souvent essentiellement différentes, de même le terme de *fait justificatif* peut être pris dans deux sens très-éloignés. Dans l'un, il signifie ce qui détruit le crime; dans l'autre, ce qui détruit l'accusation. Dans l'un, il regarde la chose; dans l'autre, il n'a pour objet que la personne. Dans le premier, il purge en même temps tous les accusés. S'il n'y a plus de crime, c'est en vain que l'on chercheroit un criminel : dans le second, il ne justifie que l'accusé, auquel il est propre et personnel, et rien n'empêche que lorsque le crime est une fois constant, de deux accusés l'un soit jugé coupable, et l'autre innocent.

Telles sont les faces différentes sous lesquelles on

peut envisager ce terme de *faits justificatifs*. Mais dans lequel de ces deux sens l'ordonnance l'a-t-elle entendu? Est-ce dans l'un des deux? Est-ce dans tous les deux?

On pourroit dire d'abord que la lettre et l'esprit de l'ordonnance semblent prouver également qu'elle n'a compris sous le nom de *faits justificatifs*, que ceux qui, laissant subsister le crime, n'ont pour but que la justification de celui qui est accusé.

Si l'on s'attache à l'écorce et à l'extérieur de la loi, quel est le sens propre et naturel du terme dont elle s'est servi? Elle appelle ces faits, dont la preuve est différée jusqu'au jugement du procès, des *faits justificatifs* : donc, ce sont des faits qui supposent nécessairement qu'il y ait un crime commis. Car enfin, remontons par degrés aux premiers principes et aux élémens de la procédure criminelle. La justification suppose une accusation, et l'accusation suppose un crime : donc, dans la lettre de l'ordonnance, les faits justificatifs, pris à la rigueur, ne sont point ceux qui font évanouir l'ombre et l'apparence du crime, mais ceux qui le supposant, au contraire, puisqu'ils supposent une accusation, ne tendent qu'à faire voir que l'on s'est trompé dans la personne de l'accusé.

Si l'on passe de la lettre à l'esprit, et de l'écorce à la substance de la loi, il semble que les motifs de cette disposition rigoureuse, qui laisse gémir quelquefois l'innocent dans la captivité, pendant qu'elle donne un champ libre à son accusateur, il semble, dit-on, que ces motifs ne conviennent point aux faits qui attaquent le corps du délit, et qu'ils ne s'appliquent dignement qu'à ceux qui combattent la vérité de l'accusation.

Ces motifs, nous l'avons déjà dit, ne sont que l'importance du secret et de la promptitude dans l'instruction des procès criminels. Mais ces raisons cessent aussitôt que le crime devient justement douteux et incertain. Qu'on applique, tant que l'on voudra, ces maximes aux accusés qui, ne pouvant révoquer en doute la vérité du crime, ne travaillent qu'à mettre leur personne en sûreté; la justice leur dira, avec raison, que leur intérêt particulier ne doit pas suspendre le cours d'une procédure toujours juste et toujours nécessaire, puisqu'il y a certainement un crime commis; qu'il ne s'agit point encore de condamner, mais d'instruire; peut-être par rapport à ceux qui sont déjà accusés, peut-être aussi par rapport à d'autres coupables que la suite de l'instruction pourra découvrir; que, lorsqu'il sera question de punir, la justice fera le discernement de l'innocent et du criminel; mais que, quand il ne s'agit que d'assurer la vérité par une procédure solennelle, rien ne peut l'empêcher de jeter toujours ce fondement solide sur lequel doit rouler toute la suite du procès, c'est-à-dire la preuve du corps du délit.

Mais quelle apparence d'appliquer ces mêmes raisons aux faits par lesquels un accusé attaque le corps du crime et sappe les fondemens de l'accusation? La justice peut-elle instruire une accusation s'il n'y a point de crime? Quels seront les objets de cette procédure? Quels accusés espère-t-on de découvrir, s'il est vrai qu'il n'y a point d'excès à venger? Pourquoi hasarder témérairement une instruction précipitée, une instruction inutile, dérisoire, absurde, dans le temps que l'on peut s'éclaircir facilement de la vérité fondamentale, du point essentiel, du fait le plus préalable de tous les faits, c'est-à-dire de l'existence du délit qui doit servir de base à toute l'accusation? Pourquoi courir après l'ombre, dans le temps que l'on peut saisir, arrêter le corps? Pourquoi négliger la vérité pour chercher la figure, et préférer un fantôme qui échappe, à une réalité qui s'offre, qui se présente d'elle-même aux yeux de la justice?

Quelque spécieux que soient ces raisonnemens, nous savons qu'on peut leur opposer qu'ils n'ont qu'une dangereuse et séduisante subtilité, que l'ordonnance, en ne distinguant point, a condamné, par avance, la témérité de toutes les distinctions qui pourroient diminuer sa force et restreindre sa disposition ; qu'il ne faut point chercher, par de vains raffinemens, quel est le sens naturel du terme *faits justificatifs* ; les idées les plus simples sont toujours les plus sûres ; tout fait qui justifie est un fait justificatif. Que cette justification arrive ou par la fausseté du crime, ou par celle de l'accusation, que ce soit ou la chose ou la personne qui soit innocente, que l'absolution soit prononcée ou directement, ou indirectement en faveur de l'accusé, c'est ce qu'il importe peu d'examiner ; il suffit que le fait, de quelque nature qu'il soit, puisse opérer la décharge, la libération des prétendus coupables, pour pouvoir lui donner justement le nom de fait justificatif, et dès le moment que c'est un véritable fait justificatif, la question est décidée par l'ordonnance. Ce fait, tel qu'il soit, est une défense prématurée, avant le jugement du procès.

Ajoutons à cette première réflexion, que, si l'on s'écarte une fois de la juste sévérité de l'ordonnance, il n'y aura plus de règles ni de maximes certaines dans le point le plus important de toute l'instruction criminelle. Il est vrai que jamais on ne trouvera de prétexte plus apparent pour adoucir, pour tempérer, pour expliquer la rigueur de la loi. Mais les premiers égaremens sont toujours accompagnés d'excuses plausibles et de circonstances favorables. Qui oseroit résister ouvertement à la disposition précise de l'ordonnance ? Mais on fait naître des doutes, on propose des interprétations captieuses, on est ingénieux à se cacher adroitement l'intention de la loi pour pouvoir l'éluder impunément ; on invente des couleurs ; et, laissant subsister la lettre de l'ordonnance, on attaque, on surprend, on circonvient son esprit ; ce sont les termes des jurisconsultes, *sententiam legis circumvenit.* On ne trouvera pas tous les jours, à la vérité, des espèces semblables à celle de cette cause : souvent un siècle entier ne sauroit produire un bizarre assemblage de toutes sortes d'événemens ; mais l'exemple sera reçu, mais l'intégrité de la loi aura souffert une atteinte mortelle. Ce que l'on cherche à autoriser aujourd'hui, par des raisons et par des exemples, deviendra lui-même une raison et un exemple, *quod exemplis tuemur, olim erit inter exempla.* L'exception, qu'on ne propose encore qu'en tremblant et avec la timidité d'une conscience qui cherche à secouer le joug pesant de la loi, deviendra bientôt aussi étendue que la loi même.

Dans ce combat de raisons opposées, heureux qui peut attendre, en silence, à former son avis sur la règle infaillible de vos décisions ! Mais puisque les obligations de notre ministère ne nous permettent pas de demeurer plus long-temps en suspens, tâchons de concilier, par un sage tempérament, la rigueur des principes avec la faveur de l'équité.

Que la loi subsiste en entier ; mais que la raison ne perde aussi aucun de ses droits ; ne leur faisons pas même l'injure de croire qu'elles puissent jamais être véritablement contraires l'une à l'autre. Disons donc, sans vouloir exercer plus long-temps nos conjectures sur les subtiles différences que l'on peut imaginer entre les faits justificatifs, disons, en un mot, qu'il faut distinguer deux cas ou deux espèces différentes ; les unes, dans lesquelles le corps du délit est absolument et entièrement prouvé ; les autres, dans lesquelles il ne l'est pas.

Dans les premières, tous les faits, de quelque nature qu'ils puissent être, soit qu'ils attaquent la substance même du crime, soit qu'ils ne regardent que ses circonstances extérieures, c'est-à-dire, la personne de celui qui l'a commis, doivent être considérés comme des faits justificatifs.

Dans les autres espèces, et lorsque le corps du délit est douteux, souffrez, MESSIEURS, que nous distinguions encore, si le fait que l'on propose, ne tend point à assurer ou à détruire cette vérité fondamentale, qui est le principe de toutes sortes d'instructions criminelles. S'il n'a pour but que l'absolution d'un des accusés, il seroit inutile d'en ordonner la preuve avant l'instruction ; disons mieux, ce seroit une preuve onéreuse à l'accusé, qui n'en aura peut-être pas besoin puisque le corps du délit ne sera peut-être jamais établi.

Mais si, dans l'incertitude et dans le doute de la vérité du crime, on propose un fait qui puisse la confirmer ou la détruire, alors ce fait ne nous paroît plus devoir être considéré comme un simple fait justificatif; c'est un fait qui devient ou préalable, ou essentiel à l'instruction. Il fait partie du procès. Quand même l'accusé n'en demanderoit pas la preuve, il seroit de la sagesse et de l'équité du juge de l'ordonner, puisque toute son application doit être de donner du corps et de la réalité à une accusation, de ne pas la laisser errer incertainement dans la bouche des témoins, ou vaguer d'une manière encore plus douteuse dans le vaste pays des présomptions et des conjectures, mais de la fixer, de l'assurer, de la déterminer par une preuve certaine du délit, qui, montrant le crime à à découvert, ne laisse plus d'obscurité que sur la personne qu'on accuse de l'avoir commis.

Achevons de donner, par des exemples sensibles, du jour et de la lumière à cette distinction.

Supposons qu'un homme soit accusé d'en avoir fait assassiner un autre; que toutes les circonstances, le tems, le lieu, les blessures s'accordent parfaitement pour établir qu'il y a eu un homme assassiné, mais que, par la malice des assassins, ou par la longueur du temps qui s'est écoulé, le corps du mort ne conserve plus aucuns traits, aucun caractère qui le rendent reconnoissable; si l'accusé soutenoit alors que celui qu'on l'accuse d'avoir tué est vivant; s'il offroit de le prouver par témoins et par l'argument le plus fort et le plus invincible, nous voulons dire, par la représentation même de la personne qu'on soutient qu'il a égorgée, nous soutiendrions que le corps du crime est certain, qu'il y a un meurtre constant, que l'instruction découvrira qui est celui qui a été tué, mais qu'un homicide mérite toujours d'être poursuivi par la voie criminelle; qu'ainsi le fait, que l'accusé propose, pourra bien changer la qualité, l'atrocité, la

peine du crime, mais non pas l'anéantir et l'éteindre
entièrement.

Supposons ensuite que le délit soit douteux, incertain, contesté. On accuse un homme de meurtre ou
d'incendie ; nous choisissons des genres de crimes qui
laissent d'ordinaire après eux les vestiges les plus
funestes. Un grand nombre d'indices, des présomptions violentes, des dépositions même de quelques
témoins, mais témoins suspects, vacillans, incertains,
forment le corps de la preuve.

L'accusé, en cet état, se contente d'alléguer un *alibi*,
ou quelqu'autre fait de cette nature, qui n'est point
absolument incompatible avec l'existence et la vérité
du crime ; il est inutile d'entrer dans l'examen de cette
défense, jusqu'à ce que la preuve du corps du délit
soit achevée.

Mais si l'accusé soutient qu'il n'y a eu ni assassinat
ni incendie, que le corps mort de celui qu'on l'accuse
d'avoir assassiné ne porte aucune marque de blessure,
aucun vestige de violence, aucun caractère de l'assassinat ; s'il met en fait que la maison qu'on l'accuse
d'avoir brûlée subsiste en son entier sans avoir souffert la moindre atteinte ; si saint Athanase, accusé
d'avoir coupé la main d'Arsène, demande à représenter Arsène à ses accusateurs étonnés, s'il offre
de confondre leur malice en l'obligeant à leur montrer ses deux mains, qui osera dire que tous ces faits
doivent être envisagés comme de simples faits justificatifs ? Qui pourra soutenir qu'on doit les joindre
au procès pour en ordonner la preuve après les lon-
gueurs dangereuses d'une instruction illusoire, et quel
sera le juge, assez ennemi de la solide justice, assez
attaché à l'observation littérale d'une justice super-
ficielle, pour ne pas convenir que ces faits sont des
faits préalables, et non des faits justificatifs ; qu'ils
doivent précéder et non pas suivre l'instruction ;
qu'ils font partie du procès non-seulement par rapport à l'accusé, mais par rapport à l'accusateur, disons
plutôt, par rapport à la justice qui ne doit jamais
entrer, sans de grandes raisons, dans l'instruction

d'un crime dont l'existence peut être justement révoquée en doute?

N'examinons donc plus avec subtilité, quel est le véritable sens du terme dont l'ordonnance s'est servie. Arrêtons-nous à la distinction plus solide que nous venons de proposer; nous la répétons en un mot.

Ou le crime est certain; et alors tout fait qui vient de la part d'un accusé, est un fait justificatif.

Ou le crime est douteux, et alors, ou le fait que l'on propose ne regarde que l'innocence particulière de l'accusé, ou sa défense est prématurée jusqu'à ce que le corps du délit soit évident.

Ou ce fait, au contraire, concerne le corps même du délit; et alors la justice, sans être même excitée par la voix de l'accusé, ne sauroit approfondir trop tôt un fait qui est préalable, non-seulement au jugement et à la condamnation, mais à la procédure et à l'instruction.

Que nous reste-t-il à présent, si ce n'est de faire l'application de cette maxime à l'espèce de cette cause? Mais, pour ne rien oublier, nous devons encore examiner ici la seconde partie de la disposition de l'ordonnance; et, après avoir vu quelle est la nature des faits qu'elle appelle *justificatifs*, cherchons, en très-peu de paroles, quelles sont les personnes qui sont comprises dans sa disposition.

On vous a dit, MESSIEURS, et l'on a regardé ce raisonnement comme un argument victorieux qui retranchoit, en un mot, le puissant obstacle de la disposition de l'ordonnance : on vous a dit que si les accusés vous demandoient eux-mêmes la reconnoissance du soi-disant de la Pivardière, vous pourriez être justement suspendus entre l'ordonnance et leur demande; mais que la partie de M.ᵉ Nivelle n'étant point du nombre des accusés de l'assassinat, il n'étoit compris ni dans la lettre, ni dans l'esprit de l'ordonnance.

Expliquons-nous, en un mot, sur cette difficulté; suivons toujours nos principes, et ne nous écartons jamais de notre première distinction.

4*

Si le corps du délit est certain, ni les accusés, ni le prétendu de la Pivardière n'ont droit d'arrêter le cours de l'instruction. Ce seroit donner trop de crédit à un détour subtil et à une délicatesse de procédure, que de recevoir, dans la bouche d'un homme qui peut n'être qu'un imposteur, un fait qu'on n'écouteroit pas dans la bouche des accusés. La même présomption, ou plutôt la même preuve qui imposeroit silence aux prétendus coupables, ne vous permettroit pas d'entendre celui qui ne parleroit que pour eux. La personne seroit changée, mais le fait seroit toujours le même. A Dieu ne plaise qu'un changement, qui peut-être n'est qu'un artifice, un épisode amené avec art, une illusion, mais une illusion tragique pour son auteur, pût changer ou altérer les règles immuables de la justice.

Mais, si le corps du délit est douteux, si nous sommes dans le cas où la justice peut et doit autoriser toute procédure qui tend à éclairer sa religion sur un fait si important, alors, quoique les accusés mêmes pussent proposer une semblable défense, il faut avouer qu'elle est encore plus favorable, dans la bouche d'un homme dont la réputation est entière, au moins par rapport au fait dont il s'agit, et qui certainement ne peut être accusé d'un crime dont on prétend qu'il a été la victime malheureuse. Il joint un intérêt personnel à celui des accusés. S'ils veulent assurer leur honneur et leur vie, il lui est important de conserver la possession de sa naissance, de son état et de ses biens; et, si les premiers cherchent à se laver du crime odieux de l'assassinat qu'on leur impute, le dernier demande à se justifier du soupçon honteux de l'imposture qu'on lui reproche.

Il est temps à présent de descendre des principes généraux au détail des faits de cette cause.

L'unique question que nous croyons y devoir examiner, se réduit à ce point principal et décisif : Le corps du délit est-il prouvé ? Le fait dont il s'agit, appartient-il nécessairement à la preuve du crime, ou ne regarde-t-il que la simple justification de quelques accusés ?

Pour examiner cette question, nous nous contenterons de vous présenter un parallèle et une comparaison exacte des preuves du crime et de celles de l'innocence. Vous verrez, MESSIEURS, par ce seul parallèle, combien sont téméraires tous ces jugemens aveugles et précipités que le public a formés, tantôt sur la mort, et tantôt sur la vie du sieur de la Pivardière ; et nous osons dire que, surpris, suspendus comme nous, entre des présomptions si contraires, vous reconnoîtrez qu'il n'y a encore rien de certain dans cette cause, que le doute et l'incertitude, et que, dans une telle conjoncture, l'esprit le plus judicieux est celui qui est assez sage pour ne point juger.

Entrons donc dans le parallèle par lequel nous devons finir la première et la principale partie de cette grande cause. Oublions, pour un moment, les preuves de la vie ; n'envisageons à présent que celles de la mort du sieur de la Pivardière.

Distinguons-en de deux sortes : les indices et les preuves.

Si nous en examinons les indices, le premier qui se présente à nous est la conduite suspecte de la dame de la Pivardière. Ne nous arrêtons point à relever la force et le poids de cette présomption. Une funeste expérience n'apprend que trop, par quel enchaînement fatal un crime enfante presque toujours un autre crime. *Un abîme appelle un autre abîme* (1) ; et l'adultère est souvent le premier pas qui conduit à l'assassinat. Il semble que cette conjecture soit devenue une présomption de droit, qu'elle ait passé en maxime ordinaire dans les tribunaux de la justice : *Adultera, ergo venefica* ; et il y a long-temps qu'un des plus grands historiens de l'ancienne Rome a dit : *Neque fœmina, amissâ pudicitiâ, alia (flagitia)*

(1 *Psalm.* 41. ⅄. 10.

abnuerit (2); comme si sa foi étoit engagée au crime, lorsqu'elle a commencé à lui sacrifier ce qu'elle avoit de plus précieux.

Sans examiner la nature de cette présomption dans le droit, voyons, en un mot, si elle est prouvée dans le fait; et puisque notre ministère nous oblige de vous rendre compte des faits tels qu'ils sont présentés par des témoins dont nous n'avons point à examiner, en ce moment, le poids et l'autorité, n'hésitons point à dire que, si l'adultère n'est pas entièrement prouvé, il est impossible du moins de ne pas concevoir, d'après leurs dépositions, de tristes soupçons et des idées fâcheuses de la conduite de la dame de la Pivardière.

Nous ne la connoissons, à la vérité, que par la procédure des juges de Châtillon, de ces juges qu'on veut faire passer pour des calomniateurs; mais, malgré tous les efforts de leurs adversaires, leur procédure est confirmée; malgré toutes les plaintes que l'on vous a rendues de leur conduite, et qu'on n'a fait que répéter dans cette dernière plaidoirie, leur réputation est restée entière. Ils sont encore innocens; vous ne les avez pas même déclarés bien pris à partie. Votre arrêt a mis la présomption du côté des juges et de leur procédure : vous avez justifié les uns, vous avez confirmé l'autre. Nous sommes donc forcés, à présent, de nous arrêter à la preuve qui est entre nos mains. Nous l'avons vue avec peine, nous ne vous en parlons qu'à regret; mais nous ne pouvons nous dispenser de vous dire que nous y avons vu ce qui vous a déjà été expliqué par une bouche plus éloquente (2), lorsqu'il s'agissoit de confirmer ou d'infirmer la procédure criminelle.

Joignons à ce premier indice, les absences du sieur de la Pivardière, la discorde qui a troublé la paix

_____

(1) Tacit. *Annal. lib. IV, n. 4.*

(2) M. Portail, alors avocat-général, depuis premier président, qui avoit porté la parole lors de l'arrêt du 23 juillet 1698.

et la tranquillité du mari et de la femme, cette division, si publique, que la dame de la Pivardière ne prit aucun soin de la cacher aux yeux des étrangers dans le moment même de l'arrivée de son mari. Rappelons, dans nos esprits, ces reproches pleins d'aigreur et de ressentiment, qui rendirent le retour du sieur de la Pivardière beaucoup plus triste que son départ ne l'avoit pu être; cette bigamie véritable ou supposée, le nom honorable du mariage, la sainteté de la foi conjugale, les nœuds les plus sacrés de la vie civile méprisés, déshonorés, profanés par le mari ou par la femme, et peut-être par tous les deux : et, dans cet état, suspendons toujours nos jugemens; retenons, s'il est possible, nos soupçons mêmes; mais avouons, en même temps, qu'un mari et une femme, tels que les témoins nous dépeignent le sieur et la dame de la Pivardière, avoient tout à craindre l'un de l'autre, et que le public leur a peut-être rendu justice quand il a cru que, si le mari avoit été assassiné, la femme ne pouvoit être innocente.

Passons aux autres indices, qui ne demandent presque qu'une simple proposition.

Telles sont ces précautions si suspectes, et néanmoins si certaines dans les informations, que la dame de la Pivardière avoit prises pour écarter tous ceux qui auroient pu être les témoins de sa cruauté : une jeune servante enfermée dans une chambre éloignée de celle du sieur de la Pivardière ; ses enfans emmenés dans une chambre haute, dans laquelle ils n'avoient pas accoutumé de coucher, et dans laquelle on ne les enferme qu'après les avoir laissés dans un profond sommeil.

Tel est ce coup de fusil entendu pendant la nuit, du côté du château de Nerbonne, non-seulement par les servantes, mais par trois témoins non suspects; fait qui a paru si considérable à la dame de la Pivardière, qu'elle chassa de sa présence, avec menaces, une femme du voisinage qui avoit osé dire qu'elle en avoit une parfaite connoissance.

Tel est encore ce cri funeste, cette voix plaintive

entendue aussi pendant la nuit, et par la demoiselle
de la Pivardière et par un autre témoin; voix lugubre
qui parut venir du château et sortir de la chambre
du sieur de la Pivardière.

Telles sont ces traces, ces vestiges de sang, trouvés
dans la chambre, dès le lendemain du prétendu
assassinat, par la demoiselle de la Pivardière, qui
l'a déclaré, non-seulement devant les juges de
Châtillon, mais devant ceux de Luçai, mais en présence de plusieurs témoins dignes de foi; vestiges
remarqués au milieu du mois de septembre, par
quelques-uns de ceux qui ont déposé, observés encore à la fin du même mois par les juges de Châtillon,
et au commencement du mois d'octobre, par ceux
de Luçai. Qu'on ne dise donc pas qu'une main ennemie a voulu tracer avec ces caractères de sang, le plan
d'une horrible calomnie; que la lenteur avec laquelle
les juges de Châtillon ont procédé à l'examen de ce
fait, peut faire soupçonner qu'ils attendoient qu'on
eût préparé avec soin les seules couleurs qui pouvoient donner quelque vraisemblance à leur accusation. Le fait est prouvé, non-seulement par le
procès-verbal des officiers de Châtillon, mais par
la relation de plusieurs témoins, par les déclarations
des servantes, et encore plus par celles que la demoiselle de la Pivardière a faites en différens temps,
mais toujours avec cette ingénuité, cette naïveté,
cette simplicité, qui sont le privilége et le caractère
de son âge.

Dira-t-on aussi, que ce sont les officiers de Châtillon
qui ont eu la malice de faire mettre de la paille toute
nouvelle, qui n'avoit pas même encore été battue,
dans la paillasse du sieur de la Pivardière? Mais
s'ils n'avoient pensé qu'à donner du corps à leur
calomnie, n'étoit-il pas beaucoup plus sûr de représenter toute la paille teinte de sang, au lieu de
n'en faire paroître que quelques brins ensanglantés,
et de rendre, par là, cette indice douteux et incertain?

Achevons l'énumération des indices. Vous vous

souvenez, MESSIEURS, de cette lessive qu'on prétend
que la dame de la Pivardière a faite elle-même,
contre sa coutume, peu de jours après l'assassinat;
de ces serviettes teintes de sang, que sa propre fille
déclare qu'elle y a remarquées.

Enfin est-il nécessaire de vous retracer ici toutes
les conjectures que fait naître d'elle-même la circonstance certaine entre toutes les parties, du départ,
aussi soudain que peu vraisemblable, du sieur de la
Pivardière ? Quels soupçons sinistres, quelles présomptions funestes ne se présentent pas à l'esprit,
lorsque l'on voit un mari, absent depuis plusieurs
mois, arriver le soir chez sa femme après le soleil
couché, n'ouvrir la bouche que pour se plaindre,
chercher dans le sommeil et dans la solitude un repos
qu'il ne pouvoit trouver avec sa femme, disparoître
le lendemain avant le point du jour, sans que personne puisse savoir quel événement imprévu l'a
arraché si promptement à ses affaires, à ses enfans,
à lui-même ? Si l'on joint à cette observation, son
cheval, son manteau, ses guêtres trouvés dans son
château, vus par une infinité de témoins, et regardés
par tous comme une circonstance qui paroissoit annoncer sa mort beaucoup plus que son absence : si
l'on y ajoute le bruit public, les jugemens du peuple,
cette voix de la renommée, qui ne se trompe pas
toujours, qui prévient quelquefois la pénétration et
le zèle des juges, qui n'attend pas l'accusation pour
découvrir le coupable, et qui désigne la victime
long-temps avant le sacrifice ; si, après avoir divisé
les circonstances, après avoir séparé les indices, on
les réunit, on les rassemble, pour les envisager
conjointement, qui pourra considérer en même temps
le caractère d'une femme, presque convaincue d'adultère, celui d'un mari accusé de bigamie, ce soin
suspect d'écarter les témoins, ce coup de fusil, cette
voix plaintive, ces traces de sang, cette paille re-
nouvellée pour effacer les présomptions du crime,
cette attention singulière de la dame de la Pivardière
à faire elle-même une lessive qu'elle n'avoit jamais

faite, ce départ soudain, ou plutôt cette disparition
étonnante du sieur de la Pivardière, ce cheval, ce
manteau, ces guêtres; qui, comme autant de témoins,
semblent publier sa mort, enfin ces discours ambigus,
ou plutôt ces discours trop clairs par lesquels il
semble que la conscience des accusés s'explique
malgré eux et devient leur première accusatrice :
qui pourra, encore une fois, envisager cette réunion,
cet amas, ce concours de tant de circonstances, sans
en être frappé, et sans se récrier, dans son étonnement, que si la dame de la Pivardière n'est pas coupable, elle est au moins fort malheureuse, et qu'il
semble que la fortune, de concert avec ses ennemis,
ait rassemblé, avec art, toutes les circonstances qui
pouvoient faire le sujet d'un mensonge spécieux et
d'une fiction vraisemblable?

. Mais ne nous arrêtons pas davantage à de simples
présomptions, examinons les preuves.

Elles se renferment uniquement dans les interrogatoires des servantes (1).

Nous en avons déjà donné une idée générale dans
le récit du fait. Nous vous avons dit que Catherine
le Moyne, d'abord plus tremblante et plus incertaine,
avoit déchargé sa maîtresse dans le premier interrogatoire; que, devenant plus hardie et plus constante
dans le second, elle avoit commencé à répandre des
soupçons contre elle; et qu'enfin, dans le troisième,
elle l'avoit accusée ouvertement.

Nous ne vous lirons point ces interrogatoires. Ils
vous ont été lus lorsque vous avez confirmé la procédure criminelle, et d'ailleurs les accusés eux-mêmes
et la partie de M.ᵉ Nivelle reconnoissent qu'ils
contiennent les faits les plus atroces. Il ne s'agit que
de les réunir en très-peu de paroles.

Catherine le Moyne déclare donc, en substance,

(1) Ces interrogatoires faisoient toute la difficulté de cette
affaire, parce qu'on ne pouvoit les rejeter qu'après une instruction sur l'existence du sieur de la Pivardière, et sur le faux
témoignage.

qu'après que la dame de la Pivardière eut vu ses
enfans endormis, elle sortit de leur chambre où
elle les enferma sous la clef; qu'elle descendit avec
les deux servantes; qu'elle trouva dans la cour le
cuisinier et le valet du prieur de Miseray; qu'elle
envoya Catherine le Moyne chercher des œufs; et
qu'en même temps elle fit entrer les deux assassins
dans la chambre du sieur de la Pivardière; que
Catherine le Moyne alla chercher des œufs chez
François Hibert (qui néanmoins a dénié ce fait dans
sa déposition), qu'elle entendit dans le chemin tirer
un coup de fusil; qu'elle apporta les œufs avec trop
de diligence, et qu'étant entrée dans le temps qu'on
achevoit de commettre le meurtre, la dame de la
Pivardière la voulut battre, parce qu'elle revenoit
trop tôt; que, dans ce moment, elle vit le corps
mort du sieur de la Pivardière étendu sur la paillasse,
les draps ensanglantés, la chambre pleine de sang;
que la dame de la Pivardière dit aux deux assassins
d'emporter le corps avec les habits, ne nomma pas
le lieu où on devoit le mettre; qu'aussitôt ils l'empor-
tèrent hors du château; que sa maîtresse lui dit
d'aller chercher du pain à Trompe-Souris, qu'elle
en acheta chez le nommé Pineau (qui dénie aussi
ce fait), et qu'à son retour elle vit les deux assassins,
qui, après avoir mangé les œufs que la dame de la
Pivardière leur fricassa elle-même, s'en allèrent aux
approches du jour; que le lendemain, ou peu de
temps après, le prieur de Miseray vint à Nerbonne,
et la dame de la Pivardière lui ayant dit en pleurant
qu'elle étoit bien malheureuse, qu'elle avoit perdu
sa jument, le prieur lui répondit que ce n'étoit pas
là le plus grand de tous leurs maux, qu'il falloit s'en
aller, et qu'ils entrèrent tous deux dans la chambre
basse en se désespérant.

Non-seulement elle soutient les mêmes faits dans
les deux interrogatoires suivans, et en retrace les
principales circonstances; mais elle en ajoute encore
plusieurs autres qui chargent de plus en plus les

accusés ; savoir que ce fut la dame de la Pivardière
elle même qui alla ouvrir la porte de la cour aux
assassins ; que le cuisinier tenoit un fusil à la main,
et que le valet avoit un sabre au côté ; qu'à son
premier retour et lorsqu'elle apporta des œufs, la
dame de la Pivardière lui donna un coup de poing
et un coup de pied, et la chassa ; que si elle alla
d'abord à la chambre du sieur de la Pivardière, ce
fut parce qu'elle entendit crier sa compagne ; que la
dame de la Pivardière a gardé la clef de la cave
pendant quelques jours après l'assassinat, sans souffrir que qui que ce soit y entrât ; et que le prieur
de Miseray lui a dit, en parlant des servantes : *Il faut*
se défaire de ces canailles-là.

Marguerite Mercier n'a jamais hésité à charger sa
maîtresse, et dès son premier interrogatoire, après
avoir répété les mêmes faits que l'autre servante
avoit expliqués, elle a dicté ce récit du détail de
l'assassinat qu'on ne peut répéter sans horreur.

Le cuisinier du prieur de Miseray s'approche du
lit, trouve le sieur de la Pivardière endormi ; il le
découvre, il lève le rideau du côté de la cheminée ;
il monte sur un escabeau qu'il porte à côté du lit ;
il tire un coup de fusil dans le côté droit ou dans
la tête du sieur de la Pivardière, qui se lève du lit,
et crie à sa femme : *Petite femme, donnez-moi la vie ;*
prenez tout mon or et mon argent. Elle lui répond :
Non, non, il n'y a point de vie pour vous ; et en
même temps les assassins et sa femme se jettent tous
trois sur lui, le remettent sur le lit, après en avoir
ôté la couverture, le matelas, le chevet, les draps,
et lui donnent trois ou quatre coups de sabre dans
le côté ; la dame de la Pivardière voyant qu'il re-
muoit encore, prend elle-même le sabre, le lui en-
fonce dans le côté gauche, et achève de lui ôter la
vie. Marguerite Mercier s'écrie au meurtre ; sa maîtresse veut lui faire mettre une serviette dans la
bouche, pour l'empêcher de crier ; les assassins, plus
humains qu'elle, lui disent qu'ils craignent de la

faire mourir, parce qu'elle n'avoit pas beaucoup de santé. On enveloppe le corps entre deux draps, on l'emporte, et la servante ne sait où on l'a caché.

Pendant que les valets du prieur de Miseray vont ensevelir le corps du sieur de la Pivardière et la preuve de leur crime, la dame de la Pivardière apporte un poêlon plein de cendre, qu'elle ordonne à Marguerite Mercier de jeter sur le plancher pour effacer le sang répandu. La servante refuse de lui obéir, et crie au meurtre à haute voix. Sa maîtresse lui donne un coup de poing, et la menace de lui faire le même traitement qu'elle avoit fait au sieur de la Pivardière si elle ne lui obéit promptement.

Les assassins reviennent au bout de deux heures; ils mangent les œufs que l'autre servante avoit apportés, et que la dame de la Pivardière fricassa elle-même.

Le reste des circonstances, c'est-à-dire, les enfans enfermés dans une chambre haute, les assassins introduits dans celle du sieur de la Pivardière, les coups que l'autre servante reçut comme une peine de sa trop grande diligence, l'ordre que la dame de la Pivardière lui donna d'aller chercher du pain à Trompe-Souris, la lessive faite par sa maîtresse elle-même, les discours suspects du prieur de Miseray, qui se trahit par ses propres paroles, tous ces faits sont expliqués d'une manière uniforme par les deux servantes.

Les deux interrogatoires suivans, de Marguerite Mercier, confirment encore la même vérité ou le même mensonge; elle y ajoute, comme l'autre servante, que ce fut la dame de la Pivardière qui ouvrit elle-même la porte du château aux assassins.

Enfin, après ces différens interrogatoires, l'une et l'autre servantes ont également ajouté le fait de la présence du prieur de Miseray, et de la cruauté avec laquelle il voulut partager, avec ses valets, non-seulement le dessein, mais l'exécution même du crime. Catherine le Moyne a encore déclaré qu'elle avoit vu Nicolas Mercier, père de sa compagne, emporter le cadavre du sieur de la Pivardière avec les deux valets du prieur de Miseray.

Voilà, MESSIEURS, quel est le précis et l'abrégé des charges.

On peut les considérer sous une double face, ou en elles-mêmes, ou par rapport au caractère et à la qualité de celles qui nous les fournissent.

Si on les examine en elles-mêmes, on ne peut pas douter qu'elles ne soient concluantes. Ce ne sont plus des indices équivoques, des présomptions incertaines, des conjectures douteuses; ce sont des témoins oculaires qui attestent avec serment, l'une, qu'elle a vu tuer son maître; l'autre, qu'elle l'a vu mort. Qu'on ne dise point ici que le corps mort du sieur de la Pivardière ne paroît pas. Ne tombons point dans l'erreur grossière de ceux qui confondent le cadavre du mort avec le corps du délit, et ne réduisons pas la justice à l'impossibilité de punir un crime énorme, parce qu'on n'aura pas trouvé le corps de celui qu'on prétend avoir été assassiné. A Dieu ne plaise que le public puisse jamais nous reprocher que nous donnons aux criminels une espérance d'impunité, en reconnoissant qu'il est impossible de les condamner, lorsque leur cruelle industrie aura été assez heureuse pour dérober aux yeux de la justice les misérables restes de celui qu'ils ont immolé à leur vengeance.

Le corps du délit n'est autre chose que le délit même. Quand les lois romaines, plus favorables aux accusés que nos ordonnances, établissent, pour principe, qu'il faut, avant toutes choses, que le corps du crime soit assuré, elles ne disent pas qu'il faut nécessairement représenter à la justice le cadavre du mort; elles demandent seulement qu'il soit certain qu'il y a eu un homme tué : *Liquere debet hominem esse interemptum.* Et soit que l'inspection du corps publie hautement la vérité du crime, soit que des témoins dignes de foi assurent qu'ils ont été spectateurs de l'assassinat, le crime est toujours prouvé, au moins par rapport à la nécessité de l'instruction.

Mais quelle est la qualité de celles qui nous apprennent ces faits? Quelle est la foi que l'on peut ajouter à leurs dépositions?

Ce sont des servantes qui accusent leur maîtresse; mais ce sont des témoins nécessaires, disons mieux, des complices, qui, en s'accusant les premières, donnent des gages assurés de la sincérité de l'accusation qu'elles forment contre les autres. Ce seroit ouvrir la porte à la licence et à l'impunité, que de rejetter un pareil témoignage. Aussi n'est-ce pas là le grand moyen que l'on oppose à la confession des servantes.

Ce sont, vous a-t-on dit, non seulement des témoins corrompus, surpris, intimidés par les juges, mais des témoins qui se sont rétractés. Aussitôt que la présence du prieur de Miseray leur a rendu la voix et la liberté, elles se sont relevées contre l'injustice de ces ministres d'iniquité, qui, pour autoriser une calomnie, avoient profité de leur foiblesse et de leur simplicité.

Quelqu'impression que cefait ait produite dans tous les esprits, il semble néanmoins qu'il est assez facile de la détruire.

Deux raisons rendent cette rétractation, dont on a tiré de si grands avantages en faveur des accusés, ou suspecte, ou inutile.

Nous disons d'abord qu'elle est très-suspecte. Contentons-nous d'en indiquer les preuves, et de les montrer en passant.

Ce sont des accusés qui se rétractent; telle est la loi sévère de la justice criminelle, qu'on les croit quand ils s'accusent, et qu'on ne les croit pas quand ils se justifient.

Ce sont des servantes qui varient à l'aspect de celui qu'elles avoient acoutumé de regarder comme leur maître. Il est si vraisemblable que c'est cette vue qui les frappe de crainte, et qui produit un trouble involontaire dans leur esprit, qu'il y en a une, qui

ne rétracte que ce qui charge le prieur de Miseray ;
elle persiste dans les faits du premier interrogatoire,
si décisif, si concluant contre la dame de la Pivardière. Et cependant, puisqu'elle osoit, dans ce
moment, accuser ses propres juges de prévarication,
pourquoi ne les en accuse-t-elle que par rapport aux
faits qui condamnent le prieur de Miseray ? Pourquoi
semble-t-elle reconnoître leur innocence, quand il
s'agit de condamner la dame de la Pivardière ? La
raison peut-elle en être douteuse ? C'est que l'un
est présent, et que l'autre est absente. La seule
impression d'une frayeur momentanée la rend chancelante, incertaine, contraire à elle-même.

Quelles circonstances acompagnent la rétractation
de ces servantes ? Un trouble, une hésitation, un
embarras, une espèce de convulsion violente dans
laquelle on voit une ame agitée, par deux mouvemens contraires, céder tantôt aux reproches de sa
conscience qui la pressent intérieurement, tantôt à
l'impression extérieure de la présence du prieur de
Miseray, toujours malheureuses, et se reprochant
peut-être à elles-mêmes de n'avoir ni assez de malice
pour trahir la vérité, ni assez de force pour la
confesser.

Dans cette agitation, qu'imputent-elles à leur juge ?
Comment soutiennent-elles cette accusation capitale
qu'elles intentent contre lui ? Il les a menacées ; mais
quelles sont ces menaces ? Il leur a dit qu'elles seroient
criminelles, si elles ne disoient pas la vérité ; il les a
menacées de leur faire le procès comme à des muettes,
si elles ne répondoient pas ; enfin, il leur a déclaré
qu'il les mettroit à la gêne, si elles persistoient à ne
pas déclarer ce qu'elles savoient de ce crime. Et ce
sont là, MESSIEURS, ces grandes, ces terribles menaces,
par lesquelles un juge prévaricateur a voulu extorquer
des déclarations fatales à l'innocence.

Il n'y en a qu'une seule qui ait pu faire quelqu'impression. Mais où est la loi qui interdise au zèle d'un
juge le droit d'avertir les accusés par avance, de la
torture à laquelle ils s'exposent par leur silence ?

Quelles circonstances enfin ont suivi ces rétractations ? Un désir ardent de les désavouer ; une impatience attestée par l'official de Bourges, juge non
suspect aux accusés, de demander pardon au lieutenant particulier de Châtillon de l'injure que les
servantes lui avoient faite ; et, enfin, une nouvelle
confession de toutes les circonstances du crime que
ces deux accusées ont soutenu avec une intrépidité
surprenante au prieur de Miseray.

On oppose, il est vrai, que cette rétractation de
la rétractation même a pu être l'effet de la terreur
que le juge de Châtillon imprima à ces malheureuses
servantes, en ordonnant que le procès leur seroit
fait et parfait comme à de faux témoins. Mais, sans
examiner ici la justice ou l'injustice de cette sentence, il est aisé de répondre qu'il est impossible
qu'elle ait été le principe du changement subit de
Marguerite Mercier, puisqu'il n'y a jamais eu à son
égard de sentence qui ait ordonné que son procès lui
seroit instruit comme à un faux témoin, et qu'elle
avoit prévenu l'effet de cette sentence, qui n'est que
du 14 mars, en rétractant, dès le 7 du même mois,
tout ce que la présence du prieur de Miseray lui
avoit fait dire.

Mais, si ces rétractations sont suspectes par tant
d'endroits, elles sont encore plus inutiles.

Car enfin, ces rétractations, telles qu'elles soient,
ne subsistent plus ; vous les avez détruites par votre
arrêt ; elles sont comprises dans les confrontations
que vous avez déclarées nulles ; et, dès le moment
que nous ne trouvons plus de preuves judiciaires
d'un fait si important, nous ne pouvons plus le regarder comme absolument véritable.

Distinguons ici la connoissance de l'homme, de celle
du juge. La première peut être certaine, mais elle
est inutile ; la seconde est utile, mais elle est douteuse, ou, pour mieux dire, elle ne subsiste plus ;
et, lorsque nous avons, MESSIEURS, l'honneur de vous
parler ici au nom du public, ne devons-nous pas
oublier entièrement la personne privée ? Heureux, si

D'Aguesseau. Tome V.   5

nous ne la mêlons jamais mal-à-propos dans les fonctions importantes de la personne publique !

Nous ignorons donc, et nous devons ignorer le fait de la rétractation, tant que votre arrêt subsistera. Quand même il pourroit être détruit, quand il seroit vrai que la nullité qui lui a servi de fondement ne se trouvât point dans la procédure, il y en aura toujours une autre, absolument irréparable. La confrontation, dans laquelle on trouve la variation des servantes, est rédigée par un greffier commis par le juge, qui n'a jamais prêté de serment, officier sans caractère, et par conséquent sans pouvoir ; nullité essentielle, vice radical, qui ne nous permettront jamais de tirer aucune inductions table et permanente d'une procédure si vicieuse.

Si le témoignage des servantes subsiste, s'il est vrai qu'encore aujourd'hui leur voix s'élève contre les accusés, ne peut-on pas dire que le corps du délit est suffisamment prouvé ? car enfin, MESSIEURS, revenons à cet unique raisonnement, qui renferme en même temps, et la justification des juges et la condamnation des accusés.

Si les servantes ont confessé ingénument la vérité, les faits qu'elles expliquent sont une preuve évidente du crime. Or, il est presque moralement impossible qu'elles aient voulu dissimuler la vérité, disons mieux, qu'elles aient voulu composer une fable aussi pleine de malignité que d'imposture. C'est ce qu'il faut prouver.

Servons-nous de ce dénombrement fameux, dont on a employé souvent l'autorité, pour prouver les faits les plus importans.

Catherine le Moyne et Marguerite Mercier ne peuvent avoir prêté un faux témoignage pour opprimer des innocens, que par un de ces trois motifs : ou parce qu'elles ont cru de bonne foi avoir vu ce qu'elles n'avoient jamais vu ; ou parce qu'elles ont voulu devenir elles-mêmes les auteurs de la supposition la plus criminelle et de la calomnie la plus insigne, qui aient jamais excité l'indignation de la justice : où enfin, parce qu'elles ont été forcées, par une impression étrangère, de déclarer, contre leur connoissance et contre leur intention, des faits qui n'ont jamais existé que dans l'esprit des calomniateurs.

En un mot, elles sont ou trompées, ou trompeuses, ou forcées malgré elles à servir de ministres à l'iniquité.

Qui osera dire qu'elles se sont trompées, qui pourra même se le persuader, avant que d'entreprendre de le prouver aux autres? Quelqu'ignorance, quelque stupidité que l'on suppose dans ces servantes, on ne prouvera jamais que leurs déclarations soient l'ouvrage d'une illusion et d'un aveuglement involontaire ; qu'elles aient pu se tromper sur un fait si éclatant ; que, suivant toujours l'égarement de leur imagination, elles aient pu composer de bonne foi ce récit si exact, si précis, si circonstancié de l'assassinat ; qu'elles aient été capables de se persuader qu'elles avoient vu percer de coups un homme qui n'avoit pas reçu la moindre blessure, et que leur maître, vivant, leur ait paru mort, dans une espèce de songe funeste aux accusés ; encore une fois, la foiblesse de l'âge, du sexe, de la raison, ne vont pas si loin ; et, tant que l'on ne prouvera point la démence des servantes, on ne pourra jamais soutenir qu'elles ont été trompées sur un fait sur lequel les insensés mêmes pourroient à peine se tromper.

Si ces servantes n'ont point été séduites par leur propre foiblesse, dira-t-on qu'elles l'aient été par leur malignité ? Mais n'est-il pas encore plus absurde de vouloir les dépeindre comme trompeuses, que de les représenter comme trompées ?

Quel intérêt les auroit portées à vouloir faire périr, par leur témoignage, celle qui étoit la maraine de l'une, la maîtresse et la bienfaitrice de l'une et de l'autre ?

Mais quel intérêt, au contraire, ne devoit pas les porter à justifier les accusés, plutôt qu'à les faire condamner? Elles sont interrogées comme accusées

elles-mêmes, et elles doivent s'attendre à être condamnées comme coupables, si leur maîtresse est criminelle. La condamnation sera plus douce, à la
vérité, mais ce sera toujours une condamnation ; et
quand elles n'auroient eu à craindre que les horreurs
d'une longue et dure captivité, quand elles n'auroient
regardé que les fers et leur prison présente, tout ne
sembloit-il pas les inviter à sauver leur honneur et
celui de leur maîtresse, plutôt qu'à exposer l'un et
l'autre par une calomnie digne du dernier supplice ?
Quel étrange motif, pour des innocens, que celui de
faire condamner un autre innocent, et un innocent qui
ne peut tomber sans les entraîner avec lui, et sans
les écraser par sa chute !

Aussi n'a-t-on pas osé vous proposer une conjecture
si dénuée de vraisemblance. On s'est retranché dans
le troisième parti, et l'on a soutenu que ces servantes, qui ne peuvent avoir été ici trompées ni
trompeuses, ont été forcées, contraintes malgré elles,
d'appuyer une calomnie qui devoit retomber sur elles
aussi bien que sur leur maîtresse.

Mais que dira-t-on, si cette dernière supposition
paroît presque aussi incroyable que les deux précédentes, et s'il paroît presque moralement impossible
que la crainte et la force aient extorqué le mensonge
et l'imposture de la bouche des servantes ?

Car enfin, quel a été l'auteur d'une violence si
peu vraisemblable ? Est-ce la partie civile ? Mais
il n'y en a point. Est-ce un dénonciateur ? Mais
il n'en paroît pas. Est-ce une partie secrète, un
ennemi caché ? Jusqu'à présent on n'en a pu nommer
aucun. Il n'y a donc que les juges qui puissent être
coupables ; et en effet, ils sont l'unique objet de la
passion des accusés.

Parmi ces officiers, sera-ce le procureur du roi
qu'on voudra faire passer pour l'auteur, le promo-
teur, l'instigateur de cette calomnie ? Mais les servantes elles-mêmes ne l'ont jamais dit ; mais il n'a
rien fait que ce que le devoir de sa charge l'obligeoit
de faire ; mais il seroit coupable, si, sur le bruit

public, il n'avoit pas fait informer, si, sur l'information, il n'avoit pas requis le décret, si, après le décret
et les interrogatoires, il n'avoit pas conclu au récolement et à la confrontation ; et d'ailleurs, a-t-il pu
conduire ou la langue des servantes, ou la plume du
greffier ? S'il est coupable, il faut au moins qu'il ait
eu des complices ; il n'a pu accomplir par lui-même
ce mystère d'iniquité. Il faut donc que les juges lui
aient prêté leur ministère. Mais deux sortes de juges
ont travaillé à l'instruction, le juge royal, le juge
d'église.

Le juge d'église, jusqu'à présent, est hors de
toute suspicion. Les servantes rendent témoignage à
sa justice, dans le temps qu'elles accusent le juge
royal. On n'a pas cru même pouvoir trouver le
moindre prétexte pour le prendre à partie.

Que reste-t-il donc, le sieur Bonnet, lieutenant-
particulier de Châtillon. C'est celui que l'on vous
montre de loin comme le véritable criminel ; et,
le regardant déjà comme convaincu, on se répand
contre lui dans des déclamations injurieuses.

Mais souffrez, MESSIEURS, que nous approfondis-
sions ce soupçon. Voyons en peu de mots, non pas
s'il porte quelque caractère de vérité, mais s'il a
même l'avantage d'être soutenu par un foible rayon
de vraisemblance.

C'est le sieur Bonnet qu'on accuse de la plus atroce
prévarication que l'on puisse jamais reprocher à un
ministre de la justice : accusation capitale, compli-
cation funeste de toutes sortes de crimes, calomnie,
fausseté, violence, parjure, il n'y a point de nom
qui puisse suffire, pour qualifier dignement un pareil
prodige, disons hardiment, un tel monstre d'iniquité,
dont la corruption de notre siècle ne nous fournit
presqu'aucun exemple dans la personne d'un juge.

Voilà de grands excès. Mais quel est le juge que
l'on accuse de calomnie ? Dans quel tribunal prétend-
on qu'il ait voulu la colorer du nom spécieux de
justice et de vengeance publique ? Quel est celui qu'il
a voulu noircir du crime le plus affreux ? Quelles sont

la nature et la qualité du crime qu'il invente? Avec
quels secours, quels ministres, quels complices, se
propose-t-il d'exécuter ce complot abominable? Enfin,
comment se conduit-il dans cette exécution?

Parcourons, en un mot, toutes ces circonstances,
et vous verrez, MESSIEURS, qu'il semble que la vraisemblance s'éloigne, que l'impossibilité croisse par
degrés, et que l'innocence des juges ne paroisse
jamais dans un plus grand jour, que lorsque l'on veut,
pour un moment, les supposer coupables.

Voyons donc d'abord quel est le juge accusé de
calomnie.

Un homme d'une réputation entière, jusqu'à présent, par rappport à la probité; un vieillard, âgé de
soixante-quatorze ans, prêt à paroître devant celui
qui jugera les justices. Il entreprend de commettre
la plus noire de toutes les iniquités, sans autre fruit
que de déshonorer sa vie, et peut-être d'avancer sa
mort.

Quels sont l'intérêt, la vengeance, la passion qui
l'animent? Car enfin, quand nous supposerions qu'à
l'âge de soixante-quatorze ans, un seul jour, un moment, aient fait d'un juge sans reproche, un juge
violent, injuste, calomniateur, nous ne pourrions
nous persuader que ce crime, si lent en un sens, et si
précipité en un autre, eût pu rendre ce juge non-
seulement coupable, mais coupable gratuitement.
Quel est donc l'intérêt qui allume dans son cœur cette
soif criminelle du sang et de la vie d'un innocent? Ce
sont des procès, des contestations qu'il a eues, pour
les fonctions de sa charge, avec le père, avec le frère
du prieur de Miseray.

Mais, sans nous engager ici dans l'explication de
ces procès, arrêtons-nous, MESSIEURS, à cette seule
réponse, courte, décisive, invincible.

Ces mêmes procès ont été allégués pour moyens de
prise à partie, et n'ont pas été regardés comme des
preuves d'un inimitié suffisante pour pouvoir déclarer
le lieutenant-particulier de Châtillon bien pris à
partie.

Quoi, MESSIEURS, ces faits, qui n'ont pu vous empêcher de confirmer toute la procédure des officiers
de Châtillon; ces faits, qui n'ont pu faire condamner
ni leur procédure ni leur personne dans une prise à
partie, ces mêmes faits seroient suffisans pour les
faire regarder comme coupables, ou, du moins,
comme justement suspects d'une prévarication punissable du dernier supplice?

Rejettons ces soupçons injurieux. Votre arrêt les a
rejettés avant nous, et ne nous donnons pas la liberté
de feindre témérairement une inimitié capitale dans
la personne d'un juge, lorsque la cour l'a trouvée si
légère, que, non contente de le décharger de la prise
à partie, elle a confirmé toute sa procédure.

Mais, dans quel tribunal ce juge si prévenu porte-
t-il cette accusation calomnieuse? C'est la seconde
circonstance.

Dans un tribunal où l'accusé avoit plus de crédit
que lui-même, dans une jurisdiction dont le frère du
prieur étoit le chef. Comment a-t-il pu se flatter de
réussir dans cet ouvrage de ténèbres? Espéroit-il
tromper la vigilance, l'application, l'ardeur du lieutenant-général, engagé par tant de motifs à découvrir,
à publier, à réprimer sa calomnie? Se persuadoit-il
enfin, que les greffiers, les geoliers, les sergens, les
huissiers, en un mot tous les ministres inférieurs de
la justice, seroient plus dévoués à sa passion, qu'à
l'innocence du frère de leur lieutenant-général; qu'ils
seroient tous complices secrets, et ministres fidèles de
son injustice? Et cependant c'est avec de tels instrumens qu'il se flatte de pouvoir sacrifier à sa vengeance
le prieur de Miseray?

Tel est celui qu'il accuse. Mais de quel crime?
D'avoir assassiné un homme vivant; crime qu'il est
presque impossible de concevoir qu'un juge ose inventer : l'aveuglement de la passion ne peut point
aller jusqu'à un tel excès.

Quel calomniateur a jamais été assez téméraire pour
faire une pareille supposition? S'agissoit-il d'un
homme qui eût été absent pendant un grand nombre

d'années? Pouvoit-on compter sur sa mort comme sur un fondement certain de la calomnie? Au contraire, il s'agissoit d'un homme qu'on voyoit tous les ans revenir dans son pays; qui avoit paru à la Saint-Jean; enfin, qu'on y avoit vu, du propre aveu des juges, le 15 août, puisque le crime qu'ils imaginent, a été, selon eux, commis ce jour-là même dans le château de Nerbonne. C'est cependant ce même homme qu'ils veulent faire passer pour mort. Quelle supposition plus aisée à confondre? Ne pouvoient-ils pas, ne devoient-ils pas craindre, à tous momens, que l'on ne fît paroître à leurs yeux celui dont ils vouloient venger la mort, et qu'il ne confondît leur imposture par sa présence?

Ils savoient, dit-on, le fait de la bigamie, et ils se persuadoient que jamais de la Pivardière ne paroîtroît, et ne les convaincroit de prévarication. Mais étoit-il donc impossible de l'arrêter? Est-ce le premier bigame que la diligence des parties, ou la vigilance du ministère public ait trouvé le moyen de rendre esclave de la peine, en le remettant entre les mains de la justice? Enfin, sans l'arrêter, ne pouvoit-on pas trouver le moyen de le conduire, comme on a fait, dans sa province, ou même, sans avoir recours à cette reconnoissance, de prouver en plusieurs manières la certitude de sa vie?

Il faut pourtant que le lieutenant-particulier de Châtillon se soit flatté de cette opinion chimérique, qu'il étoit impossible de prouver l'existence d'un homme vivant.

Mais enfin, aveuglé par sa passion, entraîné par le crime, engagé par les premières démarches, il a perdu, si l'on veut, l'usage de la raison. Il a été frappé de cet esprit d'aveuglement qui accompagne les grands crimes, pour livrer ensuite les criminels à cette justice lente quelquefois, mais toujours inévitable, qui tôt ou tard venge l'iniquité.

Admettons les suppositions les plus absurdes; mais demandons, comme une quatrième circonstance importante, quels sont les secours que ce juge corrompu emprunte, pour satisfaire la passion qui le dévore?

Il appelle les juges de l'officialité de Bourges. La providence même semble permettre que ce ne soit pas le même juge qui ait toujours fait l'instruction avec lui, afin de multiplier les témoins, et d'augmenter les preuves de son innocence. Tantôt le vice-gérant et tantôt l'official assistent à l'instruction.

Dira-t-on que ces juges se sont eux-mêmes, livrés à la vengeance du juge qui les appelloit? Mais non, MESSIEURS, on ne l'a jamais dit, et on ne le dira jamais; leur piété, leur droiture, leur intégrité sont à l'épreuve de toute suspicion. Ils ont eu même l'avantage de recevoir des éloges de la bouche des accusés.

Que dira-t-on donc? Que ces juges ne se sont pas apperçus de la violence que l'on faisoit aux deux servantes pour les obliger à trahir la vérité? On le dira; mais à qui le persuadera-t-on? Que ces servantes aient cédé à la force, qu'elles se soient rendues aux menaces, qu'elles aient succombé sous le poids de l'impression et de l'autorité du juge de Châtillon, lorsque, seules en sa présence, elles n'avoient ni appui ni défenseurs; le fait ne paroît pas prouvé, mais il n'est point impossible. Mais, que ces mêmes servantes, qui, dans la suite, sont rassurées par la seule présence d'un accusé, n'osent reprendre leurs esprits à la vue d'un juge non suspect, non prévenu, d'un juge dont elles reconnoissent l'intégrité; qu'elles n'embrassent pas aussitôt cette planche dans leur naufrage; qu'elles ne se jettent pas dans ce port, dans cet asyle sacré que la providence leur offre; qu'elles ne déposent pas dans son sein leur crainte, leur foiblesse, leur désespoir; encore une fois, MESSIEURS, à qui pourra-t-on le persuader?

Achevons de conduire cette supposition au dernier degré d'absurdité.

Comment ce juge devenu méchant en un moment à la fin de ses jours; ce juge gratuitement prévaricateur; ce juge téméraire qui accuse le frère de son

lieutenant-général dans son propre siége; ce juge
aveugle qui invente le crime de tous, le plus aisé à
réfuter; ce juge qui appelle des témoins capables de
le confondre; ce juge enfin, dans lequel, par un assemblage inconnu jusqu'à ce jour, on voit un excès
de malice joint à un excès d'imbécillité; comment ce
juge se conduit-il dans l'exécution de ce projet, dont
la seule pensée fait horreur?

Choisissons quatre ou cinq grandes circonstances
de la procédure. Par-tout vous y trouverez des faits
qui accusent l'esprit de ce juge, mais qui justifient
son cœur.

Première circonstance. Ce juge qui n'écoute que
sa passion; si animé, que la loi, que la raison, que
l'honneur, que l'humanité même ne sauroient l'arrêter; ce juge est néanmoins si lent dans l'instruction,
qu'on diroit que, par une prévarication qu'on ne lui
reproche pas, il est d'intelligence avec les accusés.

Il décrète, le 7 septembre; il ne fait exécuter son
décret, que le 16; et c'est précisément dans cet intervalle que les accusés se dérobent à la justice.

La procédure est commencée dès le 5 septembre;
une infinité de témoins sont entendus pendant
deux mois; il en laisse écouler quatre, sans procéder
au récolement; et ce récolement, si nécessaire pour
assurer la foi des témoins, il ne le commence que le 12
janvier 1698, quatre mois et sept jours après le commencement de l'instruction.

Qui pourra concilier ces retardemens, avec cette
ardeur criminelle dont on prétend qu'il étoit agité?
D'où vient tant de chaleur d'un côté, et tant de froideur de l'autre? Il n'a pas même le zèle attentif d'un
juge vigilant, et l'on veut qu'il ait eu l'aveugle em-
pressement d'un malheureux calomniateur.

Deuxième circonstance, à laquelle vous ne sauriez, MESSIEURS, donner trop d'attention.

La dame de la Pivardière, si l'on en croit les accusés, n'étoit pas le premier et le principal objet de la
calomnie du juge. Il ne veut la perdre, que pour faire

périr avec elle le prieur de Miseray. C'est cet ennemi qu'il attaque avec tant de fureur et tant d'aveuglement, *unum tot telis petitur caput.* Pour l'immoler à sa passion, il n'est rien de sacré que ce juge ne profane. Il corrompt les témoins; il intimide les servantes; il compose, par leur bouche, le tissu d'une profonde calomnie; il leur fait dire tout ce qu'il lui plaît; il est lui-même le juge et l'accusé; il interroge et il répond; et néanmoins, pendant trois mois entiers, il ne fait point déclarer par ces servantes, que le prieur de Miseray étoit présent dans le temps de l'assassinat. Ce n'est que le 20 décembre qu'il juge à propos d'ajouter cette preuve aux indices qui l'accusoient jusque-là : la présence de ses valets faisoit naître de violens soupçons contre lui, mais on ne le mettoit point encore lui-même au nombre des assassins. Or, qui pourra jamais croire que ce juge, maître absolu de l'esprit des servantes, ce juge, qui leur dictoit leurs réponses dans le temps qu'il les interrogeoit, ait différé jusque-là à charger nommément et précisément son ennemi.

Le prieur de Miseray est l'unique objet de cette accusation calomnieuse; et le seul que l'on attaque, est néanmoins le seul que l'on épargne pendant trois mois.

C'est en vain que nous exagérerions ici la force de cette circonstance; le fait parle de lui-même, et nous ne pourrions qu'affoiblir, par nos paroles, l'impression qu'il doit faire naturellement sur les esprits.

Troisième circonstance. Ce juge fait des fautes, et des fautes considérables dans l'instruction; et l'on a eu raison de vous dire, qu'il y a plus de la moitié du procès qu'il faudra recommencer. Des déclarations importantes des servantes, les interrogatoires du prieur de Miseray, toutes les confrontations sont nulles par le défaut du greffier qui les a rédigées; mais toutes ces fautes ne peuvent prouver que l'ignorance et non pas la malice des juges.

Il n'y en a que trois qui semblent marquer quelque affectation.

La première, d'avoir fait entendre les mêmes témoins plusieurs fois ; mais, outre qu'il n'y a point de loi qui le défende avant le récolement, il y a eu une raison évidente pour le faire. Ces témoins ne s'étoient expliqués qu'imparfaitement. On publie un monitoire, les mêmes témoins vont à révélation, et déposent une seconde fois pour la décharge de leur conscience.

Il est vrai qu'il y en a un seul qui a été entendu jusqu'à trois fois, deux fois avant le monitoire, une fois depuis ; mais cette troisième fois est favorable aux accusés, comme nous allons le montrer incessamment.

La seconde, d'avoir interrogé les témoins, au lieu de recevoir simplement leurs dépositions.

Mais, outre qu'il n'y a point de bon juge qui ne le fasse, et que l'on peut dire que la faute des officiers de Châtillon n'est pas de l'avoir fait, mais de l'avoir écrit, on peut répondre, 1.º qu'il semble qu'on ne doit pas imputer cette faute au lieutenant-particulier de Châtillon ; elle ne se trouve point dans les informations qu'il a faites lui seul, on ne la remarque que dans celles qu'il a faites avec l'official ou le vice-gérent de Bourges ; ainsi, il y a lieu de présumer que ce défaut de procédure est venu de la part d'un juge que personne n'accuse aujourd'hui.

2.º Qu'il est vrai que quelquefois ces interrogations tendent à augmenter la preuve, comme dans l'exemple que l'on vous a cité, où le juge interpelle un témoin de représenter une lettre propre à faire naître des soupçons contre la conduite de la dame de la Pivardière ; mais ce qui prouve que les juges ne sont suspects d'aucune affectation, c'est qu'ils ont fait aux témoins plusieurs interpellations qui sont devenues une des plus solides défenses des accusés.

Par exemple, ils demandent à François Hibert, si Catherine le Moyne alla chercher chez lui des œufs la nuit du 15 au 16 août. Ils demandent à la femme du nommé Pineau, si la même Catherine le Moyne a été la même nuit chercher du pain chez elle à Trompe-

Souris. L'un et l'autre dénient le fait, et rendent par là
la sincérité de Catherine le Moyne très-suspecte.

Des juges prévenus, des juges capables d'arracher,
par force et par menaces, le mensonge de la bouche
des accusés, auroient-ils fait une pareille interpella-
tion, capable de renverser cet édifice monstrueux qui
n'avoit pour fondement que les calomnieuses déclarations des servantes ?

N'auroient-ils pu éviter de faire parler ces témoins
d'une manière précise sur un fait si important ? Est-ce
là la conduite d'un calomniateur ?

Enfin, le troisième défaut, qui semble porter aussi
quelque caractère d'affectation, c'est d'avoir interrogé les accusés dans le temps de la confrontation.
Mais, quand on considère dans quelles circonstances
ils l'ont fait, on trouve qu'ils sont plus à plaindre qu'à
blâmer.

Des accusés auront-ils la liberté d'accuser en face
leur propre juge, de les avoir forcés à parler contre la
vérité ; et sera-t-il interdit aux juges de les presser,
du moins d'expliquer les circonstances d'une accusation à laquelle un bon juge doit être si sensible ? Voilà
néanmoins tout le crime de ces juges, crime que l'on
ne veut reprocher qu'au juge de Châtillon, quoiqu'il
lui soit commun avec l'official de Bourges. Nous n'en
dirons pas davantage sur ce point : nous souhaitons
seulement que ceux qui blâment la conduite de ces
officiers, ne se trouvent jamais dans une telle conjoncture, où le mal est si pressant, le conseil si
éloigné, et le remède si difficile.

Quatrième circonstance. Achevons d'expliquer les
deux dernières circonstances de ce grand procès ; elles
ne sont pas moins importantes que les autres.

Le faux ou le véritable de la Pivardière paroît : on
l'amène dans les prisons : on le confronte aux servantes. Quel devoit être alors le trouble de ces juges ?
Quel auroit été celui d'un calomniateur ? Consterné
à la vue de celui qui venoit pour confondre son
imposture, il auroit peut-être cherché l'impunité

dans la fuite et dans les ténèbres ; mais du moins il auroit fait des vœux pour voir bientôt disparoître cet objet fatal, dont la présence lui reprochoit continuellement son crime et sa témérité.

Que font au contraire ces officiers de Châtillon ? (car enfin les accusés ne veulent point séparer le procureur du roi, du lieutenant particulier) Que fait donc le substitut de M. le procureur général ? Il demande que cet homme, dont la seule vue devoit le faire trembler, soit arrêté dans les prisons de Châtillon. Et cependant qu'y avoit-il de plus contraire aux desseins pernicieux de ces juges ? Espéroient-ils de pouvoir étouffer une vérité, qui, malgré tous leurs soins, auroit éclaté par tant d'endroits ? Qu'ont-ils donc fait, ces juges malheureux, pour opprimer des innocens ? Ils ont voulu faire ce que les accusés eux-mêmes ont fait depuis pour leur défense. Ils ont voulu se saisir de la personne du sieur de la Pivardière, c'est-à-dire, qu'ils prévenoient, dès ce temps-là, ce que la dame de la Pivardière a cru être obligée de faire dans la suite. S'il est vrai que la présence de la partie de M.ᵉ Nivelle soit si salutaire aux accusés, leur salut leur a donc été offert par leurs plus grands ennemis ; et si l'on avoit écouté la sage remontrance du procureur du roi de Châtillon, il y a long-temps que l'on auroit vu la fin de ce grand procès, et qu'une prompte justice auroit assuré l'innocence, ou puni le crime des accusés.

Enfin, et c'est là *dernière circonstance* que nous devons observer ici pour la justification des juges, les servantes n'ont-elles accusé la dame de la Pivardière qu'en leur présence ?

Ne trouvons-nous pas dans l'information, des témoins qui déposent leur avoir ouï dire, avant qu'elles fussent en prison, que leur maître avoit été assassiné ?

Ne lisons-nous pas dans l'information même, qu'un juge dévoué aux intérêts de la dame de la Pivardière, a fait pour elle deux dépositions de témoins, qui assurent que les servantes leur ont dit, depuis leur détention, qu'elles se feroient brûler plutôt que de ne pas soutenir la vérité de l'assassinat ?

Enfin, qui empêchoit ces servantes de justifier leur maîtresse, de condamner leurs juges, de se sauver elles-mêmes, lorsqu'on leur confronta le prétendu de la Pivardière ? La présence du procureur du roi lioit-elle encore leur langue, et suspendoit-elle l'usage de leur liberté ? N'étoient-elles pas rassurées par la vue du lieutenant-général de Romorantin, du prévôt de Châtillon, de ses archers, d'un grand nombre d'autres personnes; enfin, de leur maître, s'il est vrai qu'il fût présent ? Une multitude de défenseurs, de protecteurs, de vengeurs les environnent, et ces servantes, qui, deux mois après, sont rassurées par la seule présence du prieur de Miseray, se laissent néanmoins dominer par une crainte frivole, au milieu de tant de témoins qui n'attendent que leur suffrage pour s'élever hautement en leur faveur, et pour confondre la calomnie.

Voilà, MESSIEURS, les circonstances principales qui ont rendu cette instruction si singulière, si longue, si difficile.

Reprenons maintenant la suite de notre raisonnement, et recueillons, pour ainsi dire, en un mot, l'esprit et la substance de toutes les preuves de l'assassinat.

Nous en avons distingué de deux sortes. Les indices et les preuves.

Nous avons fait l'énumération des indices ; les grandes suspicions de l'adultère, la division et la discorde du mari et de la femme, les précautions prises pour éloigner les témoins dans la vue de l'assassinat, le coup de fusil, le cri entendu, le départ soudain du sieur de la Pivardière, les traces de sang, la paille renouvelée, la lessive faite par la dame de la Pivardière, le cheval, le manteau, les guêtres de son mari laissés à Nerbonne.

Nous avons réduit les preuves aux interrogatoires des servantes.

Nous vous avons dit que, si on les regarde par rapport aux faits qu'ils contiennent, l'assassinat est prouvé.

Si on les considère par rapport à la qualité des servantes, leur variation est supposée et inutile, parce que votre arrêt l'a annullée, et qu'ainsi leurs déclarations subsistant en leur entier, on ne peut les attaquer, qu'en disant que les servantes ont été ou trompées, ou trompeuses, ou forcées par les juges à trahir la vérité.

Nous vous avons fait voir qu'il étoit presque impossible de présumer aucun de ces trois faits. Nous sommes entrés dans un grand détail par rapport au dernier, parce qu'il étoit également nécessaire de vous l'expliquer, et par rapport à l'accusation, et par rapport à la conduite des officiers de Châtillon.

Nous les trouvons coupables de lenteur et d'ignorance; mais en même-temps nous ne voyons aucune preuve, aucune apparence même de calomnie; c'est un témoignage que la vérité nous oblige de leur rendre publiquement.

En cet état, quelle est l'induction que l'on peut tirer de tous ces faits? Renfermons-la dans un seul raisonnement.

Si les servantes n'ont été ni trompées, ni trompeuses, ni dominées par la crainte de leurs propres juges, leur témoignage ne peut être suspect; et, s'il n'est pas suspect, il est décisif; donc il semble que nous trouvions ici, au moins par la déposition des témoins, la preuve du crime qui fait le sujet de l'accusation; donc il semble que nous soyons dans le cas où l'ordonnance nous défend d'admettre aucun fait justificatif.

Ecoutons néanmoins, avant que de nous déterminer, les preuves ou les présomptions contraires; elles seront beaucoup plus courtes, mais elles ne sont peut-être pas moins décisives.

On peut en distinguer de deux sortes; les unes

négatives, qui vont seulement servir à combattre, à détruire, à retrancher les preuves de la mort ; les autres, positives, qui semblent établir par avance la preuve de la vie, et prévenir la reconnoissance que l'on vous demande permission de faire.

Commençons par les premières. Quelles sont les preuves négatives que l'on oppose aux argumens par lesquels il semble que la mort soit prouvée ?

Quatre réflexions les expliquent en un mot.

Première réflexion. Le corps du délit n'est point prouvé. A la vérité, si l'on trouvoit des témoins graves, dignes de foi, des témoins unanimes, concor-dans, incapables de variation, des témoins fermes et persévérans qui assurassent qu'ils ont vu tuer le sieur de la Pivardière, la difficulté seroit très-grande de savoir si l'on pourroit écouter le fait contraire avant le jugement du procès ; mais, dès le moment que la qualité, que la foi, que la déposition des témoins sont suspectes, vacillantes, plus favorables même à l'accusé qu'à l'accusateur, il n'y a plus que l'existence, que la vérité certaine et constante du crime qui puissent fermer la bouche à l'accusé.

Non-seulement le corps du délit ne paroît point, mais on ne l'a pas même cherché ; et c'est la *seconde réflexion* qui commence à détruire toutes les preuves du procès. Où sont les recherches, les perquisitions exactes, les procès-verbaux dressés par les juges dans le temps que le crime étoit nouveau, dans le temps que l'on pouvoit encore en trouver des vestiges et des traces récentes ? Juges ignorans, s'ils n'ont pas cru que cette démarche fût nécessaire à l'instruction ; négligens, si c'est par oubli qu'ils ne l'ont pas faite ; prévaricateurs, s'ils l'ont omise à dessein, sachant bien qu'ils ne trouveroient jamais le corps et la réa-lité d'un crime imaginaire. Mais, sans vouloir encore pénétrer dans les motifs de leur conduite, arrêtons-nous à ce fait décisif : le corps du délit n'est point prouvé ; on n'a fait même, jusqu'à présent, aucune diligence pour le découvrir.

D'Aguesseau. Tome V.   6

Allons plus loin; entrons dans l'examen des indices,
par lesquels on prétend suppléer en partie au défaut
du corps mort du sieur de la Pivardière.

Quels indices plus douteux dans le fait, moins
concluans et plus équivoques dans le droit?

Celui de tous qui peut faire plus d'impression, est
le soupçon d'adultère. Mais, outre qu'il n'est pas
suffisamment prouvé, peut-on dire que la présomption ordinaire, *Adultera, ergo venefica*, soit une
conjecture infaillible, et un argument indubitable?
Tous les crimes ne sont pas unis par une chaîne indissoluble. Ne faisons pas cette injure à l'humanité,
de croire qu'un crime soit toujours nécessairement
suivi d'un autre crime, et qu'on ne puisse jamais
arrêter le malheureux progrès de l'iniquité. Il y a
des degrés dans le vice comme dans la vertu. Souvent l'adultère enfante l'assassinat; mais ce qui arrive souvent n'arrive pas toujours, et il n'en faut
pas davantage pour pouvoir conclure que ce n'est
point un de ces indices tels que la loi les demande,
indices qui doivent être plus clairs que la lumière
du soleil, pour pouvoir assurer suffisamment le corps
du crime.

La division domestique, quand on la supposeroit
aussi allumée qu'on le prétend, ne seroit pas non
plus un des signes certains, un des présages infail-
libles de l'assassinat. Il seroit peut-être à souhaiter
que les ennemis fussent comptables à la patrie du
sang de leurs ennemis, qu'elle les rendît garans de
leur mort, et que l'inimitié, source funeste de tant
de morts cruelles, devint par là, pour ainsi dire,
l'asile et la conservatrice de la vie des hommes;
mais, jusqu'à présent, une inimitié n'a formé qu'une
simple présomption, et non pas une preuve convaincante.

Quels sont les autres indices? Y en a-t-il un seul
qui soit décisif?

La dame de la Pivardière fait coucher ses enfans
dans une chambre dans laquelle ils n'avoient pas ac-

coutumé de coucher. Elle fait la même chose à l'égard
d'une servante; donc elle a voulu écarter les témoins
qui auroient pu découvrir son crime. Cette conséquence est-elle nécessaire? N'y avoit-il pas une infinité d'autres motifs qui ont pu l'obliger à faire ce
changement? Peut-être vouloit-elle s'assurer de certaines chambres, dont son mari auroit pu faire enlever les meubles et les effets. Ne voyons-nous pas
qu'elle a soin d'envoyer une cavalle chez un gentilhomme de ses voisins, de peur que son mari ne
l'emmenât? Qui peut prévoir, qui peut deviner les
raisons de cette conduite? Elle seule pourra les
expliquer; mais il suffit de savoir, en général, que
ces raisons ont pu être innocentes, pour ne la pas
regarder comme coupable sur un fait aussi équivoque.

On a entendu un coup de fusil qui a paru venir
du château. Mais, est-ce une chose surprenante que
d'entendre tirer, à la campagne, sur les dix à onze
heures du soir, surtout après une assemblée nombreuse de paysans que la solennité du jour avoit at-
tirés à Nerbonne.

Cette voix plaintive, que l'on prétend avoir ouïe,
paroît un fait plus important; mais il faut avouer
qu'il n'est pas plus décisif. Un de ceux qui l'ont
entendue dit qu'il a cru que c'étoit des gens qui se
battoient. Encore une fois, ce fait ne pourroit-il pas
être véritable sans qu'on puisse en tirer de conséquence? N'est-il pas assez naturel de présumer (et
l'expérience ne le montre-t-elle pas tous les jours)
qu'il est rare que les fêtes, les assemblées, les repas
des paysans et des autres personnes d'une condition
basse, se terminent sans quelque querelle?

Il est vrai que l'interrogatoire de la demoiselle
de la Pivardière marque précisément que c'étoit de
la chambre de son père que sortoit ce cri qui la réveilla. Mais, sans parler de la foiblesse de son âge,
sans remarquer que l'illusion du sommeil, que la

6 *

surprise d'un réveil soudain et imprévu ont pu troubler son esprit et rendre les images plus confuses,
comment a-t-elle pu distinguer précisément si cette
voix qu'elle entendoit venoit du dehors ou du dedans
de la maison ?

Ce fait ne peut donc encore être mis au nombre
des indices absolument indubitables.

La disparition subite du sieur de la Pivardière
paroissoit la plus forte de toutes les présomptions ;
mais la raison en est écrite dans les interrogatoires
mêmes des servantes ; et, lorsqu'on la considère, on
n'est plus surpris de ce départ imprévu. On découvre
que c'est le sieur de la Pivardière qui est criminel,
et que sa femme est innocente. Elle lui reproche sa
bigamie. Frappé de ce reproche, et voyant qu'il
avoit été trahi, il attend à peine le retour de la lumière pour prévenir, par un départ précipité, les
justes poursuites de sa femme. Son cheval n'est pas
en état de favoriser sa retraite ; il s'en va à pied
pour chercher apparemment une voiture dans les
villes voisines. Son manteau, ses guêtres devenoient
des obstacles à la promptitude de sa course ; c'est
pour cela qu'il les laisse. Nous ne disons pas que ces
faits soient véritables ; nous n'examinons pas s'ils ont
besoin d'être encore plus éclaircis ; mais ils ne sont
point impossibles ; et il faut avouer, d'ailleurs, qu'il
est difficile de se persuader que, si la dame de la
Pivardière eût été coupable, elle eût laissé voir, avec
tant de négligence, ce manteau, ces guêtres, ce
cheval, qui sembloient à tout moment lui rappeler
l'image de son crime, et la tracer, par des impressions
fortes, dans l'esprit de ceux qui les voyoient.

Les vestiges de sang, trouvés dans la chambre,
sont encore une des circonstances qui frappent davantage l'esprit des juges, et qui approchent de plus
près du corps du délit.

Mais, quand ces vestiges ont-ils été observés par
les officiers de Châtillon ? six semaines après le pré-

tendu assassinat. Le crime , s'il y en a un , est
commis la nuit du 15 au 16 d'août. Les juges ne se
transportent, pour dresser leur procès-verbal de
l'état des lieux, que le 29 septembre. Quelle suspicion plus grande que celle qui résulte de cet intervalle
tervalle ? Est-il même à présumer qu'après un si
long espace de temps on pût trouver encore des
marques et des vestiges de sang ? Il est vrai que la
petite-fille du sieur de la Pivardière et les deux servantes assurent qu'elles ont vu ces marques sanglantes le lendemain même de l'assassinat; mais l'une
est suspecte par son âge , et les autres le sont par la
foiblesse de leur esprit, et encore plus par leur variation , qui semble les rendre absolument indignes de
créance.

Enfin , cette lessive, qui fait naître des idées fâcheuses et des soupçons violens, n'est pourtant point
encore un indice nécessaire. Plusieurs raisons inconnues , mais innocentes , ont pu porter la dame de la
Pivardière à prendre elle-même ce soin ; en un mot ,
c'est un fait très-suspect, mais ce n'est point un fait
décisif.

Les preuves suivent les indices ; mais , bien loin
de les confirmer, elles les détruisent; car, si les faits
les plus concluans sont détruits, que sera-ce des faits
équivoques, et qui peuvent recevoir deux interprétations différentes ?

Ces preuves se réduisent aux seuls interrogatoires
des servantes.

Mais on ne peut s'empêcher de convenir qu'elles
paroissent d'un caractère assez suspect; l'une , âgée
de quinze ans, l'autre , de vingt-un ; toutes deux
foibles, timides, susceptibles de toutes sortes d'impressions.

Il y a quelques faits, peu importans à la vérité ,
dans lesquels elles se contredisent.

Mais il y en a un très-considérable , dans lequel
le témoignage de la plus jeune, c'est-à-dire , de

Catherine le Moyne, paroît fortement combattu. Elle assure que sa maîtresse l'envoya chercher des œufs et du pain pendant cette nuit cruelle, qui, selon elle, fut témoin de la mort du sieur de la Pivardière. Elle dit qu'elle alla chercher les œufs chez le nommé François Hibert, et le pain chez le nommé Pineau. L'un et l'autre désavouent ce fait, et soutiennent qu'il est supposé; l'un, à la vérité, est métayer de la dame de la Pivardière; mais l'autre n'a aucune liaison avec elle, et sa déposition peut faire naître de grands soupçons contre la sincérité de Catherine le Moyne.

Enfin, peut-on s'assurer suffisamment de la vérité d'un crime, sur la foi de deux seules accusées qui se sont rétractées, l'une entièrement, l'autre dans une partie principale de l'accusation.

Il est vrai, si l'on veut, que cette rétractation ne subsiste plus, puisque vous avez déclaré nulle la confrontation où elle se trouve. Mais la vérité du fait demeure toujours. Il est certain, et nous ne pouvons nous-mêmes en disconvenir, que les servantes se sont rétractées. Leur rétractation est nulle dans la forme; elle ne peut produire encore aucun effet pour l'entière décharge des accusées; mais elle est véritable dans le fait. La vérité des faits est indépendante de la validité de la procédure; il n'y a que la conséquence, l'induction des faits qui ne puissent être séparées de la forme de l'instruction; et, lorsque vous infirmez, MESSIEURS, une procédure criminelle par l'incompétence du juge, n'ordonnez-vous pas tous les jours que le procès sera fait et parfait par un autre juge, les mêmes témoins de nouveau entendus? Cependant vous ne pouvez savoir que le fait mérite une instruction que par ce que vous en apprenez dans une procédure nulle et vicieuse; donc on sépare souvent la vérité du fait, des conséquences du fait.

Ainsi, nous devons soutenir que la rétractation ne subsiste plus dans le droit; mais elle a existé

dans-le fait, et il n'en faut pas davantage pour montrer quelle est l'incertitude de la preuve; et cependant cette preuve est unique par rapport au corps
du délit.

Après cela, il est inutile d'examiner quels ont été
les motifs de la rétractation de ces servantes. Est-ce
l'artifice des accusées ? Sont-ce les remords de leur
conscience ? Ont-elles été trompées, trompeuses, ou
intimidées par les juges, lorsqu'elles ont déclaré,
dans leur interrogatoire, ce qu'elles ont désavoué
dans leur confrontation ? C'est ce qu'il est inutile
d'examiner à présent; la suite de l'instruction le découvrira; il suffit de pouvoir conclure aujourd'hui
que des servantes si foibles, si chancelantes, qui ont
varié tant de fois, qui rétractent d'abord leur interrogatoire, et qui rétractent ensuite leur rétractation,
ne peuvent presque plus faire de preuves que contre
elles-mêmes.

Si des preuves négatives nous passons aux argumens positifs, et si, après avoir examiné tout ce que
l'on peut opposer aux présomptions de l'assassinat,
nous envisageons les conjectures de la vie du sieur
de la Pivardière, nous trouverons, par cette réunion,
de nouvelles raisons de douter et de suspendre notre
jugement.

Que découvrons-nous d'abord en faveur de la vie
et de l'existence de la partie de M.° Nivelle ?

Un premier fait important, et qu'on ne sauroit
peser avec trop de scrupule.

Aussitôt que la dame de la Pivardière est accusée
d'avoir tué son mari, elle oppose, pour unique défense à cette accusation, que son mari est vivant.
La défense a été aussi prompte que l'agression. Ce
n'est point un fait préparé pendant long-temps; ce
n'est point un de ces dénouemens de théâtre qu'on
ne fait paroître qu'à la fin du spectacle et qu'on y
amène par des machines, c'est un moyen que l'on
propose dès le commencement de la procédure. La
dame de la Pivardière est décrétée le 7 septembre,

et, dès le 22, elle commence à ramasser des actes pour prouver la vie de son mari ; elle prend les certificats de plusieurs personnes qui attestent l'avoir vu passer le 17 et le 19 août, deux ou trois jours après son prétendu assassinat.

Qui pourra croire que, dans un si court intervalle de temps, on ait pu former, arranger, concerter le plan de l'imposture, trouver un homme propre à la répandre par sa ressemblance, à la soutenir par sa hardiesse, à la rendre vraisemblable par son industrie ? Tous ces faits demandent une méditation profonde, une adresse incroyable, et surtout une longue préparation ; et cependant on veut que, dans un mois d'intervalle, la fortune, concourant avec la malice des accusés, ait formé toutes les parties de ce chef-d'œuvre d'iniquité, sans qu'on ait besoin de rien changer depuis ce temps-là, au premier plan que l'on avoit d'abord dressé de cette supposition.

Un second fait encore plus considérable, c'est que, sans retoucher ici la procédure de Romorantin, que vous avez très-justement déclarée nulle, il est au moins certain (et la procédure de Châtillon en fournit seule une preuve indubitable) qu'il a paru un homme qui a prétendu être le véritable de la Pivardière. On a bien vu des imposteurs paroître après un grand nombre d'années, et chercher à surprendre la mémoire des hommes par quelque trait de ressemblance ; mais ici c'est un homme qui paroît dans son pays, au milieu de ses parens, de ses amis, de ses voisins, quatre ou cinq mois après l'absence de celui dont il veut usurper le nom ; a-t-on jamais vu d'exemple d'une telle témérité ?

Ce n'est pas tout ; le même homme écrit plusieurs lettres ; lettres inutiles, indifférentes, qui peuvent devenir très-aisément une preuve de son imposture et un intrument de sa condamnation. Quel est l'imposteur qui multiplie inutilement les actes, et qui ne se contente pas de donner à regret sa simple

signature dans un très-petit nombre d'actes nécessaires ?

Efin cet imposteur vient se remettre entre les
mains de la justice.

Ne retraçons point ici ces fameuses histoires qui
ont troublé tantôt la paix des plus grands empires
et tantôt la tranquillité des familles les plus illustres,
ces célèbres événemens où l'on a vu quelquefois la
supposition, d'abord victorieuse, triompher de la
vérité, et la malice d'un imposteur confondre la
timide innocence de celui dont il avoit emprunté le
nom et la figure.

Mais, sans entrer dans ce détail, remarquons seulement que deux caractères éclatans ont, dans tous
les temps, distingué tous les imposteurs.

Un grand intérêt anime leur imposture ; une
grande attention la cache sous une infinité de voiles
différens.

Mais, un imposteur sans intérêt, un imposteur
qui ne craint point la lumière, est un prodige plus
nouveau, plus surprenant, plus incroyable que ces
effets merveilleux d'une parfaite ressemblance dans
lesquels il semble que la nature ait pris plaisir à
se jouer, pour un temps, de la crédulité du vulgaire.

Or, ici quel intérêt anime la partie de M.ᵉ Nivelle ?
Vient-il pour entrer dans une maison illustre, pour
usurper le titre glorieux de fils et d'héritier d'une
famille distinguée, pour recueillir une succession
opulente, pour parvenir, à la faveur de son imposture, à une élévation considérable ?

Aucune de toutes ces raisons ne l'amène devant
vous. Si c'est un personnage supposé, c'est le plus
aveugle, mais en même-temps le plus criminel imposteur qui ait jamais paru. Il est imposteur gratuitement ; ce n'est pas assez, il l'est contre son
propre intérêt. Nous l'avons déjà dit en commençant
ce discours, à quelle qualité aspire cet imposteur ?
Deux titres sont l'objet de son ambition ; l'un est
celui de mari d'une femme soupçonnée d'adultère ;

l'autre, celui de bigame. Il ne peut avoir en vue
que l'espérance gratuite de tromper, ou la certitude de périr. Il ressemble à ce fameux imposteur (1)
dont le plus grand des poètes latins nous a fait cette
peinture.

> . . . . . *Qui se ignotum venientibus ultrò*
> *Obtulerat, fidens animi, atque in utrumquè paratus,*
> *Seu versare dolos, seu certæ occumbere morti.*

> *Virgil. Ænei. Lib. II.*

Tromper ou mourir, c'est tout ce qu'il peut envisager s'il est imposteur. Car quelle récompense
assez forte pourroit l'engager à exposer sa vie?
Les accusés mêmes paroissent-ils en état de la lui
donner?

Mais comment paroît-il ? Est-ce en se cachant, ou
ne se montrant que d'une manière timide, tremblante, pleine de défiance et d'agitation? Il se livre
à ses accusateurs; il se donne lui-même pour caution
et pour gage de sa sincérité. Esclave volontaire, il
se remet dans cet état dans lequel son défenseur
vous a dit qu'il peut se perdre, mais qu'il ne peut
plus se sauver : *occidere se ipsum potest, sanare non
potest.*

Enfin, on ne soutient point que cet imposteur
prétendu soit un autre homme que le véritable de
la Pivardière, et c'est cependant par cette voie que
la plupart des imposteurs sont confondus. Le faux
Martin Guerre étoit le véritable *Arnaud du Tilh.*
Le faux *Vacherot* étoit le véritable *Monrousseau.*
Le faux *Very* étoit le véritable *Fidy de la Le-
raudière.*

Notre ministère nous oblige à venger les crimes
connus, mais non pas à en supposer qui soient inconnus. Nous ne trouvons rien qui nous persuade
que la partie de M.e Nivelle soit un autre homme
que celui qu'il prétend être, et nous trouvons des

(1) SINON.

présomptions très-fortes qui nous font croire qu'il
peut l'être.

Tel est, MESSIEURS, le parallèle et l'opposition des
preuves de la mort et de la vie.

Qui pourroit sans témérité, donner la préférence
aux unes ou aux autres ?

Quand nous envisageons les premières; il nous
semble qu'il est presqu'impossible de douter de la
mort; mais, quand nous jetons les yeux sur les
dernières, nous trouvons la même difficulté à douter
de la vie.

Enfin, si nous les réunissons, si nous les examinons
conjointement, nous ne trouvons que doutes, que
nuages, qu'obscurité. Notre esprit, également balancé
entre deux extrémités opposées, ne croit plus ni la
mort ni la vie, ni l'assassinat, ni la calomnie, ni le
crime des accusés, ni celui des juges. Nous doutons
de tout dans cette cause; mais c'est ce doute même
qui semble nous conduire plus sûrement à la certitude de la décision.

La vie et la mort sont également douteuses. Donc
la présomption, qui est toujours en faveur de la vie
et de l'innocence, doit au moins nous porter à instruire également la vérité de l'un et de l'autre fait.

Allons plus loin, et appliquons en un mot les principes que nous avons établis.

Quand même la mort seroit plus vraisemblable
que la vie, quand il y auroit plus de présomption
pour le crime que pour l'innocence, il suffit que le
corps du délit ne soit pas assuré, pour admettre la
preuve d'un fait qui tend à l'établir ou à le détruire.

Or, ici, peut-on dire que le corps du délit soit
assuré, quand on considère combien, jusqu'à présent,
les preuves sont incertaines, combattues par des
présomptions puissantes, désavouées par leurs plus
grands auteurs; quand on examine que la force et
l'évidence de ces preuves dépendent du témoignage
de deux servantes, de la qualité de celles qui sont
les seuls dépositaires d'un fait si important; enfin,

quand on fait réflexion qu'il n'est pas impossible
qu'il se découvre dans la suite quelque partie secrète
qui ait corrompu, séduit, intimidé les servantes, sans
que les juges soient coupables de cette violence et de
cette subornation ?

En cet état, que vous demande-t-on? D'assurer
le corps du délit. Si l'on venoit vous dire que le
corps mort du sieur de la Pivardière est retrouvé,
qu'il est exempt de blessures, et que sa seule inspection justifie la fausseté de l'assassinat, pourriez-
vous hésiter un moment à ordonner que le cadavre
seroit vu et visité, et qu'il en seroit dressé procès-
verbal? L'on vous propose un fait plus important
et plus facile à éclaircir. On vous dit que le sieur
de la Pivardière est au Fort-l'Evêque, que celui
qu'on avoit cru mort, se représente comme vivant;
pourquoi ne pas ordonner qu'on dressera procès-
verbal de l'état de la personne, qu'on l'interrogera,
qu'on lui confrontera des témoins, que l'on compa-
rera son écriture avec celle du véritable de la Pivardière? Tout cela ne tend-il pas également à établir
ce fait important, la vérité, l'existence du délit?

Mais nous n'en demeurons pas là; et pour lever
toute la difficulté qu'une interprétation contraire à
l'esprit de l'ordonnance peut faire naître dans cette
cause, nous déclarons que c'est nous-mêmes, Messieurs, qui vous demandons qu'il soit informé de
l'existence du sieur de la Pivardière.

Nous ne la regardons plus comme un fait justificatif, nous la regardons comme un fait doublement
nécessaire pour l'instruction du procès; nécessaire
en premier lieu, pour assurer la vérité du crime,
mais encore plus nécessaire pour la conviction même
des accusés.

Car enfin, Messieurs, le fait de la représentation
du sieur de la Pivardière a deux faces différentes;
l'une favorable, et l'autre contraire aux accusés.
C'est une épée à deux tranchans. Si elle ne délivre

pas des innocens, elle se tournera contre des criminels. L'iniquité sera détruite par le mensonge même
qu'elle aura inventé pour se défendre, et l'imposture deviendra une des plus fortes preuves de l'assassinat. Nous osons même dire que, dans la situation
dans laquelle nous voyons à présent les accusés et
les complices, si le crime a été commis, il faut que
la conviction de l'imposture nous ouvre la voie qui
peut seule nous conduire à la découverte et à la punition de l'assassinat. Tant que les témoins, tant que
les accusés auront devant les yeux le fantôme de la
Pivardière, ils seront muets ou infidèles; la vérité
gémira vainement sous le joug de l'imposture. Il
faut commencer par confondre la supposition, avant
que d'espérer de rendre la voix et la force à la
vérité.

Ce n'est pas que nous pensions qu'il soit nécessaire
de suspendre la preuve de la mort, pour chercher
celle de la vie. On peut continuer l'une et l'autre.
Vous voyez que les accusés y consentent, et nous
croyons du moins que la cour doit en laisser la liberté
à la partie publique, qui pourra donner aux preuves
l'ordre et le rang que l'intérêt de la justice et de la
vérité demandera de nous dans la suite de l'instruction. Ces deux procédures n'ont rien de contraire
l'une à l'autre, etc.

Après cela, MESSIEURS, dispensez-nous d'entrer
dans un long examen de la seconde partie de cette
cause, dans laquelle nous nous étions proposés d'envisager le second obstacle que l'on peut opposer à la
reconnoissance de la partie de M.ᵉ Nivelle, c'est-à-
dire l'autorité de votre arrêt.

Deux choses à examiner :

1.° Si la partie de M.° Nivelle est recevable à l'attaquer.

2.° Si, pour prendre le parti que nous vous proposons, il est nécessaire de donner atteinte à votre
arrêt.

Sur le premier point, nous ne croyons pas que

l'on puisse jamais regarder le soi-disant de la Pivardière comme ayant une qualité, et par conséquent un intérêt certain pour combattre votre jugement.

Il est encore incertain s'il est le véritable de la Pivardière, ou s'il est imposteur. S'il est imposteur, quel intérêt a-t-il d'attaquer un arrêt qui ordonne une instruction à laquelle il ne doit prendre aucune part? Jusqu'à ce qu'il ait écarté les nuages qui couvrent la vérité de son état, il n'a point encore un titre légitime, un nom, une qualité assurée.

Ajoutons que votre arrêt l'a jugé non-recevable par ce même défaut de qualité. Qu'est-il survenu depuis ce temps-là? Le grand fait de sa représentation. Ce fait forme des présomptions, grandes, puissantes, considérables; mais il ne produit encore aucune preuve décisive.

Ce seroit renverser l'ordre des choses, que de commencer par rétracter l'arrêt, avant que d'avoir fixé l'état de celui qui l'attaque. Le grand fruit de sa reconnoissance sera la destruction de l'arrêt. Nous convenons, dès à présent, que s'il peut jamais parvenir à ce point important, la requête civile, et peut-être même l'opposition, ne seront susceptibles d'aucune difficulté. Mais l'effet doit suivre la cause, et non-pas la précéder. Aussi vous a-t-on dit qu'on recevroit comme une grâce l'arrêt qui interloquera sur l'état du sieur de la Pivardière, avant que de procéder à l'entérinement de la requête civile.

En un mot, tant qu'il sera vrai que la partie de M.ᵉ Nivelle peut encore être un imposteur, nous ne pouvons jamais consentir à la rétractation d'un arrêt qui sert de fondement à la procédure.

En le détruisant, il faudroit en même temps examiner de nouveau toutes les demandes qui ont été jugées avec tant de solennité. La longueur, la multiplication des plaidoieries deviendroit enfin l'asile du crime et l'écueil de l'instruction.

Nous ne croyons pas devoir nous étendre davantage sur ce premier point.

Mais l'arrêt est-il contraire au tempérament que nous vous proposons ? C'est ce qui nous reste à examiner.

Il n'y a qu'une seule disposition de cet arrêt qui puisse faire quelque difficulté.

C'est le chef par lequel il renvoie devant le juge auquel vous avez alors attribué la connoissance de cette affaire, une vérification d'écritures que les accusés demandoient pour prouver l'existence du sieur de la Pivardière. Vous avez ordonné en même temps qu'il seroit fait droit sur cette demande en jugeant le procès. Donc vous avez regardé toute demande, qui tendoit à prouver l'existence de la Pivardière, comme une demande qui n'alloit qu'à établir un fait purement justificatif.

Pour détruire cette objection, et pour dissiper jusqu'au moindre nuage, on peut faire plusieurs réponses.

1.º Qu'il y a bien de la différence entre une simple vérification d'écritures, qui ne peut jamais faire qu'une preuve douteuse, imparfaite, disons même très-suspecte, et la reconnoissance d'un homme, fait éclatant dont les preuves peuvent venir en foule, et être même d'un degré d'évidence fort élevé au-dessus des preuves possibles de la mort d'un homme dont le cadavre ne paroît point. La cour a dû joindre l'un, mais elle ne doit jamais joindre l'autre ; puisque l'un ne peut faire qu'une demi-preuve, et que l'autre fait la plus forte de toutes les convictions.

2.º Que ce n'est pas tant par la différence des faits que par les circonstances dans lesquelles ils vous ont été proposés, que l'on peut juger de l'esprit de la cour. Jusqu'à ce que la partie de M.ᶜ Nivelle se soit présentée, on a pu, ou on a dû justement refuser toute instruction qui alloit à mêler le fait de son existence dans le procès. Son absence fortifioit toutes les preuves de sa mort et affoiblissoit toutes celles de sa vie. Le prétexte de la bigamie, dont il se servoit, paroissoit incroyable, jusqu'à ce que la précaution

qu'il a prise d'obtenir un sauf-conduit, lui ait donné
de la couleur et de la vraisemblance. Mais depuis
que, quittant le caractère d'imposteur, il sort des
ténèbres du mensonge pour s'exposer au grand jour
de la vérité; depuis qu'il se remet dans les chaînes
comme un criminel, pour être le défenseur des innocens, la face de l'affaire est changée : une requête, qui pour lors étoit prématurée, peut devenir
à présent juste, légitime, nécessaire.

3.º La partie de M.ᵉ Nivelle est celui qui demande
aujourd'hui à prouver son existence. Il est vrai que,
dans l'arrêt, il demandoit aussi la comparaison des
écritures. Mais on ne peut pas dire que cette requête
soit jointe à son égard. On n'a écouté pour lors aucune de ses demandes. On a décidé sa cause par la
considération de son absence. Cette raison ne subsiste
plus aujourd'hui. Il se représente, et il auroit raison
de se plaindre qu'on le fait tomber dans un cercle
captieux, en lui disant d'un côté qu'il faut qu'il se
fasse reconnoître, avant que d'être recevable à attaquer l'arrêt, et de l'autre, qu'il faut qu'il détruise
l'arrêt, avant que d'être admis à sa reconnoissance.

La première proposition est véritable, mais la
seconde ne l'est pas. L'arrêt n'a rien jugé à son égard,
et c'est pour cela même que M. le procureur-
général ne le fit point intimer sur l'appel de la
procédure de Romorantin. On ne voulut point le
reconnoître, jusqu'à ce qu'il eût donné, en se représentant, une première preuve de son existence.
Votre arrêt a produit tout l'effet que votre prudence
avoit prévu. Il a forcé le soi-disant de la Pivardière
à paroître. Mais, après sa comparution, la cause n'est
plus la même; les mêmes fins de non-recevoir, qu'on
lui opposoit pour lors, ne subsistent plus aujour-
d'hui, surtout quand il ne s'agit que d'instruire une
requête civile et d'assurer sa qualité.

4.º Enfin, et cette dernière réponse est seule suffisante, et il n'y a point ici certainement de fins de
non-recevoir contre le ministère public. Dans le

temps de l'arrêt, l'absence du prétendu de la Pivardière nous le fit regarder comme un personnage
supposé, nous crûmes alors ne devoir prendre aucunes conclusions sur son existence, parce qu'il étoit
encore incertain si c'étoit un fantôme ou un corps,
une ombre ou une réalité; aujourd'hui le fantôme se
change en un homme véritable, nous croyons devoir
regarder le fait de son existence comme une partie
essentielle du procès. Nous vous demandons qu'une
instruction si délicate et si nécessaire ne soit point
confiée aux soins des accusés, qui sont dans une
parfaite intelligence avec le prétendu de la Pivardière;
nous cherchons la vérité, nous requérons qu'il nous
soit permis de la découvrir. Nous sommes, à cet égard,
une nouvelle partie, contre laquelle, encore une fois,
on ne peut opposer aucune fin de non-recevoir.

Ainsi, MESSIEURS, la partie de M.ᵉ Nivelle ne peut
pas encore détruire l'arrêt; il faut qu'elle établisse sa
qualité, avant que de pouvoir lui donner atteinte.
Mais cet arrêt n'a point préjugé contre elle la question
de la reconnoissance; mais cet arrêt a été rendu sur
le fondement de l'absence du sieur de la Pivardière;
mais cet arrêt n'est pas même rendu véritablement
contre lui; mais, enfin, nous lui prêtons nous-mêmes
notre secours, ou plutôt nous le prêtons à la vérité.
Sera-ce une vérité favorable ou contraire aux accusés?
C'est ce que l'événement nous apprendra; mais ce
sera toujours une vérité nécessaire, et qu'on ne peut
jamais séparer de l'instruction.

Si l'existence du sieur de la Pivardière, si l'innocence des accusés éclatent dans la suite, il sera temps
alors d'examiner les moyens de requête civile et
d'opposition, d'entrer dans la discussion des fins de
non-recevoir que les juges de Châtillon tirent de
votre arrêt, de peser toutes les ouvertures de requête
civile. Alors, MESSIEURS, s'il est vrai que nous nous
soyons trompés, soit dans nos conjectures sur le
fond de l'accusation, soit dans ce qui peut concerner
les nullités de la procédure, nous ne rougirons point

d'avouer notre erreur. Nous pouvons nous tromper, notre expérience ne nous l'apprend que trop tous les jours; mais nous osons dire que nous ne le voudrons jamais; et, si notre foiblesse ne nous permet pas d'aspirer au rare et glorieux privilége d'être exempts d'erreur et de surprise, nous aurons du moins le second avantage, que la droiture du cœur offre à ceux qui ne cherchent que la vérité, de reconnoître sans peine une erreur involontaire; affligés de nous être trompés, et non pas d'être obligés de l'avouer. Mais il seroit inutile de nous expliquer plus à fonds sur ces prétendues erreurs : toutes ces questions sont encore prématurées; et, quand on les agitera, elles seront peut-être superflues, puisque l'existence du sieur de la Pivardière, si elle est jamais prouvée, sera un moyen victorieux, indépendant d'une scrupuleuse observation de la procédure.

Que nous reste-t-il donc, si ce n'est de vous remettre devant les yeux, en un seul coup de pinceau, les principes et les faits que nous vous avons expliqués dans une cause dans laquelle nous n'avons fait que douter, et dans laquelle le public nous permettra de douter encore long-temps?

La récapitulation par laquelle ce plaidoyer fut terminé, n'a pas été écrite, non plus que les conclusions. Elles tendoient à ordonner, avant faire droit sur l'opposition et la requête civile, une instruction qui seroit faite, à la requête du procureur-général du roi, sur l'existence, ou même sur la supposition de la personne de Louis de la Pivardière, sans préjudice au procureur-général de poursuivre l'instruction du procès criminel sur l'assassinat. Il y eut un délibéré, après lequel les avocats et les gens du roi étant rentrés, il fut prononcé un arrêt conforme à ces conclusions, le 13 février 1699.

ENTRE Louis de la Pivardière, écuyer, sieur du Bouchet, ci-devant lieutenant de dragons au régiment de Sainte-Hermine, demandeur en opposition à l'exécution de l'arrêt du vingt-trois juillet dernier, suivant les requêtes et actes des trois septembre et douze décembre dernier, d'une part, et M. le procureur-général, et M.e Jean Bonnet, conseiller du roi, lieutenant-particulier au bailliage et siége présidial de Châtillon-sur-Indre, et M.e François Morin, substitut de M. le procureur-général audit siége, défendeurs, d'autre part; et entre ledit Louis de la Pivardière, écuyer, sieur du Bouchet, demandeur en lettres en forme de requête civile par lui obtenues en chancellerie, le dix décembre dernier, contre l'arrêt du vingt-trois juillet aussi dernier, et en requête par lui présentée à la cour, le seize décembre dernier, tendante à ce qu'il lui plût entériner ladite requête civile, selon sa forme et teneur; ce faisant, remettre les parties en tel et semblable état qu'elles étoient auparavant ledit arrêt, et condamner lesdits Bonnet et Morin aux dépens, d'une autre part, et M. le procureur-général, et lesdits M.e Jean Bonnet et François Morin, défendeurs, d'autre part; et entre ledit Louis de la Pivardière, demandeur en requête par lui présentée en la cour, le vingt-neuf dudit mois de décembre dernier, tendante à ce qu'il fût donné acte de ce qu'il se présente, comme étant le véritable Louis de la Pivardière, écuyer, sieur du Bouchet, né en la paroisse de Poulenne, le quinze novembre mil six cent soixante-un, du mariage d'Antoine de la Pivardière, écuyer, sieur du Bouchet et Duplessis, et de dame Marie de Bétoulet de Saint-Christophe, ses père et mère, baptisé dans l'église de Poulenne, le deux février mil six cent soixante-deux, où il a été tenu sur les fonts de baptême par feu messire Henri-Dominique d'Estampes, chevalier des ordres du roi, marquis de Fienne et de Valençay, et par dame Elisabeth le Marchand, ci-devant épouse du sieur marquis de Moussine, et à présent épouse du sieur de Béthune, marquis de Chabry, ses parrain et marraine, et qu'il a épousé dame Marguerite Chauvelin, en l'année mil six cent quatre-vingt-sept, dans l'église de Jeu-Malloche, qu'il demeuroit actuellement, depuis son mariage, dans la maison de Nerbonne, paroisse de Jeu-Malloche, et en conséquence, ordonner qu'il sera, dès à présent, procédé à la reconnoissance de sa personne, par-devant tel des Messieurs qu'il plaira à la cour de commettre, en présence d'un des substituts de M. le procureur-général, et que lesdits Bonnet et Morin seront tenus de déclarer s'ils ne reconnoissent pas que c'est lui-même qu'ils ont vu sur les lieux, au mois de janvier mil six cent quatre-vingt-dix-huit, et s'ils entendent soutenir qu'il ne soit pas le véritable Louis de la Pivardière, pour, du tout, être dressé procès-verbal et servir au demandeur ce que de raison; et où la cour feroit difficulté de procéder dès à présent à ladite reconnoissance, sous prétexte de l'arrêt du vingt-trois juillet dernier, faisant droit sur son opposition et sur ses lettres en forme de requête civile, remettre, dès à présent, les parties en tel et semblable état qu'elles étoient avant ledit arrêt, à

7 *

l'égard du demandeur, et condamner lesdits Bonnet et Morin aux dépens, d'une part, et M. le procureur-général et lesdits Bonnet et Morin, défendeurs, d'autre part, *sans que les noms et qualités prises par les parties puissent préjudicier au fond des contestations.* Après que Nivelle, avocat pour Louis de la Pivardière ; Bonnamour, avocat pour Bonnet ; et Robert de Saint-Vincent, avocat pour Morin, ont été ouïs pendant huit audiences, ensemble d'Aguesseau, pour le procureur-général du roi :

LA COUR ordonne qu'il en sera présentement délibéré sur le registre ; et, après avoir délibéré, les avocats des parties, et les gens du roi, mandés en la chambre, a été, l'arrêt qui en suit, prononcé en leur présence.

LA COUR, avant faire droit sur l'opposition et lettres en forme de requête civile, ordonne qu'à la requête du procureur-général du roi, il sera informé, par-devant M.e Jean Bochard, conseiller en la cour, de l'existence du soi-disant de la Pivardière, même de sa supposition, s'il y échet, et, à cet effet, lui permet de faire entendre tels témoins que bon lui semblera, tant du nombre de ceux dont la liste lui est à signifier à la requête de la partie de Nivelle, qu'autres témoins qu'il jugera à propos ; et, après l'information faite, sera le prétendu de la Pivardière, représenté, si besoin est, aux témoins, pour déclarer, par lesdits témoins, s'ils le reconnoissent pour être le véritable de la Pivardière, ou non, dont sera fait procès-verbal par ledit conseiller, par-devant lequel ledit prétendu de la Pivardière sera incessamment interrogé sur les faits qui seront donnés par le procureur-général ; et, à cette fin, qu'il se transportera ès prisons du Fort-Lévêque, où il est détenu ; en outre, ordonner que, par-devant ledit conseiller, il sera pareillement procédé à la vérification des corps d'écritures et signatures des lettres missives, des dix octobre mil six cent quatre-vingt-dix-sept, huit, vingt-un et vingt-quatre janvier, quinze mars et vingt-cinq août mil six cent quatre-vingt-dix-huit, de trois autres lettres missives sans date, l'une adressante à Duplessis, demeurant au Plessis ; l'autre à la Bruyère, procureur en la cour, et la troisième sans adresse, et de deux lignes en deux mots, signées, la Pivardière, étant au bas d'une lettre missive, écrite par sous-main, aussi adressante audit la Bruyère, en date du douze janvier mil six cent quatre-vingt-dix-huit, toutes prétendues écrites et signées par Louis de la Pivardière, depuis le quinze août mil six cent quatre-vingt-dix-sept, par Gilles du Houlx, Nicolas le Gret et Étienne Blégny, maîtres écrivains jurés à Paris, experts, que la cour a nommés d'office, qui seront ouïs chacun séparément par forme de déposition, sur les pièces de comparaison, dont le procureur-général et le prétendu de la Pivardière conviendront par-devant ledit conseiller, et à cette fin, seront lesdites lettres missives en question, qui sont ès mains des gens du roi, remises au greffe criminel de la cour, et procès-verbal dressé par ledit conseiller, de l'état d'icelles, en présence de l'un des substituts du procureur-général du roi, pour, le tout fait, être statué sur lesdites oppositions et requête civile, ainsi, qu'il appartiendra par raison, sans préjudice au procureur-général de poursuivre, ainsi qu'il avisera bon être, l'instruction du procès criminel intenté pour raison du prétendu assassinat de Louis de la Pivardière.

SECOND PLAIDOYER,

PRONONCÉ A L'AUDIENCE DE LA TOURNELLE, LE 22
JUILLET 1699,

Dans la cause du sieur DE LA PIVARDIÈRE.

Est-il donc vrai, comme on vous l'a dit avec tant
de confiance, que nous sommes enfin parvenus à ce
moment heureux, attendu depuis si long-temps par
les accusés, et désiré, si nous osons le dire, par la
justice même, où la vérité doit triompher de l'imposture, l'innocence de la calomnie, et la justice de
l'iniquité; ou sommes-nous encore dans cet état de
doute et d'obscurité, dans lequel nous n'entrevoyons
de loin qu'un foible jour, et une lumière trompeuse,
plus capables de nous faire tomber dans le précipice
de l'erreur, que de nous conduire en assurance dans
le chemin de la vérité?

Et, comme les juges ne doivent jamais recevoir
la vérité même, quelque éclatante qu'elle paroisse,
que des mains de la loi, et dans les formes qu'elle
a établies; c'est peu (nous ne craignons point de le
dire d'abord) d'avoir découvert le flambeau de la
vérité, si l'ordre inviolable des jugemens s'oppose
aux efforts prématurés des parties, et si la sévérité
de notre ministère nous oblige de sacrifier encore
à la rigueur de la forme, la juste compassion que
nous ne pouvons nous empêcher d'avoir pour des
malheureux.

C'est donc, Messieurs, à ces deux points importans que nous pouvons réduire cette grande affaire.
La vérité que nous cherchons depuis si long-temps,
a-t-elle enfin dissipé les nuages qui l'environnoient?

Se montre-t-elle à nous avec ce caractère éclatant d'évidence et de lumière, auquel la raison humaine ne sauroit résister ? Et si ce premier point est constant, quelle conséquence peut-on en tirer par rapport à l'ordre de la procédure, et à la qualité de l'instruction ? Ne doit-on plus écouter que les sentimens d'une vive commisération pour des innocens, ou doit-on les suspendre encore pour l'ordre public, pour le bien de la justice, pour l'intérêt même des accusés ?

Tel est, MESSIEURS, le plan et l'abrégé de cette cause, dont la destinée, comme vous le verrez dans la suite, est toujours d'être également incroyable, d'étonner l'esprit humain par sa nouveauté, de le confondre par son incertitude, et de l'accabler par sa difficulté.

Nous ne nous attacherons point à vous répéter ici les circonstances du fait avec la même exactitude que dans les causes ordinaires. L'histoire ou la fable de la vie et de la mort du sieur de la Pivardière, est à présent un de ces événemens fameux qu'il n'est plus permis d'ignorer ; et, après vous l'avoir déjà expliquée une première fois dans toute son étendue, nous nous contenterons aujourd'hui de vous retracer, avec autant de simplicité que de précision, les principales circonstances de la procédure qui nous paroissent absolument essentielles à la décision de cette cause.

Le sieur de la Pivardière, après une absence de quelques mois, paroît le 15 août de l'année 1697, dans son château de Nerbonne. Il y arrive le soir après le soleil couché. Le lendemain, avant le point du jour, on le cherche ; on ne le trouve plus. On conçoit de tristes soupçons. Trois semaines s'écoulent. Le procureur du roi de Châtillon-sur-Indre, demande, le 5 septembre 1697, permission d'informer des bruits qui se répandent dans la province, sur le prétendu assassinat du sieur de la Pivardière : il expose, dans sa plainte, les divisions funestes qui avoient troublé son mariage, son absence subite et incroyable, un fait décisif, qu'on publioit dans le

pays, que sa tête avoit été trouvée dans un bois voisin
de sa maison. Sur tous ces faits, le sieur Bonnet,
lieutenant-particulier, permet d'informer. Il informe;
il entend plusieurs témoins, qui donnent quelques
indices de l'assassinat. Il décrète contre la dame de
la Pivardière, ses enfans, et ses domestiques. Au
bruit de ce décret, la dame de la Pivardière disparoît. On la cherche inutilement dans sa maison.
On y arrête une de ces servantes si fameuses dans
cette affaire; l'autre servante est arrêtée peu de jours
après. On les interroge plusieurs fois. La première
dissimule la vérité ou la calomnie, jusqu'au troisième
interrogatoire. La seconde explique d'abord les plus
atroces circonstances de l'assassinat; et, se réunissant
enfin l'une à l'autre, elles composent l'histoire la
plus suivie, la plus détaillée, mais en même temps
la plus affreuse, d'un crime qui fait horreur. On
décrète, sur leur interrogatoire, contre le prieur de
Miseray, et ses deux valets, auteurs, complices,
ministres de l'assassinat.

Un événement singulier augmente la preuve, et
semble donner le dernier degré de force et d'autorité
à la déclaration d'une des servantes. Elle tombe
malade; on désespère de sa vie; elle appelle son
juge, et dans le moment de tous où la vérité s'explique avec plus de liberté, elle déclare, pour la
décharge de sa conscience, que la crainte des menaces
du prieur de Miseray l'avoit empêchée de dire,
jusqu'alors, qu'il étoit présent dans le tems de l'assassinat, et qu'il a lui-même trempé ses mains dans le
sang du sieur de la Pivardière.

Après cette déclaration, Marguerite Mercier, qui
l'avoit faite, revient des portes de la mort, et le
premier usage qu'elle fait de sa santé, est de confirmer de nouveau, par un interrogatoire solennel,
la déclaration qu'elle avoit faite pendant sa maladie.

On continue l'instruction. On récole les témoins.
L'official de Bourges condamne le prieur de Miseray
par contumace. Cet accusé est arrêté à Paris; on le
transfère dans les prisons de Châtillon. A sa seule

vue, les deux servantes se rétractent. L'une désavoue seulement ce qu'elle avoit dit qui pouvoit charger le prieur de Miseray. L'autre dément toutes les déclarations qu'elle avoit faites. Toutes deux, d'accusées qu'elles étoient, deviennent accusatrices. Elles reprochent en face, au lieutenant-particulier de Châtillon, ses surprises, ses menaces, ses violences, qui se réduisent néanmoins à leur avoir dit qu'elles seroient criminelles si elles refusoient de dire la vérité, qu'on seroit obligé de leur faire leur procès comme à des muettes, et qu'enfin on les mettroit à la torture si elles ne disoient pas tout ce qu'elles savoient.

A peine la confrontation est-elle achevée, que, pendant que le prieur de Miseray triomphe de sa victoire, les servantes lui en dérobent le fruit. Elles rappellent leurs juges, se jettent à leurs pieds, confessent leur faute, avouent qu'elles n'ont pu soutenir la présence du prieur, rétractent leur rétractation, et demandent à réparer une faute involontaire, dans une nouvelle confrontation. On les confronte de nouveau, et, par un changement incroyable, elles soutiennent au prieur tous les faits qu'elles avoient rétracté peu de temps auparavant en sa présence.

Dispensez-nous, après cela, MESSIEURS, de vous rendre un compte plus exact du détail de l'instruction. Nous venons de vous en retoucher les principales circonstances; le reste seroit inutile pour le jugement de la requête civile, sur laquelle seule vous avez à prononcer aujourd'hui.

Nous ne vous expliquerons point non plus les indices qui résultoient des dispositions des témoins, et qui, se joignant aux déclarations des servantes, sembloient former la preuve la plus complette qui ait jamais paru aux yeux de la justice. Ces soupçons véhémens d'adultère, cette rumeur de toute une province, qui accusoit hautement la dame de la Pivardière et le prieur de Miseray; cette division de la femme et du mari, trop certaine et trop connue pour l'un et pour l'autre; ces reproches sanglans qu'ils se firent mutuellement, et qui furent les premiers effets de l'arrivée imprévue du sieur de la Pivardière; les précautions suspectes de la dame de la Pivardière, d'éloigner de la chambre de son mari tous ceux qui auroient pu être témoins du crime dont on l'accusoit; ce coup de fusil, cette voix plaintive entendue pendant la nuit, ce sang observé le lendemain et peu de jours après, et sur la paillasse et sur le plancher; ce départ, ou plutôt cette disparition subite du sieur de la Pivardière; son cheval, son manteau, ses guêtres trouvées dans le château; cette lessive faite par la dame de la Pivardière elle-même contre sa coutume, et dans laquelle on prétend avoir vu des draps ensanglantés; enfin ces discours ambigus et sa retraite précipitée, voilà, en peu de mots, tout ce qui composoit la matière de cette accusation, et qui sembloit pouvoir tenir lieu, en quelque manière, de la preuve du corps de délit.

Telles étoient les présomptions de la mort, telles étoient toutes les procédures, que nous vous expliquâmes avec exactitude dans le temps de l'arrêt interlocutoire. Nous nous hâtons de les parcourir légèrement, pour passer aux présomptions et aux preuves de la vie que les accusés s'efforçoient d'établir dans le même temps que leur accusateur travailloit à assurer, par une procédure extraordinaire, la vérité de la mort.

Nous vous observâmes encore, dans le temps du dernier arrêt, qu'à peine les officiers de Châtillon eurent commencé à poursuivre la vengeance de l'assassinat du sieur de la Pivardière, que la dame sa femme leur opposa la certitude de sa vie, comme une barrière insurmontable.

De là tous ces actes suspects, ou pour mieux dire, vicieux et irréguliers dans la forme, mais considérables par leur date, dans lesquels nous voyons que, dès le 21 et le 22 seprembre 1697, c'est-à-dire, quinze jours après le décret, plusieurs témoins ont déclaré qu'ils avoient vu, vivant, celui dont on vouloit venger la mort.

De là cet acte important du 22 octobre 1697, dans

lequel le prétendu de la Pivardière déclare, par-devant notaires, à Flavigny, qu'il est existant, et qu'il
autorise toutes les procédures que sa femme a faites
et pourra faire contre les officiers de Châtillon.

De là, enfin, pour retrancher tout l'inutile, cette
requête par laquelle la dame de la Pivardière demanda
à la chambre des vacations, au mois d'octobre 1697,
qu'il lui fût permis d'informer de la calomnie que
l'on répandoit contre elle, au sujet de la mort de son
mari.

Cette requête est renvoyée au lieutenant-général
de Romorantin. Deux mois après, on fait paroître,
devant lui, le prétendu de la Pivardière. On l'interroge. Il explique toutes les circonstances de sa vie; il
rend raison de ce départ soudain du Château de
Nerbonne, qui avoit été le premier prétexte des faux
bruits que la malice de ses ennemis avoit semés dans
la province. Content de ses réponses, le lieutenant-
général de Romorantin le mène, comme en triomphe,
dans son pays. Ses parens, ses amis, ses voisins, les
juges mêmes de Luçay, qui avoient d'abord informé
de sa mort, tous le reconnoissent unanimement. Heureux s'il en étoit demeuré là, et s'il avoit su jouir du
fruit d'une si prompte et si unanime reconnoissance!
Mais sa témérité, ou l'artifice des officiers de Châtillon, lui fit presque perdre, en un moment, le
nom du véritable de la Pivardière, pour reprendre
celui d'imposteur et de fantôme.

On a la hardiesse de le représenter aux servantes
accusées; elles déclarent qu'elles ne les reconnoissent
point pour leur maître. Le procureur du roi requiert
qu'il soit arrêté; mais le lieutenant-général de Romorantin conserve précieusement le dépôt qui lui est
confié, et refuse de le remettre en d'autres mains. Il
l'emmène avec lui. Il lui permet de vaquer à ses
affaires. Ce vengeur de l'innocence des accusés, ou
cet instrument de leur imposture, disparoît une
seconde fois. Les accusés interjettent appel de toute
la procédure qui avoit été faite contre eux. M. le pro-

cureur-général est appellant de tout ce qui avoit
été fait par le lieutenant-général de Romorantin.

Les officiers de Châtillon sont intimés et pris à
partie.

Pendant que l'on plaide sur tous ces chefs de contestation, le faux ou le véritable de la Pivardière fait
entendre sa voix, du fond des ténèbres dans lesquels
il étoit rentré. Il s'accuse de bigamie pour se justifier
du crime d'imposture; il veut traiter avec la justice,
avant que de se livrer entre ses mains; il demande
un sauf-conduit, qui le mette à couvert de l'accusation de bigamie, et c'est à ces conditions qu'il offre
de se représenter.

Entre toutes ces parties, après quinze audiences de
plaidoirie, vous rendez un arrêt célèbre, par lequel
vous confirmez la procédure criminelle, après en
avoir retranché quelques instructions pleines de nullités. Vous accordez un autre juge aux accusés; vous
infirmez, sur l'appel de M. le procureur-général, tout
ce qui avoit été fait par le lieutenant-général de
Romorantin, pour parvenir à la reconnoissance du
prétendu de la Pivardière. Vous le déboutez lui-
même de son intervention, et vous ordonnez qu'il
sera pris au corps pour répondre aux conclusions que
nous voudrons prendre contre lui. Enfin, vous instruisez le lieutenant-particulier de Châtillon-sur-
Indre, par un grand nombre d'injonctions que vous
lui faites, d'observer l'ordonnance dans tous les points
dans lesquels il avoit négligé de la suivre.

Mais à peine cet arrêt est-il rendu, que le bruit de
l'arrivée prochaine du véritable de la Pivardière
commence à se répandre. Il suit, de près sa renommée; et, dans les premiers jours de septembre, à la
faveur d'un prétendu sauf-conduit, qu'il dit avoir
obtenu, il vient s'offrir à la justice, et se remet volontairement dans les prisons du Fort-l'évêque.

Le roi vous établit seuls juges, et en première et
en dernière instance, de cette affaire.

On vous présente une requête à fin d'opposition à
votre arrêt; on y joint des lettres en forme de requête

civile, pour le détruire. On demande qu'il soit procédé
à la reconnoissance du soi-disant de la Pivardière,
et on le demande, non-seulement avec nous, mais
avec les officiers de Châtillon.

Nous examinons devant vous, MESSIEURS, la grande
question que vous avez décidée par votre arrêt, et
qui consistoit à savoir si l'existence du prétendu de
la Pivardière devoit être mise au nombre des faits
justificatifs, ou si, au contraire, on la considéreroit
comme un fait préalable qui devoit, ou précéder, ou
du moins accompagner l'instruction. Forcés par le
concours surprenant des circonstances singulières de
cette affaire, entraînés par ces grands principes, par
ces maximes fondamentales de la procédure criminelle, qui ne permettent pas que l'on diffère d'un
moment d'éclaircir, d'assurer, d'établir tout ce qui
regarde le corps du délit, nous consentons nous-
mêmes à la reconnoissance, mais nous ne croyons pas
devoir en confier l'instruction à un homme accusé
d'imposture; nous demandons qu'elle soit remise entre
nos mains. Vous l'ordonnez, MESSIEURS, suivant nos
conclusions, et vous nous prescrivez trois genres de
preuves qui renferment tout ce que l'esprit humain
pouvoit alors imaginer, pour parvenir à la découverte
de la vérité.

Le premier est la preuve testimoniale. Les témoins,
selon votre arrêt, doivent être entendus séparément,
et représentés ensuite, si besoin est, au soi-disant de
la Pivardière.

Le second, est la vérification des lettres écrites par
la partie de M.ᵉ Nivelle, depuis le jour du prétendu
assassinat.

Le troisième enfin, et le plus fort de tous, est son
interrogatoire sur les faits qui seront donnés par
M. le procureur-général.

Et, parce que nous avions toujours soutenu que le
fait de l'existence n'étoit pas un fait justificatif, mais
un fait qui devoit nécessairement faire partie de
l'instruction du procès, vous nous réservez, MES-
SIEURS, le droit de continuer ce procès criminel;

et c'est par-là que vous finissez le dispositif de votre arrêt.

Nous l'avons exécuté, Messieurs, avec toute la religion que la sévérité de notre ministère et l'importance de la cause pouvoient exiger de nous.

La partie de M.ᵉ Nivelle a été interrogée, les lettres vérifiées, un grand nombre de témoins entendus.

Il revient devant vous en cet état; il soutient que rien ne manque à la solennité de sa reconnoissance.

Les autres accusés se joignent à lui; ils prétendent que son existence est aujourd'hui devenue une vérité également victorieuse et triomphante pour toutes les parties, qui fait tomber, qui anéantit de plein droit, et le procès criminel et l'arrêt qui en ordonnoit l'instruction. C'est à ce grand moyen que tous les demandeurs s'attachent également, comme au principal fondement des lettres en forme de requête civile qu'ils ont tous obtenues.

La mort leur a enlevé une de leurs parties. M.ᵉ Bonnet, lieutenant-particulier de Châtillon-sur-Indre, est décédé pendant que l'on procédoit à la reconnoissance du sieur de la Pivardière. Pour ne point mettre eux-mêmes d'obstacle à leur liberté, tous les accusés ont déclaré qu'ils se désistoient de leurs demandes à l'égard du sieur Bonnet; mais ils soutiennent que M.ᵒ Morin, substitut de M. le procureur-général au même bailliage de Châtillon-sur-Indre, doit toujours demeurer en cause, soit par rapport à la prise à partie qu'ils veulent faire juger une seconde fois, soit par rapport aux dommages et intérêts qu'ils prétendent bientôt faire tomber uniquement sur lui.

Voila, Messieurs, tout ce qui forme, à présent, la matière importante de votre délibération. Tels sont le changement et la révolution surprenante que l'espace d'une année a produite dans cette cause. Il y aura demain un an, que vous prononçâtes un arrêt

favorable aux accusateurs, et terrible aux accusés (1).
Aujourd'hui tout au contraire, ce sont les accusés
qui pressent, qui menacent, qui demandent vengeance, et l'on veut faire passer la crainte, la terreur,
l'inquiétude du côté des accusateurs. Voyons maintenant si l'on ne se hâte point de triompher avant le
temps, et, pour l'examiner plus solidement, tâchons de
vous remettre devant les yeux une idée vive et précise des moyens que l'on a proposés de part et
d'autre.

Que vous ont dit d'abord les accusés, dont les intérêts sont tellement confondus avec ceux du soi-disant de la Pivardière, qu'ils n'ont presque parlé
dans cette cause, que par la bouche de son défenseur?

On a répété, en peu de paroles, les mêmes moyens
qui vous furent proposés avec plus d'étendue dans
le temps de la première plaidoierie de la requête
civile.

L'arrêt que l'on attaque ne doit être considéré,
par rapport au sieur de la Pivardière, que comme
un arrêt comminatoire, tout au plus comme un arrêt
par contumace. Son absence l'a fait paroître coupable : sa présence le justifie.

S'il faut, après cela, attaquer cet arrêt dans les
règles et dans les formes ordinaires de la procédure,
la seule voie de l'opposition suffiroit pour le détruire.
Il n'est pas vrai que le véritable de la Pivardière
ait été partie dans votre arrêt, et il n'en faut point
d'autre preuve que le décret même que vous avez
prononcé. Avez-vous jamais voulu, MESSIEURS, avez-
vous jamais pu décreter contre le véritable de la
Pivardière? Tout son crime étoit d'être vivant. Car,
à l'égard de la bigamie, il n'a point encore été accusé.
Contre qui donc avez-vous décreté? C'est contre un

(1) L'arrêt contre lequel les accusés avoient pris la voie de
l'opposition et celle de la requête civile avoit été rendu le 23
juillet de l'année 1698, et ce plaidoyer fut prononcé le 22 juillet
de l'année 1699 : l'un supposoit la mort, l'autre prouve la vie
du sieur de la Pivardière.

imposteur, un fantôme, un homme supposé, un soi-
disant de la Pivardière. Tous ces noms ne conviennent
point à la partie de M.ᵉ Nivelle : donc il a raison de
dire que l'arrêt n'étant point rendu véritablement,
ni avec lui, ni contre lui : il n'a besoin, pour le
combattre, que d'employer la voie d'une simple opposition.

S'il y joint celle de la requête civile, c'est parce
qu'elle lui est aussi avantageuse, et qu'elle est encore
plus indubitable. Il ne peut craindre que la forme
de l'arrêt; mais c'est dans cette forme même qu'il
prétend trouver le remède des maux qu'il a soufferts.

Il remarque d'abord, que la procédure qui a servi
de fondement à l'arrêt, est très-irrégulière. M. le
procureur-général fait infirmer toutes les ordonnances du lieutenant-général de Romorantin, sans
intimider le prétendu de la Pivardière qui étoit cependant la principale et presque la seule partie par
laquelle ces ordonnances pouvoient être défendues.

Il ajoute ensuite, que l'arrêt renfermoit des dispositions contraires, qui se détruisoient mutuellement. D'un côté, l'on fait un grand nombre d'injonctions au lieutenant-particulier de Châtillon; on juge,
par conséquent, que sa procédure est nulle en plu-
sieur points essentiels. Et de l'autre, on confirme
toute la procédure, à la réserve de quelques confrontations, sans retrancher de l'instruction tous les actes
dans lesquels on découvre les nullités importantes
qui ont servi de fondement à toutes les injonctions.

Mais, sans s'attacher scrupuleusement à la forme,
le dol personnel des officiers de Châtillon ne suffiroit-
il pas pour donner atteinte à un arrêt qui n'a eu
d'autre fondement que leur accusation et leurs poursuites calomnieuses. Autrefois leur calomnie pouvoit
être douteuse; elle se cachoit artificieusement sous
le voile et sous l'apparence d'une procédure judiciaire. Mais aujourd'hui le voile est levé, l'ouvrage
de ténèbres paroît à découvert, et bien loin de soutenir votre arrêt, on prétend, MESSIEURS, que toute
votre indignation doit se tourner aujourd'hui contre

les officiers de Châtillon, qui ont surpris votre religion par une injuste procédure, qu'on ne peut regarder désormais que comme un tissu de suppositions
et de calomnies.

L'existence certaine, sensible, palpable du sieur
de la Pivardière, est le grand dénouement de cette
intrigue frauduleuse, et le dernier moyen de la requête civile : moyen si décisif, qu'on pourroit abandonner tous les autres pour s'arrêter à celui-là seul :
et cette existence peut-elle désormais faire la matière
d'un doute raisonnable ? Ce n'est plus aujourd'hui
sur un bruit et sur une rumeur populaire, ce n'est
plus sur le fondement des procès-verbaux du juge de
Romorantin, c'est sur la foi d'une procédure prescrite par votre arrêt qu'il a le bonheur de voir la
vérité de son existence établie : procédure qui, dans
l'événement, est d'autant plus favorable au sieur de
la Pivardière, qu'elle lui a paru d'abord plus rigoureuse. Tout parle, tout se réunit en sa faveur. La
nature a tracé, sur chaque homme en particulier, trois
caractères différens qui le distinguent de tous les
autres hommes. La parole, l'air du visage, l'écriture, sont comme trois portraits également inimi-
tables, dans lesquels nous nous peignons nous-mêmes
naturellement. C'est cette idée qui semble avoir servi
de plan et de modèle aux trois genres de preuves
que votre arrêt a voulu que le sieur de la Pivardière
donnât de son existence.

Il a parlé, MESSIEURS, et ses paroles, contenues
dans un interrogatoire immense, sont une image
fidèle et une vraie peinture de sa personne, dont
l'art et le mensonge du plus habile imposteur ne
sauroient jamais approcher.

Il s'est montré à tous les témoins que l'on a jugé
à propos de lui représenter. Les traits, les linéamens
de son visage, sa taille, son port, tout son extérieur,
ont tracé d'abord, dans tous ceux qui l'ont vu, cette
idée fixe et constante qu'une longue habitude et
une grande familiarité avoient gravée, depuis long-

temps, dans leur mémoire, de la figure corporelle du sieur de la Pivardière.

Deux témoins, à la vérité, ont voulu le méconnoître ; mais l'un est justement et honteusement reproché. L'autre, suspect en soi, et produit par les officiers de Châtillon, est confondu par les termes mêmes de sa déposition. Il n'y a donc plus rien qui s'oppose à l'entière manifestation de la vérité. L'artifice des ennemis du sieur de la Pivardière a bien pu l'obscurcir pour un temps ; mais, tôt ou tard, il faut que sa puissance dissipe tous les nuages dont on a voulu la couvrir. Ce jour heureux est enfin arrivé, le fondement de votre arrêt est détruit. Vous avez décrété contre un imposteur, et celui auquel on vouloit faire cette injure, s'est fait reconnoître d'une manière si authentique, si solennelle, si décisive, que ses ennemis mêmes sont forcés d'avouer qu'il est le véritable de la Pivardière.

Mais, si son existence ne peut plus être contestée, si, par une conséquence nécessaire, l'arrêt tombe avec la fausseté qui lui servoit de fondement, divisera-t-on aujourd'hui la cause du sieur de la Pivardière de celle des autres accusés ? Sera-t-il vivant par rapport à son intérêt, et mort par rapport à celui des prisonniers ? Partagera-t-on son existence et sa vie ? Le reconnoîtra-t-on d'un côté pour le véritable de la Pivardière ? Instruira-t-on de l'autre un procès criminel à sa femme pour l'avoir assassiné ? Qui ne voit dans quelles absurdités on tombe, aussitôt que l'on veut diviser ce qui est indivisible, faire subsister une accusation dans le temps qu'il n'y a plus de crime, continuer une poursuite extraordinaire, non-seulement sans preuve du corps du délit, mais lors même qu'il est démontré que le corps du délit est impossible.

Après cela, MESSIEURS, écouterez-vous les fins de non-recevoir frivoles et captieuses que le procureur du roi de Châtillon oppose aujourd'hui à une requête civile si favorable ? Votre arrêt interlocutoire a déjà préjugé la foiblesse de ses moyens. Il demandoit

pour lors, comme il le demande encore aujourd'hui,
à être mis hors de cause : il soutenoit qu'il ne devoit
plus prendre aucune part à l'événement de cette
contestation : il opposoit le nom et l'autorité de
votre arrêt : il abusoit, dès ce temps-là, de la maxime
qu'il a encore répétée dans cette audience, *non bis
in idem;* comme si l'on pouvoit dire que la prise à
partie a été véritablement jugée avec le sieur de la Pivardière, que les officiers de Châtillon faisoient passer,
dans le temps de l'arrêt, pour une ombre ou pour un
fantôme. Malgré tous ces moyens, vous avez cru que
l'intérêt des accusés, que le bien de la justice demandoient nécessairement queces officiers fussent toujours
parties jusqu'au jugement de la contestation. Vous
avez prononcé l'interlocutoire avec le procureur du
roi de Châtillon; comment pourriez-vous prononcer
sans lui le jugement définitif? En vain cesseroit-il
pour un moment d'être partie dans cette affaire; on
le feroit bientôt rentrer malgré lui dans le péril qu'il
se flatteroit peut-être d'avoir évité. C'est sur lui que
doit tomber tout le poids de l'indignation de la justice. Une heureuse mort a mis le lieutenant-particulier à couvert des jugemens des hommes. Le
procureur du roi est la seule victime, si l'on en
croit les accusés, qui doit être bientôt immolée à la
réparation de leur honneur et à la vengeance publique.

Tels sont tous les moyens, et, si nous osons le
dire, telles sont toutes les menaces des accusés,
qui, comme nous l'avons déjà dit, semblent prendre,
dès à présent, le ton et la liberté d'un accusateur.

Qu'oppose-t-on de la part du procureur du roi de
Châtillon-sur-Indre, qui devient seul, aujourd'hui,
l'objet d'une déclamation injurieuse?

Il vous a dit, Messieurs, que l'arrêt interlocutoire
ne peut être considéré comme un préjugé sur les fins
de non-recevoir qu'il proposa pour lors, et qu'il
propose encore aujourd'hui; que cet arrêt a conservé
tous les droits des parties en leur entier; et que,

8 *

puisqu'il s'agit à présent de prononcer définitivement sur la requête civile, il doit lui être permis de se servir des mêmes armes qu'il a déjà employées pour repousser les efforts téméraires de la partie de Me Nivelle.

Il lui est donc glorieux de rendre trois fois compte de sa conduite à la cour, qui a bien voulu l'approuver, dès la première fois qu'elle lui a été expliquée.

Bien loin d'être coupable pour avoir fait informer, il seroit criminel s'il ne l'avoit pas fait. Qu'a-t-il dit dans sa plainte? A-t-il assuré la vérité de l'assassinat du sieur de la Pivardière? A-t-il donné la moindre preuve de cette passion aveugle, de cette prévention téméraire qu'on lui attribue? Il s'est contenté de parler des bruits publics; il a demandé permission de les suivre, de les approfondir, de remonter jusqu'à leur source; il a été assez malheureux pour trouver des indices violens qui l'ont obligé à requérir un décret. Les interrogatoires des servantes, auxquels on ne peut l'accuser d'avoir eu aucune part, lui ont été communiqués. Pouvoit-il, à la vue de ces interrogatoires, ne pas demander que le procès fût instruit par récolement et confrontation? Voilà cependant tout ce qu'il a fait. Quel crime, encore une fois, plus glorieux que celui qu'on lui impute? Il a fait son devoir, peut-être avec trop de lenteur, sans doute avec un excès de modération, qui pouvoit lui attirer plus de reproche de la part de ses supérieurs que de la part des accusés.

Quelque convaincu qu'il soit de la régularité de sa conduite, il avoue néanmoins qu'il se défieroit toujours de lui-même, si la cour ne lui avoit rendu le calme et la tranquillité, en confirmant tout ce qu'il a fait dans cette affaire. L'ouvrage du lieutenant-particulier a souffert quelque atteinte; celui du procureur du roi est demeuré inviolable; tout ce qu'il a requis a subsisté. Vous êtes donc, MESSIEURS,

il ose prendre la liberté de le dire, vous êtes complices des fautes dont on l'accuse : il aime mieux
être coupable avec vous, que d'être innocent avec
les accusés ; et peut-il s'empêcher de chérir et de
défendre son erreur (s'il est vrai qu'elle mérite ce
nom), puisqu'elle lui est, en quelque manière,
commune avec vous ?

Mais enfin, sans entrer dans le fonds de la contestation, sa fonction est expirée, son pouvoir est fini; il
a remis le soin de la vengeance publique en des mains
plus élevées; c'est à vous à prononcer sur l'évènement
le plus singulier qui ait peut-être paru depuis plusieurs
siècles. Il entendra, avec tout le public, l'oracle de
votre justice, mais il l'apprendra sans intérêt; il ap-
plaudira, avec joie, à l'innocence des accusés, s'ils
peuvent obtenir leur absolution; il plaindra leur
malheur, s'ils sont coupables. Pourquoi le faire rentrer dans un procès dont la cour ne l'a retranché
qu'en approuvant publiquement sa conduite? Ne lui
suffit-il pas d'avoir été obligé d'essuyer une seconde
fois le sort toujours douteux et incertain des jugemens? Toute prise à partie est une espèce d'accusation
qui ne peut être instruite et jugée qu'une seule fois.
Soit que la justice condamne, soit qu'elle prononce
une absolution, elle frappe ou guérit pour toujours;
ses graces, comme ses rigueurs, sont sans retour; ses
oracles sont immuables, ils ne sont point sujets au
repentir, ni à l'inconstance; et ce qu'elle a une fois
prononcé en cette matière, dure éternellement.

De quoi même peuvent se plaindre aujourd'hui les
accusés? Il ne s'agit encore que d'une simple prise à
partie. La cour en a déchargé le procureur du roi de
Châtillon; mais l'a-t-elle déchargé par avance de
cette accusation de calomnie, dont on le menace si
hautement, et qu'il attend sans frayeur? Il ne prétend
point se servir de son arrêt contre une demande que
cet arrêt n'a point décidée. Qu'ils commencent par
respecter l'autorité des choses jugées; qu'ils viennent
ensuite l'attaquer, s'ils osent le faire : sûr de son innocence, il ne leur opposera plus aucune fin de non-

recevoir, et il regardera leurs efforts téméraires, comme une heureuse occasion de faire encore plus éclater sa vertu.

Que s'il n'est pas encore suffisamment à couvert, à l'ombre de l'autorité de votre arrêt, il soutient, sans se départir des fins de non-recevoir, que ce jugement solennel ne peut jamais recevoir d'atteinte dans tout ce qui regarde la prise à partie; que ce n'est point à lui qu'il appartient de justifier la procédure de M. le procureur-général; qu'il ne peut néanmoins se dispenser de remarquer la foiblesse du premier moyen de requête civile, tiré de la nullité de la procédure. M. le procureur-général pouvoit-il reconnoître le prétendu de la Pivardière, dans le temps qu'il se déroboit aux regards de la justice par une fuite suspecte, et que sa contumace devoit le faire passer justement pour un imposteur; et n'auroit-ce pas été le reconnoître, que de le faire intimer sur l'appel de la procédure de Romorantin?

C'est en vain qu'on cherche des contrariétés dans un arrêt qui n'en renferme aucune. Il n'est pas vrai qu'on ait confirmé, d'un côté, des procédures que, de l'autre, on déclaroit nulles. On n'a pas, à la vérité, infirmé nommément tous les actes qui pouvoient être irréguliers; mais s'ensuit-il de là qu'on les ait confirmés? Et d'ailleurs, quel rapport tous ces moyens ont-ils avec le chef de l'arrêt qui juge la prise à partie?

Le dol personnel dont on accuse les officiers de Châtillon est un de ces faits inventés par l'art de l'orateur, pour servir de matière à une invective véhémente; mais, avant que de le proposer, il faudroit avoir prouvé cette noire calomnie, que l'on ose imputer à des juges; et c'est ce que l'on ne fera jamais.

Enfin, l'existence du sieur de la Pivardière est un fait qui n'intéresse point le procureur du Roi. Qu'il existe, si l'on veut; qu'il confonde l'imposture de ceux qui avoient publié sa mort, et répandu ces bruits que le procureur du roi n'a pas cru devoir négliger;

que non content de se justifier lui-même, il soit le
libérateur et le protecteur de l'innocence des autres
accusés; le procureur du roi de Châtillon y consent
avec joie; mais que, parce qu'il est le véritable de la
Pivardière, il puisse censurer une seconde fois la
conduite d'un officier que la cour a autorisé par son
arrêt, c'est ce qui ne résiste pas moins à la justice qu'à
l'équité. C'est ce qu'on espère, MESSIEURS, que vous
ne souffrirez pas ; vous avez assez témoigné, par les
anciens et par les nouveaux réglemens (1), combien
l'honneur des juges vous est précieux ; et vous ne
sauriez jamais en donner des marques, en faveur d'un
officier qui en soit plus digne, par l'honneur que
vous lui avez fait d'adopter, pour ainsi dire, sa procédure, qui n'est plus même la sienne depuis qu'elle
est revêtue de l'autorité solennelle de votre arrêt.

APRÈS avoir entendu ces différentes raisons, qui
sont proposées de part et d'autre, il vous reste,
MESSIEURS, à écouter maintenant la principale, ou
plutôt la véritable partie que les accusés doivent
craindre dans cette affaire. C'est dans nos seules
mains que l'ordre public du royaume dépose le soin
de la vengeance des crimes ; c'est à nous qu'il appartient uniquement, sous vos yeux et sous votre autorité, ou de soutenir ou d'abandonner l'arrêt que l'on
attaque aujourd'hui. Nous sommes les véritables
défendeurs à la requête civile que les accusés ont
obtenue; mais si notre ministère nous impose la qualité de défendeurs et de parties, il ne nous en doit
pas inspirer la prévention. Forcés, malgré nous, de
poursuivre le crime, dans le temps même que notre
devoir nous oblige d'en demander la punition, nous
souhaitons ensuite de trouver l'innocence. Sommes-
nous assez heureux pour l'avoir enfin trouvée dans

(1) Le parlement venoit de rendre un arrêt de réglement
contre les prises à partie, le 4 juin 1699, sur le réquisitoire
du même magistrat, que l'on peut voir dans le tome I,
page 255.

cette occasion, et pouvons-nous suivre notre inclination, qui nous porte toujours à l'humanité, sans nous écarter des règles austères de notre devoir, qui nous porte souvent à la rigueur ? C'est, MESSIEURS, ce que nous allons tâcher d'examiner dans la suite de ce discours, non en nous laissant emporter au torrent des opinions humaines et des bruits populaires, mais en nous renfermant uniquement dans une exacte et solide discussion des preuves que l'ordre judiciaire nous présente.

Distinguons d'abord, comme nous l'avons déjà fait dès l'entrée de cette cause, deux questions principales qui en font tout le partage, et qui en renferment toute la difficulté.

Le grand fait, le fait capital et décisif de l'existence du sieur de la Pivardière, est-il aujourd'hui porté à un tel degré d'évidence et de certitude, que les esprits les plus incrédules soient contraints de le reconnoître ?

Quand même ce fait seroit certain et indubitable, est-il capable, par rapport aux formalités essentielles de la procédure, de donner atteinte à un arrêt aussi juste et aussi solennel que celui que vous avez prononcé l'année dernière ?

En un mot, la certitude du fait considéré en lui-même; la conséquence de ce même fait envisagé dans dans ses effets, c'est à quoi peuvent se réduire naturellement toutes nos réflexions.

PREMIÈRE PARTIE.

Certitude du fait, considéré en lui-même.

Avant que d'examiner les preuves sur lesquelles on prétend appuyer ce que l'on vous a dit, qu'il n'y a point d'homme dont l'existence soit plus certaine et plus démontrée que celle du sieur de la Pivardière, représentons-nous d'abord, d'une seule vue,

quel étoit l'extérieur et la face de cette grande affaire, lorsque vous avez ordonné qu'il seroit procédé
à la reconnoissance de la partie de Me Nivelle.
Tâchons de remettre devant vos yeux les deux pein-
tures différentes que nous eûmes l'honneur de tracer
en cette audience, des présomptions opposées de la
mort et de la vie du sieur de la Pivardière.

D'un côté, nous vous dîmes, Messieurs, que
rien ne paroissoit plus probable que sa mort : un
assemblage, qui ne peut être fortuit, d'un grand
nombre d'indices différens, semble ne former qu'une
seule voix qui s'élève contre les accusés, et qui demande vengeance contre leur cruauté. Si l'on joint à
cette foule de présomptions, les déclarations précises, formelles, décisives des servantes dans leurs
premiers interrogatoires : si l'on considère, comme
nous essayâmes de vous le montrer, qu'il est presque
moralement impossible qu'elles aient été ni trompées,
ni trompeuses, ni contraintes par les juges de Châtillon
à entrer dans le complot de la plus noire calomnie
qui fût jamais, qui pourra s'empêcher de concevoir
de tristes, de funestes soupçons contre l'innocence
des accusés? Qui pourra même s'arrêter aux simples
soupçons, et ne pas se persuader qu'il trouve des
preuves fortes, sensibles, convaincantes de l'assassinat?

Mais, d'un autre côté, si l'on observe qu'il n'y a
pas un seul des indices, dont nous fîmes alors une
longue énumération, qui ne soit douteux, incertain,
équivoque ; si l'on remarque que ces servantes,
uniques témoins de la mort cruelle du sieur de la
Pivardière, sont des témoins convaincus, par leur
propre aveu, de supposition et d'infidélité, si l'on
suit toutes leurs démarches, si on réunit toutes leurs
variations, si l'on considère qu'après avoir rétracté
leurs interrogatoires, elles ont rétracté leurs rétractations mêmes, et que, dans cet état d'irrésolution,
de contradiction, d'incertitude, elles ne peuvent
presque plus nuire qu'à elles-mêmes ; enfin, si on
ajoute que la seule représentation du sieur de la

Pivardière, qui donne sa tête pour gage de sa sincérité, est une preuve plus forte que toutes les dépositions des témoins et toutes les déclarations des servantes ; alors on est tenté d'absoudre les accusés, de condamner les juges, et de croire la vie beaucoup plus certaine que la mort.

Dans un combat si douteux et si balancé, heureux, vous dîmes-nous encore, qui peut attendre en silence l'oracle de vos jugemens ? Mais, s'il faut se déterminer entre deux extrémités contraires, et prendre partie entre la vie et la mort, alors nous ne craignîmes point de vous dire que c'étoit dans le doute qu'il falloit chercher les principes de la certitude, et faire naître la lumière du sein de l'obscurité.

Si le corps du délit est douteux, il faut donc l'approfondir ; et c'est ce qu'on ne sauroit mieux faire, qu'en examinant le fait de l'existence ou de la supposition du prétendu de la Pivardière.

Si la mort n'est pas certaine, c'est en vain que l'on cherche à punir les coupables d'un crime qui peut-être n'exista jamais. Donc le fait de la vie du sieur de la Pivardière n'est point un fait justificatif, mais un fait préalable qui peut anéantir en un moment, et faire disparoître le vain fantôme d'une accusation imaginaire.

Enfin, dans le doute, la vie n'a pas besoin de preuve, elle se présume toujours ; la mort doit être prouvée, elle ne se présume jamais : ce n'est donc point blesser les règles de la justice, que de traiter également les deux objets, et de permettre, au moins, que les preuves de la vie marchent d'un pas égal avec celles de la mort.

C'est ainsi que, cherchant à nous assurer par le doute même et par l'incertitude, nous crûmes, MESSIEURS, devoir vous proposer de jeter les fondemens solides ou de l'absolution ou de la condamnation des accusés, en rétablissant la preuve du corps du délit par l'examen de la vie ou de la mort du sieur de la Pivardière.

Mais, pour nous confirmer encore dans ce sentiment par les circonstances singulières du fait, qui
nous parurent se concilier parfaitement avec les
grands principes du droit, nous vous proposâmes
dès-lors, MESSIEURS, une multitude de présomptions
si fortes et si considérables en faveur de la vie du
soi-disant de la Pivardière, que, si elles n'étoient
pas encore capables de déterminer absolument les
suffrages des juges, elles pouvoient du moins excuser
la prévention des jugemens populaires.

Et quelles étoient, MESSIEURS, ces présomptions?
Il suffit de les retoucher légèrement, pour en faire
sentir le poids et la gravité.

Première présomption. A peine le bruit de la
mort du sieur de la Pivardière commence à se répandre, que l'on entend, d'un autre côté, publier
le bruit de sa vie. Jamais la dame de la Pivardière,
jamais le prieur de Miseray n'ont allégué d'autre
défense que le fait décisif de l'existence de celui qu'on
les accusoit d'avoir assassiné. La justification a été
aussi prompte que l'accusation. La dame de la Pivardière est décrétée le 7 septembre. Ce décret même
n'est exécuté que le 16 du même mois, et dès le 22,
c'est-à-dire, six jours après la connoissance légitime
qu'elle a eue de l'accusation, elle a commencé à
chercher, à recueillir des preuves de la vie de son
mari par les certificats de différentes personnes qui
ont assuré qu'ils avoient vu le sieur de la Pivardière
trois jours après son prétendu assassinat. Son existence
n'est donc point un de ces faits préparés avec art
pendant long-temps; ce n'est point un de ces dénouemens de théâtre, qu'on ne fait paroître qu'à la
fin du spectacle, et qu'on n'y mène que par machines. Qui pourra croire que, dans un si court
intervalle de temps, on ait pu former, arranger,
concerter le plan de l'imposture, trouver un homme
propre à la répandre par sa ressemblance, à la soutenir par sa hardiesse, à la rendre vraisemblable par
son industrie? Qui se persuadera que dans six jours

tout au plus, que dans un mois d'intervalle, la fortune, concourant avec la malice des accusés, ait achevé d'un seul trait, ce chef-d'œuvre de fraude et de supposition, sans qu'il ait été nécessaire d'y rien changer dans la suite pour perfectionner cet ouvrage d'imposture?

Seconde présomption. Dans quel temps paroît celui qui emprunte, si l'on veut, le nom et l'apparence du sieur de la Pivardière? Que l'on rende, s'il est possible, tous les faits douteux dans cette affaire; qu'on rejette les déclarations des parties; qu'on attaque les dépositions des témoins; qu'on ose même rendre la foi des juges suspecte et vacillante; dans ce doute universel, il faudra néanmoins convenir que, dès le mois de janvier 1698, c'est-à-dire, quatre mois et demi après le prétendu assassinat, on a vu paroître un homme, qui a dit publiquement: *Je suis celui que l'on veut faire passer pour mort; je suis le véritable de la Pivardière.* Quelle apparence qu'un imposteur eût osé se montrer, non dans une province éloignée, mais dans son pays, au milieu de ses parens, de ses amis, de ses voisins? et dans quel temps? A peine laisse-t-il passer quatre mois entiers, après l'absence ou la mort de celui dont il veut usurper le nom. Ce n'est point un de ces imposteurs, fameux dans l'histoire des empires, ou dans les annales de la justice, qui, après vingt ou trente années d'absence, cherchent à surprendre la mémoire incertaine des hommes, à la faveur de quelques traits de ressemblance. On ne peut point lui reprocher, comme on le faisoit même au véritable Jean Maillard, qu'il a médité son imposture pendant quarante ans de silence. C'est un homme qui paroît, qui s'offre de lui-même, qui se livre à tous ceux qui veulent le reconnoître, dans un temps où l'on conservoit encore une image vive et récente du véritable de la Pivardière. Autant de personnes qu'il auroit rencontrées, auroient été autant de témoins et de juges sévères de sa témérité. Encore une fois, qui pourra concevoir, dans cette supposition, ou sa hardiesse à tout entreprendre, ou son bonheur à y réussir.

Troisième présomption. Quelle est la conduite nouvelle, surprenante, inouie de cet imposteur? Il ne se contente pas d'exposer sa signature dans des actes nécessaires à la censure de ses ennemis et au jugement de la justice; il écrit entièrement de sa main un grand nombre de lettres superflues, indifférentes, sans utilité, sans nécessité, qui ne sont point essentielles pour soutenir son imposture, et qui sont un des plus puissans moyens que l'on puisse jamais avoir pour la confondre? Où a-t-on vu, jusqu'à présent, un imposteur qui multiplie inutilement les actes, et qui ne se contente pas de donner à regret une simple signature dans un petit nombre d'actes absolument nécessaires? Heureux s'il pouvoit ne laisser aucun vestige durable, aucune trace fixe et permanente de son imposture!

Quatrième présomption. Comment paroît aujourd'hui le véritable ou le soi-disant de la Pivardière? Ne parlons point ici de toute la procédure du lieutenant-général de Romorantin, de laquelle nous sommes néanmoins obligés d'avouer qu'il résulte que tout un peuple, qu'une province entière ont vu publiquement un homme qui se disoit le véritable de la Pivardière. Arrêtons-nous à ce qui ne peut jamais souffrir la moindre contestation. Il est certain que, depuis le mois de septembre dernier, la justice a dans ses fers un esclave volontaire, qui prend le nom et la qualité de cet homme fameux par ses malheurs, dont nous cherchons depuis si long-temps ou la vie ou la mort.

Que l'on rappelle avec soin l'histoire de tous les imposteurs, dont les siècles passés nous ont conservé la mémoire, en trouve-t-on un seul qui ait osé se remettre librement dans les horreurs d'une longue prison, et se sacrifier lui-même à la preuve de son imposture? La fraude et la supposition sont toujours

timides et tremblantes, quelque fermeté extérieure
qu'elles affectent; elles cherchent les ténèbres où
elles ont été conçues; elles fuient la lumière où elles
doivent enfin être confondues par l'éclat de la vérité.
Ici, tout au contraire, la partie de M.ᵉ Nivelle
n'attend pas qu'on le cherche, il ne se montre point
à demi; il ne ressemble point à cet imposteur dont
parle un des historiens romains, qui, passant rapidement dans les villes d'Italie, sans laisser à personne
le loisir de l'examiner, surprenoit les suffrages des
hommes par sa présence imprévue, et content d'avoir
excité une rumeur populaire, ne lui donnoit jamais
le temps de se fortifier et de s'affermir, ou plutôt
de se détruire et de se dissiper : *aut prævéniebat
famam, aut relinquebat.* C'est peu pour la partie de
M.ᵉ Nivelle, de se montrer à découvert, il s'enferme
volontairement dans une prison, dans laquelle il ne
demeure pas moins exposé à la maligne curiosité des
hommes, qu'à la sévère inquisition de la justice. S'il
n'est pas le véritable de la Pivardière, il faut au
moins avouer que personne n'a mieux su imiter le
principal et le plus éclatant de tous les caractères de
la vérité.

Cinquième présomption. Quel est l'intérêt qui
l'amène aux pieds de la justice? Car enfin, les grands
crimes, et surtout les crimes dont l'entreprise est
difficile, le succès incertain, l'issue très-dangereuse,
ont toujours de grands motifs, une passion violente,
ou un intérêt considérable. Tels sont les ressorts
efficaces qui remuent le cœur des hommes; tels
sont les caractères qui, dans tous les temps, ont
distingué les imposteurs. Les uns, flattés par la ressemblance que les jeux de la nature avoient mise
entr'eux et des rois, ont voulu monter au trône par
les degrés de la fraude et de la supposition. Les
autres, animés par l'ardeur de leurs passions, séduits
par leur vanité, entraînés par leur avarice, ont
voulu usurper un nom glorieux, entrer dans une
famille illustre, s'emparer d'une succession opulente.
L'amour a fait des imposteurs, comme la vanité et

l'avarice ; et si la fable nous montre un faux Amphytrion, l'histoire nous présente un faux Martin Guerre.

Mais un imposteur sans passion, sans intérêt, est un prodige plus étonnant, plus incroyable que tous ces effets surprenans d'une parfaite ressemblance, dans lesquels il semble que la nature ait pris plaisir à se jouer, pour un temps, de la crédulité du vulgaire.

Tel est néanmoins aujourd'hui la partie de M.ᵉ Nivelle. S'il n'est pas le véritable de la Pivardière, c'est le plus aveugle, mais en même temps le plus criminel de tous les imposteurs ; il est imposteur gratuitement ; ce n'est pas tout, il l'est contre son propre intérêt. A quelle qualité prétend-il parvenir à l'ombre de sa supposition ? Quel est l'objet de sa nouvelle ambition ? Deux titres, si tristes, si honteux, qu'ils seroient moins capables de faire sortir un faux de la Pivardière du sein des ténèbres, que d'y faire entrer le véritable. L'un, est celui de mari d'une femme soupçonnée de lui avoir été infidèle. L'autre, est celui de bigame. Que cherche-t-il donc ici, s'il est vrai que c'est un homme supposé ? Il ne peut avoir en vue que l'espérance gratuite et désintéressée de trahir la vérité, ou l'assurance certaine de périr par une mort honteuse. Tromper ou mourir, c'est tout ce qu'il peut envisager : car quelle récompense seroit capable de l'engager à exposer une vie innocente, pour sauver celle des coupables ? Les accusés mêmes sont-ils en état, par rapport à la situation présente de leur fortune, de payer dignement un service si important ? bien loin que la protection éclatante qu'un parent généreux, et qui ne peut aimer en eux que leur malheur, a bien voulu leur accorder, nous puisse alarmer aujourd'hui, c'est elle, au contraire, qui nous assure, et qui devient, auprès de tous les gens de bien, une des plus fortes présomptions et de l'existence du sieur de la Pivardière, et de l'innocence des accusés.

Telles sont, MESSIEURS, toutes les présomptions

qui ont achevé d'entraîner vos suffrages dans le temps de l'arrêt interlocutoire. Telles sont celles que nous avons cru devoir vous proposer de nouveau avec plus d'étendue, parce que c'est aujourd'hui le jour fatal, et le moment critique dans lequel vous êtes obligés de prononcer définitivement sur l'état de la partie de M.ᵉ Nivelle. Tout sembloit donc alors, tout semble encore aujourd'hui parler en sa faveur ; la promptitude avec laquelle on a opposé le bruit de sa vie à celui de sa mort ; le temps dans lequel il a paru lui-même pour confondre la calomnie ; le grand nombre de lettres inutiles qu'il a données pour gage de sa sincérité ; le sacrifice solennel qu'il fait de sa personne à la justice, et l'éclat avec lequel il ose soutenir ces vives lumières auxquelles un imposteur n'a jamais pu résister ; enfin le peu d'intérêt qui l'exciteroit à paroître ce qu'il n'est pas, ou plutôt, le véritable, le sensible intérêt qu'il auroit à demeurer ce qu'il est, s'il n'avoit pas le malheur d'être certainement le sieur de la Pivardière, toutes ces conjectures réunies paroissent produire la certitude dans cette cause ; et s'il falloit la décider par ce que l'on peut appeler la connoissance de l'homme, il semble qu'il y en auroit assez pour porter un jugement solide sur l'existence de la partie de M.ᵉ Nivelle. Mais, parce que vous ne confondez jamais, MESSIEURS, la science de l'homme avec celle du juge, vous avez voulu que des preuves judiciaires et légitimes se joignissent aux présomptions extérieures.

C'est donc ce que nous avons maintenant à examiner. Vous venez d'entendre les présomptions qui ont précédé votre arrêt : Voyons, à présent, les preuves qui l'ont suivi.

C'est ici, MESSIEURS, où nous aurons beaucoup plus à lire qu'à parler. Heureux de pouvoir mettre la vérité en notre place, et de n'être plus que les simples organes par lesquels elle doit parler en cette audience !

Votre arrêt, nous l'avons déjà dit, nous a tracé le

plan de trois genres de preuves qui ont toutes été exactement remplies.

L'interrogatoire, la vérification des écritures, la déposition et la représentation des témoins.

Nous pouvons envisager ces preuves par rapport à l'extérieur, ou par rapport à l'intérieur, c'est-à-dire, par rapport à l'écorce, ou à la substance de la preuve.

Appliquons d'abord cette idée à l'*interrogatoire* du sieur de la Pivardière.

Dans la forme, trois précautions.

1.° Un interrogatoire secret, dont il a été impossible à la partie de M.ᵉ Nivelle d'avoir la moindre connoissance. Il a passé des mains de M. le procureur-général dans celles de M. le commissaire ; secret aussi sûr, et aussi inviolable dans l'une et dans l'autre main.

2.° Interrogatoire d'une longueur immense et d'un détail infini, sur lequel il est presque impossible qu'un autre que le véritable de la Pivardière ait répondu patiemment à plus de deux cents articles composés avec une exactitude extraordinaire.

3.° Enfin, par une suite nécessaire de la seconde observation, il étoit impossible de répondre en un jour à un si long interrogatoire ; il a été partagé en plusieurs vacations de trois ou quatre heures chacune. On a proposé plusieurs fois les mêmes faits d'une manière différente : nulle variation, nulle incertitude, nulle contrariété dans les réponses.

Dans le fond, l'audience ne permet pas de lire cet interrogatoire en entier. La cour pourra, si elle le juge à propos, se donner la peine de le lire, avant que de prononcer l'arrêt.

Nous nous bornerons à trois observations.

1.° Précis de l'interrogatoire. Le nom, la famille, l'âge, l'éducation, les emplois, les affaires, les biens, le mariage, les enfans du sieur de la Pivardière, ceux de la dame sa femme, ses voisins, ses amis, ses parens, ses aventures, ses voyages, sa demeure, en un

D'Aguesseau. Tome V. 9

mot, tout ce qui renferme la suite et les principaux événemens de sa vie, on n'a rien oublié. Et partout nous trouvons une exactitude admirable, une liberté entière, une parfaite conformité dans toutes les réponses.

2.° Ceux qui ont fourni à M. le procureur-général les faits les plus singuliers de l'interrogatoire, l'ont assuré en même temps que, si la partie de M.ᵉ Nivelle répondoit certaines choses sur tels et tels articles, il pouvoit et devoit croire qu'il étoit certainement le véritable de la Pivardière. Il a répondu précisément ce que l'on avoit annoncé qu'il devoit répondre en ce cas : donc il l'est en effet.

3.° Il y a des articles si précis et si singuliers, qu'il est impossible de croire qu'un autre que le véritable de la Pivardière eût pu répondre comme il a fait. C'est à ceux-là que nous réduirons la lecture que nous allons faire de quelques articles de l'interrogatoire. *Lire* (1).

Voilà ce qui concerne le premier genre de preuves.

Le second s'explique beaucoup plus sommairement.

Vérification des écritures. Dans la forme, trois précautions.

1.° Un grand nombre de lettres à vérifier. Impossible que la fraude ne se fût pas découverte dans quelques endroits. Huit lettres missives.

2.° Experts nommés d'office.

3.° Pièces de comparaison très-authentiques. Le contrat de mariage, l'acte de célébration, des actes de foi et hommages, des aveux et dénombremens, des baux, des contrats passés par-devant notaires.

Dans le fonds, deux observations.

1.° L'unanimité des experts. Il n'y en a aucun qui hésite.

---

(1) M. d'Aguesseau fit, en cet endroit, la lecture de plusieurs articles de l'interrogatoire du sieur de la Pivardière, et y ajouta quelques réflexions.

2.° Ils lèvent le seul scrupule qui pouvoit rester dans la vérification.

On observoit que, dans quelques-unes des lettres du dernier temps, qu'il s'agissoit de vérifier, le nom de la Pivardière étoit écrit avec une seule R à la fin, au lieu que, dans plusieurs pièces authentiques du premier temps, ce même nom étoit signé avec une double R.

Quoique le soupçon qui naissoit de cette diffé-rence, fût très-léger; quoique, dans un autre sens, elle pût servir de preuve de la vérité et de la sin-cérité de l'écriture, puisqu'il n'est pas à présumer qu'un faussaire fût assez mal-habile pour oublier une lettre, en contrefaisant une signature, au lieu que rien n'est plus ordinaire que de voir une lettre ou-bliée naturellement, et sans y penser, par la vîtesse et la rapidité avec laquelle une signature est faite; cependant, pour effacer jusqu'au moindre vestige de suspicions fâcheuses, les experts ont observé qu'il y a une des pièces du premier temps, pièce authen-tique, qui a servi de pièce de comparaison, dans laquelle le même défaut se trouve, et où le même de la Pivardière est signé avec une R seulement.

Rien ne manque donc, à cet égard, au parfait éclair-cissement de la vérité.

Passons au troisième genre de preuves; et consi-dérons, de la même manière, les *dépositions des témoins*, et par rapport à la forme, et par rapport au fonds.

Dans la forme, quatre précautions:

1.° Témoins entendus en grand nombre; vingt-sept témoins.

2.° Qualité des témoins; presque tous recommandables par leur naissance, leur qualité, ou leur re-lation avec le sieur de la Pivardière.

3.° Témoins non offerts, ou produits par l'accusé, mais choisis par M. le procureur-général, tant dans la liste qui lui avoit été signifiée, que partout ailleurs où il a jugé à propos de les aller chercher.

4.° Enfin, l'on a jugé à propos de les entendre

9*

séparément, et avant que de faire venir devant eux
le soi-disant de la Pivardière, de peur que sa vue et
ses discours ne leur ôtâssent cette liberté et cette
présence d'esprit, qui est si nécessaire pour déclarer
la vérité. On a représenté ensuite à la partie de
M.ᵉ Nivelle, ceux que l'on a trouvés plus considérables
et plus positifs. Leur représentation a confirmé le
témoignage qu'ils avoient consigné dans leur déposition, et la mutuelle reconnoissance des témoins et
du prisonnier du Fort-l'Évêque a paru mettre le
dernier sceau à la vérité de l'existence du sieur de
la Pivardière.

Dans le fond, trois classes de témoins.

Les uns, absolument favorables à la partie de
M.ᵉ Nivelle.

Les autres, absolument contraires.

Les derniers, inutiles, soit parce qu'ils n'ont jamais connu le sieur de la Pivardière, soit parce que,
ne l'ayant vu qu'une fois, il y a long-temps, et sans
faire beaucoup d'attention, ils déclarent eux-mêmes
qu'ils ne peuvent pas précisément le reconnoître.

Commençons par rejeter les derniers. Il y en a
sept de cette nature.

Un seul mérite quelque attention. C'est *Bonneau*,
septième témoin de l'information. *Lire sa déposition.*

Elle paroît avoir quelque chose de contraire à la
certitude de l'existence ; mais le témoin parle d'une
manière si douteuse, qu'il ne peut mériter aucune
croyance. Le signe qu'il donne pour faire douter,
comme lui, de l'état du prétendu de la Pivardière,
est très-équivoque. Il dit que de la Pivardière lui a
répondu qu'il se souvenoit d'avoir bu et mangé avec
lui, quoique cela ne fût pas vrai. Mais lequel croira-
t-on, ou du témoin, ou de celui qui lui est représenté ? Et, d'ailleurs, quel est l'homme qui pût être
assuré de son existence, s'il suffisoit, pour l'en faire
douter, de prouver qu'il s'est trompé sur un fait aussi
indifférent que celui d'avoir bu et mangé une fois,

en passant, avec un homme qui ne paroît pas avoir eu une grande familiarité avec lui?

Examinons ensuite la seconde classe des témoins. Nous voulons parler de ceux qui sont contraires à la prétention du sieur de la Pivardière.

Deux seuls de cette qualité : *Jean Chenu*, archer de la maréchaussée de Châtillon-sur-Indre, qui prend aussi la qualité de sergent-royal, et *François-Paul Chauvin*, religieux Augustin du couvent de Châtillon.

Le premier ne mérite pas l'honneur d'être nommé dans cette audience.

Trois reproches, qui doivent faire absolument rejeter sa déposition.

Premier reproche. Il prend faussement la qualité de sergent-royal, qu'il convient lui-même qu'il n'a pas ; et cependant on prétend qu'il en a fait les fonctions.

Second reproche. Il paroît tellement lié avec les officiers de Châtillon, dans cette affaire, que c'est lui que les servantes accusent, principalement dans les derniers interrogatoires qu'elles ont subis en la cour, d'avoir été l'instrument et le ministre des violences que l'on a commises contr'elles, pour les obliger à trahir la vérité et à sacrifier l'innocence.

Troisième reproche, auquel seul nous nous arrêtons, parce qu'il est uniquement décisif. Ce témoin a été condamné aux galères, en 1690, par le lieutenant-particulier de Châtillon-sur-Indre. La sentence est, à la vérité, rendue par contumace ; mais il ne paroît pas que, jusqu'à présent, elle ait été purgée ; il ne seroit même plus temps de la purger ; le terme fatal des cinq ans est expiré.

Lorsque ce reproche a été proposé, nous avouons, sans peine, que nous n'avons pu croire d'abord qu'il fût véritable, non que nous puissions douter de l'existence de la condamnation ; la sentence étoit rapportée en bonne forme ; mais voyant, d'un côté, que cette sentence étoit rendue par contumace ; et sachant, de l'autre, que le même juge, c'est-à-dire, le sieur Bonnet, lieutenant-particulier de Châtillon, qui avoit rendu ce jugement, s'étoit servi publiquement, dans l'affaire même dont il s'agit, du ministère de cet archer, condamné aux galères dès l'année 1690, nous ne pouvions concevoir que la condamnation fût encore subsistante, et nous croyions encore pouvoir conjecturer, avec assez de fondement, que la contumace avoit été purgée, et qu'apparemment celui qu'on avoit condamné absent avoit été absous depuis qu'il s'étoit représenté.

Mais, sans nous arrêter à de telles conjectures, nous avons écrit sur les lieux pour savoir la vérité du fait ; et la réponse que nous avons reçue de l'ancien avocat du roi du siége de Châtillon, nous assure que le fait de la condamnation est véritable, que jamais la contumace n'a été purgée, que Chenu même en est convenu, et qu'ainsi le reproche doit demeurer dans toute sa force contre la déposition de ce témoin.

Nous ne pouvons même nous dispenser d'ajouter ici qu'il est difficile de ne pas concevoir quelques soupçons sinistres contre la conduite du lieutenant-particulier de Châtillon-sur-Indre. Il condamne un archer aux galères par contumace, en 1690, et ce même archer, dont il ne pouvoit ignorer la condamnation, puisque c'étoit lui-même qui l'avoit prononcée, est néanmoins un des principaux ministres qu'il emploie dans l'instruction du procès criminel dont il s'agit. Que ce soit une affectation criminelle, ou une négligence grossière, l'une et l'autre chargent presque également la mémoire de cet officier ; mais il faut encore suspendre nos jugemens. Contentons-nous de remarquer que ces soupçons ne doivent pas se répandre jusques sur le procureur du roi de Châtillon. Il ne paroît point qu'il ait eu aucune connoissance de la condamnation prononcée contre Chenu. Il n'étoit pas encore reçu dans le temps que cet archer a été condamné.

Divisons-les en trois espèces.

	Témoins.
I. Ceux qui ont eu des relations de voyages ou d'amitié avec de la Pivardière. Les principaux sont...	la dame de Béthune. . . . . 1.
	le père David. . . . . 3.
	le sieur de Valençay. . . . . 4.
	le sieur Carré de la Bru. . 17.
	la demoiselle Dupont. . . 20.
II. Ceux qui ont eu des liaisons avec lui, par rapport à ses emplois. Les principaux sont.	le sieur de Sainte-Hermine. 2.
	le sieur de Villefort. . . . 5.
	le sieur de la Mothe. . . . 22.
	le sieur Gobinet. . . . . 23.
III. Ceux qui ont eu quelque commerce d'affaires avec lui. Les principaux sont.	M.e Vigan, procureur. . . 12.
	Saget. . . . . 1?.
	Viantais. . . . . 23.
	Chauvin . . . . 19.

(*M. d'Aguesseau fit lecture des dépositions dans cet ordre*).

Une observation commune à tous les témoins; la plupart ne se contentent pas d'assurer qu'ils reconnoissent le sieur de la Pivardière; ils rendent même raison de leur jugement, et ils expliquent tous quelque circonstance importante, qui a déterminé leur esprit à suivre le jugement de leurs yeux.

Telle est, Messieurs, la simple et naïve exposition des preuves.

Vous voyez que nous avons eu raison de vous dire que nous avions beaucoup plus à lire qu'à parler dans cette cause. Si cependant il est nécessaire de joindre encore le secours des nos réflexions à une vérité qui semble s'offrir d'elle-même d'une manière beaucoup plus forte que toutes les paroles dont on pourroit la revêtir, nous vous dirons d'abord, qu'à ne regarder ces preuves que du côté de la forme et du temps dans lequel elles paroissent, il semble que nous ne puissions plus résister à la force des argumens que nous entendons retentir de tous côtés.

Jusques à quand, nous ont dit les demandeurs, laissera-t-on la vérité et l'innocence captives, gémir dans les mêmes fers qui retiennent les accusés ? Que peut-on désirer davantage pour l'entière satisfaction de la justice la plus rigoureuse, et pour la décharge du ministère public ?

La seule présence du sieur de Pivardière, accompagnée de toutes les présomptions qui parloient si fortement en sa faveur, pouvoit suffire pour attaquer un arrêt qui n'avoit d'autre fondement que son absence. On n'a pas cru néanmoins devoir se contenter d'une preuve si convaincante de la vérité de son existence ; on a prescrit trois autres genres de preuves avec une exactitude rigoureuse. Les accusés n'en ont point murmuré ; ils ont obéi avec respect, et même avec joie, aux oracles de la justice. Le succès n'a point trompé leur attente. Ils ont vu leur justification croître au milieu des difficultés de l'instruction. Chaque jour, chaque instant ont ajouté un nouveau degré à l'éclat de leur innocence. Enfin, tout est accompli. Le véritable de la Pivardière s'est fait connoître par ses discours ; ses lettres lui rendent un témoignage irréprochable ; une foule de témoins déposent hautement en sa faveur. On auroit pu en faire entendre encore un plus grand nombre ; il en avoit indiqué plus de soixante. Il auroit pu indiquer tout le régiment de Sainte-Hermine, tous les gentilshommes du Berry et de la Touraine. Cinq mois se sont écoulés depuis l'arrêt : qui a pu empêcher qu'on ne fît entendre une province entière, un peuple de témoins, si on l'avoit voulu ? Que l'on dise, s'il est possible, ce qui manquera à la régularité, à l'évidence, à la plénitude de la preuve ; mais si elle est parfaite, on ne peut plus en envier le fruit à des malheureux innocens.

Nous avouons, MESSIEURS, que ces raisons si puissantes, si équitables, si touchantes, nous entraînent nous-mêmes ; malgré toute la rigueur de nos fonctions, nous n'hésitons point à quitter aujourd'hui le langage d'un accusateur, pour écouter favorablement les plaintes des accusés. Nous l'avons déjà dit ; notre ministère ne doit pas moins être le protecteur de

l'innocence, que le vengeur de l'iniquité. Malheur
à nous, si nous étions capables de le faire jamais
servir à l'injustice, sous le spécieux prétexte d'une
justice rigoureuse !

Nous sommes donc obligés de reconnoître que
nous n'avons plus rien à vous demander, par rapport
à la reconnoissance du sieur de la Pivardière ; et,
puisque votre arrêt interlocutoire est rempli, ne
pouvons-nous pas dire que la cause est déjà jugée,
puisque vous n'en avez suspendu le jugement, que
jusqu'à ce qu'une instruction régulière ait donné aux
présomptions le dernier caractère d'évidence et de
certitude qui pouvoit alors leur manquer ? Mais, si
nous passons de ces raisons et de ces motifs extérieurs,
à la substance et à l'intérieur de la preuve même,
nous croyons, MESSIEURS, y trouver encore plus
notre décharge.

Que pouvoit-on faire pour découvrir la vérité que
nous cherchions autrefois, et que nous croyons avoir
trouvée à présent, si ce n'est ce que l'on a fait ?

Car enfin, ou il faut soutenir que la vérité est
impuissante, lorsqu'elle se trouve une fois combattue
par les formes, et qu'un homme accusé d'imposture
ne peut plus se justifier et prouver qu'il est lui-
même ; ou il faut avouer qu'il n'y a point d'autres
voies, pour y parvenir, que celles que votre arrêt
nous a tracées, c'est-à-dire, l'interrogatoire, la vérification des écritures, la déposition et la reconnoissance des témoins.

Or, soit que l'on examine ces trois genres de
preuves séparément, soit qu'on les réunisse comme
autant de rayons différens qui doivent se rejoindre
pour ne composer qu'un seul corps de lumière, nous
croyons que l'esprit doit demeurer également convaincu.

Le seul interrogatoire fait presque une démonstration en cette matière. Tous ceux qui l'ont traitée
conviennent que c'est la plus forte, la plus irréprochable, souvent même la seule preuve entièrement
convaincante. C'est dans ces occasions que l'on peut

bien dire cette parole si célèbre d'un ancien : *Lo-quere, ut te videam*. Nul autre pinceau ne pouvoit égaler la fidélité, la vivacité, la naïveté des traits que les paroles du sieur de la Pivardière ont gravés de lui-même ; et, comme cette preuve ne se fait jamais mieux sentir que par la suite, le tissu, et, si l'on ose dire, le corps entier de l'interrogatoire, nous sommes persuadés que la cour ne pourra le lire, sans ressentir la même impression qu'il a faite sur nous.

La vérification des écritures forme au moins une présomption très-efficace, qui passe même pour la vérité, jusqu'à ce qu'elle soit détruite par des preuves contraires.

Enfin, la reconnoissance des témoins est le dernier moyen que la loi mettra entre les mains des juges, pour s'assurer, autant qu'il est possible, de la vérité.

Dans les deux premiers moyens, c'est le sieur de la Pivardière qui s'est peint lui-même dans ses paroles et dans son écriture.

Dans le dernier, chaque témoin compose un nouveau tableau, dans lequel il exprime le sieur de la Pivardière aux yeux de la justice.

Telle est la force de ces preuves, considérées séparément. Que sera-ce si on les réunit ? Et, que pourra-t-on dire, quand on verra la vérité sortir également vive et lumineuse, et des paroles, et des lettres du sieur de la Pivardière, et des dépositions des témoins ? Ce concours si parfait, cette heureuse harmonie de tous les genres de preuves, ne s'est peut-être jamais trouvée que dans cette cause. La preuve ne vacille, ne chancelle en aucun endroit, si ce n'est dans la déposition d'un seul témoin. Mais vous avez vu quelle est la légèreté de son témoignage. Il n'est pas nécessaire de le répéter ici.

Nous savons que, si nous voulions introduire dans les fonctions de la justice, cette subtile et dangereuse incrédulité, dont quelques-uns des anciens philosophes, différens de ceux qui ont mérité le nom de *sages*, ont voulu se faire gloire, et faire profession d'un doute universel, nous pourrions trouver encore une infinité de prétextes pour suspendre notre jugement.

Quelque forte que soit la preuve qui résulte de l'interrogatoire, ne pourroit-on pas vous citer ici une multitude d'exemples dans lesquels le mensonge, empruntant l'image et l'apparence de la vérité, a su déconcerter la prudence des juges, et, par une espèce d'enchantement, tenir leurs suffrages en suspens, dans la crainte de se déterminer pour l'imposteur, en croyant prendre le parti de la vérité? Ainsi, l'on a vu deux des faux Sébastiens qui ont paru de temps en temps sur le théâtre de l'univers, répondre avec autant d'exactitude sur les faits les plus secrets, et sur les pensées les plus profondes, que le véritable Sébastien auroit pu faire. Ainsi, le faux Martin Guerre, par une illusion encore plus étonnante, surprit la crédulité de la femme du véritable, en lui révélant les mystères les plus cachés de leur vie. Ne nous étendons point ici dans une longue induction, tirée de l'histoire fameuse des plus célèbres imposteurs, et convenons qu'absolument parlant, il n'est point évidemment impossible qu'un interrogatoire, quelque circonstancié, quelque fidèle qu'il paroisse, ne puisse jamais tromper les yeux de la justice.

Disons de même sur la vérification des écritures, que ce n'est qu'un argument, un indice, une présomption vraisemblable, tirée de la ressemblance des caractères, sur laquelle rien n'est plus facile, disons même, rien n'est plus commun que d'être trompé.

Reconnoissons enfin que les témoins peuvent être souvent ou trompés, ou trompeurs, séduits par leur crédulité, séducteurs par leur prévarication. On a vu des imposteurs entraîner après eux des villes, des provinces, des nations entières, trompées par la ressemblance, et souvent par le seul goût que le peuple a toujours pour les choses nouvelles et extraordinaires.

Mais, malgré toutes ces raisons extérieures de douter, et toutes celles qu'une imagination oisive et ingénieuse pourroit encore y ajouter, nous trouvons ici des principes solides, et comme des points fixes auxquels nous croyons devoir nous arrêter.

Le premier est que celui que l'on veut faire passer pour imposteur, est bien différent de tous ceux que l'histoire nous présente. Nous l'avons déjà dit, c'est un imposteur sans intérêt. On pouvoit et on devoit se défier des autres; nous n'avons nul sujet de nous défier de celui-ci.

Le second est encore plus important que le premier. On n'a jamais vu, nous ne disons pas un imposteur, mais un de ceux mêmes que l'on a accusés faussement de supposition, qui ait eu le bonheur de voir d'abord tous les genres de preuves réunis en sa faveur. Le véritable Martin Guerre pensa succomber sous les artifices de celui qui avoit usurpé son nom, sa femme, ses biens, et même sa sécurité et sa constance. La vérité se vit à la veille d'être vaincue par le mensonge, et l'innocence trembla dans le temps que le crime paroissoit ferme et intrépide. Combien Jean Maillard a-t-il essuyé de nos jours, avant que d'être reconnu, de traverses, de contradictions capables de balancer longtemps les suffrages de la justice! Ici tout conspire, tout tend à la même fin; rien ne se dément, rien ne se contredit dans le système de la vie du sieur de la Pivardiere. Ce n'est donc point le cas dans lequel on peut demander encore des preuves plus certaines et plus authentiques.

Le troisième point est que, dans les autres affaires dans lesquelles il a paru un imposteur, on ne s'est pas contenté de dire, *ce n'est point celui dont on usurpe le nom*; mais on a toujours ajouté, *c'est un autre homme*; non-seulement ce n'est point *Martin Guerre*, mais c'est *Arnaud du Thil*; non-seulement ce n'est point le véritable *Vacheront*, c'est le véritable *Monrousseau;* ce n'est point *Veri,* c'est *Fedy de la Léraudiere.*

Le quatrième point fixe, sur lequel nous nous appuyons avec confiance, est qu'il n'y aura plus rien de certain dans les jugemens, si l'on peut encore porter le doute plus loin dans cette affaire. Car enfin, Messieurs, toutes les raisons de douter que nous venons de vous proposer, peuvent s'appliquer également à toutes sortes de preuves judiciaires. Quelle est l'instruction, dans laquelle on ne puisse point craindre la fraude et la supposition des accusés, l'ignorance ou la malice des experts, l'infidélité ou la corruption des témoins? Ainsi, toutes ces réflexions, qui semblent faire naître le doute, ne peuvent être regardées que comme un lieu commun, qui ne peut plus s'appliquer à une affaire en particulier, parce qu'il convient également à toutes.

Que reste-t-il donc, si ce n'est de traiter les affaires humaines, humainement; de se persuader que tout ce qui fait la matière des jugemens est du ressort de la jurisprudence, dans laquelle on juge des choses, non selon ce qu'elles sont en elles-mêmes, mais selon ce qu'elles paroissent au-dehors; de s'humilier à la vue du néant de la science, et, si nous osons le dire, de la justice humaine, qui, dans les questions de fait, est forcée de juger, non sur la vérité éternelle (1) des choses, mais sur leurs ombres, leurs figures, et leurs apparences?

Ainsi, après avoir pris toutes les précautions que la prudence des hommes pouvoit prendre dans cette affaire, souvenons-nous qu'il y a un temps de décider, comme il y en a un de douter, et qu'après avoir douté, pendant près d'une année entière, il y auroit peut-être à présent autant de mal à suspendre

---

(1) Il n'en est pas de même des affaires dans lesquelles les faits sont constans, et où il s'agit d'expliquer les maximes établies par les lois, qui ont leur source dans les premières notions de la justice même, comme l'auteur de ce plaidoyer l'a prouvé dans son *Essai d'institution au droit public,* première partie, tome I, page 442.

notre jugement, qu'il y en auroit eu autrefois à le précipiter. Si nous sommes trompés, comme nous pouvons l'être encore, nous le sommes dans les règles, et nous devons laisser au jugement de Dieu, la vengeance d'un crime qu'il lui plaît de dérober tellement à notre vue, qu'il nous paroît même absolument impossible.

Ajoutons qu'il faut, ou que le doute soit immortel, ou qu'il se dissipe absolument aujourd'hui, puisque nous n'espérons plus rien désormais qui puisse le fixer.

SECONDE PARTIE.

Conséquence de l'existence par rapport à la procédure.

Pour faire, en un mot, l'application de cette grande vérité, que l'ordre judiciaire nous oblige de regarder aujourd'hui comme absolument certaine, nous l'envisagerons,

1.º Par rapport au sieur de la Pivardiere.

2.º Par rapport aux accusés.

Par rapport au sieur de la Pivardiere. Son existence est un moyen si décisif, si victorieux, qu'il nous dispense d'entrer dans l'examen des autres.

Si ce détail étoit nécessaire, nous vous dirions que tous ses autres moyens sont également mal fondés.

1.º Procédure de l'ordonnance, non suivie. Mais il falloit faire retrouver un homme que nous ne pouvions alors regarder que comme un fantôme, ou comme un imposteur.

2.º Contrariété dans l'arrêt, en ce que l'on fait des injonctions, et l'on n'infirme pas les procédures qui ont mérité les injonctions. Mais 1.º en soi nulle contrariété. 2.º La Cour n'est point entrée dans le détail des procédures, elle a prononcé en général *l'appellation au néant*. S'est-elle privée du droit d'examiner scrupuleusement dans la suite, en jugeant le procès, les procédures où il se trouvera des nullités d'ordonnance ?

3.º Dol personnel des officiers de Châtillon. Mais jusqu'à présent nulle preuve.

Ainsi, en nous renfermant dans le grand fait de l'existence, voyons si ce n'est pas une ouverture de requête civile.

1.º Contre nous qui avons requis le décret, et demandé que de la Pivardiere fût débouté de son intervention. Nous déclarons que nous ne pouvons plus l'empêcher. C'est le véritable cas de l'ordonnance, *jugé sur choses fausses*. Qu'importe que ce soit sur une pièce, ou sur un fait supposé ? La mort du sieur de la Pivardiere est l'unique fondement de votre arrêt, et sa vie est prouvée aujourd'hui. Ajoutons que la simple voie d'opposition paroissoit même suffisante.

2.º Contre le procureur du roi de Châtillon. Nulle fin de non-recevoir : car à quoi se réduit-elle ? On l'a déjà jugé mal pris à partie..... *Non bis in idem*. Mais avec qui ? Ce n'étoit point certainement avec le sieur de la Pivardiere, puisqu'on n'a pas voulu l'écouter; on ne l'a pas même reçu partie intervenante; on a décrété contre lui, comme contre un personnage supposé. Donc, dans l'ordre de la procédure, il n'est pas vrai que la prise à partie soit jugée avec lui. C'est un malheur pour le procureur du roi, mais un malheur inévitable. Du reste, qu'a-t-il à craindre ? La cour lui fera la même justice qu'elle lui a déjà rendue, s'il ne survient point de faits et de moyens nouveaux; et s'il en survient, seroit-il juste de fermer la bouche à la partie de M.º Nivelle, qui, jusqu'à présent, n'a pas encore pu se faire entendre, à cause de l'incertitude et de l'obscurité de son état ?

Par rapport aux accusés. Il semble d'abord que l'existence du sieur de la Pivardière ne soit pas moins décisive par rapport à eux, que par rapport à lui.

1.º De quoi avoit-il été presque accusé ? D'imposture et de supposition de personne.

De quoi les autres parties sont-elles soupçonnées ? De l'avoir assassiné.

Sa vie certaine et reconnue confond également l'une et l'autre accusation.

S'il est le véritable de la Pivardière, il est donc faussement accusé d'imposture.

S'il est le véritable de la Pivardière, sa femme est donc faussement accusée de l'avoir assassiné.

Sa vie est indivisible ; il ne peut pas être vivant pour lui et mort pour les autres.

Quelle étrange absurdité, de le remettre, d'un côté, en possession de son état, et de laisser subsister, de l'autre, un arrêt qui porte que le procès sera fait et parfait à sa femme, comme coupable de sa mort ?

2.° Ajoutons, en second lieu, qu'il est indifférent d'admettre ou de rejeter la requête civile des accusés, dès le moment que vous aurez entériné celle du sieur de la Pivardière, car il rentre par-là dans son véritable état, il se trouve dans la même situation où il seroit s'il s'étoit fait reconnoître avant votre arrêt. Ne pouvoit-il pas alors intervenir dans la cause pour l'intérêt de sa femme, se déclarer son protecteur, prendre son fait et cause, et faire prononcer son absolution ? Il peut donc aujourd'hui, si votre arrêt est rétracté à son égard, faire les mêmes démarches pour la libération de sa femme injustement accusée ; et comment pourriez-vous refuser de l'entendre, et de l'entendre favorablement ?

Quelques fortes que soient ces raisons, on peut néanmoins leur opposer une double objection.

Première objection. Si la requête civile est inutile, il ne faut point l'écouter, surtout en matière criminelle, dans laquelle on n'admet cette voie que rarement. Or elle est inutile. Car, que porte l'arrêt ? *Que le procès sera fait et parfait,* etc. Quel tort cela fait-il aux accusés ? Ne peuvent-ils pas demander, après la reconnoissance de la Pivardière, que le procès soit jugé en l'état qu'il est ?

La réponse est facile.

Cet argument peut se rétorquer. Si la requête ci-vile est utile, elle doit être entérinée. Or, elle est utile ; disons plus, elle est indispensablement néces-saire, puisque, sans cela, les accusés essuieront un long et rigoureux procès ; ils demeureront en prison. Peut-on compter tout cela pour rien ?

Cependant, si la cour croyoit que nonobstant l'ar-rêt, on pût juger le procès en l'état où il est, peut-être pourroit-elle se dispenser d'entériner la requête civile, mais en y ajoutant cette précaution néces-saire, que le procès seroit jugé sans nouvelle ins-truction.

Seconde objection. Cette grande affaire paroît finie ; mais on peut dire cependant qu'elle ne l'est pas absolument.

Nous vous avons dit, en commençant, qu'elle étoit toujours également inexplicable, et nous le répétons encore en finissant.

Rappelez-vous pour un moment, MESSIEURS, tout ce que nous vous avons dit autrefois touchant les juges de Châtillon, qu'il étoit fâcheux de le dire, mais qu'on ne pouvoit presque s'en dispenser : qu'il falloit, ou que les accusés fussent coupables de l'as-sassinat, ou que les juges fussent convaincus d'une calomnie encore plus noire que ce crime.

Or, l'un et l'autre nous paroissent toujours égale-ment incroyables. L'assassinat est impossible, puis-que l'ordre de la procédure nous fait paroître le sieur de la Pivardière vivant.

La calomnie et la prévarication des juges ne paroît guère moins impossible, puisqu'il faut supposer, pour cela, des juges gratuitement criminels dans les circons-tances, de toutes, les plus propres à les justifier.

Nous savons que les servantes, dans les derniers interrogatoires, dépeignent la violence et l'empor-tement, disons même la cruauté de ces juges, avec les plus noires couleurs ; mais, dans le même temps qu'elles le font, elles y ajoutent des circonstances qui ôtent toute créance à leur déclaration ; circonstances absurdes, inconcevables, démenties par le témoignage des autres accusés.

Dans cet état, si l'on épargne les autres accusés, qui peut douter qu'il ne faille instruire le procès des servantes ?

Elles ne sont plus que simples témoins, s'il n'y a plus de crime dont elles puissent passer pour complices ; et, de leur aveu, elles sont faux témoins : il ne restera plus que d'examiner si c'est leur propre malice qui les a corrompues, ou si elles ont été les instrumens forcés de la passion des juges ; c'est ce qui doit produire, dans la suite, un double procès, qui renaîtra des cendres de celui de la dame de la Pivardière ; le procès des servantes, le procès des juges.

Or, qui sait quelle sera la fin de ce procès ? Peut-être apprendrons-nous un dénouement inconnu jusqu'à présent, mais fatal aux accusés. Peut-être se trouveront-ils convaincus de quelque autre crime, qu'une heureuse erreur dérobe pour quelque temps à nos yeux.

Commencera-t-on par les renvoyer absous, dans le temps qu'une partie de leurs coaccusés n'est point encore jugé, et qu'eux-mêmes peuvent encore être coupables ?

Nous avouons que ce moyen avoit d'abord fait quelque impression sur nos esprits. Cependant, plus nous l'envisageons, plus il nous paroît qu'il est du nombre de ceux qui ont plus d'éclat que de solidité.

1.º Le procès de la dame de la Pivardière n'a rien de commun avec celui qu'il faudra maintenant instruire aux servantes. L'une étoit accusée d'assassinat ; les autres le seront de faux témoignage. Le procès des juges est encore plus éloigné de l'accusation d'assassinat.

2.º Il est vrai qu'il n'est point impossible qu'on ne trouve un dénouement auquel on ne s'attend pas, et la providence, lente, mais attentive à punir les grands crimes, pourroit nous apprendre que ceux qui se hâtent de triompher, seroient coupables

10*

d'un crime qu'ils cachent aujourd'hui à la vue des hommes.

Mais, 1.° nuls indices, nulles présomptions quant à présent. Un seul raisonnement, tiré de l'impossibilité de feindre un autre dénouement, suffira-t-il pour différer de prononcer sur la requête civile?

2.° Ne sera-t il pas possible, après l'entérinement de la requête civile, de pourvoir également à tout par un sage tempérament; d'ordonner, avant faire droit, que le procès sera fait aux servantes, et cependant, par provision, que les accusés seront mis en liberté.

Nous croyons donc que la cour peut entériner également les deux requêtes civiles, si ce n'est qu'elle voulût, au lieu d'écouter celles des accusés, ordonner que le procès sera jugé en l'état qu'il est.

Il nous reste à répondre au reproche de l'inconstance de la justice dans une même affaire; nous l'avons déjà fait.

La justice est une; mais les faits se multiplient. L'une est immuable; les autres sont sujets au changement. La justice seroit injuste, si elle ne changeoit pas avec les faits qui lui servent de matière. La même justice, qui vous a fait prononcer votre arrêt, vous le fera rétracter. C'est toujours la justice qui est le principe commun, et des conclusions que nous prîmes alors, et de celles que nous prenons aujourd'hui. Partagés dans les moyens, nous nous réunirons dans la fin; et nous pouvons dire de la justice, comme un ancien a dit des dieux : *Justitiam miris modis, concordi discordiâ veneramur et colimus.*

L'arrêt entérina les lettres de requête civile obtenue contre celui du 23 juillet 1698, conformément aux conclusions; ce faisant, il ordonna l'élargissement du sieur de la Pivardière, dépens réservés.

Cet arrêt fut suivi d'un autre, du 29 juillet 1699, qui ordonna « que le procès seroit incessamment fait

» et parfait en la cour à Catherine le Moyne et Mar-
» guerite Mercier, pour raison du faux témoignage
» en question, circonstances et dépendances, et autres
» cas résultans desdites informations, à la requête
» du procureur-général du roi ; cependant, que la
» dame de la Pivardière, Silvain Charost, prieur de
» Miseray, et Regnault, *cuisinier de l'abbaye de*
» *Miseray* (*qui étoient accusés du prétendu assas-*
» *sinat*) seroient mis hors de prison, à la charge de
» se représenter à toutes assignations. »

Dans la procédure, qui fut faite en conséquence,
il y eut plusieurs décrets contre ceux qui étoient
soupçonnés d'avoir été les auteurs ou les complices
du faux témoignage des deux servantes. L'une
d'elles, qui étoit Catherine le Moyne, mourut au
mois de mars 1700, avant le jugement du procès,
dans lequel elle ne fut pas comprise attendu son
décès.

Enfin, ce grand procès fut terminé définitive-
ment par arrêt, rendu au rapport de M.ᵉ Bochard,
le 14 juin 1701, qu'on trouvera à la suite de celui
du 22 juillet 1699.

Entre Louis de la Pivardière, écuyer, sieur du Bouchet,
ci-devant lieutenant de dragons au régiment de Sainte-Hermine, demandeur en requête par lui présentée en la cour,
le trois septembre dernier, à ce qu'il plût à ladite cour, en
conséquence de ce qu'il s'est volontairement mis en état ès
prisons du Fort-Lévêque, pour la justification de son existence, le recevoir opposant à l'exécution de l'arrêt contre lui
obtenu le vingt-trois juillet mil six cent quatre-vingt-dix-huit ;
faisant droit sur l'opposition, ordonner qu'à la requête de
M. le procureur-général, telles des personnes qu'il voudra
choisir de celles dénommées en la liste donnée ledit jour,
seront assignées par-devant tels de Messieurs qu'il plaira à
la cour commettre pour recevoir les déclarations qui seront
par eux faites au sujet de ladite reconnoissance, pour ce
fait être, par le demandeur, pris telles autres conclusions
qu'il avisera, et qu'il seroit cependant sursis à toutes poursuites qui se pourroient faire en exécution dudit arrêt, tant à
l'encontre de lui que de dame Marguerite Chauvelin, son
épouse, pour raison du supposé assassinat prétendu commis
en sa personne, d'une part ; et M. le procureur-général,

défendeur, d'autre ; et entre ledit la Pivardière, opposant à
l'exécution du même arrêt du vingt-trois juillet, à l'égard du
défendeur ci-après nommé, suivant l'acte signifié le douze
dudit mois de mai dernier, d'une autre part ; et M.ᵉ François
Morin, substitut de M. le procureur-général au présidial de
Châtillon-sur-Indre, défendeur, d'autre ; et entre ledit Louis
de la Pivardière, écuyer, sieur du Bouchet, incidemment demandeur en lettres en forme de requête civile par lui obtenues
en chancellerie, le dix décembre dernier, contre ledit arrêt
du vingt-trois juillet dernier, et en requête par lui présentée
à la cour, le seize dudit mois de décembre, tendante à ce qu'il
lui plût entériner ladite requête civile selon sa forme et teneur ;
ce faisant, remettre les parties en tel et semblable état qu'elles
étoient auparavant ledit arrêt, et condamner ledit Morin aux
dépens, d'une autre part, et M. le procureur-général et ledit
M.ᵉ François Morin, défendeurs, d'autre ; et entre dame
Marguerite Chauvelin, épouse dudit Louis de la Pivardière,
écuyer, sieur du Bouchet, aussi demanderesse en requête civile
par elle obtenue en chancellerie, le vingt-sept mai dernier,
contre ledit arrêt du vingt-trois juillet six cent quatre-vingt-
dix-huit, et en requête du vingt-neuf dudit mois de mai, tendante à ce qu'il plût à la cour, en entérinant ladite requête
civile, remettre les parties en tel et semblable état qu'elles
étoient auparavant ledit arrêt, et condamner ledit Morin aux
dépens, d'une autre part ; et M. le procureur-général, et ledit
M.ᵉ François Morin, défendeurs, d'autre ; et entre M.ᵉ Syl-
vain-François Charost, prêtre, prieur de l'abbaye de Miseray,
et Claude Regnault, cuisinier, aussi demandeurs en lettres en
forme de requête civile par eux obtenues en chancellerie, le
vingt dudit mois de mai dernier, contre ledit arrêt du vingt-
trois juillet mil six cent quatre-vingt-dix-huit, et en requête
présentée par eux à la cour, les trente mai et   juin
dernier, tendantes à ce qu'il plût à la cour entériner lesdites
lettres et requête civile selon leur forme et teneur ; ce faisant,
remettre les parties en tel et semblable état qu'elles étoient
auparavant ledit arrêt du vingt-trois juillet dernier, et condamner ledit Morin aux dépens, d'une autre part, et M. le
procureur-général, et ledit M.ᵉ François Morin, défendeurs,
d'autre. Après que Nivelle, avocat pour ledit de la Pivardière ;
Martinet, avocat pour la dame Chauvelin ; Gondoin, avocat
pour ledit Charost ; Terrasson, avocat pour ledit Regnault ;
et Robert de Saint-Vincent, avocat pour ledit Morin, ont été
ouïs, ensemble d'Aguesseau, pour le procureur-général du roi,
pendant quatre audiences :

LA COUR a donné acte à la partie de Nivelle de la reconnoissance de sa personne, et, en conséquence, ayant égard
aux lettres en forme de requête civile, et icelles entérinant,
a remis toutes les parties en tel état qu'elles étoient avant

l'arrêt du vingt-trois juillet mil six cent quatre-vingt-dix-huit ; ce faisant, ordonner que la partie de Nivelle sera élargie et mise hors des prisons ; à ce faire, les greffier et geolier contraints par corps ; quoi faisant, déchargés, et seront, les amendes, consignées sur lesdites requêtes civiles rendues, tous dépens réservés. Fait en parlement, le vingt-deux juillet mil six cent quatre-vingt-dix-neuf ; et prononcé audit de la Pivardière, pour ce atteint, aux guichets des prisons du Fort-l'Evêque, le vingt-trois desdits mois et an.

Arrêt définitif, du 14 juin 1701.

Vu, par la cour, le procès criminel, etc. conclusions du procureur-général du roi ; ouïs et interrogés lesdits Marguerite Mercier, Jacquemet, François Morin, le Breton, Michaut, Françoise Morin, Gaulin et Crouet, accusés sur les cas résultans du procès, tout considéré :

LA COUR, faisant droit sur le tout pour les cas résultant des procès, *condamne ladite Marie Mercier à faire amende honorable, nuds pieds, la corde au col, tenant en ses mains une torche ardente du poids de deux livres, au-devant de la principale porte de l'église de Châtillon-sur-Indre, et là, étant à genouil, dire et déclarer à haute et intelligible voix que méchamment, et comme mal avisée, elle a fait les fausses déclarations mentionnées au procès, dont elle se repent, et en demande pardon à Dieu, au roi et à justice ; ce fait, battue et fustigée nue de verges par les carrefours et lieux accoutumés de ladite ville de Châtillon, et à l'un d'iceux, flétrie d'un fer chaud, marquée d'une fleur de lis sur l'épaule dextre,* l'a bannie et bannit à perpétuité du ressort du parlement, lui enjoint de garder son ban, aux peines portées par la déclaration du roi, déclare tous ses biens, situés en pays de confiscation, acquis et confisqués à qui il appartiendra, sur iceux et autres non sujets à confiscation, préalablement pris la somme de cinquante livres d'amende envers ledit seigneur roi ; et, avant aucunement égard aux interventions de l'archevêque de Bourges et dudit Nicolas Mercier, et requête desdits de la Pivardière et sa femme, des vingt-sept janvier, cinq et quatorze juillet mil six cent quatre-vingt-dix-huit, et vingt-trois juillet mil sept cent ; dudit Charost, des trois et douze mai, cinq, six et dix juin mil six cent quatre-vingt-dix-huit, vingt juillet et vingt-deux décembre mil sept cent, et sept janvier mil sept cent un ; dudit Regnault, des dix-huit janvier mil six cent quatre-vingt-dix-huit, et vingt juillet mil sept cent ; et dudit Nicolas Mercier, du premier décembre mil sept cent ; et, en tant que touchent les appellations, comme d'abus, dit qu'il a été mal, nullement et abusivement procédé et jugé par l'official de Bourges, en ce que le nom de ladite femme de la

Pivardière est compris dans ladite sentence du premier février mil six cent quatre-vingt-dix-sept; et, au surplus, dit qu'il n'y a abus; et, sur l'appel interjeté par le procureur-général du roi, de la procédure faite par le lieutenant-général de Romorantin, ensemble sur toutes les appellations simples desdits de la Pivardière et sa femme, Charost, Regnault et Nicolas Mercier, met lesdites appellations et ce dont a été appelé au néant; émendant, déclare ladite procédure faite par ledit lieutenant-général de Romorantin nulle, *renvoie lesdits de la Pivardière et sa femme, Charost, Regnault et Mercier, de l'accusation contr'eux intentée, ordonne que les écroues faits de leurs personnes seront rayés et biffés;* et, ayant aucunement égard aux requêtes dudit Jacquemet, du quatre décembre mil sept cent; desdits Morin et Breton, des dix-neuf février mil six cent quatre-vingt-dix-huit, deux août mil sept cent, et vingt janvier mil sept cent un; et lesdits Gaulin, Chenu, Crouet, Michault et sa femme, des deux et quatorze août, vingt-cinq novembre mil sept cent, et vingt janvier mil sept cent un, sur l'accusation intentée contre lesdits Jacquemet, Gaulin, Chenu, Crouet, Michault et sa femme, ensemble sur les prises à parties et surplus des demandes, fins et conclusions portées par les requêtes respectives de toutes lesdites parties, les met hors de cour et de procès, tous dépens compensés; et, en conséquence, seront lesdits Gaulin, Chenu, Crouet, Michault et sa femme, mis hors des prisons; quoi faisant, les geolier et greffier déchargés; et, pour l'exécution du présent arrêt, ladite cour renvoie ladite Marguerite Mercier, prisonnière, par-devant le lieutenant criminel de Châtillon-sur-Indre.

CINQUANTE-DEUXIÈME PLAIDOYER.

DU 5 MARS 1699.

Dans la cause de M.ᵉ ESPRIT BERNARD, pourvu en régale de la chapelle de Saint-Vincent de Flayose, et FRANÇOIS-MAGDELON MALESPINE, pourvu en régale sur la présentation de JEAN-BAPTISTE et ORCIN MALESPINE, se prétendant patrons de la même chapelle.

Il s'agissoit de deux questions, 1.° Si un droit de patronage, appartenant à une famille, peut être cédé par une personne de la famille, par donation ou par quelque autre acte que ce soit, à un homme étranger à la famille ?

2.° Si des provisions accordées par le roi, sur la présentation de ceux qui n'étoient pas véritables patrons, peuvent subsister en faveur du pourvu, ou si elles sont nulles et obreptices.

LA nature du bénéfice et la qualité des provisions, forment deux questions différentes, qui renferment tout le plan et toute la difficulté de cette cause.

Par rapport à la nature du bénéfice, est-ce un bénéfice dont la libre et pleine collation appartienne à l'évêque, ou au roi, pendant l'ouverture de la régale? est-ce, au contraire, un bénéfice dont le patronage ait passé dans la personne de ceux qui ont présenté la partie de M.ᵉ Mareschaux, et dont l'évêque, ou le roi, n'ait que la simple institution? C'est la première question.

Par rapport à la qualité des provisions, sont-elles

tellement restreintes, limitées, déterminées par la présentation qui leur a servi de fondement, qu'elles ne puissent plus en être séparées, ensorte que la nullité de l'une emporte, entraîne, nécessairement avec soi la perte et la ruine des autres ? Ou distinguera-t-on la présentation de la collation, séparera-t-on ces deux actes, et soutiendra-t-on que l'on peut abandonner l'un sans renoncer à l'autre, ensorte que l'intention du roi ait été d'accorder toujours la chapelle contentieuse à la partie de M.ᵉ Mareschaux, soit qu'elle fût en patronage, soit qu'elle fût exempte de cette espèce de servitude ? C'est la seconde question sur laquelle vous avez à prononcer.

Avant que d'entrer dans l'examen de ces deux questions, il est nécessaire de retracer, en très-peu de paroles, les faits simples et certains qui leur servent de matière.

Le premier fait concerne la nature du bénéfice.

On peut distinguer deux états, dans la chapelle de Saint-Vincent de Flayose, l'ancien et le nouveau.

L'*ancien* état est certain, quoique le titre de fondation ne paroisse pas. Cependant il est prouvé, par de très-anciennes énonciations, dès l'an 1470, que cette chapelle a été autrefois fondée par Vincent Consserier ; et que, dans la fondation, il s'étoit réservé à lui et à ses successeurs, le droit de patronage. Il paroît même constant que ce patronage n'étoit pas du nombre de ceux qui, attachés à la terre, et comme parlent les docteurs, *à la Glèbe*, sont appelés patronages réels, qui passent également à tout possesseur du fonds ; ce droit, au contraire, étoit un droit personnel, accordé aux héritiers et successeurs. Etoient-ce les héritiers du sang, ou même les héritiers étrangers ? C'est ce qui peut paroître obscur.

Voilà ce qui regarde l'origine du patronage.

Si l'on considère de quelle manière ce droit a été transmis, tout est beaucoup plus clair.

Vers l'an 1517, ce droit de patronage sort de la famille du fondateur, mais à la faveur d'un mariage. Hugues Consserier, qui étoit sa parente, et qui,

quelque temps auparavant, avoit fait une présentation
à l'évêque de Fréjus, suivie de provisions où il est dit
qu'elle avoit le droit de patronage, lègue ce droit à
Cyprien de *Corcis*, ou de *Cuers*, son gendre, qu'elle
institue un de ses héritiers universels.

Cette nouvelle famille exerce le droit de présenter
au bénéfice, sans contestation (1); possession constante, approuvée, confirmée par les évêques de Fréjus.
Cinq provisions depuis 1517, sont les preuves de cette
vérité. On n'en rapporte, à la vérité, que des copies
collationnées, forme insuffisante. La collation est faite
par un secrétaire du roi, hors la présence des parties.
Mais il ne paroît pas que la partie de M.ᵉ Vaillant
veuille contester la vérité de ces pièces.

Tel a été le premier changement arrivé dans la
possession de ce droit de patronage. Venons au second ; c'est le *dernier état*, état douteux, dont il
s'agit principalement dans cette cause.

Maxime de Cuers, dernier possesseur de ce patronage, passe un acte par-devant notaires, en 1652,
par lequel il déclare qu'il fait donation, entre-vifs, de
son droit à Mathieu Malespine, notaire royal du lieu
de Flayose. Il assure que ce droit lui est acquis, tant
en vertu de la disposition de ses devanciers, que d'un
fidéicommis fait en sa faveur par *Joseph de Cuers*,
vicaire de Flayose ; et il ajoute que cette libéralité a
pour motifs, *les bons et agréables services qu'il a
reçus dudit Malespine, son cousin* (2).

_____

(1) Il y auroit eu un sujet de contestation si, par la fondation, le patronage avoit été affecté aux mâles, à l'exclusion
des filles ou de leurs descendans. Mais il paroît qu'il appartenoit aux plus proches, soit mâles ou femelles, puisque la
testatrice en jouissoit ; sa fille, mariée au sieur de Cuers, et
ses descendans, la représentoient, et, par conséquent, étoient
de la famille du fondateur.

(2) Il paroît, par la suite de ce plaidoyer, qu'il étoit convenu que Malespine n'étoit point de la famille du fondateur,
soit qu'il ne fût pas véritablement cousin de *Maxime de Cuers*,
soit qu'il fût son parent d'un autre côté ; et, s'il l'avoit été
du côté du fondateur, on n'auroit pas omis de l'expliquer dans
cet acte.

Les enfans du donataire ont voulu exercer, en 1690, le droit que leur père prétendoit avoir acquis en 1652. Ils ont présenté à M. l'évêque de Fréjus, *Pons Malespine*, fils de l'un et neveu de l'autre. L'évêque n'a point voulu admettre la présentation, sans examiner le titre primordial de la fondation et du patronage.

Sur son refus, on s'est adressé au métropolitain. Le siége d'Aix étoit alors vacant. Le grand-vicaire, après avoir examiné les titres que nous venons de vous expliquer, confère la chapelle à celui que les prétendus patrons avoient nommé ; mais il ajoute en même-temps, *sauf aux prétendans droit d'icelle, à se pourvoir par-devant qui il appartiendra.*

On prétend que *Pons Malespine* a joui de la chapelle, en vertu de ce titre.

Il est mort le 10 mars 1697. C'est sa mort qui donne lieu à la première question que l'on agite dans cette cause.

Le second fait regarde la qualité du titre.

La régale étoit ouverte constamment par la vacance de l'évêché de Fréjus.

Jean-Baptiste et *Orcin Malespine* présentent au roi, *François-Magdelon Malespine*. C'est la partie de M.ᵉ Mareschaux.

Le roi, sur cette présentation, accorde des provisions en régale purement et simplement.

François-Magdelon Malespine, prend possession le 24 juillet 1697.

Tel est le premier titre, qui fait le sujet de la seconde question.

D'un autre côté, M.ᵉ *Esprit Bernard*, partie de M.ᵉ Vaillant, obtient du roi des provisions en régale, postérieures à celles de Malespine. Elles ne sont expédiées que le 15 août 1697.

On n'y trouve aucun vestige de présentation.

Il prend possession le 8 novembre 1697. Il fait assigner Malespine en la cour, le 17 janvier 1698.

Enfin, pendant que le roi accordoit deux titres différens de la même chapelle, deux autres prétendans à ce bénéfice faisoient naître le même combat devant les vicaires - généraux de Fréjus, le siége vacant. Des particuliers, appelés *le Cuers*, descendus, à ce qu'ils prétendent, de la famille des anciens patrons, ont adressé deux présentations différentes à ces grands-vicaires, Deux, pourvus sur ces présentations, l'un nommé Marc-Antoine Villy, l'autre Henri Brun, ont pris possession au mois d'avril 1697; mais ils ne paroissent point aujourd'hui, et s'ils paroissoient, leur droit se trouveroit évidemment mal fondé. Les patrons ne se sont pas adressés au roi, la régale étant ouverte.

Aussi, n'observe-t-on ce fait que pour prouver que la famille des patrons n'est pas éteinte, et que, s'il y a encore un droit de patronage subsistant, ce seroit aux *le Cuers* qu'il appartiendroit, et non à ceux qui ont présenté la partie de M.ᵉ Mareschaux.

MOYENS DE LA PARTIE DE M.ᵉ VAILLANT.

Deux propositions.

Première proposition. La présentation de François-Magdelon Malespine est nulle. Ceux qui l'ont faite ne sont pas patrons.

Leur droit est fondé sur un titre vicieux. Le patronage personnel, *Gentilitium*, *familiare*, ne peut passer par donation à des étrangers.

Le droit civil ne souffroit pas que tout ce qui étoit accordé en faveur de la personne, *deficiente eâ*, fût transféré à d'autres personnes.

Telle est la décision de la loi 68, ff. *de diversis Reg. Juris.* et de la loi *Quia perindè* 42, §. 1. ff. *ad Senat. Trebell. restitutâ hereditate jura Sepulchrorum apud heredem remanent.* Comparaison juste et naturelle entre *jus Sepulchri* et *jus Patronatûs*.

Le droit canonique ne souffre pas aussi que le droit de patronage, quand il est attaché à la famille, puisse passer par donation dans une maison étrangère.

Telle est la disposition du chapitre *Illud X de Jure Patronatûs.*

Deux raisons dans cette disposition. L'une, que la

condition de l'église en deviendroit moins avanta-geuse, parce que le patronage ne s'éteindroit jamais ; l'autre, la crainte et le soupçon de la simonie.

Tous les auteurs sont unanimes sur ce point. Les plus relâchés demandent au moins le consentement de l'évêque. Ici, rien de tout cela ; la donation est faite comme d'une chose profane.

Inutile d'alléguer la confirmation prétendue de l'archevêque d'Aix en 1690. C'est une provision qui ne préjuge point ; autrement elle seroit abusive.

Seconde proposition. Les provisions accordées à la partie de M.ᵉ Mareschaux sont nulles ; car elles sont relatives à la présentation. Or, elle est nulle et obreptice.

Nulle maxime plus certaine que celle qui veut que *preces veritate nitantur.*

L'obreption, la surprise sont manifestes.

Inutile de dire qu'il faut suppléer la clause qui manque dans les provisions obtenues du roi, *aut alias quovis modò.* Il n'est pas question ici du pouvoir ; il s'agit de la volonté.

Le roi peut varier lorsqu'on l'a trompé, et d'ailleurs ne juge point les questions, mais vous les laisse à décider.

MOYENS DE LA PARTIE DE M.ᵉ MARESCHAUX.

Deux propositions contraires.

Première proposition. La présentation est va-lable.

On convient que c'est une grande question entre les interprètes du droit, si le droit de patronage peut être donné à un laïc.

Sur cette question, différens auteurs et différentes opinions.

On vous a observé que, s'il falloit la traiter en général, on pourroit dire, avec des jurisconsultes modernes ;

1.º Qu'il est difficile de concevoir pourquoi ce droit

peut être donné avec le fonds, et ne peut pas l'être sans le fonds.

2.° Qu'il est constant, dans les principes du droit canonique, que le droit de patronage peut être donné à une église sans consulter l'évêque. Or, quelle différence peut-il y avoir entre les ecclésiastiques et les laïcs, quant à ce point ? Les uns et les autres en sont également capables. Nulle loi, nul canon qui le prohibent.

Mais, dans l'espèce particulière, question superflue. L'évêque a confirmé la donation ; non pas, à la vérité, l'évêque immédiat, mais le supérieur : le métropolitain a vu tous les titres, et, après une mûre délibération, il a accordé l'institution à celui qui lui avoit été présenté par le patron donataire.

Seconde proposition. Les provisions de la partie de M.° Mareschaux sont valables par elles-mêmes. La présentation n'est pas tellement liée à la provision, qu'elle en soit inséparable.

Trois raisons principales servent à établir cette proposition.

1.° La qualité des grâces du souverain, qui doivent être interprétées dans le sens le plus étendu : *Beneficium Imperatoris... quàm plenissimè interpretari debemus.*

Deux motifs dans les provisions : la présentation, la bienveillance, l'estime du collateur ; l'un ou l'autre suffit (1). Que le premier soit détruit, si l'on veut, le dernier subsiste toujours. Les bonnes qualités du présenté, sont un fondement aussi légitime que le titre du présentateur.

2.° La nature du droit de la régale. Le roi confère aussi éminemment que le pape. Or, si c'étoit une provision de cour de Rome, on y suppléeroit la clause *aut aliàs quovis modò.* Le pouvoir est le même ; l'interprétation est-elle différente ? *Beneficium*

_____

(1) Loi 3. ff. *de Constit. princip.*

Principis oportet esse mansurum. La variation ne convient point à la majesté du collateur.

3.º L'intérêt des sujets du roi, qui ne doivent pas trouver moins de faveur et moins de protection dans le royaume, et dans la personne de leur souverain, que dans un pays étranger, et dans la cour du pape.

Enfin, s'il faut des exemples, ne sépare-t-on pas tous les jours la présentation de l'institution?

Dumoulin (2) ne soutient-il pas, que si le vassal présente pendant que son fief est saisi, et que le seigneur féodal ne se plaigne point, la collation est valable? Cependant la présentation est nulle.

QUANT À NOUS, deux questions sont le partage de cette cause. Elles ont rapport aux deux parties du titre de la partie de M.e Mareschaux : la présentation et l'institution.

La première consiste à savoir si la présentation est valable, ou, ce qui est la même chose, si celui qui l'a présentée étoit le véritable patron.

Pour examiner cette question, supposons deux principes préliminaires.

Premier principe. Quelque favorable que puisse paroître le droit de patronage, cependant c'est une véritable servitude qui change l'état naturel : servitude non odieuse, à la vérité, au contraire droit fondé sur un titre favorable, reconnoissance juste de l'église pour ses bienfaiteurs ; mais, cependant, droit qui ne doit pas être facilement étendu.

Second principe. Deux sortes de droit de patronage ; l'un réel, *glebæ adscriptum*, patrimonial, héréditaire à raison du fonds auquel il est attaché ; l'autre, personnel, *familiare, gentilitium.*

Ce dernier genre de patronage a précédé l'autre. A remonter dans l'antiquité, nous ne voyons point qu'il y soit parlé, ni dans les lois de Zénon, ni dans

(1) *Ad* §. 37. *veter. consuetud. Glosse* 10,

celles de Justinien, ni dans les premiers conciles qui en ont fait mention, d'un patronage réel.

Il y a une grande différence entre l'un et l'autre.

Le patronage réel, passe même à l'acheteur par droit d'accession, *Quia non specialiter locus sacer vel religiosus vœniit, sed emptioni majoris partis accessit*, dit la loi 24, ff. *de contrah. emptione.*

Le patronage personnel ne peut être vendu comme une chose ou un droit réel.

Mais peut-il être donné? C'est ce qui forme la question.

Ces deux principes supposés, entrons dans l'examen de la question même.

On peut la considérer, ou en général, ou en particulier, et dans l'espèce de cette cause.

Pour la décider en général, on peut avoir recours au droit civil, ou au droit canonique.

Le droit civil nous fournit deux principes, l'un général, l'autre particulier au droit romain.

Le principe général, dont Me Vaillant vous a parlé, est que les droits personnels, ou plutôt les droits accordés en considération d'une certaine personne, ou d'une certaine famille, sont comme renfermés dans la personne, ou dans la famille, et ne peuvent en sortir pour passer à d'autres.

In omnibus causis id observatur, dit la loi qu'il vous a citée, *ut, ubi personæ conditio locum facit beneficio, ibi, deficiente eâ, beneficium quoque deficiat* (1).

De là aussi la décision de la loi 1, ff. *de jure immunitatis,* § 1. *Personis datæ immunitates, heredibus non relinquuntur,* § 2. *Sed et generi posterisque datæ custoditæque, ad eos qui ex fœminis nati sunt non pertinent.*

On a mal appliqué ici la loi 42, § 1, *ad Senat. Trebell.* comme un exemple de ce principe. Que dit la loi? *Restitutâ hereditate, jura sepulchrorum*

---

(1) Loi 68. ff. *de Diversis regulis juris.*

apud heredem remanent. En un mot, le sens de la
loi est, que l'héritier conserve le droit de sépulture,
quoiqu'il restitue l'hérédité, mais de telle manière
cependant que le substitué acquiert le droit de sépulture dans les mêmes sépulchres ; car il est certain
que ce droit est compris dans un fidéicommis universel. C'est ce que l'on pourroit confirmer par l'autorité de M. Cujas sur cette loi, par la loi 10, ff.
de Religiosis et sumptibus, et par la loi 53, §. 1, ff.
de action. empti et venditi.

Le principe particulier au droit romain sur le
droit de patronage, c'est que les maîtres l'acquer-
roient sur leurs affranchis, comme le prix du bienfait
de l'affranchissement ; et que ce droit ne passoit
jamais aux héritiers étrangers, comme on le voit
dans la loi 55, ff. *ad Senatus - Consultum |Trebel-
lianum*, dans la loi *Si operam in judicio* : 29, ff.
de operis libertorum, et dans plusieurs autres du
même titre. Car ce droit est dû au bienfaiteur et à
sa famille, et n'est point transféré avec l'universalité
des biens, lorsque celui qui y succède n'est pas de
cette famille.

Concluons de tout cela, que ce qui a été donné à
la famille, ne peut être transmis, à quelque titre que
ce soit, à des étrangers.

Or, le droit de patronage, que l'on nomme personnel, est présumé accordé à la famille.

Donc il ne peut être transporté, à titre de donation, ni à quelqu'autre titre que ce puisse être, à un
étranger, suivant les principes du droit civil.

Si nous cherchons la décision de cette question
dans le droit canonique, nous ne pouvons la trouver
que dans trois sources, ou dans le droit canonique
même, c'est-à-dire, dans la collection des décrétales,
ou dans les sentimens des interprètes, ou dans les
raisons que les interprètes apportent pour soutenir
leurs sentimens.

En lisant attentivement la collection des décrétales,
on n'y trouve rien qui décide précisément si le droit

de patronage peut, ou ne peut pas être transféré à des Laïcs.

Si l'on consulte les interprètes sur ce point, il a donné lieu à une ancienne discorde entre deux interprètes du droit canonique; *Jean et Barthelemi de Bresse* (*Brixenses*). L'un a soutenu qu'on ne pouvoit céder le droit de patronage sans le consentement de l'évêque. L'autre, qu'on le pouvoit.

Mais il y a plus de concorde entre les interprètes des siècles suivans. Si l'on en excepte un très-petit nombre, ou peut-être un seul, qui est le pape Innocent IV, tous les autres, et ceux qui sont d'un plus grand poids, tels que le cardinal *d'Ostie*, Jean *André*, *Panorme*, *Bouhic*, Antoine *de Butrio*, Pierre *Ancharan* (*de Ancharano*), Roch *de Curte*, *Lambertinus*, et entre les modernes, M. *Tiraqueau*, *Dumoulin*, *Fagnan*, *Joannes à Costa*, *Gonzalez*, se sont tous réunis pour une même opinion, qui consiste à distinguer entre deux cas différens : ou la donation, la cession du droit de patronage est faite *loco Religioso*, à une église, à un monastère, à une communauté ecclésiastique, et alors le consentement de l'évêque n'est pas nécessaire; c'est ce que le pape Boniface VIII dit expressément, dans le chapitre unique du titre *de jure Patronatûs* dans le texte, que nous ne citons ici que comme un témoignage de l'opinion qui avoit prévalu dès son temps : ou la donation, le transport et la cession sont faites en faveur d'un laïc, et alors il est nécessaire d'avoir recours à l'autorité de l'évêque.

Enfin, si nous examinons les raisons qui ont déterminé les interprètes, ils en rapportent deux principales.

La première, que le changement des patrons peut être contraire à l'intérêt de l'église. La protection de l'un est souvent plus utile que celle de l'autre. Donc ce changement exige une connoissance de cause.

La seconde, qu'il y a toujours lieu de soupçonner la simonie. On craint des ventes simulées sous le titre spécieux d'un acte de libéralité.

On peut ajouter une troisième raison, tirée de là nature du droit de patronage.

C'est une servitude. Il ne faut pas la rendre immortelle. Il y a même apparence que tel a été le motif de ceux qui ont attaché le droit de Patronage à une seule famille. Ils ont voulu que la postérité du bienfaiteur jouît des fruits de la reconnoissance de l'église. L'église ne souffre point, tant que les descendans de son fondateur exercent le droit qu'ils ont si justement acquis. Mais, lorsque ce droit passe en des mains étrangères, alors l'église commence à s'appercevoir que c'est une charge et une servitude. Elle a donc droit de s'y opposer, et de soutenir que la cause de cette charge cesse, lorsque la famille du fondateur cesse d'exister.

Après avoir pesé ces raisons, nous avons encore à répondre à deux objections que font les défenseurs du parti opposé.

Première objection. Nulle différence à faire entre les ecclésiastiques et les laïcs, puisqu'ils sont également capables d'exercer le droit de patronage.

Mais cette objection n'est fondée que sur un faux principe. Il y a de grandes raisons de différence entre les uns et les autres, à cet égard.

En premier lieu, le retour au droit commun est favorable. Or, quand une église présente à une autre église, le droit commun est satisfait.

En second lieu, le droit de patronage ecclésiastique est à présent moins à charge à l'église, que le droit de patronage laïc; donc la donation de ce droit à des églises, ou à des corps ecclésiastiques, est conforme à l'intérêt de l'église.

Cependant s'il arrivoit qu'elle ne lui fût pas avantageuse, en ce cas, nous croirions que la donation seroit inutile; mais c'est une question étrangère à celle que nous traitons en ce moment.

Seconde objection. Pourquoi le droit de patronage, qui peut bien être vendu à un étranger, comme un accessoire d'un fonds, ne pourra-t-il pas être donné sans un fonds?

C'est, premièrement, parce que, dans le cas de la vente d'un fonds, le prix ne tombe jamais que sur la terre; au lieu que, dans le cas d'une donation du patronage seul, il y a un juste sujet d'appréhender la simonie.

C'est, secondement, parce qu'il y a une raison qui parle en faveur du possesseur étranger. Il possède la terre dont on a démembré le fonds, qui a été autrefois donné pour la construction ou la dotation de l'église.

Dumoulin dit avec autant de justesse que d'énergie : *Jus patronatûs est imagq quædam et reliquiæ veteris dominii.* Or, comme cet ancien domaine auroit appartenu à l'acquéreur étranger, il est juste qu'il jouisse de l'honneur qui tient lieu du fonds, qui est comme substitué, subrogé à la place du fonds.

Rien de tout cela dans le donataire étranger, qui n'est ni de la famille du bienfaiteur, ni possesseur de la terre, dont l'église est une espèce de démembrement.

Ainsi, tout concourt à décider en général, que, suivant le droit civil et le droit canonique, le patronage, appelé *personnel*, ne peut passer par la voie d'une donation, ni autrement, à des personnes qui ne sont pas de la famille du fondateur.

Si l'on considère la même question dans l'espèce particulière de cette cause, il est absurde de dire que la donation du droit de patronage ait été confirmée par le métropolitain. Il ne l'auroit pu faire sans abus, on pourroit le démontrer par une foule de raisons; mais il ne l'a pas fait. Donner des provisions qui ne sont même pas accordées que *ad conservationem juris*, et *sauf aux prétendans droit d'icelle* (chapelle) *à se pourvoir, ainsi qu'il appartiendra*, ce n'est pas, sans doute, confirmer un acte de donation d'un droit de patronage.

Passons à la seconde question, et voyons si la

provision est valable, quand même la présentation ne le seroit pas.

Supposons aussi deux observations préliminaires.

La première, qu'il faut distinguer entre la puissance et la volonté. Nous ne doutons pas que le roi, pendant la vacance du siége épiscopal, ne confère *jure optimo-maximo*, non-seulement comme l'évêque, mais encore avec les mêmes prérogatives que le pape, en vertu d'un droit né *antè omnia jura canonica*, selon l'expression de Dumoulin, et le plaidoyer, aussi solide que savant, de M. Bignon (1). Mais son pouvoir dépend de sa volonté; et doit-on croire qu'en conférant sur une présentation, il ait voulu conférer le bénéfice au présenté, dans le cas même où elle seroit nulle, et où ceux qui l'ont faite ne seroient pas les véritables patrons?

La seconde observation est, que le roi ne juge point en accordant des provisions. Il suppose la vérité des faits qu'on lui expose; il laisse à ses juges le droit de les examiner.

Cela supposé, deux maximes incontestables; l'une, que toute expression d'un fait faux qui a pu et dû déterminer le collateur, vicie la présentation; l'autre, que le fait du patronage peut et doit déterminer le collateur. Donc, si le fait du patronage est faux, c'est un vice essentiel dans les provisions. Le roi n'auroit peut-être pas accordé la grâce à celui qui l'a obtenue, si on ne lui avoit pas exposé que ceux qui le lui présentoient étoient les légitimes patrons.

Il ne nous reste plus qu'à répondre à une objection.

Le roi confère comme le pape. Or, on suppléeroit dans des provisions du pape, la clause *aut alias quovis modo*.

_____

(1) Ce plaidoyer est rapporté dans le Journal des Audiences, tome III, de l'édition de 1733, où il n'est pas dans l'ordre de sa date, mais il est placé dans le livre IV, à la suite du chapitre XIV. Il se trouve aussi dans l'Histoire de l'Université, par du Boutay, tome IV, page 924. Il donne une juste idée de la véritable origine, et de la nature de la régale.

Mais il n'est question ici que de la volonté. Où est cette volonté, et par quels termes paroît-elle dans les provisions accordées par le roi?

Dumoulin en cite un exemple. Le roi nomme sur résignation. Le pourvu n'est pas censé nommé à cause de mort.

Nous en trouvons un autre exemple dans les collations de l'ordinaire. L'évêque confère sur la réquisition d'un gradué ; il peut, sans variation, conférer à un autre. La justesse de ce dernier exemple est sensible, puisque la nomination des gradués est un vrai patronage des universités.

Ajoutons à toutes ces raisons, qu'elles sont encore plus fortes par rapport à des provisions accordées sur une présentation faite au roi, qui n'entre jamais en connoissance de cause, parce qu'il la laisse à ses juges ; au lieu qu'on pourroit imputer à l'évêque, de n'avoir pas demandé à s'éclaircir du droit de patronage, avant que de donner l'institution.

Arrêt du 5 mars 1699.

Entre M.ᵉ Esprit Bernard, prêtre, docteur en théologie, du lieu de Flayose, diocèse de Fréjus, habitué en l'église et paroisse de Saint-Sulpice de Paris, pourvu par le roi de la chapelle de Saint-Vincent de Flayose, suivant les provisions données à Versailles, le treize août mil six cent quatre-vingt-dix-sept, signées *Louis*, et plus bas, par le Roi, comte de Provence, Phelypeaux, scellées du grand sceau de cire jaune, demandeur en requête portée en l'arrêt de la cour, du sept janvier mil six cent quatre-vingt-dix-huit, et exploit d'assignation donné en conséquence dudit arrêt, et des commissions et *pareatis*, obtenus sur icelui au défendeur ci-après nommé, le dix-sept février ensuivant; ladite requête tendante à ce qu'il plût à la cour ordonner commission être délivrée au demandeur, pour faire assigner les prétendans droit à ladite chapelle, et autres qu'il appartiendroit, pour voir dire que ladite chapelle seroit déclarée avoir vaqué en régale, et, en conséquence, que ledit demandeur seroit maintenu et gardé en la possession et jouissance de ladite chapelle, avec restitution de fruits; que défenses seroient faites de l'y troubler, et que les contestans seroient condamnés aux dépens, et en ses dommages et intérêts, d'une part; et M.ᵉ François-Magdelon Malespine, soi-disant, clerc tonsuré du diocèse de Fréjus, se prétendant pourvu de ladite chapelle, sur la nomination de Jean-Baptiste et Orcin Malespine, frères, se prétendant patrons d'icelle, défendeur, d'autre part ; et, entre ledit François-Magdelon Malespine, incidemment demandeur, suivant les défenses signifiées le dix-neuf février dernier, à ce qu'ayant été pourvu par le roi de ladite chapelle, par un brevet antérieur à celui dudit Bernard, il plût à la cour, en déclarant ladite chapelle avoir vaqué en régale, la lui adjuger comme telle, avec défenses audit sieur Bernard de le troubler en la possession dudit bénéfice, et condamner ledit Bernard aux dépens, d'une autre part ; et ledit M.ᵉ Esprit Bernard, défendeur, d'autre part. Après que Vaillant, avocat d'Esprit Bernard, et Mareschaux, avocat de Magdelon Malespine, ont été ouïs pendant deux audiences, ensemble d'Aguesseau, pour le procureur-général du roi :

LA COUR a donné défaut, en présence de l'avocat et du procureur de la partie, et, pour le profit, déclare la chapelle dont est question, avoir vaqué telle, et comme telle, l'a adjugée à la partie de Vaillant, avec restitution de fruits, s'il y échet, condamne la partie de Mareschaux aux dépens.

CINQUANTE-TROISIÈME PLAIDOYER.

DU 27 MARS 1699.

Dans la cause du sieur comte DE LESBERON, du sieur marquis DE CRÉQUI, et de Madame la maréchale DE CRÉQUI.

Il s'agissoit d'une substitution faite par le comte du Passage, à laquelle il avoit appelé le comte-de Lesberon, sous cette condition : En cas que mon héritier et le marquis de Créqui meurent sans enfans mâles,

Il étoit question de savoir, 1.º Si une substitution conditionnelle est ouverte au moment de la mort de l'héritier institué, en sorte que s'il n'y a point alors d'enfans de la personne dénommée au testament; les biens doivent être remis au substitué, ou si la substitution demeure en suspens, tant que l'on peut espérer qu'il naîtra des enfans.

2.º Si la jouissance des biens, en attendant l'échéance de la condition, appartient au substitué, ou à celui dont les enfans excluroient le substitué, ou à l'héritier légitime de celui qui étoit chargé de substitution.

LA décision de cette cause, illustre par la qualité et l'élévation des parties, importante par la nature et la qualité des biens qui en font le sujet, difficile par le combat et l'opposition des maximes du droit et des conjectures de la volonté du testateur, dépend uniquement de l'interprétation que vous donnerez aux termes obscurs et ambigus d'une clause équivoque, dont le sens, presque également suspendu entre deux explications contraires, ne peut plus être déterminé que par les lumières et l'autorité supérieure de la justice.

Jamais espèce ne fut plus simple que celle que l'on soumet à votre jugement, et plus dégagée de ces circonstances de fait, qui rendent la décision des questions de droit, toujours douteuse, et si nous osons le dire, presque toujours inutile.

A peine est-il nécessaire de vous donner une légère idée de la qualité du testateur, et de ceux qu'il a choisis pour héritiers. Il suffiroit presque de vous exposer nuement les termes mêmes de la clause, dont votre arrêt doit fixer pour toujours la véritable interprétation.

Nous ne pouvons néanmoins nous dispenser de répéter ici ce qui vous a été expliqué avec plus d'étendue, que le sieur comte du Passage, testateur, issu d'une des plus anciennes maisons de la province de Dauphiné, joignoit à cet avantage celui de descendre, par les femmes, de la maison de Créqui. Son affection pour cette maison, le nouvel éclat que ce nom avoit reçu dans la personne de feu M. le maréchal de Créqui, dont la mémoire sera toujours précieuse à la France, déterminèrent le testateur à préférer même des parens éloignés, à ses cousines germaines; et sa disposition paroît avoir suivi l'ordre de la dignité, beaucoup plus que celui de la parenté.

Après avoir donné, pendant sa vie, des preuves marquées de libéralité à M. le maréchal de Créqui, par des donations considérables, il voulut, en mourant, laisser à sa famille des gages encore plus grands de son amitié.

C'est dans cette vue qu'il paroît avoir fait son testament solennel, le 18 juin 1683.

Ne rappelons point ici toutes les dispositions qu'il contient. Attachons-nous aux clauses importantes, qui regardent l'institution et la substitution.

Le testateur paroît avoir envisagé trois personnes

différentes, qui ont été successivement l'objet de ses dernières volontés.

Le sieur marquis de Blanchefort.

Les enfans du sieur marquis de Créqui.

Et enfin, le sieur comte de Lesberon.

Il appelle d'abord le sieur marquis de Blanchefort. C'est lui qu'il institue ; c'est lui, pour nous servir des termes consacrés par les lois, qu'il honore du titre de son héritier. Il n'appelle que tacitement ses enfans, et il leur impose, comme à leur père, la nécessité de porter son nom du Passage avec les armes de Poisieux.

Il prévoit ensuite le cas du décès de son héritier sans enfans mâles ; et c'est dans ce cas qu'il passe au second ordre d'héritiers qu'il choisit, c'est-à-dire, aux enfans du sieur marquis de Créqui. S'il en a plusieurs, il préfère le second à l'aîné, et s'il n'en a qu'un, le testateur le substitue de la même manière au sieur marquis de Blanchefort. La raison de cette préférence, qu'il a fait des puînés aux aînés, est écrite dans le testament même. Il vouloit faire passer son nom et ses armes dans une famille étrangère ; telle étoit la loi à laquelle il attachoit la possession de ses biens. Dans cette pensée, il a respecté l'aîné de la maison de Créqui ; il n'a pas cru pouvoir l'obliger à quitter un nom si illustre, et auquel le testateur même étoit si fortement attaché ; mais il a cru que les puînés de cette maison pouvoient, sans rougir, prendre le nom du Passage, et porter les armes de Poisieux.

Enfin, il passe au dernier degré de ses héritiers. Si le ciel refuse à la maison de Créqui une postérité masculine, si le sieur marquis de Blanchefort, son héritier institué, si le sieur marquis de Créqui, meurent sans enfans mâles, il déclare qu'il leur substitue le sieur de Lesberon, fils de la dame de Lesberon, sa cousine germaine.

Voilà, Messieurs, quel est le précis de l'abrégé des dispositions du sieur comte du Passage, quels sont les trois degrés d'héritiers, qu'il appelle successivement à la possession de ses biens ; le sieur marquis de Blanchefort , les enfans du sieur marquis de Créqui, le sieur comte de Lesberon.

Nous ne nous contenterons pas de vous avoir tracé ce plan général des clauses du testament ; nous vous lirons , dans la suite , les termes mêmes dans lesquels le testateur a expliqué sa volonté.

Achevons , en un mot , le récit du fait , par l'explication de la procédure.

Le sieur comte du Passage meurt; le sieur marquis de Blanchefort lui succède. Une mort prématurée l'enlève à la fleur de son âge. Le sieur marquis de Créqui , son frère , veut se mettre en possession des biens du testateur. Il fait une première procédure très-indifférente, pour ne pas dire très-inutile pour la décision de cette cause.

Deux obstacles arrêtent ses poursuites.

D'un côté, Madame la maréchale de Créqui, héritière légitime du sieur marquis de Blanchefort , son fils, prétend être en droit de jouir des biens substitués , jusqu'à ce que l'événement d'une condition incertaine en donne la propriété, ou aux enfans qui naîtront du sieur marquis de Créqui, ou , s'il meurt sans en avoir, au sieur comte de Lesberon.

D'un autre côté, le sieur comte de Lesberon soutient que la condition sous laquelle il a été appelé par le testateur est accomplie; qu'il n'y avoit que les enfans du sieur marquis de Créqui , nés dans le temps de la mort du sieur marquis de Blanchefort, qui pussent l'exclure ; que tous ceux qui pourroient naître dans la suite seroient incapables de recueillir une substitution ouverte long-temps avant leur naissance ; que l'espérance de la vie et de l'existence de ces enfans ne peut donc plus lui être opposée, ni retarder un moment l'effet de la libéralité du testateur, dont il est seul en état de profiter.

Sur ces différentes prétentions, la cause est portée dans le tribunal des requêtes du palais ; et, après y avoir été plaidée pendant huit audiences, elle y a été décidée par une sentence contradictoire, qui fait la matière de l'appel sur lequel vous avez à pro-noncer.

On juge, par cette sentence, que le sieur marquis de Créqui n'est point compris dans le nombre des substitués ; on le déboute de sa demande en ouver-ture de substitution ; mais, en même temps, on décide que la condition sous laquelle le sieur de Lesberon est appelé, n'est pas encore échue ; que la substi-tution est en suspens, jusqu'au moment douteux et incertain de la mort du sieur marquis de Créqui. Ainsi, sur ces deux premières demandes, on décide que l'une est sans fondement, et que l'autre est pré-maturée ; et, en attendant la mort du sieur marquis de Créqui, on laisse les biens entre les mains de l'héritière du sang ; on ordonne que Madame la ma-réchale de Créqui en jouira, qu'elle fera les fruits siens, à la charge néanmoins de rendre les fonds, conformément au testament, soit aux enfans qui naî-tront du sieur marquis de Créqui, soit après sa mort, au sieur comte de Lesberon.

C'est ainsi que les premiers juges ont interprété le testament. C'est cette interprétation que l'on attaque par deux appellations différentes. L'une interjetée par le sieur Marquis de Créqui, partie de M.e Du-mont ; l'autre, par le sieur de Lesberon, partie de M.e Nouet. Tous deux se plaignent de la même sentence. L'un, parce qu'elle a jugé qu'il ne pouvoit jamais être admis comme substitué ; l'autre, parce qu'elle a décidé qu'il ne l'étoit pas encore.

Commençons, pour suivre l'ordre de la procédure et celui de la plaidoirie, par vous expliquer les moyens du sieur comte de Lesberon.

Il vous a dit d'abord qu'il regardoit comme un augure favorable pour lui, la division qui règne dans le parti de ses adversaires.

Incertains sur leurs prétentions, encore plus sur l'interprétation qu'ils doivent donner au testament, ils soutiennent des propositions directement contraires ; ils ne peuvent s'accorder entr'eux sur le véritable sens de la clause du testament ; et, pendant que la mère soutient que la jouissance des biens doit lui appartenir comme héritière de l'institué, le fils prétend, au contraire, que ces mêmes biens lui sont dûs en vertu d'une prétendue substitution, qu'il s'efforce vainement de trouver dans les termes du testament, ou plutôt dans l'esprit du testateur.

Après cette première observation, il renferme toute sa cause dans l'établissement de quatre propositions.

La première et la plus décisive, est que le sieur de Créqui ne peut lui faire obstacle, parce qu'il n'est point appelé à la substitution.

La seconde, qui est une conséquence de la première, que le sieur de Lesberon est appelé, dès-à-présent, et dans le cas précis qui est arrivé.

Il ajoute, en troisième lieu, que la propriété des biens ne lui est pas seulement acquise dès-à-présent ; elle lui est encore acquise irrévocablement.

Enfin, il soutient qu'il faudroit violer toutes les règles de la plus saine jurisprudence, pour admettre Madame la maréchale de Créqui à la possession des biens, en attendant l'événement de la condition marquée par le testateur.

Parcourons, en peu de paroles, les principales preuves de ces quatre propositions, que nous serons obligés de retoucher bientôt avec plus d'étendue.

Première proposition. Nulle vocation du sieur Marquis de Créqui.

Il n'est point appelé nommément. La seule lecture du testament en fait la preuve.

Il ne l'est point non plus tacitement. Pour le présumer appelé de cette manière, il faudroit attaquer tous les principes, préférer une volonté obscure, douteuse, pour ne pas dire imaginaire, à une volonté claire, certaine, réelle, qui appelle expressément le sieur de Lesberon ; faire cette fiction en faveur d'un parent éloigné, pour exclure un parent beaucoup plus proche ; supposer que celui qui n'est pas même dans la condition, est néanmoins compris dans la disposition, dans le temps que les docteurs et les arrêts ne mettent point régulièrement au nombre des héritiers appelés, ceux mêmes qui sont expressément dans la condition.

Si l'on oppose que le testateur s'est expliqué en ces termes, *en cas*, etc. *je leur substitue*, on répond qu'il est visible que ces termes, *je leur substitue*, se rapportent évidemment aux *enfans* et non aux pères ; qu'il y auroit une très-grande absurdité à supposer le contraire, puisqu'il faudroit feindre contre la raison, contre la vraisemblance, contre les principes du droit, contre les termes du testament, que le sieur marquis de Créqui, qui ne reçoit rien du testateur, seroit néanmoins chargé de restituer.

Quel est donc le véritable sens de cette clause ? Le testateur a fait une double substitution en faveur du sieur de Lesberon ; une substitution vulgaire, par laquelle il a voulu qu'il fût appelé au défaut d'enfans du sieur marquis de Créqui ; une substitution fidéicommissaire, par laquelle il l'a encore appelé, en cas que les enfans du sieur marquis de Créqui n'eussent point survécu à leur père. C'est ce que les docteurs appellent une substitution *compendieuse*, qui est toute renfermée dans ce terme énergique et efficace, *je substitue* (1).

Si l'on vante enfin la prédilection certaine du testateur pour la maison de Créqui, on répond, avec Dumoulin, que cette prédilection ne peut étendre le fidéicommis *ultrâ personas expressas*, dans le

____

(1) La nature de la substitution purement vulgaire, et celle de la substitution purement fidéicommissaire, sont expliquées à fond dans la deuxième audience du trente-septième plaidoyer, qui est le premier sur l'affaire de M. le prince de Conty et de Madame de Nemours, tome III, page 174 et suivantes. La définition de la substitution compendieuse se trouve dans les observations faites sur cette affaire, rapportées dans le même tome, page 523.

nombre desquelles le sieur marquis de Créqui ne se trouve point.

Seconde proposition. Le sieur de Lesberon est appelé, et le cas est arrivé.

Deux sortes de substitutions dans la même clause; nous l'avons déjà dit.

Une substitution vulgaire, si le sieur marquis de Blanchefort et le sieur marquis de Créqui n'ont point d'enfans mâles. Le cas est arrivé ; ils n'en ont point ni l'un ni l'autre, dans le moment où cette substitution est ouverte.

Une substitution fidéicommissaire aux enfans du sieur de Blanchefort et du sieur marquis de Créqui. Mais c'est une règle certaine en matière de substitutions vulgaires et fidéicommissaires, que, lorsqu'un degré manque, le degré suivant prend sa place sans interruption. A la vérité, les enfans du sieur de Blanchefort et du sieur marquis de Créqui, pouvoient former un obstacle entre l'héritier institué et le sieur de Lesberon ; mais ces enfans n'existent point : *Substitutus substituto , es substitutus instituto* (1).

C'est en vain qu'on oppose à ces maximes certaines, que la condition, sous laquelle le sieur de Lesberon est substitué, n'est pas arrivée, puisque le sieur marquis de Créqui n'est pas mort sans enfans.

Car, en premier lieu, Madame la maréchale de Créqui et le sieur marquis de Créqui, son fils, peuvent-ils se servir d'un droit qui ne les regarde pas, et se mettre à couvert des justes poursuites du sieur de Lesberon, à la faveur de ces enfans, qui ne sont pas encore dans la nature des choses ?

Mais d'ailleurs cette condition n'a point été ajoutée en faveur du sieur marquis de Créqui, puisqu'il n'a aucun titre pour jouir des biens. L'obligation est pure et simple à son égard, et il est vrai de dire qu'il n'a ni intérêt, ni qualité pour alléguer cette exception.

(1) *Bald. et alii, ad 4. 27, ff. de Vulg. et pupil.*

Troisième proposition. La substitution est ouverte irrévocablement en faveur du sieur de Lesberon; car qui pourroit la révoquer? Seroient-ce des enfans qui naîtroient dans la suite, enfans incapables, puisqu'ils ne pourroient jamais réparer le retardement de leur naissance? On leur opposera toujours qu'ils n'étoient ni nés ni conçus dans le temps de l'ouverture de la substitution; et ce ne sera point le sieur de Lesberon qui leur fera cette objection, ce sera l'autorité précise et décisive de vos arrêts, qui ont établi irrévocablement cette maxime.

Que si l'on soutient que le testateur a suspendu le cas de la naissance des enfans jusqu'au jour de la mort du sieur marquis de Créqui, on répond que cette condition doit toujours se rapporter au temps de l'ouverture de la substitution. En quelques termes que le testateur ait expliqué sa volonté, c'est en cet unique moment que l'on décide, pour toujours, de la capacité des substitués.

Or, dans quel temps la substitution a-t-elle été ouverte, si ce n'est dans le temps de la mort de l'héritier institué chargé de restitution? C'étoit alors que les enfans du sieur marquis de Créqui auroient pu demander la préférence, et l'obtenir sur le sieur de Lesberon; mais ils ne peuvent la demander puisqu'ils n'existent pas.

Si quelques docteurs, moins attachés à la pureté des principes, ont cru que l'équité pouvoit admettre quelquefois des enfans nés et conçus après l'échéance de la condition, ils n'ont jamais osé le dire, que lorsqu'il étoit question d'admettre les descendans du testateur.

Telle est l'espèce de l'arrêt d'Oppède, espèce si éloignée de celle de cette cause, qu'il est surprenant qu'on en ait osé faire l'application.

Quatrième proposition. La jouissance n'a jamais pu être donnée à Madame la maréchale de Créqui; il falloit la donner au sieur de Lesberon.

La sentence est contraire à toutes les règles. Y en eût-il jamais une plus inviolable que celle qui décide que la succession *ab intestat* ne peut jamais avoir lieu, tant qu'on espère un héritier testamentaire ?

Ici on renverse l'ordre des successions ; on admet l'héritier légitime de l'institué, dans le temps qu'il y a un substitué appelé par le testateur.

Et qui est-ce qu'on met en possession des biens substitués ? Madame la maréchale de Créqui. Quelque grande que soit sa faveur dans la succession légitime de son fils, elle doit néanmoins souffrir qu'on la regarde comme étrangère, par rapport au testament du sieur comte du Passage.

Il est inutile de dire que l'héritier doit jouir, jusqu'à ce que la condition soit existante.

1.º Elle est arrivée : *Idem est liberos non habere, aut non succedentes extare.*

2.º Quand elle ne seroit point arrivée, tout ce que l'on pourroit dire, est que le sieur de Lesberon ne posséderoit les biens que révocablement. Mais *pendente conditione*, lui seul peut les posséder ; puisque des deux parties qui l'attaquent, l'une est absolument étrangère au testateur, et l'autre n'est nommée dans le testament, que par rapport à ses enfans.

DE L'AUTRE CÔTÉ, le sieur marquis de Créqui soutient deux propositions opposées à celle que le sieur comte de Lesberon avance contre lui.

La première, qu'il est appelé à la substitution par une présomption favorable de la volonté du testateur.

La seconde, que le sieur de Lesberon n'est pas encore en état d'aspirer à la qualité de substitué, parce que les enfans que le sieur marquis de Créqui peut avoir, forment un obstacle invincible à ses prétentions.

Le sieur marquis de Créqui est appelé ; c'est la première proposition, non pas, à la vérité, expressément, mais tacitement, mais certainement, mais efficacement. Trois conjectures également puissantes établissent cette vocation.

1.º Le sieur de Lesberon n'est appelé qu'après le sieur marquis de Créqui, qu'en cas que le sieur marquis de Créqui meure sans enfans. Or, celui qui précède un substitué, qui retarde sa vocation, qui fait obstacle à son admission, est certainement substitué. Donc on ne peut contester cette qualité au sieur marquis de Créqui.

2.º La dernière clause contient ces termes décisifs, *et en cas que*, etc. *je leur substitue*. Vocation expresse. Jamais on ne peut supposer une substitution, s'il n'y a une institution. On s'efforce en vain de changer le sens naturel de ces termes. Explication suspecte; interprétation équivoque.

3.º L'intention du testateur suffiroit seule pour induire une présomption de fidéicommis. Ici l'on voit une intention claire d'appeler tous les descendans de la maison de Créqui, avant le sieur de Lesberon.

Le sieur de Lesberon n'est point encore appelé. Pourquoi cela? Parce que les enfans que le sieur marquis de Créqui peut espérer jusqu'au jour de son décès, l'exclueront certainement.

Vaine subtilité de dire que ces enfans seront incapables.

Il faut distinguer deux espèces très-différentes.

Lorsque le testateur a dit qu'il appelle les substitués, en cas que celui dont il s'agit n'ait point d'enfans, alors s'il n'en a point dans le temps de l'ouverture de la substitution, il est difficile d'admettre ceux qui naissent dans la suite. C'est l'espèce des arrêts qu'on a cités.

Mais lorsque le testateur a dit qu'il appelle les enfans d'un de ses parens, et qu'en cas qu'il meure sans enfans, il substitue une autre personne, alors il faut attendre nécessairemeut le temps de sa mort.

Il n'y a aucun arrêt contraire à cette distinction.

Enfin Madame la maréchale de Créqui déclare d'abord, qu'elle ne s'oppose point aux prétentions du sieur marquis de Créqui son fils; elle consent qu'il soit maintenu dans la possession des biens, comme lui de son côté consent que la sentence soit exécutée par rapport à elle, et que ces biens demeurent entre ses mains.

Mais, pour réunir toutes leurs forces contre l'ennemi commun, elle a établi deux propositions qu'elle prétend également solides et indubitables.

L'une, que la condition sous laquelle le sieur de Lesberon est appelé, n'est pas encore arrivée; et cela par deux raisons.

La première, que les termes seuls du testament décident la question. Une double condition imposée, c'est une double loi à laquelle il faut obéir. Il faut, pour qu'elle soit accomplie, deux événemens; la mort, et la mort sans enfans.

La seconde, que la volonté est encore plus claire. Tant qu'on espérera des héritiers de la maison de Créqui, le testateur ne veut pas que ses biens passent à une autre maison.

L'autre proposition, soutenue par Madame la maréchale de Créqui, c'est qu'en attendant l'évènement de la condition, l'héritier légitime de l'institué doit jouir.

On vous a dit que cette proposition ne pouvoit souffrir aucune difficulté, soit parce que le sieur de Lesberon, jusqu'à la condition arrivée, n'a aucun droit sur les fruits, soit parce que, *si conditio deficiat*, il peut perdre le fonds; soit, enfin, parce que l'arrêt d'Oppede décide précisément les deux questions.

Telles sont toutes les raisons des parties; tel est l'état et la difficulté de la question, que nous avons à examiner : question que Papinien auroit proposée et décidée dans un petit nombre de lignes, qui feroit à peine la matière de ce que l'on appelle un paragraphe dans les écrits des jurisconsultes, que nous souhaiterions nous-mêmes de pouvoir renfermer dans des bornes aussi étroites, mais que nous sommes obligés d'expliquer avec plus d'étendue, pour traiter toutes les questions incidentes que l'on a fait naître dans cette cause.

Réduisons d'abord toutes ces questions à deux points principaux, qui comprennent toute la difficulté de cette contestation.

Il y a une substitution ; c'est un premier fait dont on ne sauroit douter. Le sieur de Lesberon est appelé à cette substitution par les termes du testament, par la volonté expresse du testateur ; c'est une seconde vérité dont toutes les parties conviennent également.

Mais cette substitution est conditionnelle ; la condition est-elle arrivée ? C'est la première question.

Mais, supposé que la condition soit encore en suspens, qu'elle ne soit pas existante à la vérité, mais aussi qu'elle ne soit pas impossible, à qui doit-on confier la garde, la jouissance, la possession des biens, en attendant cet événement incertain, qui décidera pour toujours de l'ouverture de la substitution ? Sera-ce au sieur de Lesberon, comme appelé expressément par le testateur ? Sera-ce au sieur marquis de Créqui, comme appelé tacitement par la volonté présumée du testateur, dans le cas même dont il s'agit, c'est-à-dire, dans le temps où l'on peut espérer des héritiers du nom et de la maison de Créqui ? Sera-ce, enfin, à Madame la maréchale de Créqui, comme représentant le sieur de Blanchefort, son fils, que vous adjugerez l'usufruit des biens substitués, pour ne rien préjuger entre les deux parties, et pour laisser la volonté du testateur, toujours également suspendue entre les enfans du sieur marquis de Créqui, d'un côté, et le sieur comte de Lesberon de l'autre ?

Voilà, MESSIEURS, quelle est la seconde, et nous pouvons dire, dès à présent, la moins difficile partie de cette grande cause.

Attachons-nous donc principalement à la première. Tâchons de pénétrer dans le fond des principes du droit, dans l'intérieur et dans le secret de la volonté du testateur. Cherchons dans l'un ce qu'il a pu vouloir, et dans l'autre ce qu'il a voulu.

Maïs, avant que d'entrer dans cet examen, supposons ici quelques principes généraux, qui doivent servir de fondement à toutes les réflexions que nous vous proposerons dans la suite.

Les uns regardent le pouvoir du testateur ; les autres regardent la capacité de ceux qu'il envisage d'un regard favorable, et qu'il destine à être un jour les possesseurs de ses biens.

Le premier, et le plus grand de tous les principes qui regardent le pouvoir du testateur, est que la loi lui permet tout ce qu'elle ne lui défend pas expressément. Elle se démet, pour ainsi dire, de son autorité entre ses mains ; elle lui accorde une espèce de consolation de sa mortalité, en lui permettant de vivre, après sa mort, dans la personne de ses héritiers ; elle domine sur les vivans, mais elle respecte la volonté des morts. Dans toutes les autres actions de la vie, l'homme paroît absolument soumis à la disposition de la loi ; à la mort, il semble, au contraire, que la loi se soumette à la disposition de l'homme. De là ces expressions magnifiques de la loi des douze tables : *Uti quisque pater familias legassit, ita jus esto.* De là ces termes non moins énergiques de Justinien (1) : *Disponat unusque super suis..... et sit lex ejus voluntas.*

Qu'on ne soit point surpris de nous entendre appliquer ici ces textes du droit écrit, qui ne conviennent pas toujours au pouvoir borné que nos coutumes donnent au testateur. Il s'agit, dans cette cause, d'un testateur qui vivoit sous l'autorité des lois romaines ; il s'agit d'un testament fait en pays de droit écrit, revêtu de toutes les formes les plus solennelles que les législateurs romains ont établies pour les testamens. C'est uniquement par les idées et par les maximes de cette jurisprudence que l'on doit décider cette cause.

Reprenons donc la suite de nos principes.

Le testateur peut tout, il commande en maître,

(1) Novel. XXII, cap. 2.

il parle en législateur; mais, quelque grand que soit
ce pouvoir, il n'éclate jamais davantage que dans
les conditions qu'il plaît aux mourans d'ajouter à
leurs dernières dispositions. Telle est la décision de
cette loi commune (1), si souvent citée dans votre
audience : *In conditionibus primum locum voluntas
defuncti obtinet, eaque regit conditiones.* Comme
ces conditions ne peuvent jamais être l'ouvrage de
la loi, elles sont toujours l'unique production de
l'esprit, de la volonté, de l'intention du testateur.
C'est de lui qu'elles tiennent tout leur être; c'est de
lui qu'elles doivent recevoir leur forme et leur manière d'être; c'est par leur secours qu'il se prépare,
de loin, une longue suite d'héritiers; c'est par elles
qu'il prévoit tous les changemens que le caprice du
sort, que l'incertitude des événemens peuvent apporter dans l'ordre de la succession; c'est par elles
qu'il choisit ce qui existe et ce qui n'existe pas encore, et qu'il va chercher des héritiers jusques dans
l'avenir le plus reculé, et dans la postérité la plus
éloignée.

En effet (et c'est le second principe que nous
devons établir ici, comme une suite et une conséquence naturelle du premier), quoique régulièrement
les successions ne doivent pas demeurer en suspens,
quoique dans celles qui se défèrent par la loi, il ne
puisse jamais y avoir de vide ni d'intervalle, quoique, suivant l'expression ingénieuse d'un des plus
grands poètes latins, les héritiers se succèdent les
uns aux autres, sans laisser entr'eux aucun intervalle, comme des flots qui se poussent continuellement l'un l'autre sur le rivage, *Heresque heredem alteriûs, velut unda supervenit undam* (2);
cependant il est certain que le testateur peut fixer,
quand il lui plaît, ce cours si rapide des successions; il peut arrêter, il peut suspendre, pour un

(1) Loi 19. ff. *de conditionibus et demonstrationibus.*

(2) *Horat. Epist. lib. II. Epist. 2.*

temps, l'exécution de ses dernières volontés; et, soit qu'il veuille que ses biens ne passent à ceux qui doivent les posséder, qu'après un jour certain : soit qu'il rende ce terme douteux, en ajoutant une condition incertaine, sa dernière disposition est toujours regardée comme absolument inviolable.

Retranchons donc, dès l'entrée de cette cause, toutes ces maximes vagues et générales, que les successions doivent enfin acquérir un degré de certitude et de consistance, un état fixe et invariable, après lequel elles sont acquises irrévocablement; que la propriété des biens ne doit pas être éternellement en suspens; qu'il est contre l'ordre et l'utilité publique, que, pour nous servir des expressions des docteurs, le domaine soit toujours en l'air, toujours incertain, toujours révocable. Tous ces principes sont incontestables; mais l'exception qu'il faut y joindre ne l'est pas moins, *si ce n'est que le testateur en ait autrement ordonné;* car, encore une fois, c'est le propre effet de la condition, que de tenir les biens en suspens. Elle regarde le temps à venir, comme dit la loi (1), beaucoup plus que le passé.

Il faudroit transcrire ici le titre entier *De conditionibus et demonstrationibus,* ou, pour mieux dire, presque tous les titres qui traitent des dispositions testamentaires, pour prouver cette vérité, qui ne peut jamais être révoquée en doute, que le testateur peut retarder, autant qu'il lui plaît, l'effet de sa libéralité, et la faire dépendre d'un événement incertain qui n'arrivera peut-être jamais.

Supposons ensuite deux autres principes, par rapport à la capacité des héritiers, non moins constans que ceux que nous venons de vous proposer par rapport au pouvoir du testateur.

Deux sortes de successions; la succession légitime, et la succession testamentaire.

_____

(1) *Tunc potestatem conditionis obtinet, quùm in futurum confertur.* L. 39. ff. *de Rebus creditis.* Cette loi est tirée de Papinien, lib. I. *Definitionum.*

Pour recueillir l'une et l'autre, il faut être capable; mais dans quel temps doit-on trouver cette capacité? C'est ce qui forme le sujet des deux principes différens que nous devons expliquer en cet endroit, l'un, par rapport aux héritiers du sang, l'autre, par rapport aux héritiers testamentaires.

Quel est le temps dans lequel on envisage la capacité de l'héritier *ab intestat?* C'est, sans aucune exception, le moment de la mort; c'est le seul instant que la loi connoisse. C'est dans ce point fatal que, suivant l'expression de nos coutumes, *le mort saisit le vif,* que, selon la doctrine des lois romaines (1), *Possessio defuncti quasi juncta descendit ad heredem.* L'ordre des successions légitimes ne souffre aucune interruption; celui qui n'est pas capable dans le premier moment de la succession ouverte, ne peut jamais le devenir dans le second. La rapidité avec laquelle la loi défère les biens au plus proche héritier, est si grande, que celui qui n'a pas pu la fixer d'abord, est regardé, par rapport à cette succession, comme un étranger, ou plutôt comme s'il n'étoit pas; et le droit ne distingue point, en cette matière, celui qui est venu au monde trop tard d'un moment, de celui qui n'a jamais existé.

Telle est la rigoureuse, mais la juste et immuable disposition du droit. Telle est la jurisprudence invariables des arrêts (2), par lesquels vous avez toujours décidé que les petits-enfans, qui n'étoient ni nés, ni conçus dans le temps de la mort de leur aïeul, étoient perpétuellement incapables d'aspirer, de leur chef, à la qualité de ses héritiers légitimes, parce qu'ils ne pouvoient même porter à juste titre, et dans l'étroite signification des mots, le nom de ses

(1) Loi 30. ff. *Ex quibus causis majores in integ. restit.*

(2) Il y en a deux rendus sur les conclusions du même magistrat, l'un du 11 mars 1692, l'autre du 1.er avril 1697. *Voyez* le quatorzième plaidoyer, où cette question est traitée à fond, tome II, page 117 et suivantes.

parens, *Nullo jure cognationis*, dit Justinien (1), en parlant d'un petit-fils conçu après la mort de son aïeul, *Nullo jure cognationis patrem sui patris attigit.*

Mais cette règle n'est pas aussi sévère à l'égard des successions testamentaires. Toutes les lois, tous les docteurs, tous les arrêts, admettent également la distinction que nous allons vous expliquer.

Ou la disposition du testateur est pure et simple, ou elle est conditionnelle. Si elle est pure et simple, soit qu'il s'agisse d'une institution d'héritier, ou d'une substitution d'un legs, ou d'un fidéicommis, l'on suit, à la rigueur, la même règle que le droit a établie pour les successions légitimes. Il faut être capable dans le temps que la succession est déférée, c'est-à-dire, dans le temps même de la mort du testateur. C'est en vain que l'héritier, ou le légataire, auroit été capable pendant la vie de son bienfaiteur. Si quelque accident lui a ravi cette capacité dans le temps de sa mort, il sera perpétuellement exclus; disons encore que c'est inutilement qu'il acquiert, peu de temps après, cette capacité qui lui a manqué dans cet instant critique. Tout ce qui précède est inutile, tout ce qui suit est superflu; un seul moment décide, pour toujours, de son sort et de sa capacité.

Mais si la disposition testamentaire est conditionnelle, alors ce n'est plus dans le moment de la mort que l'on examine la capacité du légataire. L'équité du préteur ne la désire que dans le temps de l'échéance, de l'événement, de l'existence de la condition.

C'est ainsi qu'une infinité de lois s'en expliquent, et tout le titre du digeste *Quando dies legati vel fideicommissi cedat*, n'est qu'une répétition et une explication de cette maxime.

Si nous demandons aux jurisconsultes quelle en

_____

(1) Institut. *de Hereditatibus quæ ab intest. defer.* §. 8. loi 6. ff. *de injusto rupto testam.*

est la raison, ils nous répondent que le législateur ne doit désirer la capacité que dans le moment où elle peut être utile à l'héritier ou au légataire, c'est-à-dire, dans le temps que l'événement de la condition doit le mettre en possession du legs ou de l'hérédité. Jusque-là, comme il ne peut rien acquérir, il ne peut aussi rien perdre. Sa capacité, dans le temps que l'attente de la condition tient tous ses droits en suspens, lui seroit inutile ; il n'est pas juste que son incapacité lui nuise.

En un mot, le legs pur et simple est dû au légataire dès le jour de la mort, *dies cedit* ; il a une action ouverte, ou du moins un droit acquis pour le demander. C'est donc dans ce même jour qu'il doit être capable. Le legs conditionnel n'est dû au légataire que du jour de l'existence de la condition. Avant ce moment favorable, il ne peut encore le transmettre à ses héritiers ; il suffit donc que sa capacité soit certaine dans ce moment. C'est la doctrine de la loi 5. ff. *Quando dies leg. vel. fideicomm. cedat* (1).

Voilà, MESSIEURS, quels sont les principes généraux qui doivent nous servir de guides dans la décision de cette cause ; principes dont la simple exposition fait la preuve, et dont l'application est aussi facile que nécessaire au jugement de la première question que nous avons à examiner.

Ne craignons point de le répéter encore une fois. Quel est le doute important de cette grande affaire ? Nous l'avons déjà dit : il consiste uniquement à savoir si la condition sous laquelle le sieur comte de Lesberon a été substitué, est arrivée, ou si l'on doit conserver encore une espérance légitime de l'accomplissement de cette condition, capable d'arrêter le

_____

(1) Cette loi s'explique ainsi, §. 1 : *Si purum legatum est, ex die mortis dies ejus cedit.* §. 2. *Sed si sub conditione sit legatum relictum, non priùs dies legati cedit, quam conditio fuerit impleta, etc.*

cours de ses poursuites, et peut-être d'anéantir un jour la substitution à laquelle il se hâte de parvenir.

Lisons d'abord les termes mêmes de la clause, et tâchons ensuite d'en découvrir le véritable esprit (2).

C'est ainsi que le testateur s'est expliqué : mais quelle a été son intention ? A-t-il voulu admettre la partie de M.e Nouet, en cas que le sieur marquis de Créqui n'eût point d'enfans mâles, au jour du décès du sieur marquis de Blanchefort, ou, au contraire, n'a-t-il eu intention de l'appeler, que, supposé que le sieur marquis de Créqui ne laissât, en mourant, aucuns enfans mâles, capables de recueillir l'effet de la substitution ?

Expliquons-nous encore plus clairement. Est-ce le temps de la mort du sieur marquis de Blanchefort, ou celui du décès du sieur marquis de Créqui, qui est le moment fatal, le point décisif, le nœud, ou le dénouement de cette substitution ? C'est, MESSIEURS, ce que vous avez à décider.

Pour nous, dont le principal devoir est d'éclaircir une de ces questions que la subtilité des docteurs rend souvent plus obscures et plus difficiles que les termes mêmes du testament, nous tâcherons de parvenir à la véritable interprétation de cette clause par trois routes différentes.

Nous nous attacherons d'abord à la lettre et aux termes simples dont le testateur s'est servi pour déclarer ses intentions. Nous examinerons ensuite cette même clause par rapport aux principes de droit, aux sentimens des docteurs, à l'autorité des choses jugées. Et, enfin, revenant toujours au point capital et essentiel, nous terminerons l'examen de cette question par les différentes présomptions de la volonté du testateur, dont nous osons dire que la force et l'autorité doivent être encore plus grandes que celles

_____

(1) M. d'Aguesseau fit ici lecture de la clause du testament du sieur comte du Passage.

des lois mêmes, et du préjugé que l'on tire de vos arrêts.

Suivons donc le chemin que nous venons de nous tracer nous-mêmes; oublions, pour un moment, les maximes du droit, les subtilités des docteurs, le poids de vos arrêts; examinons le testament en lui-même, dans le seul tribunal de la raison, sans appeler à notre secours ni les lumières des jurisconsultes, ni les lueurs, souvent trompeuses, des interprètes.

Comment s'est expliqué le sieur du Passage? Ne peut-on pas dire d'abord que c'est faire injure à la clarté, à la simplicité, à la netteté de ses expressions, que de leur prêter le secours dangereux d'une interprétation étrangère qu'elles ne demandent pas?

Qu'est-ce donc que le testateur a voulu? Jugeons-en par ce qu'il a dit : *Et, en cas que mon héritier et ledit seigneur marquis de Créqui meurent sans enfans mâles*, etc., *je leur substitue M. de Lesberon*.

La volonté n'est-elle pas claire, certaine, évidente? Le sieur de Lesberon est appelé, mais il est appelé sous condition. Quelle est cette condition? Que le sieur de Blanchefort, que le sieur marquis de Créqui meurent sans enfans mâles.

La première de ces conditions est accomplie; la seconde ne l'est pas. Disons mieux : cette seconde condition en renferme deux autres, qui doivent toutes deux exister, avant que le sieur de Lesberon puisse avoir un droit certain sur la succession du sieur compte du Passage.

Il faut que le sieur marquis de Créqui meure. Ce n'est pas tout; il faut qu'il meure sans enfans mâles. Ces deux conditions, qui n'en font qu'une dans le texte et dans l'enchaînement des expressions du testateur, sont, en effet, absolument inséparables.

C'est peu de montrer que l'une de ces conditions est arrivée, il faut que toutes les deux soient accomplies pour autoriser la prétention du substitué.

Jusque-là, il semble que le testateur même lui opposera toujours que, l'ayant appelé sous deux conditions, il ne peut jamais être admis, tant qu'une seule de ces conditions lui manquera. Ces deux conditions marchent d'un pas égal. La mort du sieur marquis de Créqui ne sera qu'un vain titre pour la partie de M.ᵉ Nouet, s'il ne peut joindre à cette première circonstance le défaut d'enfans mâles; et, réciproquement, le défaut d'enfans mâles, qu'il objecte à sa partie, ne peut lui donner aucun droit, jusqu'à ce que la mort du sieur marquis de Créqui ait ajouté le dernier sceau à cette condition.

Il est vrai que la partie de M.ᵉ Dumont n'a point, à présent, d'enfans mâles; mais elle peut en avoir; mais elle est encore vivante; et, jusqu'à ce qu'elle soit morte, le sieur comte de Lesberon n'est point véritablement appelé. Telle est la loi qu'il a plu au testateur de lui prescrire. Il a pu donner toutes sortes de bornes et de restrictions à sa libéralité. Il a voulu que le seul concours de deux conditions différentes pût transmettre ses biens dans la maison de Lesberon. Il faut donc que l'une et l'autre se réunissent en sa faveur. Il n'y en a aucune de remplie jusqu'à ce qu'elles le soient toutes deux.

Telle est même la nature d'une de ces conditions, qu'elle a la force de suspendre, ou plutôt de perpétuer l'autre, et d'empêcher qu'il ne soit vrai de dire qu'elle est véritablement arrivée.

Quelles sont ces deux conditions? L'une que le sieur marquis de Créqui meure; l'autre, qu'il meure sans enfans mâles. Nous disons qu'en cet état, la première empêche que la seconde ne soit accomplie. Disons, avec le sieur de Lesberon, que la partie de M.ᵉ Dumont n'a point d'enfans mâles; mais pouvons-nous dire, et peut-il le dire lui-même, que le sieur marquis de Créqui est mort sans enfans mâles? Cependant il faudroit qu'il pût le dire, pour soutenir qu'il est appelé aux termes du testament. Concluons donc : non-seulement de deux conditions, il ne pourroit y en avoir qu'une tout au plus qui fût accomplie;

allons plus loin, et ajoutons qu'il n'est pas même
vrai qu'il y ait encore une seule des conditions qui
soit arrivée, puisque la première condition, qui est
la mort du sieur marquis de Créqui, doit suspendre
l'événement de la seconde, qui est sa mort sans
enfans mâles. Elle proroge, pour ainsi dire, elle
fait durer, elle perpétue cette seconde condition.
Tant qu'il sera vrai que le sieur marquis de Créqui
n'est pas mort, il sera pareillement vrai qu'il n'est
pas mort sans enfans mâles, et, par conséquent, que
ni l'une ni l'autre des conditions, sous lesquelles le
sieur de Lesberon est choisi par le testateur, ne sont
pas encore arrivées.

Voilà, MESSIEURS, quelles sont les simples, mais
solides réflexions que les plus pures lumières de la
raison naturelle semblent inspirer à tous les hommes,
sur la seule lecture de la clause qui est soumise à
votre interprétation.

Respecterons-nous cette première impression, qui
semble porter l'image et le caractère de la vérité,
ou nous défierons-nous, au contraire, de ces pensées
subites, qu'une légère inspection d'une affaire produit, et qu'une méditation plus profonde dissipe
souvent ?

Prenons un milieu entre ces deux extrémités ; ne
rejetons pas ce premier jugement ; regardons-le, au
contraire, comme un préjugé avantageux pour une
cause, dans laquelle le doute et l'obscurité ne commencent à naître qu'après une longue réflexion ; mais
aussi ne nous laissons point entraîner par cette première idée, tâchons de la creuser, de l'approfondir
encore davantage, en la comparant avec les plus
constantes maximes du droit. Nous reconnoîtrons
bientôt, par cet examen, si ce préjugé n'avoit qu'une
foible lueur et une fausse apparence, ou si l'on doit
le mettre, au contraire, au nombre de ces vérités qui
doivent faire une impression durable sur l'esprit,
parce qu'elles sont aussi solides que lumineuses.

Passons donc du testament considéré en lui-même,

au testament examiné dans la rigueur des principes du droit, et doutons encore un moment, pour dissiper tous nos doutes avec plus de lumière et de certitude.

Mettons la difficulté dans son véritable point de vue. Que vous a-t-on dit pour faire paroître la clause que nous examinons, non-seulement obscure et équivoque, mais favorable même aux prétentions du sieur de Lesberon ?

On est convenu que la condition imposée par le testateur, n'étoit point, à la vérité, littéralement accomplie ; que le sieur marquis de Créqui vivant encore, on ne pouvoit pas dire qu'il fût mort sans enfans ; mais qu'il n'étoit pas nouveau, dans l'interprétation des testamens, de suppléer un cas omis par le testateur, ou plutôt d'étendre sa disposition, du cas qu'il a exprimé, au cas semblable qui lui est échappé ; que le droit nous fournît une infinité d'exemples dans lesquels on s'est plus attaché à l'esprit qu'à la lettre du testament, on a fait plutôt ce que le testateur avoit voulu, que ce qu'il avoit écrit ; que c'est ainsi que dans l'espèce d'un legs fait à des enfans après la mort de leur père, on a jugé que l'émancipation des enfans, produisant le même effet que la mort du père, il falloit substituer cette condition à la place de celle que le testateur avoit marquée, avancer le temps de la prestation du legs, qui n'avoit été différée qu'en faveur des enfans mêmes, et leur donner, après l'émancipation, ce que le testateur ne leur avoit donné, en apparence, qu'après la mort de leur père.

Appliquant ces principes à l'espèce de cette cause, on vous a dit qu'à la vérité le sieur comte de Lesberon n'étoit appelé qu'en cas que le sieur marquis de Créqui mourût sans enfans mâles, mais que cette condition n'avoit point été ajoutée en faveur du sieur marquis de Créqui, puisqu'il n'étoit ni institué, ni substitué ; qu'elle n'avoit pu l'être qu'en faveur de ses enfans appelés nommément à la substitution. Or, il ne peut plus avoir d'enfans capables de la recueillir.

On doit donc le considérer, dès-à-présent, comme mort sans enfans ; or, cette condition est précisément la même que celle qui est écrite dans le testament. Qu'importe que le sieur de Créqui meure sans enfans, ou qu'il meure sans enfans capables d'être admis à la substitution ? Dans l'un et dans l'autre cas, la volonté évidente du testateur appelle également le sieur de Lesberon.

Sans nous arrêter ici à examiner scrupuleusement toutes ces propositions, attachons-nous à une seule, dont l'établissement suffit pour la décision de cette difficulté.

Est-il vrai que les enfans mâles qui pourroient naître, dans la suite, du sieur marquis de Créqui, seroient incapables de recueillir les biens du sieur comte du Passage ? Ou doit-on décider, au contraire, que tous ceux qui naîtront seront tous censés compris et renfermés dans l'esprit et dans les termes du testament ?

C'est cette question qui est, à proprement parler, le nœud de toute la difficulté ; c'est le point fixe sur lequel roule tout le système des conjectures du sieur comte de Lesberon.

S'il peut prouver que le sieur marquis de Créqui ne peut plus espérer désormais de voir passer les biens du testateur entre les mains de ses enfans ; s'il peut montrer que ces enfans, en quelque temps qu'ils viennent au monde, seront incapables de demander l'ouverture de la substitution, ce sera pour lors qu'on pourra appliquer, avec fondement, à l'espèce de cette cause, toutes les maximes qu'on vous a proposées touchant l'équipollence des cas et des conditions, si nous osons nous servir de ce terme barbare, mais consacré par l'usage de nos meilleurs auteurs.

Alors on aura raison de vous dire, que ce seroit en vain qu'on attendroit la naissance des enfans du sieur marquis de Créqui, puisque ces enfans naîtroient incapables. Le seul obstacle que l'on puisse légitimement opposer à la substitution faite en faveur du sieur de Lesberon, est l'espérance des enfans qui peuvent naître du sieur marquis de Créqui; mais cette espérance ne seroit plus qu'une espérance trompeuse et une vaine illusion, s'il étoit vrai que ces enfans eux-mêmes ne pourroient jamais être préférés au sieur comte de Lesberon. Le cas qui est arrivé seroit donc entièrement semblable à celui qui a été prévu par le testateur. Le sieur marquis de Créqui devroit être regardé comme étant mort sans enfans. Il ne pourroit même prétendre, pendant sa vie, à la jouissance des biens, parce qu'il ne peut jamais la demander que pour la rendre un jour à ses enfans; et ses enfans étant incapables, les biens passeroient directement et immédiatement de la personne du sieur marquis de Blanchefort en celle du sieur comte de Lesberon; et le milieu se trouvant inhabile, il s'évanouiroit, il disparoîtroit, pour ainsi dire, et les deux extrêmes se réuniroient.

Qu'avons-nous donc à examiner? Ce point important : la capacité, ou l'incapacité des enfans qui pourront naître à l'avenir du sieur marquis de Créqui.

Mais cette question se décide par une autre. La condition du fidéicommis est-elle arrivée?

Si elle est accomplie, nous l'avons déjà dit, et nous le répétons encore, les enfans qui pourront naître, naîtront incapables. La raison en est évidente. Nés et conçus après l'événement de la condition, il en est du fidéicommis conditionnel, lorsque la condition est arrivée, comme du fidéicommis pur et simple. De même que, dans le cas du fidéicommis pur et simple, il faut être capable au jour de la mort du testateur, ainsi, dans le fidéicommis conditionnel, il faut être capable dans le temps de l'échéance de la condition.

Si au contraire, la condition est encore *in pendenti*, tous les enfans mâles qui naîtront à l'avenir, auront une capacité certaine et approuvée par la loi.

Approfondissons cette question.

Mettons-en l'espèce, ou plutôt proposons deux

espèces générales, dans lesquelles elle peut avoir lieu.

Première espèce. Un testateur charge son héritier, en cas qu'il meure sans enfans, de rendre sa succession à un substitué. Dans quel temps ces enfans doivent-ils être capables pour faire cesser la condition du fidéicommis ou de la substitution ? Il est visible que ce doit être dans le temps de la mort de leur père. Il faut au moins qu'ils soient conçus en ce moment pour être capables de lui succéder. Il n'y a point d'équivoque ni d'ambiguité sur cette première décision, et il est évident qu'il ne peut jamais y en avoir, parce qu'il est impossible qu'il y ait des enfans de l'héritier chargé de restitution, qui soient conçus après sa mort.

Seconde espèce. Ce ne sont point les enfans de l'héritier institué qui peuvent seuls exclure celui qui est appelé à la substitution, ce sont encore ceux d'un autre qui n'a été ni institué, ni substitué nommément par le testateur.

Nous en trouvons l'exemple dans l'espèce de cette cause.

Le sieur marquis de Créqui n'est point institué héritier, ni appelé expressément à la substitution ; cependant ses enfans, au défaut de ceux du sieur marquis de Blanchefort, peuvent, par leur existence, exclure le substitué, c'est-à-dire, le sieur de Lesberon.

Dans quel temps faut-il qu'ils existent ? Est-ce dans le moment de la mort de l'héritier institué ? suffit-il que ce soit pendant tout le cours de la vie du sieur marquis de Créqui ? Voilà le point précis de la question.

Pour la décider, il faut distinguer ; et cette distinction pourroit donner lieu à de grandes dissertations, où nous verrions les docteurs, armés les uns contre les autres, se réunir enfin, et convenir tous dans l'établissement de certains principes.

13*

Retranchons ces recherches inutiles ; attachons-nous à l'essentiel.

Distinguons donc deux cas très-différens.

Le premier, lorsque le testateur n'a rien dit qui pût déterminer le temps dans lequel les enfans devoient exister pour exclure le substitué.

Le second, lorsqu'au contraire il a déterminé ce temps, ou précisément, ou par des indices et des présomptions de volonté.

Examinons séparément ces deux cas.

Premier cas, lorsque le testateur n'a rien dit qui pût déterminer le temps dans lequel les enfans devoient exister, pour exclure le substitué.

Supposons que, dans l'espèce de cette cause, le testateur ait dit simplement, *Et en cas que ledit sieur marquis de Créqui n'ait point d'enfans mâles, j'appelle* le sieur de Lesberon ; ou bien qu'il se soit exprimé en ces termes : *Et au défaut d'enfans mâles du sieur de Créqui,* etc.

Comment déterminera-t-on ce temps, cette heure, ce moment que le testateur a laissé indéfinis ?

Dira-t-on qu'il est présumé avoir voulu suivre la disposition du droit commun, et que son intention a été de rapporter ce moment si important au jour de la mort de l'héritier institué ? Il auroit pu déroger à cette règle générale, s'il avoit voulu, mais il auroit dû le faire expressément. Ne l'ayant point fait, dans le doute, on doit supposer qu'il s'est soumis à la loi ; et la loi, qui défère toujours les successions telles qu'elles sont à l'instant de la mort, n'admettra point des enfans qui n'existoient pas encore en ce moment.

Soutiendra-t-on, au contraire, que, n'ayant point marqué de temps fixe et limité, il faut étendre la condition autant qu'il sera possible de le faire, de peur de changer, d'altérer, d'affoiblir la volonté du testateur en la renfermant dans des bornes trop étroites ?

Cette question a partagé, il y a long-temps, les suffrages et les décisions des plus fameux docteurs.

Une espèce presque semblable à celle que nous venons de vous proposer, se présenta en Italie dans le quinzième siècle. Deux des plus grands jurisconsultes ultramontains furent consultés. Louis Dupont, connu parmi les interprètes du droit, sous le nom de *Ludovicus Romanus* (1), docteur célèbre, qui assista au concile de Basle avec le cardinal de Palerme, qui l'y avoit mené, répondit en faveur d'une des parties. Nous avons encore son conseil, dans lequel il estime que le temps de la naissance des enfans n'étant point déterminé par le testateur, on devoit, par une interprétation favorable, admettre tous ceux qui pourroient naître à l'avenir.

Paul de Castre (2) au contraire, consulté dans le même temps par l'autre partie, décide, dans un de ses conseils, qu'il n'y a que les enfans nés et conçus dans le temps de la mort de l'héritier institué, qui puissent interrompre le cours de la substitution ; que tous ceux qui peuvent naître dans la suite, sont absolument incapables ; qu'ils viennent demander trop tard à recueillir une succession qui a déjà passé entre les mains du substitué, et qu'il est vrai de dire, qu'à leur égard, *dies dicti relicti inutiliter cessit*.

Les docteurs ultramontains se sont ensuite partagés en deux classes. Les uns ont suivi l'opinion de *Ludovicus Romanus*. Les autres ont pris Paul de Castre pour guide.

Sans nous arrêter à faire ici une ennuyeuse liste des auteurs qui se sont attachés à l'un ou à l'autre parti, tâchons plutôt de concilier ces deux opinions opposées, par une distinction dont les deux chefs de parti conviennent également.

Disons donc que ce qui a partagé ces auteurs, n'est point, comme plusieurs de ceux qui les ont suivis l'ont écrit, la différence et l'opposition des principes; c'est uniquement dans les circonstances particulières

(1) *Lud. Romanus, consil.* 134.

(2) *Paul. de Castro., Consil.* 2. *Part. Consil.* 16, *n.* 5.

du fait qu'il faut chercher la raison de la diversité de leurs sentimens.

Sur quel fondement Paul de Castre se déterminat-il ? Principalement sur ce que le testateur avoit ajouté une expression singulière, par laquelle il limitoit le temps de la capacité des enfans.

Il s'étoit expliqué en cette manière : *Si mon fils meurt sans enfans, alors je lègue une partie de mon bien aux enfans mâles de mes filles ; et si mes filles n'ont point d'enfans mâles, je substitue les enfans de mon frère.* Le fils étoit mort sans enfans, et les filles n'en avoient pas au temps de sa mort.

Telle étoit l'espèce sur laquelle Paul de Castre étoit consulté. Il crut découvrir clairement l'intention du testateur dans les expressions mêmes dont il s'étoit servi. Il observe que le terme *alors, tunc,* qui se trouvoit dans le testament, *refertur ad tempus mortis filii ;* que ce terme, placé entre les deux parties de la clause, lie et joint ensemble les deux événemens marqués par le testateur, c'est-à-dire, la mort de son fils et le défaut d'enfans mâles de ses filles. *Si mon fils meurt sans enfans mâles, alors j'appelle les enfans mâles de mes filles ;* ces deux momens n'en composent qu'un, dans l'intention du testateur : si mon fils meurt, *alors.* Donc le temps de la mort du fils est le moment critique et le point décisif.

Et, il est si certain que cette raison est le fondement de la décision de Paul de Castre, que, dans le même conseil, il assure qu'il en seroit autrement, si le testateur n'avoit pas rapporté sa disposition à un temps certain ; *Secùs, si ad certum tempus se non retulisset.* Il convient qu'il faudroit attendre qu'il n'y eût plus d'espérance que les filles du testateur eussent des enfans, s'il s'étoit servi, à l'égard des enfans de ses filles, de paroles conditionnelles, ou d'une expression qui ne fût point limitée : *Puta si verba prolata essent conditionaliter et per verba praeteriti temporis, ut si talis liberos non habuerit. Nam ista conditio non verificatur, nisi quùm defecerit spes habendi liberos.*

Quel est donc le principe dans lequel tous les docteurs, même ceux qui paroissent plus favorables à la prétention du sieur de Lesberon, conviennent également ? Le voici, MESSIEURS, tel qu'il résulte des propres termes de Paul de Castre :

« Lorsque le testateur n'a point marqué précisément sa volonté sur le temps de la naissance des enfans ; lorsqu'il a laissé ce temps dans toute l'étendue de la possibilité naturelle, si nous pouvons nous expliquer ainsi, alors on ne peut jamais dire que la condition soit arrivée, c'est-à-dire, qu'il y ait un véritable défaut d'enfans, capable de faire admettre le substitué appelé sous cette condition, tant que l'on peut encore espérer des enfans : *Conditio non verificatur, nisi quùm defecerit spes habendi liberos* ». Ce sont les termes de Paul de Castre, termes qu'il a puisés dans les plus pures sources de la jurisprudence, c'est-à-dire, dans les lois mêmes. *Cùm certùm sit liberos nasci non posse, nisi spes nuptiarum deficiat* (1). *Si immutabiliter verum fuit te in Capitolium non ascendisse, non statim committetur stipulatio, quamvis Capitolium ascendere, vel Alexandriam pervenire potueris, sed quùm certum esse cœperit te Capitolium ascendere vel Alexandriam ire non posse* (2).

L'impossibilité seule de l'existence des enfans peut donner quelque couleur aux prétentions du substitué. Tel est le principe expliqué par le plus sûr et le plus fameux docteur d'Italie, dont les sentimens ont presque toujours été regardés comme des oracles dans la matière des substitutions ; nous voulons parler de *Peregrinus.*

Il en ajoute une raison que nous expliquerons bientôt avec plus d'étendue : *Quia ex dispositis*

(1) Loi 99. §. 1. ff. *de Verb. oblig.*

(2) Loi 115. §. 1. ff. *de Verb. oblig.*

constat sic disposuisse testatorem, si interrogatus fuisset.

Telle est, MESSIEURS, la première et la plus simpl^e de toutes les distinctions par lesquelles on peut concilier sur ce point les sentimens des docteurs.

Et si nous nous attachons à cette solution, quelle difficulté peut-il rester dans cette cause?

Le testateur a-t-il limité, ou expressément, ou tacitement, le temps de la naissance des enfans?

A-t-il dit seulement, comme le testateur dont parle Paul de Castre, *Si mon héritier meurt sans enfans mâles, alors j'appelle le sieur de Lesberon?*

Au contraire, il étend, il diffère, il suspend la condition, en la faisant dépendre d'un nouvel événement, c'est-à-dire, de la mort du sieur marquis de Créqui, sans enfans mâles.

Nous sommes donc ici au moins dans le cas de la maxime générale, lorsque le testateur n'a point renfermé dans des bornes étroites le temps de la naissance des enfans, et alors le substitué n'est admis que quand *immutabiliter verum est*, qu'il ne pourra point naître d'enfans.

On peut ajouter, pour confirmer cette opinion, le sentiment de Guy-Pape. Il suppose cette espèce : *Si testator substituat filio suo heredi, liberos masculos quos filia sua haberet tempore mortis dicti heredis* (1). Il décide que, dans ce cas, on ne doit pas admettre les enfans qui naîtroient après la mort de l'héritier; mais il ajoute : *Sed si simpliciter locutus fuisset testator de liberis masculis, tunc isto casu hujusmodi decisio non procederet, quia tales liberi, quandocumque nati vel concepti forent, ipsi ex voluntate testatoris essent invitati ad successionem.*

Ferrerius dit la même chose dans ses observations sur cette décision de Guy-Pape. L'un et l'autre vous ont été cités par la partie de Me Nouet.

Mais, outre cette première distinction, qui suffiroit

_____

(1) *Decis.* 612.

seule pour décider cette cause, les auteurs qui nous
ont rapporté les arrêts du parlement de Toulouse,
nous en indiquent encore un autre, confirmé par
l'autorité de ce parlement.

Et quels sont ces auteurs ? Ce sont des auteurs
d'une grande réputation et d'un grand poids; M. Duranti, premier président au parlement de Toulouse,
dans sa question 36; M. Mainard, qui n'a fait que le
traduire et le suivre, mot pour mot, dans le chap. 51
du neuvième livre de ses arrêts; *Ferrerius*, sur cette
question de M. Duranti, aussi bien que dans ses
observations sur la décision de Guy-Pape, dont nous
venons de vous parler.

Il faut distinguer, disent tous ces auteurs, lorsque
le temps de l'existence des enfans qui peuvent exclure le substitué, n'est point désigné expressément,
ou tacitement, par le testateur. En ce cas, ou il y a
lieu de présumer que les enfans précédoient le substitué dans l'ordre de la parenté, de l'institution, de
l'affection; ou, au contraire, il paroît que les enfans
et le substitué tenoient le même rang dans la volonté,
dans le cœur, dans la famille du testateur.

Si le substitué paroît avoir été autant aimé que
les enfans, alors on peut l'admettre sans attendre,
pendant un temps incertain, la naissance des enfans;
parce que, dans l'égalité de proximité, ou d'affection,
on doit présumer que le testateur auroit préféré les
vivans à ceux qui ne sont pas encore nés.

C'est ainsi que M. Duranti s'en explique. Après
avoir rapporté le sentiment de *Romanus*, et les raisons
qu'on pourroit y opposer. *Ego*, dit ce magistrat célèbre, *distinguendum puto, an illi qui substituuntur
post filiæ masculos, extranei sint, vel proximiores,
vel æquè dilecti ac ipsi filii masculi. Priore casu,
æquitas suadet substitutionem suspendi, et masculi
filiæ quandocumque nascantur, vocati sunt. Poste-
riore casu, puto masculos excludi, nisi sunt nati tùm
quùm filius testatoris moritur, quia qualitas adjecta
verbo, secundùm tempus verbi intelligitur; deindè*

paris affectionis causa suadet à communis juris re-
gulis non discedere.

C'est suivant cette distinction que le parlement de
Toulouse a rendu un arrêt rapporté par M. Mainard
et par *Ferrerius.*

Appliquons ici cette maxime, ou plutôt cette distinction.

Les enfans du sieur marquis de Créqui sont appelés. Mais quels enfans ? Dans quel temps doivent-ils
être nés ?

Distinguons avec le parlement de Toulouse. Ou
ces enfans sont plus proches, ou plus éloignés que
le substitué.

Disons mieux : il est vrai que le substitué, que le
sieur de Lesberon est plus proche dans l'ordre de la
parenté, mais ce n'est pas de quoi il s'agit en matière
de testament.

De quelle proximité s'agit-il en cette matière ? De
celle de l'affection. Aussi les auteurs du parlement
de Toulouse ne s'arrêtent pas à la qualité de plus
proches. Ils vont plus loin, et ils cherchent les fondemens de leur décision dans l'amitié, dans l'affection, dans la prédilection du testateur, *œquè dilecti.*
Toute la force de la distinction qu'ils proposent, est
renfermée dans ces deux mots.

Si les enfans ont été envisagés plus favorablement
par le testateur que le substitué, alors il faut les
attendre, de peur de préférer celui qui étoit moins
cher au testateur.

Si, au contraire, les enfans paroissent avoir tenu un
moindre rang, ou même s'ils n'ont tenu qu'un rang
égal dans la bienveillance du testateur, il faut admettre le substitué sur-le-champ, et sans attendre
la naissance des enfans.

Or, ici ce degré d'affection peut-il être douteux ?
Il n'y a que ceux qui n'ont jamais lu le testament
du sieur comte du Passage, qui puissent douter si
les enfans du sieur marquis de Créqui ont précédé
le sieur comte de Lesberon dans l'ordre de l'affection
du testateur.

Deux caractères les distinguent.

1.º Ils sont appelés expressément avant lui, institués, substitués avant lui.

2.º Il n'est invité à recueillir le fidéicommis qu'à leur défaut. Donc ils ne sont pas seulement *æquè dilecti*, ils sont *magis dilecti*. Donc, par la volonté présumée du testateur, il faut les attendre, pour ne pas remettre son hérédité à ceux qu'il a moins aimés.

Mais si, dans cette première espèce, bien moins favorable que celle de cette cause; si, dans le cas où le testateur n'a rien dit qui puisse déterminer le temps dans lequel les enfans qu'il appelle devoient naître pour exclure le substitué, il faudroit néanmoins admettre ceux qui naîtroient, en quelque temps que ce soit, par les principes établis sur le suffrage unanime des docteurs, sur l'autorité constante des choses jugées; que sera-ce, si nous passons à la seconde espèce, si nous examinons le second cas que nous avons proposé d'abord, c'est-à-dire, celui où le testateur a déterminé le temps dans lequel il faudroit juger de la capacité des enfans appelés à la substitution?

Ce sont là le véritable cas, l'espèce naturelle de cette cause.

Loin que le testateur ait laissé dans le doute et dans l'incertitude; loin qu'il ait soumis au combat des présomptions, au conflit des conjectures, la décision du moment où les enfans du sieur marquis de Créqui devroient naître pour être capables, il l'a marqué d'une manière si précise, qu'il paroît beaucoup plus difficile de douter dans cette cause, que de la décider.

Reprenons les expressions du testament.

En cas que le sieur marquis de Créqui meure sans enfans mâles.

Dans quel temps faudra-t-il donc examiner s'il a des enfans mâles? C'est dans le temps de sa mort. Ces deux instans sont joints; la mort du père, l'existence des enfans. Ne séparons point ce que le testateur a uni.

Donc nous ne sommes point ici dans la thèse générale, où l'on examine en quel temps des enfans nommés par un testateur doivent être capables de recueillir le fruit de sa libéralité.

Alors, ce temps étant incertain, il y a lieu aux conjectures pour connoître sa volonté.

Ici, le temps est fixé et déterminé.

En un mot, il faut distinguer, comme on vous l'a dit, entre ces deux expressions :

En cas *qu'il n'y ait point d'enfans mâles* du marquis de Créqui.

En cas que le marquis de Créqui *meure sans enfans mâles.*

La première, équivoque, générale, indéterminée, doit être fixée *ex præsumptâ mente testatoris.* On peut dire même que, dans le doute, elle doit se rapporter au temps de la mort de l'héritier institué.

La seconde, fixe, certaine, déterminée au temps de la mort de celui dont les enfans sont appelés, n'a pas besoin du secours des conjectures, et ne peut être affoiblie par aucune explication.

L'arrêt d'Oppède reçoit ici une juste application. Voici quelle en étoit l'espèce.

M. le P. d'Oppède avoit deux filles; la dame de Porières, la dame de Pérussis. Il institue ses deux filles *ex re certâ;* il institue l'aîné mâle qu'il aura au jour de son décès; à son défaut, il appelle l'aîné mâle de sa fille aînée; et, en cas qu'elle décède sans enfans, l'aîné mâle de la seconde fille est substitué.

Il meurt sans laisser d'enfans mâles. Sa fille aînée n'en avoit pas non plus. Claude de Perussis, fils aîné de la cadette, prétend que la substitution est ouverte en sa faveur. L'aînée replique qu'il faut attendre sa mort. L'arrêt le juge ainsi; et, en attendant, donne la jouissance des biens aux deux filles comme héritières du sang.

Donc on juge que la clause, *si la fille aînée meurt sans enfans,* renferme une condition qui suspend l'ouverture de la substitution jusqu'à sa mort, ou jusqu'à ce qu'il n'y ait plus d'espérance de la naissance des enfans.

Que dit-on contre le préjugé de cet arrêt ?

On vous a dit, 1.° qu'il s'agissoit des filles mêmes du testateur, héritières naturelles, légitimes, favorables ; mais cela est bon pour la jouissance, et non pour suspendre la substitution jusqu'à la naissance des enfans.

Il est toujours vrai de dire qu'il a été jugé, par cet arrêt, que les enfans, *quandocumque nascituri*, doivent succéder aux biens substitués en vertu de la clause du testament, et par la force de cette clause.

2.° Que ces filles étoient instituées *ex re certâ*, et qu'un héritier *ex re certâ* recueille l'hérédité entière, et devient *heres ex asse* lorsqu'il n'a point de concurrent.

Mais on oublie qu'il y avoit un autre héritier appelé sous condition, qui devoit être héritier *ex asse*, et qui, en concourant, exclnoit ou devoit exclure du reste de l'hérédité, les héritières *ex re certâ*.

Il n'y avoit donc rien, dans cette espèce, qui la distinguât de celle dont il s'agit, si ce n'est la différence de la directe et de la collatérale ; mais, dans les testamens, c'est l'ordre de l'affection qui décide, et non celui de la parenté.

Reprenons l'enchaînement et l'ordre de nos propositions.

Toute la difficulté de la cause se réduit à savoir si les enfans qui peuvent naître du marquis de Créqui, seront capables de recueillir l'effet de la substitution.

Cette difficulté peut s'examiner dans deux cas.

1.° Quand le testateur n'a point déterminé le temps.

Première distinction dans ce cas. Ou les conjectures de sa volonté le fixent au jour du décès du premier héritier, et alors il faut lui obéir, et ne pas admettre ceux qui seroient nés depuis ce moment ;

ou il n'y a point de semblables conjectures : il a laissé
le temps indéfini, *ad certum tempus se non retulit*,
et alors la condition reste en suspens, tant qu'il est
possible qu'il naisse des enfans.

Seconde distinction. Ou ces enfans ont été moins
aimés ou également chéris que le substitué, et il doit
leur être préféré, parce que, dans l'égalité même, la
balance doit pencher pour ce qui est le plus conforme aux règles du droit commun ; ou ces enfans
ont été plus chéris du testateur, ont eu le premier
rang dans son affection ; alors il faut attendre leur
naissance.

Application toute entière de l'une et de l'autre
distinction à cette cause.

Qu'oppose-t-on ? Trois grandes objections.

Première objection. Les successions ne doivent
pas demeurer en suspens.

Réponse. Cela est vrai, si ce n'est que le testateur
l'eût ainsi voulu. Or, il est censé l'avoir voulu,
quand sa disposition se rapporte à un temps incertain.

Seconde objection. Ceux qui sont nés et conçus
après l'événement de la condition, après que le jour
auquel on peut demander le fidéicommis est venu,
en sont exclus.

Réponse. La maxime est véritable, mais l'application ne l'est pas. Pourquoi cela ? C'est une pétition
de principe. La condition n'est point accomplie ; le
jour du fidéicommis n'est point venu ; la substitution
n'est point ouverte. Elle ne le sera que quand il sera
certain qu'il ne peut naître d'enfans.

Même réponse aux arrêts qui ont jugé conformément à cette maxime. Les arrêts sont aussi justes,
mais aussi mal appliqués que la maxime même.

Troisième objection. Si la condition étoit mise en
faveur du grévé, il est certain qu'elle suspendroit
l'effet de la disposition, et qu'il faudroit attendre
non-seulement la naissance des enfans, mais le jour

du décès de l'héritier grévé. On se trouve ici dans un cas tout différent ; cette condition est attachée à la mort du sieur marquis de Créqui, qui n'est ni institué, ni substitué ; donc il faut retrancher sa mort, qui est indifférente pour l'objet que le testateur a eu en vue. Il ne reste qu'une condition, qui est la naissance des enfans ; elle n'est point arrivée actuellement, et ne peut plus arriver, puisque ceux qui pourroient naître naîtroient incapables.

Réponse. Sans examiner encore si le sieur marquis de Créqui peut venir comme substitué, il est certain que l'on fait un dénombrement imparfait. On suppose qu'il n'y a que les conditions apposées en faveur de l'héritier grévé, qui puissent suspendre l'ouverture d'une substitution ; principe entièrement faux.

Il faut distinguer deux sortes de personnes en faveur desquelles l'ouverture des substitutions peut être suspendue.

La première personne que cette suspension peut intéresser, est certainement l'héritier institué, mais elle n'est pas la seule.

La seconde sorte de personnes qui peuvent être l'objet de cette suspension, ce sont celles qui sont invitées à la succession.

Ainsi, dans l'espèce de cette cause, le délai ne sera point, si l'on veut, en faveur du sieur marquis de Créqui ; mais il sera en faveur de ses enfans, *quandocumque nascituri ;* mais il sera en faveur du testateur même, afin qu'il puisse avoir les héritiers qu'il a souhaités, qu'il a appelés, qu'il a préférés à tous les autres. *Placuit non semper mortis tempus observari, sed voluntate patrocinante, tardiùs produci* (1), dit une loi.

Achevons l'examen de cette première partie de la cause.

____

(1) Loi 19. *In principio* ff. *de conditionibus et demonstrationibus.*

Nous avons vù d'abord, que les termes simples du testament suffisoient presque pour imposer silence, quant-à-présent, au sieur comte de Lesberon.

Nous nous sommes confirmés dans ce premier préjugé, en y joignant les principes du droit, les sentimens dès docteurs, l'autorité des arrêts, et en détruisant les raisons de l'opinion contraire.

Il nous reste à examiner les conjectures particulières qui se tirent de la volonté du testateur ; et c'est ce qui achèvera de porter cette interprétation au dernier degré d'évidence.

Réduisons ces présomptions à quatre principales.

Première présomption. Interrogeons le testateur même : appellons-le à l'interprétation de ses volontés. *Ejus est interpretari, cujus et condere.* Jugeons *ex dispositis,* comme parlent la glose et les docteurs, *quid disposuisset;* décidons de ce qu'il auroit fait dans les cas qu'il n'a pas prévus, par ce qu'il a fait dans les cas prévus.

Dans tous les cas qu'il a marqués, le sieur de Lesberon est toujours appellé le dernier.

Donc, dans ceux qu'il n'a pas prévus, on doit suivre le même ordre.

Si le sieur de Blanchefort laisse des enfans, ces enfans excluéront le sieur de Lesberon.

Si le sieur de Blanchefort n'en laisse point, on épuisera toute la postérité masculine du sieur marquis de Créqui, avant que de venir au sieur de Lesberon.

Voilà les cas prévus. Passons aux cas non prévus. Supposons celui qui peut arriver.

Le sieur de Créqui a des enfans après la mort de l'héritier institué. Ces enfans ne doivent-ils pas exclure le sieur de Lesberon ? Qu'importe au testateur qu'ils soient nés plus tôt ou plus tard ? Ce n'est point le temps de leur naissance ; c'est leur nom, c'est leur qualité, qui le déterminent à leur donner la préférence.

Seconde présomption, qui est une suite de la première. Prédilection clairement, solennellement, incontestablement marquée en faveur des descendans de la maison de Créqui. Donc, tant que l'on pourra espérer des héritiers de cette maison, la demande du sieur de Lesberon sera prématurée. C'est pour cela que le testateur a voulu attendre jusqu'au dernier moment de la vie du sieur Marquis de Créqui, à se déterminer en faveur du sieur de Lesberon. Il ne commence à jetter les yeux sur ce dernier substitué, que lorsqu'il perd toute espérance de voir revivre son nom dans la postérité masculine du sieur marquis de Créqui.

Troisième présomption. Ce n'est pas seulement dans cette clause, c'est dans celle qui la précède, que l'on voit évidemment que toutes les substitutions faites par le testateur, demeurent en suspens jusqu'au moment décisif de la mort du sieur marquis de Créqui.

Il est dit, dans la clause qui appelle ses enfans mâles, que le second sera préféré à l'aîné, et que s'il n'y a qu'un fils, il recueillera en ce cas tous les biens. Or, pour vérifier cette condition, il faut nécessairement attendre la mort du sieur marquis de Créqui. Jusque-là, il est incertain s'il aura deux enfans mâles, ou s'il n'en aura qu'un. Jusque-là, il est impossible de savoir quel sera l'aîné, quel sera le puîné.

Donc, dans toute la suite et dans l'économie du testament, la mort du sieur marquis de Créqui est le terme fatal, le point fixe, où l'état des substitutions sera irrévocablement assuré. Jusque-là tout est *in suspenso.*

Or, si cela a lieu dans une clause, c'est un grand argument pour conclure qu'il en est de même dans la clause suivante.

Quatrième présomption. Pour juger sainement du sens de la clause, substituons des termes équivalens, à ceux qu'elle contient, et mettons en négative ce qui est en affirmative.

Présentons d'abord la clause en des termes équivalens. *En cas que le sieur marquis de Créqui n'ait point d'enfans au jour de son décès.*

Deux vérités certaines; l'une, que ces termes ne sont pas plus forts que ceux de la clause, *En cas qu'il meure sans enfans;* l'autre, que, cependant, s'il s'étoit expliqué ainsi, *En cas qu'il n'ait point d'enfans au jour de son décès*, nul sujet de contestation, nulle ombre de difficulté.

Convertissons à présent l'affirmative en négative.

C'est un principe certain dans le droit, que toutes les fois qu'un héritier est appelé sous une condition, il est exclus sous la condition contraire. Si Titius fait le voyage d'Alexandrie, je l'institue mon héritier. Si Titius ne fait pas le voyage d'Alexandrie, je ne veux point qu'il me succède.

La dernière proposition est une conséquence nécessaire et infaillible de la première.

Cela supposé, faisons la même chose à l'égard de la condition sous laquelle le sieur de Lesberon est appellé.

Si le sieur marquis de Créqui meurt sans enfans mâles, j'appelle le sieur de Lesberon,

Donc, si le sieur marquis de Créqui laisse en mourant des enfans mâles, j'exclus le sieur de Lesberon.

C'est précisément la même chose; c'est une maxime établie par tous les docteurs.

Quelle réplique à un argument si concluant? Dira-t-on que ce n'est pas la même chose, mais à qui le persuadera-t-on?

Conviendra-t-on que ces deux clauses sont pareilles? Mais oseroit-on soutenir la cause, si le testateur avoit dit, *Et le sieur de Lesberon sera exclus pour toujours, si le sieur de Créqui laisse des enfans mâles au jour de sa mort.*

Que dit-on contre tout cela ? Qu'à la vérité la condition littérale ne paroît pas accomplie, mais qu'elle
l'est dans l'esprit du testateur, et qu'il faut suppléer,
par les conjectures de sa volonté, ce qui manque à
la plénitude de ses expressions.

Mais a-t-on jamais suppléé, pour détruire l'intention ? Or, on la détruiroit en admettant dès à
présent le sieur de Lesberon.

Le Testateur ne l'a appellé que lorsque toute
espérance d'un autre héritier lui manqueroit. Cependant on l'admettroit dans le temps que cette espérance est encore toute entière.

Concluons donc, que les termes du testament, que
les principes du droit, que les conjectures de la
volonté, sont trois titres également certains, mais
également contraires aux prétentions du sieur de
Lesberon.

SECONDE PARTIE.

Passons à l'examen du second objet de cette cause.
A qui la jouissance des biens doit-elle appartenir,
en attendant l'événement de la condition ?

Commençons par une réflexion générale. Cette
question semble d'abord assez indifférente au sieur
de Lesberon. Car, s'il est vrai qu'à son égard *dies
fideicommissi nundùm cessit*, il n'a encore aucun
droit sur la propriété ; comment en auroit-il sur les
fruits, qui en sont un accessoire ?

Cependant, comme il a prétendu que, quand même
on ne pourroit pas lui adjuger, dès à présent, la
propriété irrévocable, on pourroit du moins lui
donner la possession des biens *pendente conditione*,
à la charge de les restituer aux enfans qui naîtroient
du sieur marquis de Créqui, il est nécessaire d'entrer
dans l'examen de cette seconde question, beaucoup
plus courte, comme nous l'avons déjà dit, et beaucoup moins importante que la première.

14*

Trois personnes peuvent demander la jouissance, en attendant l'évènement de la condition.

Le sieur de Lesberon.

Le sieur marquis de Créqui.

Madame la maréchale de Créqui.

Mais, avant que de savoir à laquelle de ces trois personnes la jouissance doit appartenir, supposons un principe général, dont la vérité n'auroit pas dû être révoquée en doute.

Quel est ce principe? Que, lorsque l'héritier institué est chargé de rendre les biens sous condition, et qu'il vient à mourir avant que la condition soit accomplie, les biens chargés de substitution tombent dans la succession, et appartiennent à son héritier universel jusqu'à l'événement de la condition sous laquelle ces mêmes biens doivent être rendus au substitué.

La raison et l'autorité, tout concourt à établir cette maxime. La raison seule suffiroit.

L'héritier succède *in universum jus et causam defuncti.* Il possède tous les biens aux mêmes charges, clauses et conditions.

Si la mort de l'héritier institué étoit la condition à laquelle le testateur eût attaché la restitution des biens, certainement l'héritier de l'institué ne pourroit plus jouir de ces mêmes biens, la condition étant une fois arrivée. Son propre titre et sa qualité seule d'héritier résisteroient à sa prétention. Il n'est héritier que parce que l'institué est mort; mais, au moment de sa mort, il a dû rendre les biens substitués; donc le même titre qui saisit son héritier de ses biens, l'en dépouille, pour les faire passer à ceux qui sont appelés à la substitution.

Mais, lorsque la condition de laquelle dépend l'ouverture de la substitution, est absolument détachée de la mort de l'héritier institué; lorsqu'elle peut n'arriver que long-temps après son décès, alors les biens passent à son héritier *cum onere fideicommissi.*

L'institué, en un mot, transmet à son successeur le même droit qu'il avoit de retenir, de conserver la jouissance de ces biens jusqu'au jour de l'existence de la condition.

L'autorité de la loi se joint au suffrage de la raison.

La loi *Publius Mœvius*. 36, §. 1, ff. *de Conditionibus et demonstrationibus*, établit précisément cette maxime.

Une femme lègue une terre à Septitia, à la charge de la rendre à son fils, lorsqu'il aura atteint l'âge de seize ans (ou celui de quatorze, suivant la correction de M. Cujas); et, en cas qu'il meure avant cet âge, la testatrice lègue cette même terre à Mœvius et Cornélius. Septitia meurt avant le temps de la restitution ; le fils de la testatrice décède ensuite, n'ayant encore que treize ans ; les substitués attaquent les héritiers de Septitia ; le jurisconsulte décide que leur demande est prématurée ; qu'il faut attendre le moment dans lequel le fils de la testatrice auroit atteint l'âge de puberté, s'il eût vécu ; et, pour faire cette décision, il suppose partout que les héritiers du légataire chargé de substitution, ont le même droit de jouir des biens que le légataire même. C'est ainsi qu'il s'en explique en deux endroits : *Marcellus respondit Septitiam jus quod in his prædiis habuisset, heredi suo reliquisse.* Il ajoute ensuite : *Nec quidquam mutat, quod Septitia ante decessit ; nam et si puer viveret, non priùs Septitiæ heredes quam Septitia possent conveniri.*

Enfin, c'est le sentiment de Guy-Pape, de Ferrière, de Ricard, etc.

Ce principe supposé, voyons à qui la préférence est due entre les trois personnes qui prétendent la jouissance des biens, en attendant l'accomplissement de la condition.

Examinons, en premier lieu, la prétention du sieur de Lesberon.

Il se fonde sur deux considérations.

Première condition. Il dit qu'il n'est pas seulement substitué fidéicommissairement, mais qu'il l'est aussi vulgairement, c'est-à-dire, *si heres meus heres non erit*, si les enfans du sieur marquis de Créqui ne sont pas héritiers.

Mais, 1.° cela est fort douteux.

2.° Qu'en pourroit-il résulter ? Cette substitution vulgaire, si elle mérite ce nom, n'est-elle pas toujours suspendue par la même condition, *si sine liberis ?* Qu'on l'appelle vulgaire, fidéicommissaire, compendieuse, cela est peu important. La condition sous laquelle elle est faite n'est pas encore arrivée.

Seconde condition. Il dit que celui qui est appelé *pendente conditione*, doit être admis, lorsque le testateur n'a point donné la possession des biens à personne.

C'est un paradoxe facile à réfuter. Tout le titre du droit, *Quando dies legati vel fideicommissi cedat*, s'y oppose. Il est si vrai qu'il ne peut acquérir la jouissance, qu'il perdroit même le fonds s'il mouroit avant l'événement de la condition. La loi *Publius Mœvius*, que nous venons d'expliquer, est précise sur ce point. La jouissance demeure à l'héritier de celui qui est chargé de rendre sous une condition.

On oppose la loi 2, §. 1, ff. *De bonorum possessione secundùm tabulas*, qui oblige le préteur à donner la possession des biens à l'héritier institué sous condition.

On pourroit en citer un grand nombre de semblables; mais toutes inutilement.

Ces lois regardent l'unique cas d'un héritier institué sous condition. Il faut ou une adition d'hérédité, ou une demande sur laquelle le préteur accorde la possession des biens, afin qu'il y ait quelqu'un qui soutienne les actions héréditaires. Mais cette possession donnée par le préteur, n'est qu'une simple formalité de droit, établie, non en faveur de l'héritier, mais en faveur des créanciers, et souvent contre l'héritier lui-même. Ce sont un nom et une qualité, plutôt qu'une chose et une substance; ce qui est si constant, que si l'héritier institué ne veut pas demander la possession des biens, on leur nomme un curateur. Ce n'est donc que comme simple curateur qu'on le considère en attendant l'événement de la condition, et il ne fait pas les fruits siens pendant ce temps.

On ne peut donc faire ici aucune application de ces lois, et il n'y a aucun fondement solide à la prétention du sieur de Lesberon pour la jouissance des biens.

Considérons, en second lieu, quel peut être le droit du marquis de Créqui.

Remarquons, pour la seconde fois, que cette question est superflue, puisque, d'un côté, le sieur de Lesberon est exclus, quant à présent, et que, de l'autre côté, le sieur marquis de Créqui n'insiste en sa demande que pour l'exclure : du reste, il acquiesce à la sentence des requêtes du palais.

Après cela, s'il falloit entrer dans la question, ce seroit une seconde cause, moins longue à la vérité, mais non pas moins difficile que la première.

D'un côté, on peut dire avec le sieur de Lesberon, que le sieur marquis de Créqui n'est point appelé nommément; qu'il ne l'est pas non plus tacitement.

Il est certain qu'il n'est point dans la condition. Ses enfans y sont; mais on ne peut pas dire que le père y soit, parce qu'on a employé son nom pour désigner les enfans qui pourroient naître de lui; que, quelque prédilection que le testateur ait témoignée pour la maison de Créqui, on ne peut pas étendre la présomption des fideicommis au-delà des personnes marquées dans le testament, *ultrà personas expressas* (1). C'est le sentiment de M.ᵉ Charles Dumoulin. Qu'enfin, ce seroit préferer une volonté obscure à une volonté claire, et un parent très-éloigné à un parent très-proche, que d'appeller le sieur marquis de Créqui, à l'exclusion du sieur de Lesberon.

Une vocation tacite et présumée ne doit jamais l'emporter sur une vocation expresse et formelle.

De l'autre côté, on peut soutenir, pour le sieur marquis de Créqui, qu'il est assez ordinaire de suppléer des clauses de fidéicommis *ex præsumptâ mente testatoris* ; qu'ici il est à présumer que si le testateur avoit prévu le cas qui est arrivé, il auroit fait, à l'égard des pères, ce qu'il a fait à l'égard des enfans, et que, comme il a appelé l'aîné des enfans du marquis de Créqui, au défaut du puîné, il auroit aussi substitué le sieur marquis de Créqui aîné, au défaut du sieur marquis de Blanchefort, dans le cas qui est arrivé contre l'attente du testateur ; que l'excès de son affection pour la maison de Créqui est une nouvelle présomption de cette volonté ; qu'il semble même que le testateur ait fait une espèce de vocation expresse en sa faveur, puisqu'il l'a compris dans ceux auxquels il substitue le sieur de Lesberon, en disant *qu'il leur substitue.*

Ce mot *leur* est important, et mérite d'être éclairci.

1.° Il ne peut s'appliquer aux enfans ; car c'est précisément à leur défaut que le sieur de Lesberon est appelé.

Il faut distinguer entre *substituer à quelqu'un*, et *substituer* en général, ou *au défaut de quelqu'un.*

Substituer à quelqu'un suppose régulièrement que celui auquel on substitue ait recueilli.

Substituer en général ne le suppose pas.

Ici on substitue à quelqu'un : *Je leur substitue.*

(1) *Consil.* 1.

2.º La suite de la construction conduit évidemment à ce sens. *Je leur substitue*. A qui ? A ceux dont il est parlé au commencement de la clause.

3.º Enfin, l'usage du testateur dans une des clauses précédentes : si le sieur de Blanchefort meurt sans enfans mâles, *je lui substitue*. Ce relatif est le même. Là, il ne se rapporte point aux enfans, mais à M. de Blanchefort ; donc il doit être entendu de la même manière dans la clause dont il s'agit.

Ainsi, que pourroit-on dire, en balançant ces raisons opposées ?

On pourroit distinguer, s'il n'étoit pas possible d'exécuter la volonté du testateur, autrement qu'en supposant un fidéicommis en faveur du sieur marquis de Créqui. On se porteroit peut-être à le présumer, pour ne pas rendre la volonté du testateur sans effet, en arrêtant le cours de ses dispositions en faveur des mâles du nom de Créqui ; car il a montré, dans le testament même, une volonté enixe pour la maison de Créqui.

Mais, comme on peut soutenir la volonté par un autre remède, en suspendant la substitution jusqu'à la naissance des enfans du sieur marquis de Créqui, il paroît inutile de feindre de nouvelles substitutions, d'autant plus que cela iroit à multiplier les degrés de substitution contre l'ordre du testateur, qui n'en a formé qu'un après l'institution.

Voyons, en troisième lieu, quelle est la qualité de Madame la maréchale de Créqui.

Elle reste la seule des trois personnes qui pouvoient prétendre à la jouissance des biens substitués.

Elle est héritière du sieur marquis de Blanchefort, héritier institué, chargé de restituer les biens après l'échéance de la condition. Elle a donc droit de les posséder sous la même charge, suivant la maxime générale que nous vous avons expliquée.

La sentence est donc conforme aux principes ; du moins elle peut être regardée comme un sage

tempérament, précédé et autorisé par l'arrêt d'Oppède.

Mais, dit-on, si le sieur de Lesberon décède avant
l'échéance de la condition, il se trouvera exclu d'une
substitution à laquelle il étoit expressément appelé.
C'est le cas où l'on peut dire : *Dura lex, sed scripta.*
Qu'il se plaigne du testateur ; mais le testateur ne
lui devoit rien. Peut-il lui demander pourquoi il n'a
pas plus fait en sa faveur dans la disposition qui est
son ouvrage ?

Pour nous, il nous suffit de connoître ce qu'il a
voulu, et l'on voit son motif : il a mieux aimé perdre
le second substitué que le premier.

Arrêt du 17 mars 1699.

ENTRE messire Joseph de Geslas de Lesberon, appelant
d'une sentence contre lui rendue aux requêtes du palais, le
neuf septembre mil six cent quatre-vingt-dix-sept, et de tout
ce qui s'en est ensuivi, d'une part ; et dame Catherine de
Rongé, veuve de messire François sire de Créqui, premier
maréchal de France, gouverneur de Lorraine et Barrois, héritière, par bénéfice d'inventaire, quant aux meubles et acquêts,
de feu messire Charles-Nicolas de Créqui, marquis de Blanchefort, comte du Passage, maréchal des camps et armées du
roi, lequel sieur marquis de Blanchefort étoit héritier institué
de défunt messire Aimart de Poysieux, compte du Passage,
lieutenant-général des armées du roi, par son testament du
seize juin mil six cent quatre-vingt-trois, intimée, d'autre part ;
et entre messire François-Joseph sire marquis de Créqui et de
Blanchefort, comte du Passage, lieutenant-général des armées
du roi, aussi appelant de la même sentence, d'une autre part ;
et ledit sieur de Lesberon, et ladite dame maréchale de Créqui,
intimée, d'autre ; et entre ledit sieur de Lesberon, demandeur en requête du sept du présent mois de mars mil six
cent quatre-vingt-dix-neuf, à ce qu'il plût à la cour, en prononçant sur l'appel par lui interjeté de ladite sentence, mettre
l'appellation et ce dont a été appelé au néant ; émendant,
sans s'arrêter aux demandes de ladite dame maréchale de
Créqui, et dudit sieur marquis de Créqui, son fils, sur lesquelles ladite sentence est intervenue, et dont ils seroient dé-
boutés, déclarer la substitution portée par ledit testament
dudit défunt sieur comte du Passage, du seize juin mil six cent
quatre-vingt-trois, ouverte à son profit, et en conséquence,
le maintenir et garder en la possession et jouissance des biens

dont est question ; faire défenses, tant à Madame la maréchale de Créqui qu'audit sieur marquis de Créqui, son fils, de l'y troubler, et les condamner aux dépens, d'une autre part ; et ladite dame maréchale et ledit sieur marquis de Créqui, défendeurs, d'autre. Après que Nouet, avocat de Lesberon ; Dumont, avocat du marquis de Créqui ; et Nivelle, avocat de la maréchale de Créqui, ont été ouïs pendant quatre audiences, ensemble d'Aguesseau, pour le procureur-général du roi :

LA COUR a donné acte à la partie de Dumont, présente à l'audience, de la déclaration par elle faite, qu'elle consent que la sentence soit exécutée à l'égard de la partie de Nivelle, et qu'elle demeure en possession des biens dont est question ; et, faisant droit sur les appellations, a mis et met les appellations au néant, ordonne que la sentence dont a été appelé sortira effet, déboute la partie de Nouet de sa requête, la condamne en l'amende de douze livres et aux dépens.

CINQUANTE-QUATRIÈME PLAIDOYER,

DU 3 AVRIL 1699.

Dans la cause de Madame la duchesse DE VENTADOUR,
et des héritiers d'ALPHONSE-NOEL DE BULLION,
marquis de Fervaques.

1.° *Quelles règles doit-on suivre pour connoître
si un legs est limitatif et borné à une certaine chose
qui est léguée, ou s'il est démonstratif, la chose n'y
étant désignée que pour en faciliter le paiement ?*

2.° *Si, par rapport aux biens dont les coutumes
ne permettent de disposer que pour une quotité en
propriété, on peut donner davantage en usufruit,
ou si les portions qu'elles réservent aux héritiers du
sang, ne peuvent être chargées d'aucun usufruit ?*

3.° *Si la disposition de la coutume de Normandie,
qui exige la survie de trois mois pour la validité
d'un testament, est un statut personnel ou réel ?*

4.° *Si, indépendamment de toutes ces questions,
le legs fait à une cousine germaine du testateur,
par des motifs légitimes et convenables, devoit être
exécuté par ses héritiers sur tous les biens de sa
succession, dont une grande partie étoit disponible,
et excédoit la valeur du legs ?*

JAMAIS testament ne fut attaqué en tant de manières différentes, que celui qui fait le sujet de cette
contestation, plus importante encore par le nombre
et la difficulté des questions, qu'elle n'est célèbre

par la naissance et la dignité des parties qui en attendent la décision.

On appelle d'abord en jugement l'esprit et la volonté du testateur ; on l'interroge sur la nature et la qualité de sa disposition ; et, quelque contrariété qui règne entre les réponses qu'on lui fait rendre, elles paroissent néanmoins convenir également à l'obscurité des termes dans lesquels il a expliqué ses dernières volontés.

Sa capacité n'est pas moins douteuse ni moins combattue que sa volonté. C'est en vain, vous a-t-on dit, qu'il fait entendre sa voix en faveur de sa légataire, si celle de la coutume s'explique plus hautement en faveur de ses héritiers. Il n'a pas voulu ce qu'il pouvoit faire, et il a voulu ce qu'il ne pouvoit pas. La volonté lui manque d'un côté, et le pouvoir de l'autre ; et, dans cette incertitude, la loi est un titre aussi puissant que favorable, qui revêtit irrévocablement les héritiers.

Enfin, le bien même dont on prétend que le testateur a disposé éprouve à son tour les mêmes efforts par lesquels on veut attaquer sa volonté et détruire son pouvoir. On soutient qu'il a dû respecter cette portion sacrée de son patrimoine, que la prévoyance de la loi affecte aux héritiers du sang par une espèce de substitution légale ; et, qu'ayant méprisé la prohibition de la coutume, cette loi, qu'il a violée, n'accorde aucun secours à sa légataire, pour demander une récompense sur le reste de ses biens.

Voilà, Messieurs, le précis et l'abrégé des principales questions de cette cause. Tels sont l'idée générale et le premier plan de cette grande affaire, qui, depuis près de trois mois, partage les sentimens et les suffrages du public, et peut-être ceux de la justice même.

Le fait, qui lui sert de fondement, se renferme dans l'explication d'une seule clause, bizarre dans ses termes, obscure dans ses expressions, ouvrage de l'ignorance du testateur, et source féconde d'une infinité de questions.

ALPHONSE-NOEL DE BULLION, marquis de Fervaques, a disposé trois fois de ses biens par des testamens authentiques.

Les deux premiers ont été des testamens olographes, faits dans un temps où le testateur jouissoit d'une santé parfaite; l'un, le 27 mai de l'année 1692; l'autre, le 21 mai de l'année 1693; testamens qui peuvent servir de témoignage, en même temps, et de la générosité et de l'ignorance de leur auteur; testamens qui ne sont point le fruit des conseils d'un jurisconsulte, et dans lesquels le testateur ne paroît point avoir eu d'autre règle que sa volonté, ni d'autre guide que lui-même; testamens, enfin, auxquels on ne peut donner un nom plus propre et plus convenable que celui que le testateur leur a donné lui-même, en les appelant, dans leur préambule, des *testamens militaires*.

Le troisième testament, qui divise aujourd'hui les héritiers et la légataire, est fait par-devant notaires; il contient les dernières paroles et les derniers soupirs d'un homme mourant; à peine la mort lui a-t-elle laissé le loisir de lui donner sa dernière perfection.

Quoiqu'il ne s'agisse que de ce dernier testament, et que les autres aient été révoqués par le soin que le testateur a pris de les rayer lui-même, on peut dire néanmoins que les premiers testamens ne sont pas moins nécessaires à la décision de cette cause que le dernier.

C'est dans le parallèle, c'est dans la comparaison de ces deux premiers testamens avec le troisième que l'une et l'autre parties cherchent également les conjectures et les présomptions de la volonté du testateur; car tel est le sort et la destinée de cette affaire, qu'il n'y a pas un seul acte, une seule clause, une seule expression dont les deux parties, quelque opposées qu'elles soient, ne prétendent tirer un égal avantage.

Entrons donc dans le parallèle des testamens ; mais attachons-nous uniquement à ce qui peut regarder la disposition dont il s'agit, c'est-à-dire, les legs de Madame la duchesse de Ventadour.

Si nous consultons le premier testament, nous y trouverons ces termes remarquables dans lesquels le sieur de Fervaques a clairement marqué ses premières intentions :

Je donne, à Madame de Ventadour, ma terre de Bieville, sa vie durant seulement, l'usufruit ; ladite terre étant affermée, à présent, 13,200 livres, et elle fera prier Dieu pour moi.

On ne peut lire ces expressions, sans être persuadé que le testateur a voulu léguer le revenu, l'usufruit même de la terre de Bieville.

Le second testament offre la même idée, et c'est une vérité que les deux parties reconnoissent également : la clause n'est pas moins précise ni moins claire que la première.

Je donne à Madame la duchesse de Ventadour, parce qu'elle en a plus besoin que les autres, ma terre de Bieville, affermée présentement 13,200 liv. par an ; je lui donne le revenu, sa vie durant seulement, et prétends qu'après sa mort le fonds retourne à mes héritiers, ne leur voulant faire aucun tort.

Enfin, si nous cherchons quelle a été la volonté du testateur dans sa dernière disposition, il nous l'explique lui-même dans cette espèce d'énigme, dont il seroit à souhaiter qu'il nous eût laissé en même temps la juste interprétation.

Donne et lègue à Madame de Raventadou la terre de Bieville, située en Normandie, moyennant la somme de 13,300 liv. pendant sa vie durant, et après le décès d'icelle dame de Raventadou, retournera ladite somme aux héritiers dudit seigneur testateur.

Est-ce la somme ou la terre qui est le principal
sujet de la disposition du testateur ? Ne donne-t-il la
terre que pour procurer à la légataire un paiement
plus sûr, plus commode, plus facile; ou, au contraire, n'a-t-il ajouté là somme que pour marquer la
valeur et le prix du revenu de la terre qu'il léguoit en
usufruit ? C'est, MESSIEURS, la première et la plus
difficile question que vous ayez à décider.

Contentons-nous de remarquer à présent les termes équivoques de la disposition. Nous ne relevons
point l'observation qui nous a été faite tant de fois
sur l'erreur qui se trouve dans le nom de Madame
la duchesse de Ventadour; erreur certaine, dont on
ne sauroit attribuer la cause qu'à la foiblesse du mourant ou à la surdité du notaire; mais erreur très-indifférente, puisqu'ici la personne ne sauroit être
douteuse, et que c'est un des premiers principes du
droit, que *l'erreur dans le nom du Légataire, ne
peut jamais donner atteinte à la substance et à la
validité du legs* (1).

Nous n'entrerons point non plus dans une explica-
cation plus exacte de toutes les autres dispositions
que contient ce dernier testament. Le parallèle seroit
aussi ennuyeux qu'inutile, si nous entreprenions de
les comparer avec celles des premiers testamens.

Disons seulement, en un mot, qu'il y a des différences très-considérables qui distinguent ces testamens, soit qu'on les examine par rapport à l'ordre
des legs, soit qu'on les considère par rapport au
nombre des Légataires, soit enfin que l'on envisage
les sommes et les biens qui leur sont légués; on n'y
trouve aucune conformité.

Expliquons avec la même brièveté les circonstances
de la mort du testateur.

Il alloit chercher, aux eaux de Bourbon, un dernier
remède à la langueur dont il étoit accablé depuis

(1) Loi 17, §. 1, ff. *de Conditionibus et demonstrationibus.*
Loi 4, Cod. *de Testamentis.*

long-temps : la fatigue du voyage avança apparemment le temps d'une mort qu'il croyoit éviter; une foiblesse extraordinaire l'oblige de s'arrêter à Cosne; il y reçoit les derniers sacremens; il envoie chercher un notaire; il dicte, il signe sont testament; il meurt aussi-tôt après. On appose un scellé; on fait un inventaire; la minute du testament paroît suspecte aux héritiers. Par une procédure, qui mérite au moins le nom de *singulière*, on la fait apporter au greffe des requêtes du palais; les soupçons se sont dissipés à la vue, à l'inspection de l'acte même; on reconnoît la vérité du testament; on l'exécute dans la plus grande partie.

Madame de Ventadour demande la délivrance de son legs; elle fait assigner les deux héritiers du sieur marquis de Fervaques; Madame de Bonnelles, héritière des meubles et acquêts, le sieur marquis de Bullion, héritier des propres; elle conclut à être maintenue et gardée dans la jouissance de la rente de 13200 livres, que le sieur de Fervaques, lui a léguée; et, pour en faciliter le paiement, elle consent qu'il soit dit qu'elle jouira du revenu de la terre de Bieville, jusqu'à concurrence de la somme de 13200 liv. sa vie durant.

Le sieur marquis de Bullion et Madame de Bonnelles, soutiennent que le legs est renfermé dans l'usufruit de la terre de Bieville; que ce legs est nul aux termes de la coutume de Normandie; que, quand il seroit valable, il seroit réductible, et réductible sans récompense sur les autres biens du testateur.

La cause est plaidée pendant douze audiences, aux requêtes du palais; elle y est appointée. Madame de Ventadour se plaint de l'appointement, elle demande l'évocation du principal. Les hériters n'y résistent pas.

Ainsi, MESSIEURS, la contestation tout entière est portée devant vous. Les premiers juges n'ont point voulu la préjuger, et les parties attendent de votre jugement, la première et la dernière décision,

qui doit terminer pour toujours une des plus illustres
et des plus difficiles contestations qui aient été portées
dans cette audience.

APRÈS vous avoir expliqué le fait, ou pour mieux
dire, la clause qui doit faire le sujet important de
votre délibération, nous croirions faire injure à l'exactitude et à l'éloquence des défenseurs des parties, si
nous entreprenions de répéter, avec étendue, les
moyens qu'ils vous ont expliqués avec tant de solidité,
et de retracer les vives idées et les images encore
récentes qu'ils vous ont imprimées du droit et des
prétentions de leurs parties.

Qu'il nous soit même permis, dans une cause si
vaste, et dans une matière si fertile en difficultés qui
semblent naître sous les pas de ceux qui osent s'y
engager, qu'il nous soit permis de ménager les momens précieux de votre attention, et de nous réserver
à nous-mêmes un plus long espace de temps, pour
vous proposer avec plus d'étendue, les réflexions que
nous croyons absolument nécessaires à la décision de
cette cause.

Réduisons-nous donc à la simple exposition des
principaux moyens de l'une et de l'autre partie, ou
plutôt attachons-nous seulement à vous remettre
devant les yeux les propositions générales que l'on a
soutenues de part et d'autre.

D'un côté, l'appelante vous a dit que sa prétention,
également indubitable, sous quelque face qu'on
l'envisage, est toute renfermée dans l'établissement de
deux propositions différentes.

L'une regarde la volonté du testateur; l'autre concerne son pouvoir.

Si l'on demande ce qu'il a voulu, il n'y a qu'à lire
les termes de son testament.

Malgré l'obscurité qui les couvre, il est facile de
pénétrer, de sonder, de dévoiler, pour ainsi dire, le
mystère de la volonté du testateur. Ce n'est point un

corps certain qu'il a voulu léguer ; c'est une rente an-
nuelle, c'est une pension viagere à prendre par forme
de désignation, de démonstration sur une terre dont
le revenu étoit égal à cette rente. Le legs n'a aucun
des caractères d'un legs limitatif; il porte, au contraire,
toutes les apparences d'un legs démonstratif. Les principes du droit, les termes du testament, la volonté
enixe du testateur; la qualité, la faveur de légataire, la modicité de la somme par rapport à l'immensité de la succession, tout concourt également à
donner cette interprétation, aussi juste que favorable,
à la clause du testament.

Cette première proposition a l'avantage de rendre
toutes les autres questions inutiles. Si le legs n'est
point limité, si le testateur n'a point voulu léguer
l'usufruit de la terre de Bieville, c'est en vain que les
héritiers appellent à leur secours les scrupuleuses,
les captieuses formalités d'une coutume inconnue au
testateur. Mais, quand même on voudroit supposer,
pour un moment, qu'il y a, dans les termes dont il
s'est servi, une limitation qui ne s'y trouve point, la
cause des héritiers n'en seroit pas plus légitime ; la
loi dont ils empruntent l'autorité, ne leur seroit pas
plus avantageuse que le testament qu'ils attaquent, et
le pouvoir du testateur ne seroit pas moins certain
que sa volonté.

C'est ce qui fait la matière de la seconde proposition. C'est dans cette partie de la cause, qu'on a
soutenu que c'est inutilement que les intimés veulent
assujettir le testateur après sa mort, à une loi qu'il n'a
point connue pendant sa vie. Né, élevé, domicilié
dans la coutume de Paris, c'est à cette loi qu'il a été
soumis et pendant sa vie et à sa mort. La coutume de
Normandie est une loi étrangère pour lui. Qu'elle
étende son empire sur les biens situés dans son ressort,
mais qu'elle respecte les personnes de ceux qui vivent
sous une loi plus douce. Qu'elle impose à ses sujets
le joug de la *survie*, qu'elle exige cette condition essentielle, qu'elle annulle les testamens de ceux qui,
vivant sous sa domination, doivent soumettre leur

15*

volonté à ses dispositions ; mais qu'elle reconnoisse, en même temps , que ceux qui sont affranchis de son autorité, ne sont point assujettis à cette servitude. Le titre de leur liberté est écrit dans la loi de leur domicile, et dans la jurisprudence de vos arrêts; mais, outre ce titre commun à tous les testateurs, le sieur de Fervaques, ou plutôt Madame de Ventadour qui soutient sa disposition, trouve un titre qui lui est propre dans les circonstances singulières de sa cause. C'est la persévérance constante, invariable, uniforme, de la volonté du testateur. La coutume de Normandie se contente d'une persévérance de trois mois, et la partie de M.e Nivelle prétend en avoir une de six années. Le testateur semble ne multiplier ses testamens, que pour lui donner plusieurs fois des marques semblables de son affection.

Enfin, si ce legs ne peut être déclaré nul par le défaut de survie, il peut encore moins être réduit par la disposition rigoureuse de la coutume de Normandie.

Deux raisons, également invincibles, servent de preuves à cette dernière proposition.

La première, qu'il n'est pas vrai que le testateur ait excédé les bornes dans lesquelles le législateur a renfermé son pouvoir. Il est vrai, si l'on veut, qu'il a donné le total d'un acquêt; mais il ne l'a donné qu'en usufruit. La proportion est toujours la même : il est égal de léguer la propriété du tiers, ou l'usufruit de la totalité. L'héritier n'est pas plus grévé dans un cas que dans un autre. Telle est la décision du droit romain, la maxime de quelques-unes de nos coutumes, la règle prescrite par nos ordonnances; et, pour dire encore quelque chose de plus convaincant, telle est la jurisprudence, tel est l'usage de la province de Normandie.

Que si cette première raison ne paroît pas suffisante, que peut-on opposer à l'équité, à la justice de la récompense que nos meilleurs auteurs, que M.e Charles Dumoulin, qu'une foule de commentateurs, qu'un grand nombre d'arrêts ont accordée

aux légataires, dans des cas beaucoup moins favorables ? Et pour décider de cette dernière partie de
la cause, faudroit-il même chercher avec soin des
autorités ? Ne suffiroit-il pas de faire souvenir le sieur
Marquis de Bullion, qu'il s'agit d'exécuter la volonté
d'un frère mourant, et de l'exécuter par rapport à
une légataire aussi favorable que Madame de Ventadour ? Que si ces deux motifs ne sont pas encore
suffisans pour faire ouvrir les yeux au sieur Marquis
de Bullion, qu'il envisage du moins les grands biens
que le testateur lui a donnés en ne les lui ôtant pas;
et qu'il juge, en cet état, de ce qu'exigent de lui
l'honneur, le devoir et la reconnoissance.

D'UN AUTRE CÔTÉ, l'on a soutenu deux propositions
directement opposées à celles que la partie de
M.ᵉ Nivelle regarde comme les fondemens uniques
de sa prétention.

La volonté du testateur est certaine, mais elle est
impuissante. La loi s'oppose à l'exécution de son
testament, et, dans le concours de deux titres différens, la faveur des héritiers du sang doit faire pencher la balance de la justice.

On fait, de la part des intimés, la même question
que l'on a faite pour l'appelante.

Quelle a été la volonté du testateur ? Il a voulu
faire un legs par assignat limitatif, c'est-à-dire, qu'il
a voulu donner un corps certain, l'usufruit de la terre
de Bieville. Envain s'efforce-t-on d'éluder une volonté claire par des subtilités ingénieuses. Il a légué
une terre, c'est par là qu'il a commencé sa disposition. S'il y ajoute ensuite la valeur du revenu de
cette terre, cette expression ne peut altérer la force
de celles qui la précèdent, ni changer la nature et
la qualité du legs. Si l'on remonte jusqu'aux premiers testamens, on y trouve partout une volonté
toujours égale, toujours la même, de donner à
Madame de Ventadour l'usufruit d'une terre, et non
une rente à prendre sur tous les biens. Quelque
grande que soit la faveur de l'appelante, il faut qu'elle

subisse la loi que le testateur lui a imposée. Ce n'est point à ses héritiers qu'elle doit imputer les défauts du testament qu'elle soutient. Qu'elle se plaigne du testateur même. Qu'elle lui reproche d'avoir voulu ce qu'il ne pouvoit pas, et de n'avoir pas voulu ce qu'il pouvoit; mais, à l'égard des héritiers, où est leur crime de soutenir que la volonté de l'homme doit céder à celle de la loi, et que le testament ne peut déroger à la coutume ?

C'est donc la voix de la nature et celle de la loi qui vous disent beaucoup plus que celles des intimés, que le pouvoir du testateur n'a pas égalé sa volonté; qu'il étoit soumis, pour la disposition d'une partie de ses biens, à la sévère, mais sage coutume de Normandie : loi respectable, surtout dans le point dont il s'agit, qui n'a pas voulu autoriser un testament, si le testateur n'avoit survécu long-temps à sa disposition. Ce n'est pas la volonté seule, ou pour mieux dire, ce n'est pas une volonté passagère et momentanée, c'est une volonté fixe et persévérante, qui peut seule dépouiller des héritiers que la loi appelle à la succession. Cette disposition si judicieuse de la coutume de Normandie, n'est point un de ces statuts qui n'obligent que ceux qui vivent soumis à leur domination ; c'est une de ces lois réelles qui affectent les biens et qui restreignent la disposition. Telle est la maxime certaine en ces matières dans toute la province de Normandie. Le parlement de Rouen, interprète naturel de cette loi, le juge tous les jours de cette manière. La première volonté du testateur, favorable à la vérité à Madame de Ventadour, cette volonté écrite et consignée dans ses premiers testamens, n'a point le caractère essentiel d'une volonté invariable. Ces testamens ont été barrés, effacés, révoqués : une volonté nouvelle a succédé à la première, et cette volonté n'a précédé que d'une heure la mort du testateur.

Enfin, quand on supposeroit l'impossible, quand on feindroit que le testateur a survécu pendant long-temps à sa dernière disposition, le legs ne devroit-il pas toujours être réduit au tiers de l'usufruit ? Renversera-t-on, en faveur de Madame de Ventadour, les principes du droit romain, qui comparent toujours l'usufruit à la propriété, quand il s'agit de la prohibition de donner ? Attaquera-t-on les maximes les plus inviolables du droit coutumier, et surtout de la coutume de Normandie, qui, dans un article précis, défend de donner plus en usufruit qu'en propriété ? Ou bien cherchera-t-on à éluder la loi par le tempérament spécieux de la récompense, tempérament dont l'équité apparente a séduit quelques-uns de nos docteurs, mais dont vos arrêts ont condamné l'injustice, puisqu'elle tend à rendre inutile la prohibition de nos coutumes, puisqu'elle permet indirectement de disposer des propres et d'aliéner cette légitime favorable que notre droit donne aux héritiers du sang ? C'est de la loi qu'ils la reçoivent ; le testateur doit respecter l'ouvrage de la loi. C'est donc à elle que les héritiers du sieur marquis de Fervaques doivent renvoyer les plaintes que Madame de Ventadour leur adresse ; et ne sont-ils pas suffisamment justifiés, quand ils ont pour eux deux titres également incontestables, la volonté du testateur, qui n'a voulu donner qu'un bien situé dans la coutume de Normandie, et la coutume qui lui avoit ôté le droit de le donner ? Est-il si difficile de se déterminer dans ce combat, qui se forme aujourd'hui entre la sagesse de l'homme et celle de la loi ? C'est cependant à ce point unique que se réduit toute la cause des intimés.

C'est ainsi, Messieurs, que par des interprétations différentes, et des maximes opposées, on fait naître aujourd'hui ces questions importantes que nous vous avons proposées d'abord, et sur lesquelles nous sommes obligés de vous expliquer nos réflexions.

Ne cherchons point ici un ordre différent de celui que l'on a suivi avant nous. Attachons-nous au plan que la première idée d'une cause de ce genre inspire naturellement à tous les hommes ; et quelle division peut jamais être plus juste, lorsqu'il s'agit de prononcer sur un testament, que d'examiner d'abord ce que le testateur a voulu, et de chercher ensuite ce qu'il a pu? Le testament est l'ouvrage de la volonté de l'homme ; la loi lui permet de disposer de ses biens en mourant. Lorsqu'il use de ce droit, c'est à sa disposition qu'il faut s'attacher principalement ; et, comme la volonté doit concourir nécessairement avec le pouvoir, pour rendre la disposition légitime, la première question est toujours de savoir ce qu'il a voulu ; et la seconde, si ce qu'il a voulu est conforme à la loi. S'il n'a point entrepris sur son autorité, elle confirme son ouvrage ; mais s'il a excédé les justes limites du pouvoir qui lui est confié, la loi lui arrache ce pouvoir dont il abuse, et ne connoît plus d'autres héritiers que ceux que la nature lui offre, et que l'ordre de la parenté lui présente.

Examinons d'abord quelle a été l'intention du sieur de Fervaques ; cherchons ensuite quel a été son pouvoir, par rapport à son intention.

PREMIÈRE PARTIE.

De la volonté du testateur.

Toute la difficulté de cette première partie se renferme dans une seule question, qui a pour objet la nature et la qualité du legs.

Le testateur l'a-t-il limité, renfermé, circonscrit dans l'étendue, dans les bornes de la terre de Bieville, ou a-t-il eu principalement en vue la jouissance de 13200 livres de rente, et n'a-t-il parlé de la terre que pour rendre la perception de la rente plus commode et plus indépendante de ses héritiers ; en un mot, puisque nous sommes forcés de nous servir de ces termes barbares, qu'on ne peut presque employer sans préface, ni répéter sans excuse, le legs est-il fait par forme *d'assignat limitatif*, ou *d'assignat démonstratif?* Question très-subtile, que

Loiseau (1) appelle justement une question *de api-*
cibus Juris, dans laquelle l'esprit des docteurs modernes se perd et se dissipe vainement, si l'on ne
s'attache continuellement à le ramener au véritable
point de la difficulté, c'est-à-dire, aux présomptions
de la volonté du testateur.

Pour traiter cette question d'une manière qui
puisse la rendre sensible, supposons d'abord les principes généraux que le droit paroît avoir établis, ou
plutôt, que les docteurs ont tirés des lois, par des
inductions naturelles, et par des conséquences vraisemblables.

Retranchons de ces principes, pour ne point mêler
de questions inutiles dans une cause qui en renferme
tant de nécessaires, retranchons tout ce que l'on vous
a dit touchant les legs annuels. On vous a fait à cet
égard plusieurs observations curieuses, savantes, re-
cherchées avec soin, mais qui nous paroissent porter
avec elles le caractère d'une érudition superflue, et
étrangère à la question que nous examinons.

Il est vrai que le legs annuel diffère, en plusieurs
manières, de celui qui ne l'est pas. Il est certain encore que le legs du revenu de la terre, n'est pas
toujours le même que celui de l'usufruit. L'un, ne
marque que le fait, c'est-à-dire, la jouissance réelle
et actuelle; l'autre exprime le droit, et imite la propriété, puisque, pendant la vie, rien ne distingue
presque l'usufruit du véritable propriétaire.

Mais quelle application toutes ces maximes ont-
elles à l'espèce de cette cause ?

Parce que le legs annuel diffère de celui qui se
consomme en un seul paiement, parce que le legs
du revenu n'est pas toujours si avantageux que celui
de l'usufruit, doit-on conclure que le legs annuel, que
le legs du revenu sont toujours censés démonstratifs,
en quelques termes que le testateur ait expliqué sa
volonté ? Nous avouons que nous n'appercevons point

_____

(1) Loiseau, Traité de la distinction des Rentes, liv. 1,
chap. 8.

la liaison qui peut être entre cette conséquence, et le principe dont on la tire.

Disons donc, en un mot, qu'il en est des legs annuels et des legs du revenu, comme de tous les autres legs ; ils peuvent être assignés sur un fonds, ou par voie de simple démonstration pour la commodité du paiement, ou par forme de limitation pour restreindre le droit du légataire, pour l'attacher à un effet, à un corps certain et limité.

Qui doute, par exemple, que si un testateur a dit : *Je donne* 100 *livres de rente, à prendre sur une telle terre,* que ce legs ne soit démonstratif ? Mais qui doute aussi que si ce même testateur s'est exprimé d'une autre manière, s'il a dit : *Je donne la moitié de deux cents livres de rente que j'ai sur l'hôtel-de-ville ;* ou bien s'il a légué simplement le revenu annuel d'une terre, que le legs ne soit limitatif ? Faut-il même en chercher d'autre preuve que la loi que l'on a citée pour l'appelante ? Un testateur lègue, à sa femme, les fruits annuels d'une terre pendant sa vie ; ce legs est sans difficulté un legs annuel, c'est un legs du simple revenu suivant la loi ; cependant, que décide le jurisconsulte ? Que l'héritier n'est point garant de la valeur des fruits, si ce n'est qu'ils diminuent par sa faute. Donc le legs est véritablement limitatif, puisque toutes les pertes, tous les retranchemens que souffre la chose léguée, ne regardent que le légataire.

C'est inutilement après cela que l'on oppose deux lois (1) l'une à l'autre ; et que l'on en recherche curieusement la conciliation. Un testateur lègue une certaine quantité de muids de vin, il marque que le vin qu'il lègue est celui qui croîtra dans son héritage. S'il ne lègue cette quantité qu'une fois seulement, le légataire perd son droit si l'héritage ne produit rien l'année qui suit la mort du testateur ;

_____

(1) Loi 5, ff. *de tritico, vino, vel oleo legato,* et la loi 13, au même titre.

mais, si le testateur a légué la même quantité annuellement, en sorte que le légataire ait droit de la prendre pendant toute sa vie, alors, dit M. Cujas (1), suivant l'esprit de la loi, il faut compenser la stérilité d'une année avec l'abondance d'une autre ; et, quoique la terre ait trompé les espérances du Vigneron, il est tenu de payer le légs en entier, parce que l'on présume qu'une autre récolte le dédommagera avec usure de la perte qu'il souffre cette année. 'Mais cette distinction, si éloignée de la question que nous examinons, empêche-t-elle que, dans l'un et dans l'autre cas, le legs ne soit véritablement limitatif ? Quel est son effet, si ce n'est que de faire voir que, dans un cas, le legs est limité, sur une seule année, au lieu que, dans l'autre, il est limité, comme dit M. Cujas, sur l'universalité, sur la masse de tous les revenus qui écherront annuellement pendant la vie du légataire ? Mais, dans ce dernier cas, comme dans le premier, on ne donne véritablement qu'un droit borné, un droit restreint, un droit attaché à une certaine espèce de biens, et cependant le legs est annuel.

Nous nous arrêtons avec peine à des questions qui n'auroient pas dû être proposées. Renfermons-nous donc dans les véritables principes. Voyons par quelles règles on peut juger de la qualité d'un legs, et de la nature d'un assignat.

La première distinction, que quelques auteurs avoient imaginée, est une distinction grossière, attachée à l'écorce et à la lettre, dépendante servilement de l'arrangement des mots, et souvent contraire à l'esprit du testateur. Si l'assignat, c'est-à-dire, le corps certain, destiné à faire la sûreté du legs, est écrit le premier dans le testament, alors, disent-ils, le legs est limitatif ; si, au contraire, il n'est écrit que dans la phrase suivante, le legs est fait par simple

_____

(2) Cujas, sur la loi 5, ff. *de tritico, vino, vel oleo legato*.

démonstration (1). Me Charles Loiseau, qui a traité cette matière avec plus de solidité que tous les autres auteurs, rejette avec raison cette distinction bizarre, plus digne d'un grammairien que d'un jurisconsulte.

La seconde distinction, ou la seconde règle, dont l'utilité peut être très-grande dans la décision subtile de cette question épineuse, est celle dont Barthole a été l'auteur, que Dumoulin a adoptée, et que Loiseau regarde comme une ressource qui peut être d'un grand secours dans l'interprétation des testamens.

Il faut distinguer, disent ces docteurs, et presque tous ceux qui ont traité cette matière (et qui est-ce qui ne l'a point traitée, quelle question a jamais plus exercé la subtilité des interprètes ?) Il faut distinguer entre deux cas différens : ou le corps certain, qui fait la matière de la contestation, est placé dans la substance même du legs, dans les termes énergiques qui contiennent la disposition, et alors le testateur est censé avoir voulu limiter sa libéralité, en la réduisant à ce corps unique qui a été le premier objet de ses intentions ; ou le corps certain, au contraire, ne se trouve point dans le legs, dans la disposition même, mais dans la clause qui concerne l'exécution du legs, qui indique la manière de le payer ; et, en ce cas, tous les docteurs décident unanimement que ce corps certain, dont le testateur a parlé, ne forme point une condition nécessaire, que ce n'est qu'une démonstration favorable, faite par le testateur, pour apprendre à son héritier ou à son légataire, et peut-être à tous les deux, en quelle nature d'effets sa volonté pourra être plus facilement accomplie.

Si, par exemple, le testateur a dit : *Je donne les cent écus que Titius me doit*, le corps, l'effet certain, la dette de Titius se trouvent dans la disposition.

---

(1) Traité *de la distinction des rentes*, liv. 1, chap. 8, n. 13 et suiv.

Aussi la loi 108, §. 10, ff. *de legat. et fideic.* 1.º et la loi 8, §. 2, ff. *de legat. et fideic.* 2.º décident-elles que le legs est limitatif?

Si, au contraire, le testateur a dit : *Je donne cinq cents pistoles à Titius, et je veux que mon fermier d'une telle terre les lui paie*, là signification, l'indication du paiement ne se trouvent point dans la clause qui contient cette disposition. Elles ne sont placées que dans la clause qui marque quel doit être le paie-ment du legs. Le testateur a voulu d'abord léguer en général cinq cents pistoles : il a marqué ensuite un fonds certain, sur lequel son légataire pourroit les prendre. C'est une simple démonstration ajoutée en faveur du légataire, qui peut lui servir, mais qui ne sauroit lui nuire ; c'est la décision de la loi *Paula*, 27, §. 2, ff. *delegat. et fideic.* 3º.

Mais, parce qu'il se trouve des clauses si obs-cures, si équivoques, si mêlées, que l'on ne peut plus y distinguer ce qui regarde la disposition, de ce qui concerne le paiement ou l'exécution, M.ᵉ Charles Loiseau, qui, par la profondeur de son jugement, auroit mérité de naître dans le siècle des Papinien et des Africain, remarque, avec raison, que la distinction commune des docteurs est encore impar-faite, puisque souvent on ne peut remarquer où est la disposition, où est l'exécution ; et, dans tous ces cas, si les docteurs sont muets, la justice ne doit pas l'être ; il faut qu'il y ait une règle générale supé-rieure à la diversité des espèces, indépendante de l'ordre et de l'arrangement des dispositions.

La droiture de la raison naturelle a montré cette règle à M.ᵉ Charles Loiseau ; et, après s'être égaré pendant quelque temps avec les docteurs, il est re-venu enfin dans la seule route sûre et naturelle, dont le chemin lui étoit tracé par les oracles de la juris-prudence romaine.

Ils ne sont point entrés, comme les docteurs mo-dernes, dans la distinction de l'assignat limitatif, ou de l'assignat démonstratif. Ces expressions dures, nées dans la poussière de l'école, leur étoient inconnues. A quoi s'attachoient-ils donc uniquement? A la volonté du testateur. Lorsqu'il paroissoit clairement que sa volonté avoit été de léguer un corps certain, ils ne l'étendoient point au-delà des bornes qu'il avoit plu au testateur d'imposer à sa libéralité. Lorsqu'au contraire on voyoit que son but principal avoit été de léguer une somme, une rente, un revenu fixe et annuel, alors, de quelques termes qu'il se fût servi, en quelque ordre qu'il eût arrangé la suite de ses pensées, on ne regardoit jamais le corps certain dont il avoit parlé, que comme un moyen, une voie plus sûre qu'il avoit ouverte au légataire, et qui, bien loin de rendre son legs plus foible, plus chancelant, plus incertain, ne servoit qu'à lui donner un nouveau degré de faveur, d'assurance et de fermeté.

En effet, les lois ne peuvent que suivre, qu'imiter, que perfectionner la raison; et, après avoir épuisé toutes les subtilités des docteurs, toutes les couleurs des interprètes, tous les raisonnemens des compilateurs d'arrêts, il faut toujours en revenir à ce que la lumière naturelle inspire également à tous les hommes. Les testateurs ne sont point assujétis à une certaine formule, à un ordre marqué, à un arrangement inviolable de paroles; libres dans leurs dispositions, ils le sont encore plus dans leurs expressions. Ainsi, à quoi se réduisent toujours toutes les questions de testament? A tâcher de pénétrer dans les conjectures de la volonté du testateur.

Il n'est pas néanmoins inutile d'avoir examiné les règles que les observations des docteurs nous ont tracées sur cette matière. L'esprit, sans cet examen, ne pourroit acquérir un certain degré de consistance, de repos, de tranquillité, si nécessaires pour la solidité du jugement.

Ne portons pas plus loin nos réflexions générales; et, après avoir supposé les principes du droit, entrons dans ce qui est essentiel et décisif: attachons-nous à l'examen de la volonté du testateur.

Nous nous sommes proposés de ne l'examiner que pour douter, et nous croyons que c'est de ce doute même que l'on doit parvenir à la certitude, et que la lumière doit ici sortir du sein de l'obscurité.

Tâchons donc de vous remettre devant les yeux les principales raisons de douter, que l'on peut alléguer sur les différentes interprétations de la clause du testament.

De quoi s'agit-il aujourd'hui ? De savoir si le legs est limitatif ou démonstratif, ou, pour parler plus sensiblement, si c'est l'usufruit, le revenu seul de la terre de Bieville que le testateur a voulu léguer, ou, au contraire, si son principal objet a été de léguer une rente, et si la terre n'a été considérée dans son esprit que comme l'accessoire.

Ceux qui soutiennent que la terre de Bieville, léguée en usufruit, est la matière de la libéralité du testateur, et ceux qui se déclarent pour l'interprétation contraire divisent également leurs présomptions en deux classes.

Les unes sont tirées du dernier testament même ; les autres sont tirées des premiers testamens.

Suivons cet ordre, et commençons par celles qui sont favorables aux héritiers.

En s'attachant aux conjectures qui résultent du dernier testament, considéré en lui-même comme s'il étoit l'ouvrage unique et le seul monument que le testateur eût laissé de sa volonté, on peut dire d'abord, que toutes les règles des docteurs s'appliquent parfaitement à l'espèce de cette cause.

Si l'on demande ce que le testateur a légué le premier, c'est la terre et non pas la somme.

Si l'on cherche à distinguer la disposition de l'exécution, si l'on veut trouver deux parties dans une même clause, dont l'une contienne le legs, et l'autre le paiement du legs, on trouvera que la terre, que l'usufruit, que le revenu de cette terre sont dans la disposition même : *Je donne et lègue la terre de Bieville.* Voilà le legs accompli. *Moyennant la somme de* 13,300 *liv.* Ce n'est plus qu'une désignation, qu'une indication surabondante, un rien, pour ainsi dire, et non la substance du legs, une circonstance accessoire qui ne sert qu'à déterminer la qualité et la valeur de la terre ; en un mot, la terre est dans la disposition, et la somme dans l'exécution. Donc, rien de plus éloigné d'un legs démonstratif.

2.º Si l'on néglige toutes ces observations pour examiner la volonté du testateur, qui peut en douter, lorsque l'on voit en quels termes il s'explique ?

Qu'est-ce qu'il a voulu léguer? Les héritiers n'ont qu'à la laisser parler. *La terre de Bieville pendant la vie durant de Madame de Ventadour.* De quelles expressions devoit-il donc se servir pour faire un legs limitatif?

Ce qui distingue essentiellement la limitation dans un legs, de la simple démonstration, c'est la qualité de ce qui est légué. Quand c'est un corps certain, il est presque impossible de concevoir l'idée d'un legs démonstratif. Au contraire, quand le testateur a fait un legs de quantité, il est très-difficile de ne pas présumer que le legs est démonstratif.

Ici la vérité se montre, se produit d'elle-même. C'est un corps certain qui est légué. Ce n'est pas tout, il a caractérisé ce corps certain par des traits qui ne permettent pas qu'on le confonde jamais avec le legs d'une rente viagère.

Premier caractère. Le nombre rompu de 13300 liv. Quelle apparence que le testateur ait légué une rente de cette qualité ? Quelle bizarrerie, quelle singularité !

Second caractère, qui est, pour ainsi dire, une image naïve par laquelle le testateur a donné une idée sensible de sa volonté ; et quel est ce caractère? Le rapport exact qui est entre la somme de 13,300 liv. et la valeur des revenus. Par le bail, il paroît que la terre est affermée 13,300 livres. Donc il est évident que c'est le revenu de la terre qu'il a voulu léguer, et non pas une rente certaine à prendre sur ce revenu. Mais, s'il étoit possible d'ajouter une nouvelle lumière à l'évidence même, il suffiroit de joindre ici une observation qui se tire des premiers testamens, où l'on voit que tant que la terre n'a été affermée que 13,200 liv. le testateur ne l'a donnée que sur ce pied. Le legs a augmenté en même temps que le revenu de la terre ; donc c'est le revenu qui est compris dans le legs ; donc le legs est un corps certain, susceptible, à la vérité, d'accroissement et de diminution, et, par conséquent, très-différent d'une rente fixe et invariable, qui ne suit point le progrès du revenu d'une terre.

Si l'on oppose ces termes, *moyennant la somme de* 13,300 *liv.*, qui se trouvent insérés au milieu de la clause, et ceux qui les suivent, *et après le décès de Madame de Ventadour, retournera ladite somme aux héritiers du testateur,* il paroît facile de dissiper cette fausse couleur et d'éclaircir cette foible équivoque.

1.° Quand le testateur a dit *moyennant la somme de* 13,300 *liv.*, il est visible qu'il faut supposer le terme d'*affermée*, qui se trouve dans les premiers testamens, et que l'ignorance du notaire, ou la précipitation avec laquelle cet acte a été fait, a retranché mal-à-propos du premier testament. Sans cela, nul sens dans cette clause : *Je donne et lègue la terre de Bieville, moyennant la somme de* 13,300 *livres.*

2.° Mais, quand même on admettroit l'interprétation forcée que le défenseur de Madame de Ventadour donne à ce terme *moyennant;* quand on conviendroit qu'il veut dire la même chose que *pour la somme de* 13,300 *livres,* quelle conséquence pourroit-on en tirer ? Que le testateur a voulu marquer la valeur du revenu de la terre. Mais cette circonstance peut-elle changer la qualité du legs ? Quoi ! parce que le testateur aura exprimé la valeur de ce qu'il donne, le legs passera tout d'un coup, du genre, de l'espèce, de la nature d'un legs limitatif, dans celle d'un legs démonstratif ? S'il avoit dit, par exemple : *Je donne mon diamant de* 10,000 *liv.*, ce ne seroit plus un diamant qui seroit légué, ce seroit la somme de

10,000 liv. Qui ne voit que cette expression, de quelque manière qu'on l'interprète, ne peut être considérée que comme l'accessoire, et jamais comme le principal de la disposition?

3.° Si le testateur ajoute que *ladite somme de* 13,300 *liv. retournera à ses héritiers*, ce n'est point pour donner lieu à la vaine subtilité par laquelle on prétend prouver aujourd'hui, que c'est cette somme qu'il a léguée, puisque c'est cette somme qui doit retourner à ses héritiers, mais pour marquer toujours la valeur des fruits de la terre. En un mot, dans l'esprit du testateur, l'usufruit ou le revenu de Bieville n'est pas différent de la somme de 13,300 liv. Ce sont, dans son langage, deux expressions synonymes; tantôt il se sert du terme propre, tantôt d'un terme équivalent; il désigne l'usufruit par ces mots: *Donne et lègue, à Madame de Ventadour, la terre de Bieville, sa vie durant*; il marque la valeur de cet usufruit par *la somme de* 13,300 *livres*; mais, de quelque manière qu'il s'explique, c'est toujours un usufruit qu'il lègue. La somme représente la chose; il faut donc toujours revenir à la chose représentée; et quelle est-elle, si ce n'est l'usufruit de la terre de Bieville?

Quelle induction d'ailleurs peut-on tirer de ces paroles irrégulières qu'un homme mourant prononce avec peine? Le terme de *somme* ne convenoit pas même à ce qu'il vouloit dire. Tout est impropre, tout est imparfait, tout est peu correct dans cette clause. Il faut donc chercher uniquement le corps, pour ainsi dire la substance de la volonté, et elle est toute favorable à l'interprétation que lui donnent les héritiers.

Que si, après avoir examiné ce testament en lui-même, on le compare avec les testamens qui le précèdent, on sera surpris de voir que l'on ose encore douter sur une volonté si claire, si formelle et si persévérante.

C'est dans ces testamens, faits avec maturité, pesés, écrits avec circonspection, dans le temps

d'une santé parfaite, qu'il faut chercher les véritables
intentions du testateur, et non pas dans un acte très-
suspect, dans ces expressions confuses et indigestes
qu'une voix mourante a eu de la peine à former, *Quæ*
seminecis et balbutiens lingua profudit, pour nous
servir des expressions d'une loi (1).

C'est dans ces premiers testamens que l'on découvre évidemment, de l'aveu même de l'appelante,
que l'intention du testateur a été de léguer l'usufruit
de la terre de Biéville.

Si sa disposition paroît changée, elle ne l'est
point dans ce qui est essentiel. C'est toujours l'usufruit qui est légué, puisqu'il lègue *la terre de Bié-*
ville à Madame de Ventadour, sa vie durant. Le
reste est indifférent : ce n'est, comme nous l'avons
dit, que l'expression de la valeur de cette terre. S'il
avoit dit, *Je donne ma terre de Biéville, que j'ai*
achetée 250,000 *liv.*, diroit-on que c'est cette somme
qu'il lègue, et non pas la terre ?

Enfin, pour en être convaincu, n'est-il pas certain
que si la valeur du revenu de la terre augmentoit, le
legs de Madame de Ventadour augmenteroit en même
temps ? Le sieur de Bullion, les autres héritiers seroient-ils bien fondés à disputer cette augmentation
à Madame de Ventadour ? Ne leur diroit-elle pas
que la volonté du testateur est certaine, qu'il n'y a
qu'à comparer les trois testamens, pour être persuadé que son legs est un legs d'usufruit ; que, puisque ce legs a crû, pour ainsi dire, du vivant du
testateur, à mesure que le revenu de la terre a augmenté, il doit aussi croître après sa mort par l'augmentation de ce même revenu ? Or, ce que Madame
de Ventadour diroit alors, pour prouver que son
legs est un legs d'usufruit, les héritiers ne sont-ils
pas en droit de le dire aujourd'hui, quoique les
conséquences en soient différentes ? Et n'est-il pas

_____

(1) Loi 15. Cod. *de Testamentum et quemadmodum test. or-*
dinentur.

16*

visible que jamais le conseil de Madame de Ventadour n'auroit imaginé la distinction du legs limitatif ou démonstratif, s'il n'avoit eu de justes raisons
de craindre la disposition sévère de la coutume de
Normandie?

Voilà tout ce que l'on peut alléguer en faveur des
héritiers. Voyons maintenant ce que l'on peut répondre pour la légataire, en distinguant toujours les
conjectures tirées du testament même, de celles qui
résultent des autres testamens.

Sur le testament même, on peut dire, 1.° Que
l'on ne peut pas douter que la clause ne soit obscure. C'est la seule vérité dont l'une et l'autre parties
peuvent convenir également sans blesser leurs droits
et leurs prétentions.

2.° Que c'est néanmoins dans cette clause même
qu'il faut en chercher l'interprétation.

Pour cela, on soutient que ce n'est point ici le cas
auquel s'appliquent toutes les distinctions des docteurs, parce qu'il est impossible de distinguer si
la terre est dans la disposition ou dans la démonstration. Telle est l'obscurité répandue sur le legs,
que l'on ne sait d'abord sur quoi il peut tomber,
si c'est sur l'usufruit de la terre, ou sur une rente
à prendre sur cette terre.

Le testateur a confondu la terre et la somme, le
corps et la quantité; mais il n'a pas tellement confondu l'un avec l'autre, que l'on ne puisse les séparer, et reconnoître, en liant toutes les parties de
la clause, que le corps ne s'y trouve que pour la
sûreté de la somme ou de la quantité qui a été
léguée.

Il est vrai que s'il avoit dit simplement : *Je lègue
ma terre de Bieville à Madame de Ventadour, sa
vie durant*, le legs seroit certainement limitatif.

Il est vrai aussi que s'il avoit dit : *Je lègue la
somme de* 13,300 *liv. à prendre tous les ans sur
ma terre de Bieville*, le legs seroit démonstratif.

Qu'est-ce qui rend sa volonté douteuse? C'est
qu'il a joint l'un avec l'autre, en disant : *Je lègue*

la terre de Bieville moyennant la somme de 13,300 *l.*
Lequel des deux doit l'emporter? Sera-ce la terre,
sera-ce la somme?

Pour décider cette question, il faut réunir ce que
les héritiers divisent ; et, rassemblant tous les
termes de la clause, il faut l'envisager d'une seule
vue.

Donne et lègue à Madame de Ventadour la terre
de Bieville, située en Normandie, moyennant la
somme de 13,300 *liv., pendant sa vie durant, et*
après le décès d'icelle dame de Ventadour, retour-
nera ladite somme aux héritiers du testateur.

Deux caractères évidens découvrent l'intention du
testateur.

Le premier est dans ces termes : *Moyennant la*
somme de 13,300 *liv. ;* termes auxquels il n'est pas
permis de rien ajouter sans altérer la volonté du
testateur ; termes qui ne demandent même aucune
addition, puisqu'ils composent par eux-mêmes un
sens très-parfait, *moyennant la somme de* 13,300 *liv.,*
c'est-à-dire *pour la somme de* 13,300 *liv.* C'est donc
la terre qui est donnée *in solutum,* pour ainsi dire,
qui est assignée en paiement de la somme. Donc la
somme est le principal objet ; donc la terre n'est que
l'accessoire ; donc la somme est véritablement dans
la disposition, et la terre dans la démonstration. Sui-
vous plutôt l'ordre de la volonté que celui de l'écriture. Le testateur a commencé par la terre, mais il
vouloit la rapporter à la somme. Souvent, disent les
philosophes, ce qui est le premier dans l'intention,
est le dernier dans l'exécution.

Cette interprétation s'accorde parfaitement avec
les principes du droit. Toutes les fois qu'on donne
un fonds pour un certain prix, l'estimation prend la
place de la chose. Ainsi le mari, en termes de droit,
devient maître irrévocablement du fonds dotal,
lorsqu'il a été estimé par le contrat de mariage, et
il n'est plus débiteur que du prix. Ainsi, dans l'espèce de cette cause, le fonds paroît d'abord avoir
été donné ; mais comme il n'est légué que pour tenir

lieu d'une certaine somme, c'est véritablement la somme qui compose l'essence, la nature, la substance du legs.

Le second caractère, qui achève de démontrer l'intention du testateur, est marqué dans les derniers termes par lesquels il finit la clause, *et après le décès d'icelle dame de Ventadour, retournera ladite somme aux héritiers du testateur.* Ces paroles forment une espèce de démonstration. Qu'est-ce qui doit retourner aux héritiers? C'est ce que le testateur a donné à la légataire. Or, ce qui doit retourner est la somme, donc c'est la somme qui a été donnée directement, immédiatement, principalement; donc l'intention du testateur, douteuse et obscure au commencement de la clause, incertaine en apparence entre la terre et la somme, entre le corps et la quantité, se détermine évidemment pour la somme, pour la quantité, à la fin de la clause.

Et qu'on ne dise point, 1.º que la qualité de la somme exprimée par un nombre rompu ne convient point à l'idée d'une rente. Cette raison est détruite invinciblement par l'observation que l'on vous a faite, que le même testament contient un legs de la même somme de 13,300 livres au profit de Madame la maréchale de la Mothe, à prendre sur tous les biens.

2.º Que ce nombre cadre et s'accorde exactement avec le prix du dernier bail de la terre de Bieville, et qu'ainsi il est à présumer que c'est le revenu de la terre qui est légué, et que la somme n'est ajoutée que pour exprimer la valeur de ce revenu.

Il est vrai, en un sens, que le revenu est légué, et cependant il est vrai, en un autre, que c'est une rente qui est léguée; et comment concilie-t-on ces deux propositions?

Le testateur a eu en vue de donner 13,300 liv. de rente à Madame de Ventadour. Il a cherché, pour la commodité de la légataire, un effet certain qui produisît à-peu-près la somme de 13,300 livres tous les ans. Il a trouvé ce revenu dans la terre de

Biéville ; c'est pour cela qu'il la donne , qu'il l'assigne en paiement du legs. Auroit-on voulu qu'il eût retranché deux ou trois cents livres , tous les ans , du revenu de cette terre , pour les donner à son héritier ? Voilà le dénouement qui explique le véritable esprit du testateur.

Sur la comparaison des trois testamens , on peut dire que si elle paroît favorable aux héritiers , elle ne le paroît pas moins à la légataire.

Ces titres ne sont point uniformes dans leurs expressions , et le changement de l'expression doit faire présumer celui de la volonté.

Plusieurs différences essentielles.

Dans les premiers testamens, on lègue nommément et disertement l'usufruit. On ne trouve rien de pareil dans le dernier.

Dans le premier, on marque simplement la valeur de la terre ; mais on ne dit point qu'on la donne pour une certaine somme, et c'est ce qui ne se trouve que dans le dernier testament.

Enfin, et c'est ce qui décide ; dans les premiers testamens , on dit que le fonds retournera aux héritiers après la mort de la légataire ; dans le dernier, on dit que *la somme retournera.* Donc dans les premiers, c'est le fonds ; et, dans le dernier, c'est la somme qui est léguée.

Comment peut-on conclure de deux clauses si différentes, que la volonté est la même ? Ne doit-on pas au contraire tirer cette conséquence ? Le testateur a changé de langage ; donc il a changé de sentiment. Et si cela est, ne peut-on pas rétorquer contre les héritiers , tous les argumens qu'ils opposent à la légataire ?

Madame de Ventadour seroit-elle bien fondée à demander l'augmentation du prix du bail de la terre , s'il étoit porté plus haut ? Ne lui diroit-on pas que le revenu ne lui est donné que pour tenir lieu d'une somme de 13,300 livres ? Pourroit-elle jouir des droits honorifiques, s'enrichir des profits casuels de la terre ? Les héritiers du testateur ne seroient-ils pas en droit de s'y opposer? Donc elle n'est point légataire de l'usufruit. Donc tout son droit se réduit à prendre une rente sur les fonds d'une terre. Donc le legs est démonstratif.

Telles sont, Messieurs, toutes les raisons de douter que l'on peut proposer de part et d'autre. Mais où sont celles de décider? Nous bornerons-nous à douter toujours? Nous souhaiterions qu'il nous fût permis de le faire; mais, puisque notre devoir nous oblige nécessairement à nous déterminer, nous nous contenterons de vous proposer ici trois réflexions générales, qui nous paroissent capables de conduire l'esprit à une décision juste et légitime.

Première réflexion. Nous la faisons sur le doute même. Il est certain du moins, que le doute est raisonnable, et que l'on ne peut point dire que le sens de la clause soit si clair, que tous les esprits attentifs soient obligés de se rendre à l'une ou à l'autre des interprétations contraires. Nous portons envie à la félicité de ceux qui ne trouvent point d'obscurité dans les termes de cette disposition; mais, en cette occasion comme dans beaucoup d'autres, nous sommes obligés d'avouer notre foiblesse, et de reconnoître que ce qui peut paroître manifeste à d'autres esprits, nous paroît très-obscur. Or, dans le doute, de quel côté doit pencher la balance de la justice? Sera-ce du côté de l'interprétation qui rend le legs taxatif, ou de celle qui le rend démonstratif?

Nous trouvons cette question décidée par un texte précis de M.ᶜ Charles Dumoulin, sur l'ancienne coutume de Paris, *Glos. 3. 2. N. 7. Expressio in dubio censetur factâ causâ demonstrationis, nisi hoc exprimatur, et clarè de mente appareat.*

Cette règle, que M.ᶜ Charles Dumoulin nous propose en cet endroit, mérite d'être approfondie, pour savoir quel en est le fondement; et dans quel cas elle doit avoir lieu; et c'est ce que nous regardons comme la matière d'une seconde réflexion.

Seconde réflexion. Quelle est la raison de cette présomption, et dans quel cas doit-elle avoir lieu?

La réponse est très-simple. Dans le doute, on présume que le testateur n'a pas voulu faire un legs inutile et dérisoire, qu'il a voulu au contraire que sa volonté fût exécutée aussi pleinement qu'elle pourroit l'être ; et c'est pour cela que les jurisconsultes nous disent que l'interprétation doit toujours se faire dans l'esprit de faire valoir l'acte, plutôt que de l'anéantir, afin que *res de quâ agitur, magis valeat quam pereat*, dit la loi 12, ff. *de rebus dubiis.* Or, comme le legs démonstratif, qui s'étend sur tous les biens, est beaucoup plus sûr, beaucoup plus étendu dans son exécution, et qu'il conserve davantage les effets de la bienveillance du testateur, il ne faut pas douter que le testateur ne se soit encore plus porté à cette espèce de legs, qu'à celle, qui, en limitant sa libéralité, pourroit souvent la rendre douteuse et incertaine.

Expliquons-nous. Je donne une rente sur tous mes biens : c'est un legs démonstratif, dont l'exécution est assurée sur toute ma succession ; mais au contraire, je donne une rente qui m'est due par un particulier ; si ce particulier devient insolvable, le légataire n'a plus de ressource sur mes autres biens.

Or, comme le premier legs est plus avantageux pour la pleine exécution de la volonté du testateur que le dernier, dans le doute, on doit présumer que c'est à la première espèce de legs qu'il s'est attaché ; il faut même que les termes soient de la dernière évidence, pour admettre l'opinion contraire.

Mais dans quel cas cette maxime, si autorisée par la raison, doit-elle avoir lieu? C'est ici, MESSIEURS, où nous croyons que l'on peut renfermer tout le principe de la décision de cette cause.

L'on peut examiner si un legs est limitatif ou démonstratif, par rapport à deux vûes ou à deux effets différens ; car cette question se forme, ou pour réduire simplement le legs dans les bornes dans lesquelles on prétend que le testateur l'a renfermé, ou pour l'anéantir absolument, et priver le légataire du fruit de la libéralité de son bienfaiteur.

Par exemple, on examine la qualité du legs dans la première vue, lorsqu'on demande si le légataire doit souffrir les pertes, comme il profite des augmentations qui surviennent à la chose léguée : alors il ne s'agit pas de détruire la volonté du testateur ; elle a son effet tout entier, puisque le légataire jouit du bien qui lui a été légué ; mais il s'agit de savoir jusqu'où s'étend cette volonté, et si, par rapport à la chose léguée, le légataire peut avoir une action contre l'héritier pour le surplus des biens de la succession.

En ce cas, la cause de l'héritier peut être favorable. C'est alors qu'il peut alléguer ces maximes communes : *Parcendum heredi : In dubio pro herede : Semper in obscuris quod minimum est sequimur ;* parce qu'il y a au moins une des deux volontés que l'on suppose dans le testateur, qui aura son exécution.

Le testateur a voulu ou le legs par limitation, ou le legs par démonstration. Tout au moins, comme nous venons de le dire, on accomplit une de ces deux volontés ; le légataire jouit au moins du corps qui lui a été légué, il en jouit sans réduction.

Voilà le premier cas, cas auquel la cause de l'héritier peut souvent être favorable.

Mais il y a un autre cas différent du premier ; c'est celui dans lequel on examine le legs, non pour le renfermer dans les bornes prescrites par le testateur, mais pour l'anéantir et pour détruire la volonté du testateur dans le temps qu'on paroît combattre pour elle.

Expliquons cette question par une espèce très-commune.

Supposons qu'en pays de droit écrit, un testateur ait fait un legs douteux, dans lequel on ne sait,

---

(1) Loi 9. ff. *de Diversis régul. juris.*

comme dans l'espèce de cette cause, à en juger par
ses expressions, si c'est une maison qu'il lègue, ou
une rente sur une maison.

En cet état, l'héritier soutient comme ici, que le
legs est limitatif; mais pourquoi le soutient-il? C'est
pour ajouter, après qu'il aura prouvé ce premier
point, que non-seulement le legs est limitatif, mais
même inutile, parce que la maison léguée n'appartenoit point au testateur.

Admettroit-on cette interprétation captieuse de
la volonté d'un testateur, qui iroit d'abord à réduire
le legs à un seul effet, et à le rendre ensuite inutile,
en retranchant l'effet du nombre de ceux qui étoient
dans la libre disposition du testateur?

Que diroit-on donc? On diroit : le legs est limitatif, cela peut être vrai; mais dans quel sens l'est-il?
Est-ce dans le sens que l'héritier le soutient, pour
le faire perdre au légataire? Non, ce seroit blesser
trop grossièrement les dernières volontés des mourans. Dans quel sens est-il donc limitatif? En ce
que l'héritier pourra obliger le légataire de se contenter de ce fonds et de cette maison. Mais si cette
maison n'étoit point dans les biens du testateur, le
légataire en aura l'estimation. Pourquoi cela? Parce
que la limitation n'a jamais l'effet d'exclure le légataire
de la totalité de son legs; ce seroit attribuer une
intention absurde au testateur. Tout ce que peut
produire la limitation, est de réduire son droit à un
seul effet, mais non pas de l'éteindre, de l'anéantir,
de le détruire absolument.

C'est sur ce principe que les institutes, que toutes
les lois, du code et du digeste, que tous les docteurs unanimement nous apprennent que la limitation
n'empêche pas que le legs d'un corps certain qui n'appartient point au testateur, ne soit valable, en suivant les distinctions que nous expliquerons par rapport à la récompense.

Jamais, en un mot, la limitation ne détruit l'intention de léguer, ni le pouvoir de le faire, elle ne
restreint que l'exécution du legs; de sorte que toutes

les fois que l'on veut abuser de ce terme de *legs limitatif*, pour annuller entièrement le legs, la volonté du testateur soutient le legs et s'élève contre les prétentions de l'héritier.

Ce n'est donc point le cas de toutes les maximes qui veulent qu'on épargne l'héritier.

Il faut, avant toutes choses, que la volonté du testateur soit accomplie. Quand on peut l'exécuter en ménageant les intérêts de l'héritier, cette voie doit être préférée; mais quand, pour épargner l'héritier, il faudroit anéantir la loi du testateur, jamais on ne peut l'écouter.

Voyons maintenant dans quels cas nous sommes. S'agit-il ici d'une véritable question de legs limitatif ou démonstratif? Madame de Ventadour refuse-t-elle de se contenter du revenu de la terre que le testateur lui a donné? Veut-elle forcer les héritiers à lui payer son legs sur les autres biens? Si cela est, la cause des héritiers du sang est la plus favorable.

Quoique l'on pût douter si la maxime *parcendum heredi* s'applique à eux, cependant il faudroit dire que la présomption de la volonté paroît contraire à Madame de Ventadour, parce qu'il semble que c'est toujours le revenu de la terre qui lui est légué; ainsi, c'est dans ce revenu que se bornent toutes les prétentions.

Mais ce n'est point la question que vous avez à décider. On ne veut rendre le legs limitatif, que pour anéantir la grâce et le bienfait du testateur. Or, en ce sens, nous le croyons, MESSIEURS, et c'est un principe que la sagesse du droit romain, que l'équité même nous dicte avant le droit, que, dans ce sens, il n'y a point de legs limitatif.

La limitation ne peut avoir d'effet que pour affecter un bien plutôt que l'autre; mais non pour faire qu'il n'y ait aucun bien qui soit affecté au legs.

C'est donc abuser ici manifestement des termes, que de parler de limitation. Et comment se feroit cette limitation par la volonté du testateur, puisqu'elle anéantiroit cette volonté même?

Attachons-nous donc à ce principe : Tout legs, en quelques termes qu'il soit conçu, n'est limitatif que dans son exécution ; mais il faut que l'intention du testateur ait toujours son effet. Que ce soit en un seul bien, ou sur tous les biens, c'est ce qui dépend des termes dont il s'est servi ; mais il faut toujours que cette volonté soit accomplie d'une manière ou d'une autre, et on ne peut limiter, quand la limitation aura pour unique effet de rendre le legs inutile, et la bienveillance du testateur dérisoire.

Finissons cette première partie de la cause par une troisième réflexion.

Quelle est la personne de la légataire, et quelle est la cause du legs ?

La personne de la légataire. Une cousine germaine, de l'alliance de laquelle le testateur se trouve honoré ; une cousine germaine, pour laquelle sa volonté a toujours paru également persévérante.

Or, quel est, en termes de droit, l'effet de cette proximité ?

Un testateur lègue le bien d'autrui. On demande s'il est censé en avoir voulu au moins léguer l'estimation, si son héritier ne pouvoit pas l'acheter. On distingue : s'il savoit que le bien qu'il a légué ne lui appartenoit pas, le legs est bon ; il en est autrement s'il l'ignoroit. Mais quelle est l'exception ? si ce n'est que le legs fût fait en faveur d'une personne proche ; car, dans ce cas, on ne distingue point.

Le droit substitue donc toujours l'estimation à la place de la chose en faveur des personnes proches : l'application est aussi juste que naturelle.

Quelle est la *cause du legs* ? Elle est marquée dans un des testamens, *parce que*, dit le testateur, *elle en a plus besoin que les autres.* Ces termes ne font point d'injure à la partie de M.ᵉ Nivelle. Elle peut même s'en faire honneur, dans un temps où nous ne voyons presque plus que des richesses suspectes, et où c'est une espèce de titre de noblesse, que de n'en avoir point.

Ce legs est donc une espèce de pension viagère, comparable presque à des alimens.

Or, l'on sait que tout legs taxatif devient démonstratif, quand il est question de causes favorables. Pourquoi ? Parce que l'on présume toujours que le testateur auroit substitué un autre fonds, s'il avoit cru que le premier eût pu faire la matière d'une difficulté.

Ici, qui peut en douter ?

Voilà donc la première et la plus difficile question épuisée.

De grands argumens pour et contre, dans le doute, des principes certains. Contentons-nous même du doute, nous le releverons encore bientôt dans la question de la récompense.

Passons maintenant à l'examen de la capacité et du pouvoir du testateur.

SECONDE PARTIE.

De la capacité du testateur.

Deux incapacités sont la matière de cette seconde partie : l'une, par rapport à la nature des biens dont il a disposé ; l'autre, par rapport à la qualité.

Sur la première incapacité, l'on soutient que le legs est entièrement nul, parce que le testateur n'a pas satisfait à la loi irrévocable de la coutume de Normandie, qui ne permet de disposer par testament du tiers des acquêts, qu'en cas que le testateur n'attende pas l'extrémité de sa vie pour user de cette faculté, et qu'il survive trois mois entiers à sa disposition.

Sur la seconde incapacité, on prétend que l'usufruit étant un immeuble, on ne peut, dans la coutume de Normandie, donner en usufruit plus qu'en

propriété, qu'ainsi le legs doit être réduit au tiers ;
et, enfin , l'on demande si cette réduction peut
donner lieu à obtenir une récompense sur les autres
biens.

Et comme cette dernière question nous paroît la
véritable et la principale difficulté de cette seconde
partie de la cause, nous nous hâterons de parcourir
les autres, pour arriver plutôt à celle qui nous paroît seule capable de les décider toutes.

Disons donc, en un mot, sur la question de la
survie, que cette question se peut agiter, ou dans
la seule vue des maximes générales, ou par rapport
à la jurisprudence de vos arrêts ; mais quelles sont
ces maximes générales ? Mettons la question dans
son jour.

On demande si la loi de la survie de trois mois,
si cette loi que la sagesse devroit rendre universelle,
ne lie que les sujets de la coutume de Normandie ,
ou si elle étend son empire sur tous ceux qui possèdent des biens dans l'étendue, dans le ressort de
cette coutume; et, pour nous servir encore ici des
termes de l'école, cette disposition, qui fait la loi des
Normands, doit-elle être considérée comme un statut
personnel qui ne peut assujettir les étrangers ; ou au
contraire, doit-on la regarder comme un statut réel
qui affecte les biens indépendamment du domicile
de ceux qui les possèdent ?

Si nous cherchons ensuite quels sont les principes
par lesquels cette question peut être décidée, ils paroissent d'abord très-simples.

Trois conditions doivent concourir à la production
et la perfection du testament. L'une regarde la personne; l'autre appartient à l'acte; la dernière se rapporte aux biens dont on dispose. La capacité doit
être dans la personne, la formalité dans l'acte, le pouvoir ou la liberté dans la disposition des biens.

De ces trois choses, les deux dernières sont certaines.

Laissons agiter aux docteurs Ultramontains, féconds
en questions aussi oisives que subtiles, s'il faut suivre

les formalités du lieu où l'acte a été passé, ou celles du lieu où il doit être exécuté ; si l'on doit juger de l'étendue des dispositions par la loi du domicile ou par celle de la situation des biens.

Pour nous, disons, avec M. d'Argentré (1), que ces questions, qui ont autrefois exercé les plus fameux docteurs, ne seroient pas même dignes d'occuper un moment l'attention de ceux qui ont le moins d'étude et de savoir.

Personne ne doute que les formalités d'un testament ne se doivent régler par la loi du lieu où l'acte a été passé.

Personne n'ignore que, lorsqu'il s'agit de fixer la quotité, la nature des biens dont on peut disposer, il ne faille suivre inviolablement la coutume du lieu où les immeubles dont on dispose sont situés.

Le doute, l'obscurité, le partage des auteurs, tombent donc uniquement sur la personne, sur la capacité de disposer, sur l'étendue ou les bornes de cette capacité.

Ne nous égarons point ici dans de vaines dissertations ; renfermons-nous dans la suite et dans l'enchaînement des principes.

On demande si les dispositions qui regardent la capacité de donner, de disposer, sont réelles ou personnelles.

Répondons, en un mot, que l'on peut en distinguer de trois sortes. Suivons, ici, pour guide, l'excellente dissertation que M. d'Argentré a faite sur cette matière, dans son Commentaire, sur l'article 218 de la coutume de Bretagne.

Trois sortes de dispositions dans les coutumes.

Les unes sont purement réelles ; telles sont celles dont nous avons déjà parlé, qui ont rapport à la qualité et à la nature des biens dont on peut disposer. Telle est la loi de la coutume de Paris, qui défend de donner plus du quint de ses propres.

_____

(1) Sur la coutume de Bretagne, art. 218, glos. VI, n. 5 et suiv.

Telle est celle des coutumes de Bretagne, d'Anjou, du Maine, qui défend de donner plus des deux tiers ; telle est la coutume de Normandie, qui interdit aux testateurs la disposition de leurs propres, et qui ne leur permet que celle du tiers des acquêts. Toutes ces lois sont réelles, indépendantes de la capacité de la personne. Les autres dispositions sont purement personnelles, et ce sont celles qui affectent la personne, qui forment ce que l'on appelle l'état, qui la rendent incapable, non pas de disposer de tels et tels biens, mais de contracter, mais de tester, mais de faire tels et tels actes ; en sorte que l'acte est nul en soi, et indépendamment de son exécution. Telle est la loi de l'autorisation pour les femmes. En quelque lieu que soient situés les biens d'une femme domiciliée dans la coutume de Paris, elle ne peut les obliger sans être autorisée, parce que la capacité ou l'incapacité qui affecte toute la personne se répand sur tous les biens. Telle est encore l'interdiction dans un prodigue.

Enfin, il y a une dernière espèce de dispositions que M. d'Argentré appelle très-justement, après quelques canonistes, des dispositions mixtes, qui regardent en même temps et la chose et la personne. Les lois de ce genre semblent former un lien qui unit la personne à la chose, et qui les rend mutuellement dépendantes l'une de l'autre, par rapport à la prohibition de disposer.

Cette distinction supposée, voyons quels en sont les effets.

Lorsqu'il s'agit d'une disposition purement réelle, on suit uniquement la loi de la situation des biens. Chaque coutume impose la loi aux immeubles qu'elle trouve dans son territoire, elle saisit les héritiers de tout ce que les testateurs ne leur ont pu ôter ; et c'est envain que le légataire allègue un testament, parce qu'il trouve l'héritier saisi et mis en possession réelle, pour ainsi dire, par la coutume même.

Lorsqu'il est question, au-contraire, d'une disposition purement personnelle, on ne consulte que la loi du domicile. Elle seule commande aux personnes qui lui sont sujettes; les autres lois ne peuvent rendre capables ni incapables, ceux qui ne vivent point dans leur ressort; et c'est ce que Bartole a voulu marquer sur la loi *Cunctos populos* (1), quand il a dit que *Statutum non potest habilitare personam sibi non subjectam.*

La grande question se réduit à examiner les dispositions qui sont mixtes, c'est-à-dire, qui affectent la chose et la personne.

Nous savons que cette matière est féconde en difficultés, que les auteurs se partagent, que les arrêts mêmes ne sont point uniformes sur ce point. Cependant il faut essayer de tracer ici quelques maximes générales, qui puissent conduire à la décision.

Les dispositions mixtes doivent-elles être regardées comme réelles, ou comme personnelles? La réalité l'emporte-t-elle sur la personnalité ou réciproquement?

Premièrement, dans un acte mixte, il faut regarder quel est le principal et quel est l'accessoire, et juger de la qualité de l'acte, par ce qui est le principal, *per id quod præponderat.*

Secondement, de-là, par une conséquence certaine, si la réalité paroît le motif et le principe de la disposition, c'est la réalité qui décidera de sa nature; si c'est au-contraire la personnalité, alors la disposition sera réputée personnelle.

Suivant ces principes, examinons de quelle nature est l'incapacité fondée sur le défaut de *survie.* Est-elle réelle, personnelle ou mixte?

Il paroît d'abord quel est mixte, puisqu'elle affecte et la chose et la personne. Mais, dans cette union,

---

(1) Cette loi est la première du titre *de Summâ Trinitate et Fide catholicâ*, par lequel Justinien a commencé son Code. Les questions qui concernent la distinction des statuts réels et personnels ont été traitées, sur cette loi, par les interprètes, à l'occasion des mots *cunctos populos;* et c'est là qu'on trouve ce qui concerne cette matière.

dans cette confusion de la chose et de la personne, qu'est-ce que l'on considère ? Est-ce la personne, est-ce la chose qui l'emporte.

La disposition qui impose la condition de la survie (1) peut être comparée à celle des coutumes, qui exigent que l'on marque expressément que le testament n'a point été suggéré : il est bien vrai que l'effet de la suggestion peut regarder les héritiers, mais il regarde principalement la personne.

On peut en dire autant de la survie ; qui peut douter qu'elle n'ait été établie pour prévenir, ou la propre foiblesse du testateur, ou une impression, une suggestion étrangère ? Il est vrai qu'on ne prend cette précaution qu'à l'égard des immeubles, et qu'on la néglige par rapport aux meubles *quorum vilis et abjecta possessio* ; mais c'est toujours par rapport à la personne, toujours pour assurer la liberté, la sagesse, la capacité des mourans.

Quelle différence peut-on marquer entre l'âge nécessaire pour disposer, et le temps de la survie ? L'un et l'autre ne tendent qu'à donner au testateur une plus grande force d'esprit, une maturité plus parfaite de raison.

Donc, si l'âge est regardé comme une capacité purement personnelle, ou du moins dans laquelle le personnel l'emporte sur le réel, il en est de même dans la survie.

Arrêtons-nous à la comparaison des coutumes qui exigent que l'on marque que le testament n'a point été suggéré. Dira-t-on que ces coutumes sont réelles (2) ?

_____

(1) M. d'Aguesseau propose, ici, les raisonnemens dont on se servoit pour soutenir l'opinion qui avoit prévalu alors au parlement de Paris, et qui sembloit avoir formé une jurisprudence. On trouvera, à la suite de ce plaidoyer, ce qu'il a pensé lorsqu'il a examiné de nouveau la même question, et l'a décidée par une loi qui a fait cesser cette jurisprudence.

(2) On a trouvé, en marge de cette phrase, ces mots, écrits de la main de l'auteur : *Je ne sais si cela est toujours vrai,*

17*

Il est vrai que les héritiers en profitent, et qu'en un sens, la capacité regarde les immeubles ; mais on peut répondre que c'est par accident et par conséquence.

Ajoutons, à ces réflexions générales, quelques observations particulières sur la coutume de Normandie.

Premièrement, la condition de la survie n'y est pas même regardée comme une loi bien rigoureuse, puisque l'on permet à tout testateur de faire un testament olographe, dans lequel il est maître de la date, et que le parlement de Normandie ne permet pas la preuve de l'antidate (1).

On répondra que c'est parce que la suggestion n'est point à craindre dans un testament olographe. Mais cette réponse conduiroit à penser que la disposition de la coutume est personnelle, et qu'elle n'a pour fondement que la crainte de la suggestion, puisqu'elle cesse, lorsque la crainte de la suggestion ne subsiste plus.

qui marquent qu'il craignoit, dès-lors, que les maximes qu'il avoit trouvées établies sur cette matière ne fussent point assez exactes. Il y a véritablement une grande différence entre les coutumes qui assujettissoient à se servir de certains termes dans les testamens, et celles qui exigent la survie. La disposition des premières regarde la forme de tester, et ne dépend ni de la situation des biens, ni du domicile de la personne, mais du lieu où le testament a été fait, au lieu que la disposition des secondes a pour objet la conservation de certains biens dans la famille, et dépend, par conséquent, de la situation de ces biens, comme ce savant magistrat l'a expliqué depuis. Il a même jugé à propos d'abroger les dispositions des premières par l'article XXIII de l'ordonnance des testamens, qui, en marquant les formalités indispensables pour ceux qui sont reçus par personnes publiques, ajoute : *Sans qu'il soit nécessaire de se servir précisément de ces termes*, dicté, nommé, lu et relu, sans suggestion, *ou autres requis par les coutumes ou statuts.*

(1) Les autres parlemens n'admettent que difficilement la preuve de l'antidate d'une disposition olographe ; mais il pourroit se présenter des circonstances si fortes, qu'elle seroit admise, même dans celui de Normandie.

Secondement, pourquoi la distinction faite entre les donations entre-vifs et les testamens ? Les unes, quoique faites dans le temps de la maladie, sont confirmées par le laps de quarante jours, et le testament attend sa perfection d'une survie de trois mois. D'où peut venir cette diversité, si ce n'est que l'on présume moins de suggestion dans une donation entre-vifs que dans un testament ? Donc la personne est toujours regardée comme le principal.

Troisièmement, la coutume semble avoir marqué elle-même que cette disposition n'imposoit aucune servitude aux étrangers, et qu'elle ne comprenoit que les sujets naturels de la coutume.

Comparons, pour cela, l'article 422, qui exige la survie pour la disposition du tiers des acquêts, avec l'article 440, qui permet la donation du tiers de tous les biens en contrat de mariage.

La coutume, dans ce dernier article, a pris soin d'ajouter cette sage précaution : *En quelque lieu que le contrat ait été fait.* Pourquoi ne l'a-t-elle pas fait dans le premier ? Ne pourroit-on pas présumer que c'est pour marquer que, dans un cas, la coutume étoit réelle, au lieu que dans l'autre elle étoit personnelle ?

Cette coutume, presque unique dans sa prévoyance, a marqué elle-même les cas dans lesquels sa disposition devoit être respectée même par les étrangers : auroit-elle oublié de le faire dans celui dont il s'agit ?

Si l'on examine cette question par rapport aux arrêts, ceux du parlement de Normandie paroissent favorables aux héritiers.

A l'égard de vos arrêts, leur décision n'est pas douteuse.

Celui de 1688 est constant, par le témoignage de ceux qui y ont assisté, et par une tradition trop récente pour être incertaine.

Celui de 1691 est précis et positif sur ce point. On a infirmé la sentence du châtelet, qui avoit jugé que la survie étoit réelle.

Enfin, si des observations générales et des arrêts, on passe à l'hypothèse, à l'espèce présente, nous trouverons que, dans cette cause, il faudroit violer l'esprit de la coutume de Normandie, pour y appliquer sa disposition littérale. -

Persévérance de volonté invariable à l'égard de Madame de Ventadour.

Trois testamens, tous uniformes, depuis 1692 jusqu'en 1698.

Il y a apparence que le testateur n'a rayé ses premiers testamens que pour en faire de nouveaux.

Mais, sans vouloir user de conjectures sur ce point, il est constant qu'on ne peut présumer ni foiblesse d'esprit ni suggestion, et, par conséquent, que ce n'est point le cas de la coutume de Normandie.

Il seroit donc bien rigoureux de déclarer le legs nul par le défaut de capacité.

Voyons s'il est réductible, parce que le testateur a abusé de son pouvoir.

Cette dernière question présente deux difficultés.

Première difficulté. L'usufruit du total excède-t-il le legs de la propriété du tiers ?

Seconde difficulté. Quand il y auroit lieu à la réduction, ne faudroit-il pas toujours donner une récompense.

PREMIÈRE DIFFICULTÉ.

La question de la différence du legs de l'usufruit et du legs de la propriété peut s'examiner dans deux espèces bien différentes ; ou lorsque l'aliénation est absolument défendue, ou lorsque l'aliénation étant permise jusqu'à une certaine quotité, il ne s'agit que de savoir si cette quotité peut être plus grande en usufruit qu'en propriété.

Dans le premier cas, il n'y a point de doute que l'aliénation n'est pas plus permise en usufruit qu'en propriété. C'est la décision expresse de la loi *Sancimus* 7, au code *de rebus alienis non alienandis*, et c'est là le cas de l'article 428 de la coutume de Normandie, comme nous allons le dire. On ne peut jamais léguer ses propres; donc on ne peut en léguer l'usufruit : la conséquence est juste et nécessaire.

Dans le second cas, on peut, pour décider la question, consulter quatre ou cinq oracles différens.

Le premier est celui de la raison, et cet oracle est pour Madame de Ventadour. Il nous répondra que l'usufruit étant toujours moindre que la propriété, on peut léguer toujours plus en l'un qu'en l'autre, parce qu'autrement il s'ensuivroit que, lorsqu'on voudroit léguer en usufruit, on ne pourroit jamais léguer autant qu'en propriété. Il faut donc compenser la perte de la propriété par l'augmentation de la jouissance, et trouver une juste proportion par laquelle on donne également en l'un et en l'autre cas.

Le second oracle est la raison écrite, c'est-à-dire, le droit romain. Il permet le legs de l'usufruit de tous les biens, au lieu que le legs de la propriété ne peut excéder les trois quarts ; mais sous quelle condition ? Pourvu que la valeur, que l'estimation de l'usufruit n'excèdent pas la valeur des trois quarts en propriété. C'est ce qui est décidé par la loi *Omnium bonorum* 29, ff. *de usufructu.* Harménopule estime précisément cette proportion au tiers.

Le troisième oracle, ce sont nos ordonnances. Lorsqu'il a été question du rachat des rentes, l'estimation de l'usufruit du total a été réputée égale à la valeur du tiers en propriété. *Ordonnance de* 1441.

Le quatrième oracle, nos coutumes; elles sont divisées.

Les coutumes d'Anjou et du Maine, articles 324 et 338, semblent décider nettement que la quotité du legs de l'usufruit ne peut excéder celle du legs de la propriété. Nous savons que l'on peut, par subtilité, interpréter différemment ces coutumes. Mais le sens que nous leur attribuons est celui que les commentateurs anciens et nouveaux leur ont donné. Au contraire, nous trouvons quatre coutumes qui

permettent de donner plus en usufruit qu'en propriété ; trois expressément, et l'autre tacitement.

Expressément ; les coutumes de Saint-Jean-d'An-
gely, article 71 ; de la Rochelle, article 43, de Bretagne, article 455. Tacitement, la coutume de Poitou,
suivant l'avis de Choppin et de Constant.

Dans le doute, que suivra-t-on dans la coutume
de Normandie ?

1.° Il ne paroît point que l'article 428 décide la
question ; il dit que *nul ne peut disposer, par testament, de l'usufruit de ses héritages ou autres biens
réputés immeubles, non plus que de son héritage.
Toutefois il en pourra disposer en récompense de
ses serviteurs ou autres causes pitoyables, pourvu
que l'usufruit n'excède pas le revenu d'une année.*

Les premiers mots de cet article marquent que
cela ne s'étend qu'à des cas où la disposition est
totalement interdite : *ILS DÉFENDENT DE DONNER,
par testament, de l'usufruit, non plus que de son
héritage.*

Les derniers mots achèvent de fixer le véritable
sens, puisqu'on ne permet de disposer que d'une
année d'usufruit. Donc il s'agit de propres dont la
disposition par testament est interdite ; car, en matière d'acquêts, le testateur peut disposer du tiers ;
donc la coutume de Normandie n'a point de disposition précise.

Si l'on passe des coutumes aux arrêts (1), à Paris,
un arrêt du 28 novembre 1537 a jugé contre la com-
pensation de l'usufruit du total avec le quint de la
propriété. Il a été suivi d'autres arrêts, lors desquels
la question fut partagée deux fois. Des arrêts plus
favorables aux légataires ont pris le tempérament de
donner l'option aux héritiers, d'exécuter le legs, ou
d'abandonner aux légataires les meubles et acquêts,
et la quotité des propres, dont le testateur pouvoit
disposer ; tels sont les arrêts des 9 août 1561, et 20
janvier 1632.

_____

(1) Arrêts de Louet, lettre V, n. 8.

A Rouen, trois arrêts : l'un a confirmé la donation de la moitié en usufruit, malgré le soupçon d'antidate contre le contrat de mariage.

Le second, de 1688, confirme la donation de l'usufruit de tous les immeubles, si mieux n'aimoient les héritiers abandonner le tiers en propriété.

Le troisième, de 1685, rendu, à la vérité, sur des circonstances singulières, a jugé la même chose. Basnage ne s'élève point contre ces arrêts dans la dernière édition de son commentaire sur la coutume de Normandie.

Avouons que, malgré toutes ces autorités, la question est très-difficile, si l'on n'entre dans les principes de la récompense (1), ce qui fait la matière de la dernière difficulté.

(1) On voit, par là, que M. d'Aguesseau n'a pas cru devoir proposer de décision sur cette question en général, et il explique, dans la suite, qu'elle auroit dû être décidée en faveur des héritiers, si le testateur n'avoit pas eu des biens, dont les coutumes lui laissoient la libre disposition, ou si les héritiers y avoient renoncé pour s'en tenir à ceux dont il ne lui étoit pas permis de disposer; alors ils auroient pu dire que la coutume, en ne permettant de donner, par testament, que le tiers des acquêts, et réservant les deux autres tiers avec tous les propres à la famille, a fait une véritable *substitution légale ;* que les dispositions des coutumes doivent être interprétées par les principes du droit coutumier, très-opposés, en cette matière, au droit romain. Que, suivant ce droit même, on ne peut léguer l'usufruit d'un bien substitué au préjudice de ceux qui sont appelés à la substitution, et que cela doit avoir lieu, soit qu'elle ait été faite par l'homme ou par la loi; que ce n'est point le cas d'estimer la proportion qu'il peut y avoir entre un usufruit qu'on voudroit racheter, et une propriété; que, comme le pouvoir du testateur vient uniquement de la loi, il doit aussi être renfermé dans la portion dont elle lui accorde la faculté de disposer. Qu'il peut user, plus ou moins, de cette faculté, et que, s'il ne veut en faire usage que pour la jouissance, elle doit être bornée à cette portion. Il y a donc apparence que le legs d'usufruit auroit été réduit au tiers, si la succession n'eût consisté que dans la terre de Bieville, ou si les héritiers s'en étoient tenus à cette seule terre. La différence des espèces peut servir à concilier les arrêts que l'on avoit cités dans cette cause.

SECONDE DIFFICULTÉ.

Examinons donc si, en supposant que le legs soit réductible, il y a lieu d'accorder une récompense sur les biens dont le testateur avoit la libre disposition.

Cette question peut être considérée, ou par rapport aux principes, ou par rapport à l'autorité des choses jugées, ou par rapport aux sentimens des auteurs, ou, enfin, par rapport à la singularité des circonstances de cette cause.

Si nous l'envisageons par rapport aux principes, quoiqu'il s'agissse d'une question de coutume, elle doit néanmoins se décider presque par les règles du droit écrit.

Deux grands principes, qu'il faut nécessairement supposer, pour la décision de cette question ; l'un regarde, en général, les obligations imposées parmi nous, à l'héritier du sang, d'exécuter les testamens et les dernières volontés des mourans ; l'autre regarde, en particulier, ses obligations touchant le legs qui est fait par un testateur, d'un bien qui ne lui appartenoit pas.

Premier principe. Quels sont les devoirs de l'héritier, par rapport à l'exécution du testament ?

Il faut distinguer le patrimoine des propres, ou plutôt la portion des propres qui doit être conservée aux héritiers, du reste du bien.

Lorsque le testateur n'a laissé que ce qu'il ne pouvoit ôter ; par exemple, lorsque, dans la coutume de Paris, le testateur a épuisé tous les meubles et acquêts, et le quint des propres, alors son héritier ne tenant rien de sa libéralité, il n'est point obligé d'exécuter ses dernières volontés. C'est la loi qui le revêtit malgré le testateur ; il reçoit sa légitime de la main de la coutume, et la coutume ne l'assujettit au paiement d'aucun legs.

Il en est de même lorsque l'héritier renonce à tout

ce que la loi ne lui donne point, lorsqu'il se tient
aux quatre quints ; il doit en jouir *sine onere*, au
moins par rapport aux dispositions gratuites et testamentaires. C'est le cas et la décision précise de
l'article 295 de la coutume de Paris.

Mais, au contraire, lorsque le testateur laisse des
biens dont il pouvoit disposer, lorsqu'il enrichit son
héritier, qu'il lui étoit permis de dépouiller, alors
les legs et les autres dispositions à cause de mort
doivent être acquittés par l'héritier ; le testament
est, à son égard, une espèce de fidéicommis. C'est
l'idée de la loi première, §. 6, ff. *de legatis et
fideicommissis.* 3.° Le testateur est censé lui avoir
donné tout ce qu'il ne lui a point ôté, *dedit dum
non ademit;* et ce don, que le testateur lui fait, ne
peut être accepté par l'héritier, que sous la condition précise d'accomplir religieusement la volonté
du testateur. Telle est la loi à laquelle il se soumet
en recueillant les biens que le testateur pouvoit lui
refuser. Il se lie les mains par cette acceptation, et
il ne peut plus se dispenser d'obéir aux ordres
souverains, ou aux prières efficaces du testateur,
sans se rendre indigne de la grâce qu'il en a reçue.

Si ce principe, fondé sur une équité naturelle,
avoit besoin de preuve, il seroit aisé de l'établir
solidement sur la disposition de l'article 295 de
notre coutume ; article qui semble n'avoir été ajouté
dans le temps de la réformation, que pour décider
la question que nous examinons, et pour faire voir
que si l'héritier veut se soustraire aux charges que
le testateur lui a imposées, il faut absolument qu'il
renonce à tous les biens qu'il tient de sa libéralité.
Jusque-là, comment pourroit-il se refuser d'acquitter
tous les legs, dans le temps qu'il est comblé des
bienfaits du testateur ? Car, enfin, le choix tacite que
le testateur fait de l'héritier du sang, en ne le pri-
vant pas de sa succession, est aussi fort que l'institution expresse d'un héritier étranger. Or, comme
l'héritier étranger ne pourroit pas diviser le bienfait des charges qui y sont attachées, il faut aussi

que l'héritier du sang se rende digne du choix du testateur, par la fidélité avec laquelle il accomplira ses dernières volontés.

Ajoutons un dernier exemple, qui met ce principe dans tout son jour.

Lorsqu'un fils veut se dispenser d'exécuter le testament de son père, jusqu'à concurrence de sa légitime exclusivement, seroit-il recevable à prendre son bien, sans vouloir subir la loi sous laquelle ce bien doit passer en sa personne? Or, si un fils même, le plus favorable des héritiers, doit nécessairement renoncer au surplus des biens, pour jouir de sa légitime franchement et librement par rapport au testament de son père, comment des héritiers collatéraux, dont toute la faveur se réduit à une espèce de légitime, beaucoup moins précieuse à la loi que celle des enfans, pourront-ils ne pas exécuter la loi que leur bienfaiteur leur a imposée ?

Telle est donc la condition qui engage l'héritier à l'accomplissement de la volonté du testateur. Tout ce qu'il recueille au-delà de cette portion légale qui lui est destinée, est affecté de plein droit, ou consacré à la satisfaction du testateur, et à l'exécution de ses derniers souhaits.

Voilà le premier principe de cette grande maxime du droit romain *dedit dum non ademit ;* de cette maxime du droit français, que nos testamens sont des fidéicommis ou des codicilles, enfin de la disposition précise de l'article 295 de la coutume de Paris.

Passons au second principe, et voyons comment cet engagement, que l'héritier contracte en acceptant ce que le testateur est censé lui avoir donné en ne le lui ôtant pas, s'accomplit par rapport au legs d'un bien qui n'appartient pas au testateur. Suivons sur cela la maxime du droit romain.

Il n'est pas vrai qu'en général nous ne puissions disposer de ce qui ne nous appartient pas. Mais comment est-ce que le droit s'explique? Un testateur peut léguer la terre, la maison d'un autre, parce qu'en ce cas il est censé avoir voulu imposer à son héritier, ou la nécessité d'acheter cette terre, cette maison, pour la donner au légataire, ou du moins le condamner à lui en payer la valeur et l'estimation.

De-là cette maxime générale, que *res aliena legari potest :* Maxime qui doit néanmoins être exécutée avec distinction ; car, ou le testateur savoit que la chose léguée ne lui appartenoit pas, et, dans ce cas, il est toujours censé avoir voulu que le legs eût son effet, ou il ignoroit que le bien qu'il a légué ne lui appartenoit pas, et alors on ne présume pas facilement qu'il ait voulu charger son héritier. Mais cette règle laisse une exception en faveur des parens du testateur. On suppose toujours à leur égard, que le testateur avoit voulu du moins leur donner l'estimation.

Ces principes sont reconnus pour constans par l'une et par l'autre des parties : mais il y a une seconde distinction beaucoup plus courte et beaucoup plus simple que la première ; ou la chose léguée appartenoit à un étranger, et en ce cas il faut rentrer dans toutes les distinctions précédentes ; ou elle appartenoit à l'héritier même, et alors il est censé institué héritier sous la condition précise de la donner au légataire. Il ne peut pas accepter la sucession sans s'engager, sans se soumettre irrévocablement à l'accomplissement de cette condition. S'il n'y satisfait pas, il est indigne du nom et des avantages de la qualité d'héritier.

Tels sont les principes généraux du droit.

Deux cas, dans lesquels le legs du bien d'autrui est valable sans distinction.

Le premier, lorsque le légataire est une personne proche du testateur.

Le second, lorsque c'est l'héritier qui est propriétaire du bien légué.

Avant que de passer à l'explication de ces principes, arrêtons-nous un moment, pour faire ici quelques réflexions sur la loi qui affecte une portion de nos biens aux héritiers.

1.º Cette loi, contraire à la liberté naturelle, ne doit pas être étendue hors de ses limites.

2.º Cette loi n'est autre chose qu'une substitution légale, qui appelle successivement les héritiers à la possession des biens, pour les conserver, autant qu'il est possible, dans les familles.

L'héritier, saisi en vertu de cette loi, n'est pas plus propriétaire du bien qu'elle lui défère, qu'il le seroit de tout autre bien qui lui appartiendroit.

3.º Enfin lorsque l'on peut accomplir en même-temps et le vœu de la coutume et les souhaits du testateur ; quand on peut concilier la disposition de l'homme avec celle de la loi, la justice ni l'équité ne peuvent se dispenser d'entrer dans un tempérament innocent, qui donne au légataire ce que le testateur a voulu qui lui appartînt, et qui conserve à l'héritier ce que la coutume n'a pas voulu qu'on lui ôtât.

Or, la récompense a ce double caractère de justice et d'équité ; elle est juste, parce qu'elle s'accorde avec les deux grands principes que nous avons établis ; elle est équitable, parce qu'elle sauve et met à couvert la volonté du testateur, sans blesser l'intérêt de l'héritier.

Nous disons d'abord qu'elle est juste et conforme aux deux maximes incontestables que nous avons supposées. Elle est conforme à la première maxime, parce que, comme nous l'avons dit, l'héritier qui reçoit les meubles, les acquêts, et la portion des propres dont il est permis de disposer, de la pure libéralité du testateur, est obligé d'accomplir sa volonté jusqu'à concurrence de tous les biens qu'il recueille par un effet de cette même volonté.

Or, s'il est tenu des faits du défunt, s'il ne jouit des biens que sous la condition précise d'en acquitter les charges, comment peut-il opposer pour son intérêt le retranchement des coutumes, sans accorder en même temps la récompense sur les autres biens.

À la vérité, s'il n'avoit rien de la libéralité du défunt, si le testateur avoit disposé du surplus de ses biens en faveur d'un autre; il ne seroit point tenu des legs et des donations à cause de mort; mais il possède les biens qui en sont garans, et il demande lui-même le retranchement ou la réduction, qui doit retomber sur lui par rapport à la possession des acquêts.

Qu'il soutienne, si l'on veut, que l'on ne peut toucher aux propres; qu'il ne se contente pas même d'en avoir la valeur; qu'il les prenne en essence; mais qu'il rende en même temps les meubles et les acquêts, jusqu'à concurrence du propre qu'il ôte au légataire; lui sera-t-il permis de jouir gratuitement de la libéralité du testateur, dans le temps qu'il méprise la disposition? Et que peut-il répondre au légataire qui lui dit qu'il a entre les mains un fonds libre, dont il peut, dont il doit se servir pour acquitter le legs? Il faut qu'il renonce aux biens libres, ou qu'il accomplisse la volonté.

Et qu'il ne dise point que c'est la loi qui produit cette éviction, qu'elle le saisit du total des propres dans une coutume, des quatre quints dans une autre, sans l'assujétir à la récompense. Cette réponse seroit juste, s'il ne possédoit aucun autre bien de la succession; mais tant qu'il en possède, il ne peut se servir du nom et de la faveur de la loi.

En un mot, il a deux titres : la loi et le testament.

La loi lui donne les propres à la vérité, mais le testament le charge de payer les legs. Il faut, s'il veut se prévaloir du premier titre, qu'il abandonne tout ce qu'il tient en vertu du second.

Mais allons encore plus loin; appliquons le second principe.

Le testateur peut léguer indistinctement le bien qui ne lui appartient pas, ou en faveur d'une personne proche, ou quand il lègue le bien de l'héritier.

Le propre, à la vérité, est bien de l'héritier, mais c'est par cette raison que le testateur peut le léguer, quand il lui laisse d'ailleurs de quoi en fournir l'estimation.

Quelle différence en effet peut-on feindre entre un bien qui appartenoit à l'héritier de son chef, et celui qui lui échet par la mort du testateur? Le testateur pouvoit léguer l'estimation du premier, ou le premier même, au choix de son héritier; pourquoi ne pourra-t-il pas léguer le second de la même manière.

La loi des propres sera-t-elle violée, quand on obligera l'héritier de payer l'estimation d'un propre, sur le patrimoine des meubles et des acquêts?

N'avons-nous pas même un exemple de cet usage, dans un cas semblable de la coutume de Paris? C'est dans l'art. 296.

La diposition de cet article est prohibitive. Le mari ne peut donner par testament que la moitié des acquêts de la communauté. Cependant, qui doute, si l'on en excepte un seul auteur, qui doute que lorsque le mari a légué un acquêt entier, le légataire ne soit en droit de demander une récompense à l'héritier pour la moitié que la femme lui enlève?

Encore une fois, le testateur a su que le bien qu'il léguoit étoit un propre, ou un bien dont la coutume assuroit les deux tiers aux héritiers. Il est donc dans le cas des testateurs que le droit suppose avoir su que le bien dont ils disposoient appartenoit leurs héritiers.

Or, quelle est la pensée d'un testateur qui fait un semblable legs? Il croit qu'il conviendroit peut-être mieux à son héritier et à son légataire d'abandonner la jouissance de ce bien; mais il juge en même temps que si son héritier vouloit user de son droit à la rigueur, il seroit au moins tenu de fournir, sur les meubles et acquêts, l'estimation du propre légué.

Or, qu'y a-t-il d'injuste ou d'absurde dans cette volonté? Ne pouvoit-il pas la déclarer expressément?

et, s'il l'avoit fait, qui douteroit qu'elle ne dût avoir une pleine exécution ; mais c'est certainement ce qu'il a voulu ; et la volonté présumée, en matière de testamens, n'a-t-elle pas autant d'effet que la volonté expresse ?

Que si nous passons de la justice à l'équité de la récompense, souvenons-nous ici du principe que nous avons établi, que toutes les fois que l'on peut concilier la loi avec le testament, on ne peut, sans une rigueur excessive et contraire au vœu des lois, refuser de le faire.

Or, la récompense rend à la loi le respect qui lui est dû, sans violer celui que l'on doit aux volontés des mourans.

Le testateur a légué un immeuble qui n'étoit point disponible, du moins pour la totalité. Il faut libérer cette espèce de bien que la loi affecte aux héritiers ; mais en même temps, il est juste que l'héritier, qui profite d'ailleurs de la libéralité du défunt, dédommage le légataire sur les autres biens. Qu'on lui donne l'option, rien n'est plus équitable : qu'il laisse le propre au légataire, ou qu'il lui en rende la valeur sur les meubles et acquêts.

Par là subsiste l'autorité de la loi, par là s'accomplit la volonté du testateur ; et quand une fois l'héritier est sans intérêt par rapport aux propres, peut-il s'opposer à la libéralité de son bienfaiteur ?

Mais, dit-on, la prohibition des coutumes deviendra donc une pure cérémonie qui ne consistera que dans des termes, et qui, dans le fonds, sera impunément violée, puisque l'on transportera sur les acquêts ce qui aura été légué sur les propres ?

Non, MESSIEURS, la volonté, l'intention, la sagesse de la loi ne seront point éludées. Qu'a-t-elle voulu, cette loi si nécessaire pour la splendeur et la dignité des familles ? Que les biens immeubles qui se trouvent dans une famille ne puissent jamais être altérés au-delà de la portion qu'elle soumet à la disposition de l'homme.

Mais le tempérament de la récompense conserve

les propres en leur entier. Il ne touche qu'aux acquêts, c'est-à-dire, au bien que la coutume abandonne à la liberté des testateurs.

En un mot, jusqu'à ce que l'on ait prouvé qu'un héritier puisse jouir des meubles et des acquêts que le testateur ne lui devoit point, sans accomplir son testament, on ne détruira point les fondemens solides sur lesquels est établie la doctrine de la récompense.

Si l'on oppose, pour dernier moyen, cette maxime tant de fois rebattue, que le testateur *fecit quod non potuit, non fecit quod potuit*, il ne pouvoit léguer un certain bien, et il l'a légué ; il pouvoit léguer un autre, et il ne l'a pas légué ; il est facile de répondre que ce n'est qu'une pure équivoque.

Le testateur qui lègue ce bien est présumé, par les maximes les plus constantes du droit, avoir voulu du moins en léguer l'estimation. Or, qui doute que le legs de l'estimation ne fût compris dans l'étendue de son pouvoir ?

Si nous consultons les arrêts, ils semblent d'abord partagés. L'arrêt du 28 novembre 1537, un autre de 1624, paroissent contre la récompense. Ceux du 9 août 1561, et du 2 août 1567, l'arrêt prononcé en robes rouges, le 13 août 1575, l'arrêt du 20 janvier 1632 sont pour la récompense, aussi-bien que l'article 295 de la coutume de Paris, rédigé lors de la réformation de la coutume faite dans un temps proche de l'arrêt de 1575, et encore plus d'un autre arrêt du 12 mars 1580, que l'on vous a encore cité.

Ainsi, les derniers arrêts décident qu'il faut donner l'option aux héritiers, de retenir le fonds ou de donner la récompense, si ce n'est dans le cas où les héritiers ne jouissent point des meubles et acquêts.

À l'égard des docteurs, soit qu'on les pèse, soit qu'on les compte, l'avis de la récompense l'emportera.

Dumoulin, sur la coutume d'Auvergne, chap. 12, art. 41, sur celle de Lorris-Montargis, tit. 11, art. 6, sur l'ancienne coutume de Paris, art. 92 ; et il n'est point contraire à lui-même dans son apostille sur l'art. 263 de la coutume de Reims, parce qu'elle se rapporte à la disposition singulière de cette coutume.

Choppin sur la coutume de Paris ; Ricard dans son traité des donations ; Duplessis, Auzanet.

Tels sont les auteurs dont le poids peut faire pencher la balance d'un côté.

De l'autre côté, Brodeau avec deux auteurs modernes, qui avouent même que l'opinion la plus commune est pour la récompense.

Si l'on a voulu employer, pour autoriser leur sentiment, le grand nom de Lamoignon, personne ne le respecte plus que nous ; mais d'abord tout ce que l'on donne dans le public sous ce nom vénérable, seroit peut-être souvent désavoué par ce grand homme, qui faisoit des projets, et qui ne donnoit pas un ouvrage consommé et une dernière décision. D'ailleurs celle dont on veut tirer avantage, pouvoit être bonne pour une loi telle que M. de Lamoignon vouloit la faire ; mais elle n'a pas été faite, et, en attendant, la volonté des testateurs doit décider.

Finissons par les circonstances particulières de cette cause.

La première circonstance, c'est qu'il est douteux si le legs est limitatif ou démonstratif, au moins par rapport à ce qui peut porter à l'estimation du legs.

La seconde, qu'il s'agit d'un simple legs d'usufruit, qui n'oblige l'héritier qu'à donner un revenu viager.

La troisième, que ce legs réunit toutes les considérations les plus favorables pour la récompense ; la volonté enixe dans le testateur ; la proximité dans la légataire ; le bien de l'héritier légué ; enfin des héritiers qui jouissent de biens immenses, dont le testateur auroit pu les priver.

18*

Quand on douteroit de la justice de la récompense dans les autres causes, on ne pourroit en
douter dans celle-ci.

Nous estimons qu'il y a lieu de mettre l'appellation, et ce dont est appel au néant; émendant,
évoquant le principal et y faisant droit, faire délivrance à la partie de M.ᵉ Nivelle du legs porté par
le testament : ordonner que, conformément au testament, la partie de M.ᵉ Nivelle jouira de la terre de
Bieville sa vie durant, si mieux n'aiment, tant la
partie de M.ᵉ Dumont que celle de M.ᵉ de la Barre,
lui abandonner les meubles et acquêts; ensemble
les portions des propres dont le testateur auroit
pu disposer, jusqu'à concurrence de la valeur du
revenu de la terre de Bieville; ce qu'ils seront
tenus d'opter dans tel temps qu'il plaira à la cour,
sinon l'option référée à la partie de M.ᵉ Nivelle.

Arrêt du 3 avril 1699.

ENTRE dame Charlotte-Eléonore-Madeleine de la Mothe-
Houdancourt, épouse séparée de biens et d'habitation de messire Charles de Levy, duc de Ventadour, pair de France,
première dame d'honneur de Madame, épouse de Monsieur,
fils de France, frère unique du roi, duc d'Orléans, autorisée
par justice à la poursuite de ses droits, appelante, suivant
l'acte d'appel signifié à sa requête, le vingt-sept février mil
six cent quatre-vingt-dix-neuf, suivant le relief d'appel obtenu
en chancellerie, le vingt-huit dudit mois de février mil six
cent quatre-vingt-dix-neuf, signé par le conseil, *Touvenot*,
et scellé le même jour, de la sentence des requêtes du palais,
du vingt-six février mil six cent quatre-vingt-dix-neuf, par
laquelle il a été ordonné, les parties ouïes, en la première
chambre desdites requêtes du palais, pendant douze audiences,
qu'il en seroit délibéré au bureau, et que les avocats et pro-
cureurs de la cause demeureroient cependant en la salle de
l'audience, et après avoir délibéré, mesdits sieurs des requêtes
du palais rentrés à l'audience, et que les avocats auroient
conclu pour faire droit sur les demandes, défenses et contestations des parties, elles auroient été appointées en droit à
écrire par avertissement, et produire ce que bon leur sembleroit, dans huitaine, par-devant M.ᵉ Claude d'Epinoy, conseiller en la cour; bailler contredits et salvations dans le temps

de l'ordonnance, et que ladite sentence seroit exécutée nonobstant oppositions ou appellations quelconques, et sans y
préjudicier, d'une part; et dame Charlotte de Prie, veuve de
défunt messire Noël de Bullion, chevalier, marquis de Gallardon, seigneur de Bonnelles et autres lieux, conseiller du
roi en tous ses conseils d'état, commandeur des ordres de
Sa Majesté, *héritière mobilière et des acquêts* dudit défunt sieur
Alphonse de Bullion, marquis de Fervaques, et messire
Charles-Denys de Bullion, chevalier, marquis de Gallardon,
seigneur de Bonnelles et autres lieux, conseiller du roi en ses
conseils, gouverneur et lieutenant-général pour Sa Majesté
dans les provinces du Maine, Perche et comté de Laval,
prévôt de Paris, seul *héritier, quant aux propres, et des acquêts de Normandie*, de défunt messire Alphonse-Noël de
Bullion, son frère, marquis de Fervaques, intimés, d'autre
part; et encore entre ladite dame Charlotte-Eléonore-Madeleine de la Mothe-Houdancourt, demanderesse aux fins des
requêtes qu'elle a présentées à la cour, les trois, quatre et
cinq mars mil six cent quatre-vingt-dix-neuf, tendantes à ce
qu'il plût à la cour ordonner que les parties seroient tenues
de venir plaider sur l'appel interjeté par ladite dame duchesse
de Ventadour, de la sentence des requêtes du palais, du vingt-
six février mil six cent quatre-vingt-dix-neuf; ce faisant, en
prononçant sur ledit appel, qu'il plût à la cour mettre l'appellation de la sentence dudit jour vingt-six février mil six
cent quatre-vingt-dix-neuf, et ce dont avoit été appelé au
néant; émendant, évoquer le principal du différend d'entre
les parties, pendant aux requêtes du palais, entre ladite dame
duchesse de Ventadour, sur la demande contenue en la requête
qu'elle y avoit présentée, et suivant les exploits des quatre
et cinq août mil six cent quatre-vingt-dix-huit, d'une part;
ladite dame Charlotte de Prie, veuve dudit défunt sieur de
Bonnelles, et ledit Charles-Denys de Bullion, d'autre part; et,
faisant droit sur ledit principal, adjuger à ladite dame duchesse
de Ventadour les fins et conclusions par elle prises; ce faisant,
ordonner, ainsi qu'elle l'a demandé par la demande formée
aux requêtes du palais, qu'elle aura *délivrance du legs* à elle
fait par défunt messire Alphonse-Noël de Bullion, marquis de
Fervaques, qui étoit domicilié et demeurant à Paris, par son
testament et ordonnance de dernière volonté, passé par-devant
Brusard, notaire royal à Cône, le trente-un mai mil six cent
quatre-vingt-dix-huit, dont la clause qui contient ledit legs
est en ces termes: *Donne et lègue à Madame de Ventadour
la terre de Bieville, située en Normandie, moyennant la somme
de treize mille trois cents livres, pendant sa vie durant, et
après le décès d'icelle dame de Ventadour, retournera ladite
somme aux héritiers dudit seigneur testateur*; ce faisant, condamner ladite dame marquise de Bonnelles et ledit sieur marquis de Bullion, en qualité d'héritiers dudit défunt seigneur

marquis de Fervaques, de *payer et continuer à ladite dame duchesse de Ventadour treize mille trois cents livres de rente par chacun an, pendant sa vie*, ordonner que, pour en faciliter le paiement, ils seront tenus de laisser, à ladite dame duchesse de Ventadour, la jouissance de la terre et seigneurie de Bieville, jusqu'à concurrence de ladite rente viagère de treize mille trois cents livres de rente, conformément audit testament, *sans préjudice de la garantie sur tous les autres biens du testateur*, et condamner ladite dame marquise de Bonnelles et ledit sieur marquis de Bullion en tous les dépens des causes principale et d'appel, et du présent incident, d'une part; et ladite dame Charlotte de Prie, veuve du sieur de Bonnelles, chevalier, marquis de Gallardon, conseiller du roi en tous ses conseils d'état, commandeur des ordres du roi, héritière mobilière et des acquêts dudit défunt sieur Alphonse-Noël de Bullion, marquis de Fervaques, et ledit messire Charles-Denys de Bullion, chevalier, marquis de Gallardon, seigneur de Bonnelles, conseiller du roi en ses conseils, gouverneur et lieutenant-général pour Sa Majesté dans les provinces du Maine, Perche et comté de Laval, prévôt de Paris, seul héritier, quant aux propres et acquêts de Normandie, dudit défunt sieur Alphonse-Noël de Bullion, son frère, marquis de Fervaques, d'autre part. Après que Nivelle, avocat de la duchesse de Ventadour; du Mont, avocat du marquis de Bullion; et de la Barre, avocat de la dame marquise de Bonnelles, ont été ouïs pendant quatre audiences, ensemble d'Aguesseau, pour le procureur-général du roi :

LA COUR a mis et met les appellations et ce dont a été appelé au néant; émendant, évoque le principal, et y faisant droit, ordonne que le testament dont est question sera exécuté selon sa forme et teneur; et, en conséquence, que la partie de Nivelle *aura délivrance de son legs de la somme de treize mille trois cents livres par chacun an, sa vie durant;* condamne les parties de du Mont et de la Barre aux dépens.

On voit, par la note écrite au bas de ce plaidoyer, par son auteur, et par le dispositif de l'arrêt, quel a été le motif de la décision.

On a considéré que l'objet principal du legs, soit qu'il fût limitatif ou démonstratif, avoit été de procurer à Madame la duchesse de Ventadour, cousine germaine du testateur, un revenu viager qu'il jugeoit lui être nécessaire, ne jouissant pas alors d'un revenu proportionné à son état. Que cette volonté étoit aussi légitime que convenable. Que ses héritiers, qui trouvoient dans sa succession des biens très-considérables, dont il lui auroit été libre de disposer, étant tenus de ses

faits , devoient exécuter cette volonté , en leur laissant cependant la liberté de l'accomplir sur tels biens qu'ils juge-
roient à propos , comme une charge de la succession en
général , et non comme une charge particulière de la terre
de Bieville.

En se fixant à ce point , la question de savoir si l'on peut
donner , en usufruit , plus du tiers , dans une coutume qui
réserve les deux tiers aux héritiers , devenoit inutile.

Il en étoit de même de celle qui concernoit la survie exigée
par quelques coutumes , et , par conséquent , l'arrêt rendu
dans cette cause ne peut point être cité comme ayant jugé que
la disposition de ces coutumes est personnelle.

La disposition de la coutume de Normandie , sur la nécessité de la survie de trois mois pour la validité d'un testament ,
avoit toujours été regardée comme réelle par le parlement de
cette province.

Mais l'opinion de la personnalité s'étoit introduite au parlement de Paris ; ce qui avait formé une diversité de jurisprudence entre ces deux parlemens.

Un arrêt , du 20 mars 1625 , rendu au parlement de Paris ,
avoit donné naissance à cette différence de sentimens. Ricard
et plusieurs auteurs avoient cru qu'il avoit décidé que la condition de la survie doit être regardée comme un statut personnel. Cependant cet arrêt , qu'on trouve dans Brodeau ,
sur M. Louet (1) , dans le premier tome du Journal des Audiences , composé par Dufresne , et dans Bardet (2) , semble
n'avoir jugé autre chose , sinon que les rentes constituées , se
règlent par la coutume du domicile du créancier , et non par
celle où les biens hypothéqués sont situés.

Mais il y avoit deux arrêts plus précis qui sont cités dans
ce plaidoyer , et qui étoient récens alors , l'un ayant été rendu
en 1688 , l'autre en 1691 , après lesquels il ne restoit plus de
doute sur le fait de la jurisprudence observée à Paris.

L'auteur des *Mémoires sur les statuts* (3) a recueilli tout ce
qui regarde cette question.

M.e de Fourcroy , avocat célèbre , et justement estimé de
l'illustre premier président de Lamoignon , dit , dans une consultation (4) , du 6 juin 1682 , rapportée dans les mêmes Mémoires , qu'il tient le statut de survie pour personnel , parce
qu'il *a été nourri et élevé dans cette opinion depuis* qu'il est *au
palais* , mais que tous les anciens avocats et lui-même avoient
toujours regardé cette question comme épineuse , et avoient

(1) Lettre R , sommaire 31.

(2) Livre II , chap. 44.

(3) Tome II , page 1164 et suiv.

(4) Ibid. page 1286.

même toujours souhaité que, pour lever toutes les difficultés qui se présentent ordinairement sur de semblables matières, on fît une règle générale, portant qu'on suivroit, à l'avenir, les dispositions des coutumes où les immeubles seroient situés. Une semblable règle seroit, dit-il, d'un secours infini; l'on arrêteroit, par son moyen, des difficultés sans nombre, et il me paroît qu'elle n'auroit rien d'extraordinaire. Quand il s'agit d'une donation entre-vifs, d'une donation testamentaire et d'un don mutuel, d'un partage, d'un douaire, d'un droit de garde, d'un droit de puissance paternelle, d'un droit de viduité, de prescription, de succession, de retrait, il est certain que, pour décider toutes les questions qui se présentent, on doit se conformer aux coutumes où les biens sont assis.

EXTRAIT

DES OBSERVATIONS

DE M. LE CHANCELIER D'AGUESSEAU,

Ecrites lors de la rédaction de l'ordonnance concernant les testamens, sur l'article qui décide la question de savoir si la survie de trois mois, exigée par la coutume de Normandie, est un statut réel ou personnel.

CET article n'a rien de commun avec le droit civil, trop jaloux de la liberté des testateurs, pour avoir voulu la gêner par la condition de la survie.

Jurisprudence des parlemens.

Cinq des parlemens et conseils supérieurs se sont contentés de dire que la coutume de Normandie leur étoit étrangere.

Entre les autres, partage de sentimens, sept pour la réalité, deux pour la personnalité.

Au fond, sans entrer dans la discussion de toutes les raisons qu'on peut alléguer de part et d'autre sur une question si susceptible de subtilité, et qui ont été très-bien exposées dans les avis des deux avocats, sur-tout dans celui de M.° Perrinelle, il suffit de résumer ici en peu de mots le principe général par lequel la question doit être résolue, et l'a été en effet par le plus grand nombre.

Ce qui caractérise véritablement un statut réel, et ce qui le distingue essentiellement du statut personnel, n'est pas qu'il soit relatif à certaines qualités personnelles, à certaines circonstances personnelles, ou à certains événemens personnels; autrement il faudroit dire que tous les statuts qui concernent *la puissance paternelle, le droit de garde, le droit de viduité, la prohibitionaux conjoints de s'avantager l'un et l'autre*, sont autant de statuts personnels; et cependant il n'est pas douteux dans notre jurisprudence, qu'on les considère tous comme des *statuts réels* dont l'exécution se régle, non par la loi du lieu du domicile, mais par celle du lieu où les biens sont situés.

Le véritable principe dans cette matière, est qu'il faut distinguer si le statut a directement les biens pour objet, ou leur affectation à certaines personnes, et leur conservation dans les familles, en sorte que ce ne soit pas l'intérêt de la personne dont on examine les droits ou les dispositions, mais l'intérêt d'un autre dont il s'agit d'assurer la propriété ou les droits réels, qui ait donné lieu de faire la loi; ou si, au contraire, toute l'attention de la loi s'est portée vers la personne, pour décider en général de son habilité ou de sa capacité générale et absolue, comme lorsqu'il s'agit des qualités de majeur ou de mineur, de père ou de fils légitime ou illégitime, d'habile ou inhabile à contracter pour des causes personnelles.

Dans le premier cas, le statut est réel; dans le second, il est personnel. C'est ce qui est assez bien expliqué dans ces mots de *d'Argentré*.

Cùm statutum non simpliciter inhabilitat, sed ratione fundi aut juris realis alterum respicientis extra personas contrahentes, toties hanc inhabilitatem non egredi locum statuti(1).

(1) Article 218 de l'ancienne coutume de Bretagne, glos. 6, n. 16.

Or, le statut de la survie est précisément dans le premier cas. La condition de la survie tient à la vérité à la personne ; elle dépend d'un événement personnel, mais elle regarde les fonds disponibles ; *directo et principaliter;* elle a pour objet les droits réels des héritiers, et la conservation des biens dans les familles, de même que la loi qui défend la donation entre le mari et la femme, loi qui regarde l'intérêt d'un tiers *extra personas contrahentes.* Et, quoique toutes les lois de ce genre produisent une espèce d'inhabilité ou d'incapacité de disposer, comme elles n'en produisent point d'absolue et d'inhérente aux qualités personnelles, et qu'elles ne sont établies que relativement à d'autres personnes, et par rapport à certains biens, elles n'ont point le caractère de statut personnel, et elles ont, au contraire, celui d'un statut réel.

L'article (1) même de la coutume de Normandie, qui exige la survie, renferme clairement cette distinction.

La condition de la survie ne tombe que sur la disposition des acquêts ; celle des meubles seroit valables, quoique le testateur n'eût survécu qu'un jour ou qu'une heure. Donc la capacité absolue et générale n'est point attaquée. Donc on ne restreint que celle qui regarde la disposition de certains biens. Donc *res magis quam persona respicitur,* et par conséquent le statut est réel.

L'opinion commune du palais, que le parlement de Paris est pour la personnalité, pourroit être un des cas *ubi error communis facit jus.* Sentimens de M. de Fourcroy, pour établir la règle contraire par une loi ; et le parlement de Paris lui-même y revient aujourd'hui.

Question subsidiaire. Si l'on décidera aussi la question sur la survie desirée par les coutumes de

(1) Article 422.

Bourgogne et du Bourbonnois, pour les partages faits par le père entre ses enfans?

Le parlement de Paris croit que cette question est étrangère.

Mais pourquoi ne la pas décider en même temps (1)?

_____

(1) Les articles 74 et 75 de l'ordonnance de 1735 furent le résultat de ces observations.

CINQUANTE-CINQUIÈME PLAIDOYER.

DU 14 JUILLET 1699.

Dans la cause de JACQUES LE RICHE, et JEAN
DE FORCEVILLE.

*Il s'agissoit d'une chapelle dans une église col-
légiale, dont on croyoit que le titulaire avoit été
assassiné par des voleurs, sans qu'il y eût des
preuves certaines de sa mort. Il étoit question de
savoir si l'on donneroit la récréance du bénéfice à
celui qui l'avoit impétré en cour de Rome, comme
vacant par mort, ou à celui qui en avoit été pourvu
par l'ordinaire, sur la présentation du chapitre,
comme vacant, par l'absence ou désertion du titulaire.*

DEUX présomptions opposées semblent se combattre
et se détruire mutuellement dans cette cause, dont
elles font tout le sujet. La présomption de droit
paroît être pour la vie; et la présomption de fait
pour la mort. Laquelle des deux doit être la plus
forte? C'est, MESSIEURS, ce que vous avez à décider.

Louis Mocquot, possesseur de la chapelle du
Saint-Esprit, desservie à Sens dans l'église collégiale de Saint-Julien-du-Sault, cesse de paroître
dans la ville de Sens au mois de novembre 1695.
On ignore le sujet de son absence, ou la vérité de
sa mort.

Jacques le Riche, pour qui plaide M.ᵉ Vaillant,
ou plus instruit, ou plus ardent que les autres,

envoie à Rome. Après un mois de patience, il obtient, le premier janvier 1696, des provisions de cour de Rome. Il est important de remarquer que le décès de Louis Mocquot est l'unique genre de vacance qui y soit exprimé.

Ces provisions ainsi obtenues, on attend que le temps leur ait donné leur maturité, et que la durée de l'absence de Mocquot leur ait acquis le degré de faveur qui pouvoit leur manquer.

Cependant la famille et les héritiers de Mocquot commencent à concevoir de tristes soupçons. Tout sembloit les augmenter. Mocquot étoit riche, ou avoit la réputation de l'être; il demeuroit seul dans sa maison ; la porte n'avoit paru fermée qu'à un simple loquet, depuis qu'il avoit cessé de paroître; on avoit même entendu, depuis ce temps-là, du bruit dans la maison.

Sur tous ces indices, ils s'adressent au prévôt royal de Sens, ils demandent qu'il lui plaise de se transporter, etc. Le juge se transporte, observe, dans son procès-verbal, plusieurs circonstances qui pouvoient faire présumer le crime ; maison volée et pillée, etc.

La date de cette procédure est importante. Elle n'est commencée que le 16 janvier 1696, un mois et plus après que le Riche avoit envoyé à Rome.

Sur cette première procédure, on permet d'informer. On publie des monitoires. Les officiers du bailliage évoquent à eux cette instruction. On trouve les voleurs. On instruit leur procès présidialement. Ils n'avouent point l'assassinat ; on les condamne, pour le vol, à être pendus.

Ce procès a augmenté les soupçons ; mais il n'a point absolument confirmé la vérité de la mort de Louis Mocquot.

C'est en cet état que Jean de Forceville, pour qui plaide M.ᵉ Nouet, a obtenu des provisions de la même chapelle, dont Jacques le Riche étoit déjà pourvu en cour de Rome, quoique son titre n'eût point encore éclaté.

Pour expliquer la collation qui a été faite en faveur de Forceville, il faut distinguer deux présentations du chapitre de Saint-Julien, patron de la chapelle contentieuse, à M. l'archevêque de Sens, collateur.

Première présentation, du 3 avril 1696, *sur ce que le chantre a représenté qu'il a appris le décès de Louis Mocquot.* Mais cette présentation n'a pas frappé les oreilles de l'ordinaire, pour nous servir des termes des canonistes.

Seconde présentation, le 27 novembre 1696, *sur ce qu'on n'a point vu Mocquot depuis un temps très-considérable*, et qu'on n'a point reçu de ses nouvelles; que des voleurs sont soupçonnés de l'avoir assassiné.

Le 28 novembre 1696, institution accordée par M. l'archevêque de Sens, où l'on trouve ces termes : *capellaniam liberam nunc et vacantem per absentiam et desertionem Lud. Mocquot.*

Le 30 novembre, Forceville prend possession.

Alors, seulement, Jacques le Riche rompt le silence. Le 13 décembre 1696, il prend un *visa* de M. l'archevêque de Sens.

Le 21 décembre 1696, prise de possession, à laquelle Forceville s'oppose.

Le 25 février 1697, complainte formée par le Riche. Forceville n'ayant point comparu, défaut levé aux présentations.

Le Riche rassemble des preuves de la mort. Un certificat du curé, qui porte qu'on n'a eu aucunes nouvelles de Mocquot; qu'il est tenu pour mort; que ses héritiers ont partagé ses biens; qu'à leur prière, il a dit des messes, et célébré un service public. Un acte de notoriété des officiers du bailliage, qui contient les mêmes faits.

Avec ces pièces, le Riche se présente à l'audience, pour demander le profit du défaut.

Sentence dont est appel, qui, pour faire droit sur la pleine maintenue, ordonne que les pièces seront vues en la chambre du conseil, et cependant la récréance est accordée à le Riche.

Appel de cette sentence par Forceville, et demande à fin d'évocation du principal.

MOYENS DE L'APPELANT.

Premier moyen. L'intimé est coupable, et digne de porter la peine prononcée par le droit, contre ceux qui impètrent les bénéfices des vivans. Quelle preuve avoit-il de la mort, quand il a couru ce bénéfice? Il n'est pas même dans le cas où, selon Dumoulin, une juste ignorance excuse. Il n'y avoit aucun bruit public, aucune opinion générale dans le temps qu'il a envoyé à Rome.

Second moyen. Il a du moins péché contre la règle *de verisimili notitiâ.* Le temps ne court que *à die obitûs,* selon Dumoulin; et il n'y a point à cet égard de distinction à faire *inter justam et supinam ignorantiam.*

Troisième moyen. Il ne sauroit prouver le genre de vacance sur lequel il est pourvu.

La présomption est toujours pour la vie. Quelles sont les preuves contraires?

Première preuve. Le bruit public. Il ne fait qu'une présomption, et non une preuve.

Seconde preuve. Le procès fait aux voleurs. Ils ne sont pas convaincus de l'assassinat.

Troisième preuve. Le partage entre les héritiers. Il peut n'être, et ne doit être que provisionnel.

Quatrième preuve. Les messes et le service célébrés par le curé. Ils supposent la mort, et ne la prouvent pas.

Cinquième preuve. La première présentation de Forceville, fondée sur le décès de Mocquot; mais c'est un acte caduc et abandonné.

MOYENS DE L'INTIMÉ.

L'appelant non-recevable. Il est pourvu sur un faux genre de vacance. La désertion demande des monitions. Où sont celles que l'on auroit dû faire au titulaire que l'on suppose avoir abandonné le bénéfice ?

Après cela, il est inutile d'appliquer ici les règles qui défendent d'obtenir des bénéfices avant qu'ils soient vacans. On en convient, mais on soutient que le bénéfice a vaqué. Il est également inutile de parler *de verisimili notitiâ*. Il y avoit un bruit constant et public.

La présomption est pour la vie, il est vrai ; mais cette présomption générale peut être détruite par des présomptions particulières. Ici les présomptions s'offrent en foule.

Un homme, âgé de plus de soixante ans, qui demeuroit ordinairement seul en sa maison, cesse de paroître ; il y a quatre ans qu'on n'a reçu de ses nouvelles.

Un homme volé, les voleurs condamnés ; ses héritiers partagent ses biens ; on prie Dieu publiquement pour lui comme pour un mort ; on a conféré un autre de ses bénéfices ; c'est une chapelle de Provins, et le pourvu en a joui paisiblement.

Cette vérité est si notoire, qu'elle a échappé à l'appelant malgré lui, dans le premier acte de présentation.

Quelle est la règle en ces matières ? Aussi-tôt que l'on reconnoît que les présomptions de la mort sont suffisantes, on fait remonter leur effet jusqu'au premier moment de l'absence, comme il a été jugé par plusieurs arrêts. Donc dès ce moment, l'intimé a été en droit d'aller à Rome.

Quant à nous, avant que d'entrer dans l'examen des titres des deux parties, nous vous rapporterons

d'abord deux lois qui ont rapport avec la contestation. Il est nécessaire de les supposer, plutôt que de
les expliquer.

Première loi. Que les bénéfices ne soient point
conférés avant qu'ils soient vacans.

Elle produit la nullité de la collation faite au préjudice de cette règle, et une peine contre l'impétrant ;
c'est l'incapacité qui l'exclut du bénéfice, même pour
l'avenir.

Seconde loi. Que les bénéfices ne soient point
conférés avant le temps dans lequel le collateur a pu
vraisemblablement apprendre la vacance.

L'une et l'autre règles sont également fondées sur la
raison, la religion et l'équité. Un caractère essentiel
les distingue ; la première est pénale : *damnum inha-
bilitatis infligit* (1), dit Dumoulin ; la seconde ne
l'est pas. Il s'agit d'un gain que le collateur feroit, en
conférant, avant la vacance. Elle ne lui fait pas
perdre son droit de collation, mais elle l'empêche de
faire ce gain prématuré.

Tirons la conséquence de cette diversité de caractères.

Dans l'une on distingue, pour nous servir encore
des termes de Dumoulin (2), *inter probabilem et justam
ignorantiam, quæ excusat ab illo damno et pœnâ,
et supinam vel minùs justam ignorantiam, quæ nec
à pœnâ quidam excusat.* La raison en est sensible,
c'est parce qu'il s'agit d'excuser un délit.

Dans l'autre, cette distinction ne peut avoir lieu,
comme ce grand jurisconsulte l'explique au même
endroit (3). *Tempus hujus Regulæ nunquam incipit nisi ab ipso obitu, nec unquam præcurrere potest
etiam ex famâ quantumvis publicâ, et ex justissimis
causis ortâ... Undè non refert quantum ad hanc*

---

(1) *Ad regulam de verisimili notitiâ, n.* 16.

(2) *Ubi suprà.*

(3) *Ibid. n.* 23.

Regulam XXVIII, an obitus fuerit publicus vel oc-
cultus in loco mortis vel alibi, modò verè decesserit,
quia satis est quod ab aliquo, vel secretò sciri
potuit.

Il est très-important de faire cette distinction.
Le bruit public empêche de perdre, c'est-à-dire,
de devenir incapable. Mais le bruit public n'est pas
un titre pour acquérir; il excuse de la peine, mais il
ne donne point de récompense.

Ces principes posés, il est aisé d'en faire l'application à l'espèce de cette cause.

Elle vous présente deux titres attaqués par le même
moyen. Chacun des deux contendans prétend que le
titre de son adversaire est obtenu sur un faux genre
de vacance.

Point de mort, dit l'appelant; point de désertion,
dit l'intimé; donc le genre de vacance qu'on a exposé, n'est pas véritable.

Il faut commencer par le premier de ces titres, obtenu par l'intimé.

Deux questions à son égard.

La première, s'il est tombé dans la peine prononcé-
cée contre ceux qui obtiennent *beneficium viven-*
tis (1). Il est certain qu'il a marqué avidité et impatience; il a prévenu le bruit public, la justice, les
héritiers, l'église. A peine y avoit-il un mois d'absence, il n'y avoit encore ni plainte ni poursuite en
justice, ni partage entre les parens, ni service célébré
dans l'église: il y a de plus, *nimia præcautio*; il s'em-
presse d'envoyer à Rome, et il garde ses provisions
pendant un an, jusqu'à ce que le temps ait rendu sa
cause meilleure.

Il n'en auroit pas fallu davantage, dans la pureté
de l'ancienne discipline, pour l'exclure. Mais, dans
les règles présentes, s'agissant d'une loi pénale qui
ne peut être étendue, il faut que deux choses concourent; que le bénéfice ait été demandé et obtenu

_____

(1) Cap. I. *x. de Concessione præbandæ.*

pendant la vie ; qu'il l'ait été pendant la vie constante et certaine; et, quoiqu'il fût difficile que l'impétrant sût la mort, dans le temps qu'il a envoyé à Rome, pour impétrer le bénéfice, cependant, dès le moment qu'elle se trouveroit avoir véritablement précédé l'impétration, on pourroit dire qu'il n'a pas encouru la peine prononcée contre celui qui demande un bénéfice avant le décès du titulaire. Or, c'est ce qui est encore incertain. Donc la peine est encore en suspens.

La seconde question consiste à savoir s'il est dans le cas de la règle *de verisimili notitiâ.*

Ce point n'est pas difficile à décider.

Nous vous avons rapporté les termes de Dumoulin, *modo verè decesserit, non refert quantùm ad hanc Regulam, an obitus fuerit publicus, etc. Tempus hujus Regulæ numquam incipit nisi ab ipso obitu.*

Ici, quelle preuve de la mort ? Il est certain que la présomption est toujours pour la vie jusqu'à cent ans (1).

Les présomptions contraires sont faciles à réfuter.

On les tire de l'âge de soixante ans, du bruit public, du vol, du partage, du service célébré par le curé.

Les parens n'ont fait qu'un simple partage provisionnel. Les coutumes ne permettent pas d'en faire un autre qu'après sept ans.

L'appelant a fait des réponses solides à toutes ces présomptions, dont nous vous avons rendu compte en vous expliquant ses moyens.

Mais, pour tout renfermer en un mot, l'intimé ne prouve point le genre de vacance, qui est non-seulement le principal, mais l'unique qui soit exprimé

_____

(1) Loi 56. ff. *de Usufructu.* Loi 8. ff. *de Usu et Usufructu.*

dans ces provisions. Donc il ne sauroit être maintenu quant à présent.

Passons au second titre, qui est celui de l'appelant. Il est valable en soi. La désertion du bénéfice est constante, puisqu'il est abandonné, lorsque le titulaire a cessé de paroître pendant un temps considérable.

On dit qu'il falloit lui faire des monitions.

Mais, 1.° les canons ne les exigent que lorsque des personnes dont la vie est constante, ne résident pas. 2.° Le fait étoit notoire. A qui s'adresser pour signifier ces monitions ? 3.° Les monitoires en ont tenu lieu. Enfin cette objection ne pourroit mériter attention que dans la bouche de l'absent, s'il revenoit, ou d'un dévolutaire qui seroit pourvu sur l'intrusion de l'appelant.

A quoi donc se réduit cette cause ?

L'appelant, quant à présent, est sans titre.

L'intimé en a un, mais qui pourroit tomber.

Donc, par provision, et dans le doute, la collation de l'ordinaire est plus favorable qu'un titre fondé sur une course ambitieuse et précipitée, et sur la prévention qui est regardée comme odieuse dans les maximes de France.

Arrêt du 14 juillet 1699.

ENTRE M.ᵉ Jean de Forceville, sous-diacre au diocèse de Sens, pourvu de la chapelle de Saint-Esprit, fondée et desservie dans l'église collégiale de Saint-Julien-du-Sault, appelant d'une sentence rendue au bailliage de Sens, le douze décembre mil six cent quatre-vingt-dix-sept, et demandeur en requête du trois mai mil six cent quatre-vingt-dix-huit, tendante à ce qu'en venant plaider la cause sur l'appel de ladite sentence, il plût à la cour évoquer le principal différend d'entre le demandeur et le défendeur ci-après nommés ; en conséquence, mettant l'appellation et ce dont a été appelé au néant, sans s'arrêter à la demande formée par ledit défendeur, dont il seroit débouté, maintenir et garder le demandeur en la possession et jouissance de la chapelle dont il s'agit, et que ledit défendeur seroit condamné à la restitution des fruits et aux dépens, d'une part ; et M.ᵉ Jacques le Riche, prêtre, curé de Fontenay-Bossery, prétendant droit à ladite chapelle , intimé et défendeur, d'autre part. Après que Nouet, avocat de Forceville, et Vaillant, avocat de le Riche, ont été ouïs pendant deux audiences, ensemble d'Aguesseau, pour le procureur-général du roi :

LA COUR a mis et met l'appellation et ce dont a été appelé au néant ; émendant, évocant le principal, et y faisant droit, a maintenu et gardé la partie de Nouet, quant à présent, en la possession et jouissance de la chapelle contentieuse dont est question, avec restitution de fruits ; condamne la partie de Vaillant aux dépens ; et, en cas que la partie de Vaillant ait dit quelques messes, ou fait dire des services à la décharge du bénéfice, ordonne que déduction lui en sera faite sur lesdits fruits.

CINQUANTE-SIXIÈME PLAIDOYER.

DU 5 AOUT 1699.

Dans la cause du sieur DE SAINT-GOBERT et son fils, et de HENRI DES MARESTS, musicien.

Il s'agissoit de deux questions à l'occasion de plaintes respectives.

1.º Si le rapt de séduction est un crime moins grave que le rapt de violence, ou s'il mérite d'être poursuivi avec autant de rigueur.

2.º Si l'on doit avoir égard à une accusation récriminatoire d'un prétendu assassinat prémédité, formée dans la vue de préparer des défenses à celui qui a commis un autre crime.

L'ÉLOQUENCE de ceux qui ont porté la parole avant nous dans cette cause, ne nous a laissé en partage que ce qui semble inséparablement attaché à la gravité de notre ministère, c'est-à-dire, une simple et fidèle exposition de la vérité; vérité redoutable à l'une ou à l'autre des parties, puisqu'elle doit ou condamner l'un comme ravisseur, ou confondre l'autre comme coupable d'un assassinat prémédité.

C'est à ces deux accusations capitales que se rapportent tous les faits qui ont été expliqués dans votre audience, et dont on a composé l'histoire funeste de la plus malheureuse famille dont on ait jamais révélé la honte aux yeux de la justice.

Pour vous retracer, MESSIEURS, l'image de tous ces faits, nous ne suivrons point d'autre ordre que celui des accusations. Vous reconnoîtrez d'abord tous les traits par lesquels on a voulu exprimer devant vous le caractère d'un dangereux ravisseur; nous retoucherons ensuite la peinture de l'assassinat : mais, avant que d'entrer dans le détail de ces deux accusations différentes, il est nécessaire de vous rappeler la mémoire de ces grandes circonstances qui renferment souvent des présomptions plus fortes dans des questions de rapt et de mariage, que toutes les dépositions des témoins; nous voulons parler de l'âge, de la naissance, de la fortune des parties.

Quelque contrariété qui règne entr'elles sur les principaux faits de cette affaire, elles conviennent néanmoins que l'âge avoit mis une grande inégalité entre la partie de M.ᵉ Joly de Fleury, et la demoiselle de Saint-Gobert.

Henri des Marests, dont on ne nous a point communiqué l'extrait-baptistaire, avoit au moins vingt-huit ans en l'année 1689, dans le temps de son premier mariage ; et, comme sa recherche ou sa séduction a commencé en l'année 1696, il est certain qu'il avoit près de trente-six ans, lorsqu'il a inspiré à la demoiselle de Saint-Gobert cette passion dont les suites ont été jusqu'à présent si malheureuses pour elle et pour toute sa famille.

Marie-Marguerite de Saint-Gobert est née le 9 juin 1678, et par conséquent elle n'avoit que dix-huit ans, lorsque des Marests en avoit trente-six.

Continuons ce parallèle par rapport à la naissance et à la condition.

Le père de des Marests a pris, dans plusieurs actes, la qualité de receveur des tailles du Beaujolois. Il a exercé pendant quelque temps une commission de contrôleur-général des vivres, à deux cents livres d'appointemens par mois. Tels ont été ses emplois; du reste, sa généalogie finit en sa personne : on ignore quel étoit son père et sa mère, et il a cru apparemment que cette ignorance lui étoit plus honorable qu'une plus parfaite et plus exacte connoissance.

Le père et l'aïeul de Marie-Marguerite de Saint-Gobert ont exercé successivement la charge de président en l'élection de Senlis. On vous a dit aussi que son bisaïeul avoit été avocat du roi au présidial de la même ville; on a prétendu au contraire qu'il n'avoit jamais été que procureur. C'est un fait qu'il faut retrancher de cette cause, comme plusieurs faits semblables qu'on y a avancés sans aucunes preuves de part et d'autre.

Si nous comparons ensuite les biens et la fortune des parties, nous trouverons, d'un côté, que le sieur de Saint-Gobert et la dame sa femme paroissent avoir eu chacun 30,000 livres dans le temps de leur mariage; qu'il est incertain si leur fortune est augmentée ou diminuée depuis ce temps-là; mais que, si l'on suppose qu'elle s'est toujours soutenue dans le même état, la demoiselle de Saint-Gobert ne peut espérer un jour, pour sa portion héréditaire, que le tiers de 60,000 livres, quand même le sieur et la dame de Saint-Gobert ne feroient aucun avantage particulier à ses deux frères.

De l'autre côté, Henri des Marests vous a dit qu'il espéroit le remboursement d'une somme de 55,000 livres que son père avoit autrefois payée au trésor royal pour le prix d'une charge de receveur des tailles du Beaujolois; qu'il attendoit encore la succession de sa mère, et que le génie heureux que la nature lui avoit donné pour la musique, lui avoit procuré une gratification du roi de 900 livres, dont il jouit depuis 1689, et la direction de la musique des Jésuites, qui lui vaut tous les ans 2400 livres.

Il est vrai que, comme il n'avoit pas encore tous ces avantages dans le temps du premier mariage qu'il a contracté, sa première femme ne lui apporta en dot que la somme de 2000 livres; mais, voyant croître tous les jours sa fortune, il a cru pouvoir porter plus haut ses vues et ses espérances; et, dans l'état où il se trouve, il prétend que, s'il y a quelque inégalité de biens dans cette affaire, elle est toute entière du côté de la demoiselle de Saint-Gobert.

Tel est, Messieurs, le parallèle de l'âge et de la naissance, des biens et de la fortune des parties; tels sont les deux principaux acteurs de toutes les scènes que l'on vous a si ingénieusement répétées.

Un majeur de trente-six ans, une mineure âgée de dix-huit ans; un homme veuf, une fille de famille; l'un, fils d'un receveur des tailles ou d'un contrôleur des vivres; l'autre, fille et petite-fille d'un président en l'élection de Senlis; l'un, riche seulement en pensions et en espérances; l'autre, en état d'avoir au moins 20,000 livres de bien. Tel est encore une fois la qualité des parties. Voyons maintenant quelle a été leur conduite, soit par rapport au rapt de séduction dont on accuse des Marests, soit par rapport à l'assasinat que l'on impute au sieur de Saint-Gobert.

Nous ne vous répéterons point ici tout ce que l'on vous a expliqué de la naissance et du progrès de cette passion funeste à la famille du sieur de Saint-Gobert, qui arme encore à présent la fille contre son père, et la femme contre son mari. Quelle a été la première occasion de la connoissance de des Marests et de la demoiselle de Saint-Gobert? Est-ce le chant et la musique qui, dans cette intrigue, comme dans plusieurs autres, ont été la première conciliation d'un engagement criminel? Est-ce le sieur de Saint-Gobert lui-même qui doit se reprocher éternellement d'avoir allumé un feu qu'il ne pourra peut-être jamais éteindre, par le libre accès et par ces fréquentations familières qu'il a données à des Marests dans sa maison? C'est, Messieurs, ce qu'il seroit difficile de décider absolument. Contentons-nous d'observer que l'unique profession de des Marests est celle de musicien; qu'entre les autres dons que la demoiselle de Saint-Gobert avoit reçus de la nature, elle lui avoit fait le dangereux présent d'une voix capable de séduire les autres, et peut-être elle-même. Pour les autres faits qu'on a allégués de part et d'autre, nous les ignorons, ou du moins nous ne pouvons les savoir que par conjectures.

Attachons-nous donc à des faits certains, et disons que la fréquentation de des Marests dans la maison du sieur de Saint-Gobert a commencé dans un temps où le père ne pouvoit encore craindre que l'espérance d'un mariage avantageux inspirât à des Marests le dessein de lui enlever sa fille. Un premier mariage qui subsistoit encore, étoit un obstacle invincible. La première femme de des Marests n'est morte que le 2 août de l'année 1696.

C'est cependant avant ce temps qu'est arrivé un des principaux faits dont on vous a parlé tant de fois dans cette cause; nous voulons dire cette aventure d'un voyage précipité que des Marests fit à Senlis, à la prière du sieur de Saint-Gobert; ce cheval qui fut sacrifié à son impatience, et dont le prix paroît avoir été payé par la partie de M.ᵉ Dumont : tout cela s'est passé dans le temps du premier mariage de des Marests.

Quelles étoient les raisons qui portoient le sieur de Saint-Gobert à cacher au public, autant qu'il lui étoit possible, les fréquens voyages que des Marests faisoit à Senlis, jusqu'à le renfermer chez lui, et à ne point souffrir qu'il parût dans la ville? C'est encore, MESSIEURS, ce qu'il est impossible de pénétrer. Peut-être craignoit-il, pour sa femme ou pour sa fille, la médisance et la calomnie, vice ordinaire des petites villes; peut-être avoit-il d'autres motifs : quoi qu'il en soit, le fait paroît certain; mais équivoque, puisqu'il est encore du nombre de ceux qui sont arrivés même avant le décès de la première femme de des Marests, qui l'a mis en liberté de contracter de nouveaux engagemens.

Soit qu'une musique passionnée ait d'abord corrompu le cœur de la demoiselle de Saint-Gobert; soit qu'une mère malheureuse n'ait pas été plus avare de la réputation de sa fille, qu'elle ne l'avoit été de la sienne même, soit enfin que la négligence du père, et les entrées trop libres qu'il accordoit à des Marests, lui aient inspiré la hardiesse de tout entreprendre, il est toujours constant que les droits de l'amitié et de l'hospitalité furent violés par une promesse de mariage que la demoiselle de Saint-Gobert donna à des Marests le 20 mars 1697. Elle y prend la précaution d'assurer que son père a paru approuver la pensée qu'elle avoit d'épouser des Marests, et cette approbation prétendue est le fondement ou le prétexte de sa promesse.

Jusque-là il semble que des Marests ait respecté du moins la présence du père, et que sa passion ait craint de profaner l'asile de la maison paternelle. Un voyage ou nécessaire ou recherché avec art par la mère et par la fille, fut fatal à son honneur : elle sortit innocente de Senlis; il est certain qu'elle y rentra coupable. Elle y ramena, avec elle, la fille de des Marests, unique fruit de son premier mariage; et le père, qui ignoroit encore le malheur de sa famille, reçut et des Marests et sa petite-fille avec les mêmes témoignages d'amitié qu'il leur avoit donné jusqu'alors.

Mais bientôt le crime commence à éclater aux yeux du père; il croît tous les jours à sa vue. Des Marests disparoît de la ville de Senlis. Le sieur de Saint-Gobert rappelle le souvenir des désordres de sa femme, qu'il lui avoit pardonnés plusieurs fois; il croit voir revivre tous ses crimes dans celui de sa fille; et, forcé d'avoir recours aux moyens les plus tristes et les plus forts contre l'une et contre l'autre, le 12 septembre 1697, il rend plainte à un commissaire du Châtelet; il lui fait un long récit des égaremens de sa femme et de sa propre honte; il ajoute qu'il ne peut douter qu'elle ne soit complice, coupable, auteur même du malheur de sa fille.

Peu de jours après, les familles du sieur et de la dame de Saint-Gobert s'assemblent en secret. Les plus proches parens de sa femme, aussi-bien que les siens, reconnoissent unanimement qu'il y a long-temps que le sieur de Saint-Gobert auroit dû faire renfermer sa femme dans un monastère pour le reste de ses jours; que c'est l'unique remède qui lui reste encore à présent; qu'il peut même la faire interdire, s'il le juge à propos; et que, dans cette vue, il doit se pourvoir en justice ou par-devant le roi; qu'à l'égard de sa fille, après ses couches, il sera néces-saire de la mettre dans une maison religieuse, et ils ajoutent qu'ils sont persuadés que c'est par les in-ductions de sa mère qu'elle est tombée dans ce malheur.

Autorisé par cet avis, le sieur de Saint-Gobert obtint du roi une lettre de cachet pour faire renfer-mer sa femme dans le monastère de la Madeleine. A peine y est-elle conduite, qu'elle intente contre son mari, d'abord une demande en séparation de biens, ensuite une action en séparation de corps et d'habi-tation. La dissipation, les débauches, les emporte-mens et la calomnie du mari, sont les moyens qu'elle emploie pour parvenir à cette séparation.

La cause est portée à l'audience du Châtelet. Le mari fait reconnoître quelques lettres de sa femme, dans lesquelles elle s'accuse elle-même; et, se re-connoissant coupable d'une infidélité criminelle, elle avoue qu'elle n'a point de ressource à espérer que dans la clémence et la compassion de son mari.

On ordonne qu'elle fera preuve des faits qu'elle avoit articulés par-devant le lieutenant-général de Senlis. Elle se plaint du choix que l'on a fait de ce juge; elle appelle de la sentence du prévôt de Paris qui le nomme. Cet appel est encore indécis. Tel est l'état de la demande en séparation. Il seroit inutile de vous en dire davantage. Vous n'avez point aujour-d'hui à prononcer sur cette demande.

Voila, Messieurs, quelle a été la conduite du mari à l'égard de sa femme. Expliquons maintenant celle qu'il a tenue à l'égard de sa fille.

Il choisit la maison de Gilles, chirurgien, pour y ensevelir, s'il étoit possible, sa grossesse et son ac-couchement; elle y entre au mois d'octobre 1697, étant déjà grosse de plus de quatre mois; elle y demeure tranquillement pendant près de cinq mois.

Le 18 février 1698, elle trompe la vigilance de ceux qui étoient préposés à sa garde. Le premier usage qu'elle fait de sa liberté, est de rendre une plainte par-devant le même commissaire auquel son père s'étoit adressé cinq mois auparavant. Elle y fait une peinture affreuse de l'état où la rigueur de son père l'a réduite, de la longue prison qu'elle a soufferte dans la maison de Gilles ; abandonnée de tout le monde, manquant des choses les plus nécessaires, privée de toute consolation, interdite de la participation des sacremens, et n'osant pas même sortir pour aller à la messe les jours des plus saintes solennités ; affligée du présent, tremblante pour l'avenir, par les bruits qui se répandoient de la cruelle résolution qu'on assuroit que son père avoit prise de l'enfermer pour le reste de ses jours, le hasard lui a offert une heureuse occasion de recouvrer sa liberté ; mais elle n'en veut profiter que pour déclarer à la justice qu'elle se retire dans la maison d'une parente charitable, pour se mettre à couvert de la persécution de son père et de celle de son frère, unique source de toutes ses disgraces, par la prédilection aveugle que le sieur de Saint-Gobert a eue de tout temps pour lui.

Cette parente, chez laquelle la demoiselle de Saint-Gobert proteste qu'elle va se retirer, est un personnage inconnu dans cette cause. On ne dit pas même son nom. Si la demoiselle de Saint-Gobert s'est réfugiée dans sa maison, elle n'y a pas fait un grand séjour, puisqu'elle n'est sortie de la maison de Gilles que le 18 février, et que, sept jours après, c'est-à-dire le 25, elle est acouchée dans l'enclos du Temple, chez un orfèvre, nommé Thuyau.

Nous n'examinons point encore quelle est la part que des Marets peut avoir eue à son évasion ; nous ne vous expliquons à présent que les faits publics, certains, incontestables. Tel est celui qui suit dans l'ordre des dates ; c'est le baptême de l'enfant dont la demoiselle de Saint-Gobert est accouchée.

Il est baptisé dans l'église de Sainte-Marie du Temple. Le parrain est le nommé Rousseau ; la marraine, la demoiselle de Veau. L'un et l'autre y signent une fausse déclaration que l'on écrit sur les registres baptistères, par laquelle on atteste que l'enfant que l'on baptise est né en légitime mariage, de Henri des Marets et de Marguerite de Saint-Gobert.

Plusieurs mois s'écoulent. Le sieur de Saint-Gobert apprend que sa fille s'est retirée dans le Temple, pour y faire ses couches. Il envoie un huissier faire perquisition dans ce lieu. L'huissier s'y transporte, dresse un procès-verbal de perquisition, déclare qu'il a appris que des Marets avoit conduit la demoiselle de Saint-Gobert dans le Palais-Royal, qu'il a été la chercher vainement dans ce lieu, et qu'il n'en a pu apprendre aucunes nouvelles certaines, ni dans le Temple, ni dans le Palais-Royal.

Le mystère de la retraite de la demoiselle de Saint-Gobert n'est pas encore révélé; et, soit qu'elle reste encore sous l'empire de des Marets, soit comme on le prétend, qu'elle soit devenue aussi invisible pour lui que pour sa famille, il est au moins certain que, depuis le mois de février 1698, une fille de vingt ans a erré dans Paris au gré d'une passion étrangère ou de la sienne, livrée à celui que l'on accuse de l'avoir ravie, ou, ce qui n'est peut-être pas moins fâcheux pour sa famille, abandonnée à elle-même.

Les poursuites du sieur de Saint-Gobert n'ont pas été aussi vives qu'il semble que sa douleur devoit l'exiger de lui. Des raisons de prudence, ou d'autres motifs l'ont obligé de différer pendant long-temps à faire éclater l'opprobre de sa maison.

Il n'a demandé permission d'informer que le 19 février 1698.

L'information a été très-lente. Elle s'est faite, soit à Paris, soit à Senlis, dans les mois de mars, d'avril, de décembre de la même année; et ce n'a été que dans ce dernier mois que le lieutenant-criminel a donné un décret d'ajournement personnel contre des Marests.

On a fait des efforts inutiles pour exécuter ce décret et une ordonnance rendue dès le commencement de la procédure, par laquelle le lieutenant-criminel avoit permis au sieur de Saint-Gobert de faire prendre sa fille par-tout où bon lui sembleroit.

Le décret a été suspendu par un arrêt de défenses, et l'ordonnance a d'abord été éludée par les précautions que la demoiselle de Saint-Gobert a prises de se retirer dans des maisons royales qui, contre l'intention des grands princes qui les habitent, servent souvent d'asile aux criminels.

Le sieur de Saint-Gobert eut recours à la puissance du roi et à la justice de M. le duc d'Orléans, pour vaincre cet obstacle ; mais la grâce qui lui fut accordée n'eut aucun effet. On prétend que la demoiselle de Saint-Gobert, avertie des démarches de son père, les prévint par une retraite précipitée, et chercha, dans l'obscurité d'une demeure inconnue, la sûreté qu'elle n'avoit pu trouver dans une maison royale.

Réduit, en cet état, à recourir aux voies ordinaires de la justice, le sieur de Saint-Gobert interjette appel du décret d'ajournement personnel décerné au Châtelet contre des Marests ; il prétend que ce décret doit être considéré, par sa légèreté, comme une espèce de déni de justice, dans une accusation aussi grave que celle dont il s'agit. C'est ce qui forme la première appellation sur laquelle vous avez à prononcer, et c'est ce qui achève le récit du premier crime qui fait la matière de cette cause.

Le second, c'est-à-dire l'assassinat prémédité que l'on impute au sieur de Saint-Gobert, s'explique en un mot par le simple exposé de deux procédures, toutes deux faites en différens temps à la requête de la partie de M.ᵉ Joly de Fleury.

La première a commencé le 4 février 1698, par une plainte que des Marests a rendue contre quatre hommes qui l'avoient poursuivi, dans la rue où il demeure, l'épée à la main, etc.

Plainte et information si légères, que le lieutenant-criminel s'est contenté de renvoyer les parties à l'audience, par une ordonnance du 23 février 1698.

La seconde procédure est du mois de février 1699.

Plainte grave par le titre d'accusation d'assassinat prémédité.

Le 4 février, information. Décret d'ajournement personnel qui n'a pas paru assez fort à l'accusateur : et, afin que la cause fût également soutenue dans toutes ses parties, de même que le sieur de Saint-Gobert est appelant du décret décerné contre des Marests comme d'un déni de justice, ainsi des Marests se plaint de l'indulgence que l'on a eue au châtelet pour Saint-Gobert, en ne décernant contre lui qu'un simple ajournement personnel.

Ainsi, vous avez à prononcer sur quatre appellations, qui n'ont pour fondement que deux procédures.

Appel du décret décerné pour le crime de rapt contre des Marests, et par des Marests, qui le trouve trop fort pour un innocent, et par Saint-Gobert, qui le trouve trop foible pour un coupable.

Appel du décret décerné pour le prétendu assassinat, et par Saint-Gobert, accusé, qui le regarde comme une surprise faite à la religion des juges, et par des Marests, accusateur, qui veut le faire envisager comme un refus formel, fait par ces mêmes juges, de lui rendre justice.

MOYENS DE DES MARESTS.

Il faudroit avoir une partie de cette vive éloquence qui semble croître tous les jours dans l'illustre défenseur (1) de des Marests, pour vous retracer dignement les nobles, les ingénieuses couleurs dont il

(1) M. Joly de Fleury, depuis avocat-général à la cour des Aides, ensuite avocat-général au parlement, et, enfin, procureur-général. Il s'étoit distingué dans plusieurs causes qu'il avoit plaidées avant que d'entrer dans ces places, et y avoit fait connoître, dès sa jeunesse, sa capacité et ses talens, en prouvant, par son exemple, l'utilité des travaux du barreau, pour préparer à ceux de la magistrature.

s'est servi pour peindre l'innocence de sa partie et le crime de ses ennemis. Contentons-nous de reprendre simplement les principales propositions dans lesquelles il a renfermé toute sa cause. Une réplique aussi véhémente que celle que vous venez d'entendre , et dans laquelle il a paru avoir également entrepris , et de se surpasser lui-même, et de surmonter son redoutable adversaire , nous dispense d'entrer dans une répétition plus exacte des raisons qu'il vous a proposées.

Trois propositions sur le rapt.

Première proposition. Le sieur de Saint-Gobert est indigne d'être écouté.

Mari aussi cruel que père inhumain, sa femme et sa fille ont été également les victimes de sa passion ; il a sacrifié l'une à sa jalousie, et l'autre à la prédilection injuste qu'il a pour son fils.

Quel mari s'est jamais porté à de tels excès ? Faire enfermer sa femme dans un lieu qui n'est destiné qu'à celles qui ont déshonoré leur famille par une prostitution aussi publique que volontaire, et cela sans information , sans preuve, si ce n'est peut-être quelques lettres équivoques que la dame de Saint-Gobert désavoue, ou qu'elle n'a écrites que pour se dérober à la fureur et aux emportemens de son mari.

Quel père plus violent, plus ennemi de l'honneur de sa fille ? Quel père moins père ? Au lieu de cacher avec soin sa disgrâce dans quelque demeure éloignée, il choisit au milieu de Paris une maison suspecte, ou plutôt diffamée, où l'on voit de tous les côtés de tristes images de ces suites funestes que l'excès des plaisirs entraîne après soi. C'est dans ce lieu d'horreur qu'un père dépose l'honneur et la réputation d'une fille malheureuse, dont tout le crime avoit été de se laisserséduire par le nom et par l'apparence d'un mariage que son père avoit approuvé.

On vous a dépeint toutes les rigueurs de cette

affreuse prison, où la demoiselle de Saint-Gobert a
été renfermée pendant près de cinq mois. Elle doit
sa liberté à un bonheur imprévu, et non pas à la
tendresse de son père. Comment peut-il mériter ce
nom ? Comment exercer les droits de la puissance
paternelle, après en avoir si indignement abusé ?

Combien de fois avez-vous privé des pères du
pouvoir que la nature et la loi leur donnent sur leurs
enfans, parce qu'au lieu d'en être les pères, ils en
étoient devenus les injustes persécuteurs ? *Patria
potestas in pietate debet, non in atrocitate consis-
tere* (1). La puissance paternelle est un présent de la
loi ; elle confie son autorité aux pères, mais c'est à
condition qu'ils en useront aussi saintement, aussi
sagement, aussi justement que la loi même. Dès
le moment qu'ils en abusent, la loi leur arrache ce
pouvoir *non ità creditum.* Le magistrat alors devient
le père commun de ceux qui sont assez malheureux pour pouvoir dire : *Parentes sensimus parri-
cidas.*

C'est à cette protection que la demoiselle de Saint-
Gobert a recours aujourd'hui, ou plutôt c'est par
elle que le sieur des Marests, son unique défenseur,
espère de faire condamner les injustes poursuites
d'un père inhumain, qui ne se souvient qu'il est
père que pour opprimer, pour déshonorer, pour
perdre sa fille.

Seconde proposition. Non-seulement le sieur de
Saint-Gobert est non-recevable à usurper ici l'autorité de père, par la rigueur avec laquelle il l'a exercée en dernier lieu, il l'est encore plus par sa
première douceur, et par la facilité avec laquelle
il a lui-même formé les nœuds qu'il s'efforce vainement de rompre aujourd'hui.

C'est lui qui a toujours attiré des Marests dans sa
maison ; c'est lui qui lui a donné plus de témoignages

(1) Loi 5. ff. *de Lege Pompeia.*

d'amitié et de familiarité que personne ; c'est lui qui
l'a obligé d'y venir pendant la nuit, d'y demeurer
caché, déguisé, inconnu à tout le reste de la ville
de Senlis ; c'est lui qui l'a, le premier, présenté à sa
fille, et qui lui a presque imposé la nécessité de le
regarder comme son mari ; c'est lui qui a bien voulu
avoir, pour des Marests et pour la fille de des Marests, des soins véritablement paternels ; enfin, c'est
lui qui a excité, entretenu, augmenté, confirmé cette
passion qu'il veut troubler aujourd'hui. Lui seul est
coupable de la faute de sa fille. Souffrirez-vous,
Messieurs, que lui seul, devant vous, s'élève pour la
punir ?

Troisième proposition. Quelque intérêt puissant
sert toujours de motifs à un grand crime. Ici bien
loin que des Marests pût regarder l'alliance du sieur
de Saint-Gobert comme une fortune, il ose dire que
le mariage étoit plus avantageux, du côté des biens,
à la demoiselle de Saint-Gobert qu'à lui.

Nulle différence, nulle inégalité dans la naissance
et dans la condition.

Et dans le bien, que peut prétendre la demoiselle
de Saint-Gobert ? Tout au plus 20,000 liv. Il faut
pour cela que le père et la mère fassent un partage
égal à tous leurs enfans ; il faut qu'ils conservent
tous leurs biens.

Des Marests espère le remboursement d'une somme
de 55,000 liv. Sa mère est encore vivante. Il jouit
dès à présent de 4,000 liv. de rente, et qui sait où
pourra l'élever ce talent qu'il a reçu de la nature, et
qu'il a cultivé si heureusement, qu'il lui a mérité les
graces, et ce qui est encore plus précieux, les éloges
du plus grand roi du monde ?

Il peut donc faire valoir ici ce mot de Cassius :
cui bono ?

En faut-il même d'autres preuves que toutes les
démarches que le sieur de Saint-Gobert a faites pour
attirer des Marests dans sa maison ? Quelle autre

raison a pu l'engager à faire ces démarches si extraordinaires, que l'espérance d'un mariage avantageux pour sa fille ?

Au surplus, on ne peut rien imputer à des Marests.
Trompé par la parole du père, il s'est considéré
comme le mari de sa fille. Tout son crime est d'avoir
été plus constant que le sieur de Saint-Gobert. Il
n'a aucune part à l'évasion de la demoiselle de Saint-
Gobert. La lettre qu'on a surprise, s'applique à un
autre dessein. Il ignore encore à présent le lieu de
sa retraite.

En un mot, celui qui l'accuse est indigne d'être
écouté. Il l'accuse sans preuves ; mais il y a plus : il
l'accuse d'un crime dont lui seul est l'auteur.

Il n'en est pas de même des autres accusations sur
l'assassinat.

Loin que l'on puisse opposer aucunes fins de non-
recevoir à des Marests, il a l'avantage que la forme
lui est aussi favorable que le fonds.

C'est lui qui est le premier plaignant, le premier
accusateur.

La plainte est du 4 février 1698. Celle du sieur
de Saint-Gobert n'est que du 19.

L'accusation de rapt n'a été intentée que pour
mettre Saint-Gobert à couvert de l'assassinat.

Si l'on entre après cela dans le fonds, deux efforts
pour assassiner des Marests.

Un premier, qui n'eut point d'effet. Une heureuse
fuite dérobe des Marests aux assassins.

Un second, qui a été presque exécuté. Jamais
l'horreur des assassinats n'a été marquée par des
exemples plus fameux, il n'y a qu'à les appliquer.

MOYENS DE SAINT-GOBERT.

Jamais mari, jamais père plus infortuné. A quelque réparation que l'on condamne un jour des
Marests, que pourra-t-il faire qui égale la honte et

la douleur d'un père malheureux, obligé de confier
au public l'histoire de ses disgrâces qu'il voudroit
pouvoir se cacher à lui-même?

Qu'on ne lui reproche point les voies tristes, mais
nécessaires, qu'il a été contraint de prendre à l'égard
de sa femme.

Il pouvoit user de son droit, et, *jure mariti*, intenter une accusation contre elle; mais il a mieux
aimé ne faire entendre ses plaintes, que dans un
tribunal domestique.

Les parens, loin de l'arrêter, ont excité ses poursuites; ils ont condamné sa longue patience.

Le roi a bien voulu entrer dans les peines d'un
mari qui n'avoit à se reprocher qu'un excès de bonté,
et peut-être de foiblesse.

Pourquoi faut-il que celui qu'il ne peut regarder
que comme le ravisseur de sa fille, se rende aujour-
d'hui le censeur de sa conduite? Ne lui suffit-il
pas d'avoir déshonoré sa famille, sans l'obliger encore
à révéler le secret d'une autre ignominie?

Retranchons donc tous ces faits étrangers. De
quoi s'agit-il aujourd'hui?

D'un rapt trop véritable, d'un assassinat imaginaire.

Sur le rapt, jamais il n'y en a eu de plus qualifié,
ni de plus digne de toute l'attention des pères et des
Magistrats, qui, comme on a eu raison de vous le
dire, quoique dans un sens bien différent, sont les
premiers pères.

Une fille de dix-huit ans, une fille d'une naissance
honorable, une fille d'une fortune honnête, enlevée,
arrachée, ravie à ses parens, à sa famille, à elle-
même, et par qui? Par un homme dont toute la
fortune, aussi fragile que le talent qui lui sert de
fondement, se réduit à avoir mérité une gratification
de 900 liv. et la direction de la musique des Jésuites,
dont on prétend qu'il retire à peine cinq cents livre
tous les ans; par un homme dont le père s'est dit

receveur des Tailles, sans l'avoir jamais été, et qui n'oseroit nommer ni son ayeul, ni son ayeule; par un homme, enfin, qui n'a pour tout bien que des prétentions chimériques et des espérances imaginaires; trop heureux, en 1689, d'épouser la fille d'un fourbisseur, avec deux mille livres de dot.

Voilà celui qui ose entreprendre de violer toutes les lois divines et humaines, de fouler aux pieds nos plus saintes ordonnances. Non content d'avoir séduit le cœur et aveuglé l'esprit d'une fille de famille, il l'enlève de la maison obscure d'un chirurgien, où son père l'avoit cachée, pour dérober, s'il étoit possible, la connaissance de son déshonneur.

Il l'emmène, comme en triomphe, dans le Temple, et dans le Palais-Royal, au mépris de la justice. Obligé de céder à la vigilance du père, et plus heureux la troisième fois que les deux premières, il l'a remise dans une retraite inconnue; et malgré l'autorité des juges, malgré les ordres mêmes du roi, qui a bien voulu prêter le secours de sa puissance à un père aussi indignement outragé, un musicien rebelle à tant de lois réunies contre lui, obsède encore aujourd'hui par les mêmes artifices, et retient encore dans sa puissance celle qu'il a ravie. Ou il faut effacer toutes les ordonnances, ou jamais la justice n'a dû s'armer de tant de rigueur, contre un attentat qui intéresse tous les pères, toutes les familles.

Que si l'on demande où sont les preuves de tous ces faits, il n'y a qu'à lire les informations, ou plutôt il suffit de jetter les yeux sur une lettre que la Providence a permis qui soit tombée entre les mains du sieur de Saint-Gobert.

Après cela, qui ne sera surpris de voir que, sur une accusation si grave, sur des preuves si certaines, on ne prononce qu'un décret d'ajournement personnel contre un homme de la qualité de des Marests? Injustice sensible que vous réformerez.

Que dit-on néanmoins en faveur de des Marests?

1.º Que le père n'est pas recevable, après les rigueurs qu'il a exercées contre sa fille.

Mais où sont ces rigueurs ? Il l'a enfermée dans la maison d'un chirurgien ; et que pouvoit-il faire dans l'état où elle étoit ? En quel endroit pouvoit-elle être mieux cachée, ou traitée d'une manière plus convenable ?

Les faits que l'on invente pour décrier cette maison, sont entièrement supposés.

2.º On ne s'accorde pas avec soi-même. Ce père, que l'on accuse, d'un côté, de rigueur et d'inhumanité, on l'accuse, de l'autre, d'avoir eu trop de complaisance, trop de facilité, trop d'indulgence pour sa femme et pour sa fille ; car c'est à quoi peuvent se réduire tous les faits qui regardent les entrées trop libres qu'on dit qu'il a données dans sa maison à des Marests.

Une seule date répond à tous ces faits.

Dans quel temps se sont-ils passés ? Pendant le premier mariage de des Marests, c'est-à-dire, dans un temps où ses visites ne pouvoient être suspectes, et où il étoit impossible de présumer qu'il eût la moindre pensée d'un mariage.

Si, depuis ce temps, des Marests, devenu veuf, n'a pas laissé de venir quelquefois à Senlis, c'est une suite de la première familiarité qu'il avoit acquise dans un temps non suspect. Le père est malheureux, et non pas coupable, de n'avoir pas fait assez d'attention sur le changement d'état de des Marests.

3.º Nul avantage, dit-on, pour des Marests, au contraire ; avantage plus grand pour la demoiselle de Saint-Gobert.

Il n'y a qu'à reprendre ici tout ce qui a été dit, pour prouver le rapt de séduction.

A l'égard de l'assassinat : dans la forme, il est absurde de dire que des Marests a prévenu ; car, en premier lieu, ce n'est pas sur le même genre de crime.

En second lieu, le père a rendu plainte dès le 12 septembre 1697.

En troisième lieu, la plainte de des Marests n'est autre chose qu'une procédure récriminatoire, pour faire entendre indirectement des témoins qui pussent parler des faits justificatifs.

4.° Quels témoins et quels faits ! Le premier fait est une terreur panique. Le second, une rixe arrivée dans une rue. Donc l'unique crime véritable, est le rapt de séduction ; et c'est contre ce crime qu'il s'agit d'employer toute la sévérité de la justice.

QUANT A NOUS, après vous avoir expliqué les moyens opposés des Parties, nous ne vous dirons point, MESSIEURS, combien cette cause est importante, et digne de cette attention exacte et rigoureuse que vous donnez toujours au jugement de toutes les causes qui sont portées dans ce tribunal, mais que vous redoublez encore, s'il est possible, toutes les fois que de nouvelles circonstances semblent mériter une nouvelle application.

Le seul nom de rapt suffit pour tenir la justice attentive ; et quel crime en effet peut jamais exciter d'avantage et le zèle de notre ministère, et la juste sévérité des juges, que celui qui attaque en même-temps la nature, la loi, la religion ?

La nature, en ôtant cette liberté si précieuse dans tous les momens de la vie, mais si nécessaire dans ce moment fatal, où un mariage décide du bonheur ou du malheur de notre vie.

La loi, soit parce qu'il attaque l'autorité des pères que la loi a revêtus de toute sa puissance ; soit parce qu'il déshonore les familles par des alliances honteuses ; soit enfin parce qu'il trouble la tranquilité de l'Etat par des divisions funestes, qui se perpétuent souvent dans le cours de plusieurs générations.

La religion, enfin, puisque la violence où ?

duction n'a pour objet que la profanation d'un des plus augustes sacremens.

Telle est la qualité du crime principal sur lequel vous avez à prononcer.

On en joint un second, aussi grave en soi, et aussi important que le premier; un assassinat prémédité.

Encore une fois, en faut-il davantage pour exciter toute l'attention des magistrats?

Ne suivons point ici d'autre ordre que celui que ces deux crimes, qui doivent être l'objet de notre application, semblent nous présenter.

Envisageons d'abord le rapt dans toutes ses circonstances. Passons ensuite à l'examen de l'assassinat, et voyons lequel des deux plaignans doit demeurer accusateur ou accusé.

PREMIÈRE PARTIE.

Rapt.

Avant que d'entrer dans l'examen des différentes preuves qui peuvent déterminer la nature, les circonstances, l'atrocité, ou la légèreté du crime, souffrez, MESSIEURS, que nous rétablissions, en peu de mots, les principes généraux que nous sommes obligés de regarder comme la règle invariable de nos sentimens dans cette matière.

Deux maximes également certaines, l'une, qu'il n'y a point de crime que les lois aient regardé avec plus d'indignation que le rapt; l'autre, que toutes les lois ne s'accordent pas seulement dans ce point; elles conviennent encore en un autre non moins important que le premier, et quel est ce point? Nulle distinction, nulle différence entre le rapt de violence, et le rapt de séduction.

L'une et l'autre de ces maximes pourroient faire la matière d'une longue et savante dissertation.

Mais, pour ne nous point égarer dans des digressions plus curieuses qu'utiles, choisissons seulement deux ou trois réflexions dans la foule de celles que l'on peut faire sur les deux propositions que nous venons d'établir. ·

Disons donc d'abord, par rapport à la première maxime, qu'il n'y a point de matière où l'on ait vu une union si parfaite entre l'empire et le sacerdoce, une si heureuse harmonie entre les lois et les canons, entre l'église et l'Etat, que celle que nous examinons.

Si l'on vouloit faire une tradition suivie, depuis la loi de Constantin jusqu'à la déclaration de 1639, et depuis le concile de Chalcédoine jusqu'au concile de Trente, on trouveroit, dans tous les siècles, dans tous les âges des empires et de l'église, des dispositions également sévères, et dans les édits des empereurs et dans les canons des conciles, pour condamner les ravisseurs aux peines les plus rigoureuses.

Si les princes punissent le rapt par la perte de la vie corporelle, l'église le punit par celle de la vie spirituelle. Le prince use du glaive temporel pour retrancher de la société civile, ceux qui l'ont troublée par un crime énorme : l'église s'arme du glaive spirituel pour couper ces membres corrompus qui déshonorent la société des fidèles.

En un mot, la mort et l'excommunication marchent d'un pas égal dans les lois de l'état et dans celles de l'église.

C'est la première observation qui n'a pas besoin de preuve, ou plutôt elle a été tant de fois faite à votre audience qu'il est inutile de la répéter.

Disons ensuite, par rapport à la même maxime, que jamais crime n'a été puni si sévèrement que le rapt, et par les lois romaines, et par celles de nos rois.

Ne nous étendons point ici dans un détail inutile.

Mais pouvons-nous nous dispenser de relever trois preuves éclatantes de cette vérité, l'une par rapport aux lois romaines, l'autre par rapport à nos ordonnances, la troisième par rapport à ces deux espèces de lois ?

Ce peuple, si doux et si modéré dans les supplices mêmes qu'il exerçoit contre les plus grands criminels, ce peuple, qui se vante d'avoir été celui de tous les peuples qui a le plus adouci la rigueur des peines et des tourmens inventés contre les coupables (*in aliis gloriari licet nulli gentium mitiores placuisse pœnas*), ce même peuple, oubliant cette modération dont il faisoit gloire, invente les supplices les plus cruels, et, si nous osons le dire, les plus recherchés, pour la punition des ravisseurs.

Constantin, non content d'avoir puni du dernier supplice les principaux auteurs de ce crime, ajoute, par une rigueur inconnue jusqu'alors, que les ministres infidèles de la subornation, les domestiques, qui souvent sont les instrumens de ce crime, finiront leurs jours par un nouveau genre de tourment, qu'on leur versera du plomb fondu dans la bouche et dans la gorge, pour expier ainsi le crime d'une longue séduction, qui a versé le poison dangereux d'une passion ardente dans le cœur d'une jeune fille.

Justinien veut que l'on brûle les esclaves qui auront été les complices ou les ministres du rapt (1).

A l'égard de nos ordonnances, rien ne marque mieux combien ce crime est détesté par les sages législateurs qui les ont faites, que cette espèce d'interdiction dans laquelle nos rois se réduisent volontairement, d'accorder des lettres de réhabilitation à ceux qui, pour crime de rapt, sont déclarés incapables de toutes successions.

La majesté royale se prive du plus beau, du plus auguste, du plus précieux de tous ses droits, c'est celui de faire grâce et de pardonner. Elle ne peut plus user que de rigueurs, de foudres, de condamnations contre les coupables. Elle renonce à toute

(1) L. *Unica*, Cod. de Rapt. §. 2 et 3.

indulgence à leur égard, et se retranche, pour ainsi dire, une de ses mains, pour empêcher sa clémence de désarmer jamais sa justice.

Une dernière preuve, commune aux lois romaines et à nos ordonnances, de l'horreur qu'elles ont du rapt, c'est que, dans ce genre d'accusation, il peut arriver que la matière du crime ne subsiste plus, et cependant le crime et la punition doivent subsister.

Car, enfin, en quoi consiste ce crime ? Dans la violence qui est faite, ou à la volonté de la personne ravie, ou à celle de ses parens. Et cependant, quoique la personne ravie, et les parens consentent à remettre leur injure, le public leur défend de pardonner (1) : la loi se charge seule, et malgré eux, de leur vengeance. Ce n'est pas tout. Les lois romaines prononçoient même la peine de la déportation contre les parens, *Si patientiam præbuerint, ac dolorem remiserint* (2). Donc la poursuite de ce crime est non-seulement permise, mais ordonnée.

Passons à la seconde proposition. Nulle distinction entre le rapt de séduction et celui de violence.

La raison naturelle et l'autorité de la loi concourent également à proscrire cette distinction.

Il y a même un père de l'église (Isidore de Peluse) qui a été plus loin, et qui, faisant le parallèle des deux espèces de rapt, s'élève hautement contre le jugement du vulgaire, qui croit le rapt

---

(1) Dans quelques occasions où il y avoit égalité de naissance, d'âge et de biens, on a été touché de la remise que les parens faisoient de l'offense qui avoit été faite à leur autorité. Mais ces exemples singuliers ne doivent pas tirer à conséquence, et c'est avec beaucoup de sagesse que les lois ont voulu prévenir ce crime, en ôtant toute espérance de parvenir, par ce moyen, à un mariage. Leur sévérité l'a rendu moins fréquent.

(2) L. *Unica,* Cod. *de Rapt.* §. 2.

de violence plus criminel que celui de subornation.

Sans suivre ici exactement le parallèle qu'il fait
de l'injure du corps et de celle de l'âme, disons,
avec les lois de Constantin et de Justinien : 1.° Que
le rapt de séduction doit être puni encore plus sévèrement que celui de violence, parce qu'on peut
résister à la force ; mais, qui peut être assuré de se
défendre contre les enchantemens de la séduction ?
Dans le rapt de violence, la personne qui en est
l'objet n'a que le ravisseur à craindre ; mais, dans
le rapt de séduction, elle trouve dans elle-même
son plus dangereux et son plus redoutable ennemi.

2.° Il n'est pas même vrai de dire que, dans le
rapt de séduction, on trouve au moins la volonté
et le consentement de la personne ravie. Cette volonté n'est point la sienne ; c'est celle du ravisseur,
que la force de la passion lui fait suivre. C'est la
passion qui veut, ce n'est point la raison ; et, bien
loin que le ravisseur soit excusable, parce que la
personne ravie veut bien consentir à son déshonneur,
c'est, au contraire, ce qui le rend plus coupable.
Son véritable crime est de le lui avoir fait vouloir et
de l'avoir liée, engagée dans la malheureuse société
de son crime. Faisons parler, au lieu de nous, l'empereur Justinien : *Qui hoc ipsum velle mulierum,
ab insidiis nequissimi hominis qui meditatur rapi-
nam, inducitur ; nisi etenim eam sollicitaverit, nisi
odiosis artibus circumvenerit, non faciet eam velle
in tantum dedecus sese prodere* (1).

La mesure de la volonté, du consentement, de
la passion de la personne ravie, est la mesure du
crime du ravisseur.

3.° Il n'est pas impossible de se défendre du rapt
de violence. La vigilance, la précaution, l'attention

(1) L. *Unica,* Cod. *de Rapt.* §. 2.

continuelle des parens peut être un obstacle invincible aux entreprises violentes d'un ravisseur ; mais
le moyen de se mettre à couvert des artifices subtils,
des insinuations secrètes, des voies sourdes et obli-
ques d'un séducteur, qui trouve souvent, même dans
la maison paternelle, et dans les asiles les plus sacrés,
des ministres dévoués a sa passion, et prêts à lui sacrifier ces victimes malheureuses, qu'un père trompé
confie à leur soin ?

4.° Enfin le rapt de violence peut souvent ne
renfermer qu'un crime ; celui de séduction en renferme toujours deux. Celui de la personne ravie ne
peut servir d'excuse au ravisseur qui en est l'auteur.
C'est ce qui est exprimé par ces paroles élégantes de
Constantin : *Nihil ei prosit puellæ responsio, ipsa
puella potiùs criminis societate obligetur.*

C'est toujours *raptus in parentes*; et qu'importe
qu'une famille soit déshonorée, ou par la violence,
ou par la séduction ; et même, à le bien prendre,
elle est encore plus déshonorée par la séduction que
par la violence.

Si l'on se détermine par la seule autorité de la
loi, et si l'on consulte d'abord les lois romaines,
nous venons de vous en rapporter les termes.

Ajoutons encore ces paroles de Constantin : *Sive
invitam rapuerit, sive volentem abduxerit* (1). Et
celles-ci de Justinien : *Sive volentibus, sive nolen-
tibus virginibus, sive aliis mulieribus tale facinus
fuerit perpetratum.*

Nos anciennes lois sont conformes à celles des empereurs romains. Les capitulaires s'expliquent ainsi :
*Placuit ut hi qui rapiunt fœminas, vel furantur
vel seducunt, eas nullatenùs uxores habeant* (2).

L'ordonnance de Blois et celle de 1639, sont si
précises, qu'elles ne laissent aucun doute. Elles or-

(1) L. *Unica*, Cod. *de Rapt.* §. 2.

(2) Capitulaires, *lib. VII, cap.* 395.

donnent que ceux qui se trouveront *avoir suborné*, soient punis de mort.

Celle de 1679 parle aussi des personnes *ravies par subornation.*

Il est utile de renouveler de temps en temps la mémoire de ces lois si salutaires ; mais nous ne devons pas nous y arrêter trop long-temps. Il faut descendre au détail des preuves.

Nous vous lirons d'abord les dépositions des principaux témoins. *Lire les informations.*

Distinguons deux choses, qui forment ensemble le sujet de l'accusation.

La séduction commencée : la séduction continuée par l'obsession et la détention de la personne ravie.

Sur le premier point, deux sortes de preuves. Preuves extérieures, tirées de la qualité des parties : preuves intérieures, prises du procès et de la déposition des témoins.

Les preuves extérieures peuvent se renfermer dans trois observations.

Première observation. Inégalité en tout ; ce qui ne se rencontre pas toujours dans des affaires de cette nature.

Inégalité d'âge ; des Marests avoit le double d'années. Qui croira qu'une fille mineure de dix-huit ans ait séduit un majeur de trente-six ans ?

Inégalité de condition. Quelle comparaison entre les deux familles ?

Le père de des Marests, tout au plus receveur des tailles, ou plutôt, il ne l'a jamais été véritablement ; On ne rapporte qu'une simple adjudication, le nom en blanc, point de provisions. Ou si l'on veut, il a été contrôleur des vivres pour 1644.

Du reste, il ne faut pas remonter plus haut, et l'on garde un profond silence à cet égard.

De l'autre côté, le père, l'aïeul, le bisayeul, officiers de justice. Le père et l'aïeul, à la tête d'une jurisdiction. Le bisaïeul, avocat du roi.

Inégalité de biens. Des Marests n'a rien de solide. Si l'on entre dans le détail de ce qu'il a, ce sont de simples pensions ; du surplus, des espérances très-incertaines.

La demoiselle de Saint-Gobert aura au moins 200,00 liv.

Ajoutons encore le premier mariage de des Marests, les 2000 liv. de dot qu'il a eues seulement de sa femme.

Il lui reste une fille qu'il est chargé de faire subsister sur une fortune si peu assurée, et qui partageroit son affection et son bien, s'il en laissoit.

Seconde observation. La maxime ordinaire : *Cui prodest scelus, is fecit,* reçoit toute son application ici, attendu l'entière inégalité.

Nul avantage, ou plutôt déshonneur pour la demoiselle de Saint-Gobert ; au contraire, honneur et avantage pour des Marests.

Troisième observation. Qualité suspecte de des Marests. Il est maître de musique.

Il est vrai qu'il n'enseigne point à chanter ; mais il faut avouer néanmoins que la musique lui donne un plus libre accès ; c'est un prétexte. On ne se défie point d'un homme qui ne paroît occupé qu'à charmer les oreilles, et qui tend des pièges secrets au cœur.

Les preuves intérieures résultent des circonstances que nous trouvons dans les dépositions.

Assiduités, fréquentations suspectes ; sortir seul avec elle ; aller même avec elle dans sa propre maison à Paris ; payer la dépense de la mère et de la fille.

Loin que la présence de la mère justifie tout ce qui s'est fait, c'est elle au contraire qui augmente les soupçons.

Sur le second point, beaucoup plus important que le premier, c'est-à-dire, l'évasion et la détention de la demoiselle de Saint-Gobert, nous vous observerons :

D'Aguesseau. Tome V. 21

1.º En général, que le simple exposé semble une preuve? Le fait se prouve par lui-même.

Qui pourra croire que la demoiselle de Saint-Gobert, enfermée par l'ordre de son père dans une maison, puisse en sortir sans le secours, sans le conseil, sans le ministère de personne?

Et, dès le moment que ce premier fait est certain, qui doutera qu'elle ne se soit adressée à des Marests plutôt qu'à un autre?

2.º En particulier, il y a trois faits prouvés.

1.º Des Marests a loué la chambre dans le temple.

2.º Des Marests a fréquenté continuellement la demoiselle de Saint-Gobert pendant le temps de ses couches.

3.º Des Marests l'a menée au palais royal, et s'est sauvé avec elle.

Depuis ce temps-là c'est à lui que le père, que la famille, que le public, que la justice, doivent en demander compte.

Qu'il la représente, ou qu'il donne sa tête pour gage de l'ignorance prétendue où il dit être.

Ajoutons à toutes les circonstances de l'évasion, deux faits importans.

1.º La fausseté de la plainte de la demoiselle de Saint-Gobert. Elle dit qu'elle s'est retirée chez une parente qu'on ne nomme point, et où l'on ne sauroit prouver qu'elle ait jamais été.

2.º Une espèce de procuration sous seing-privé, du 15 février 1698, par laquelle la dame de Saint-Gobert donne pouvoir à Louis Peronsel de recevoir sa fille, lorsqu'elle sortira de la maison de Gilles, et de l'amener à sa mère.

Pièce ridicule en tout sens, et qui marque combien la mère et la fille sont réunies contre l'honneur de leur famille.

1.º Pièce sous signature privée, et qui n'a été déposée que le 19 juin 1699 chez un notaire.

2.º Pièce accommodée visiblement au théâtre. L'évasion est du 18 février 1698.

3.° Louis Peronsel, nouveau personnage. Ce n'est plus une parente, c'est un bourgeois de Paris, choisi par la mère, qui doit recevoir la fille, et qui s'est mal acquitté de sa commission. Pourquoi la fille ne s'est-elle donc pas remise entre ses mains?

Suite d'intrigues qui produit une nouvelle conviction.

Qu'oppose-t-on pour déguiser tous ces faits?

1.° La dureté du sieur de Saint-Gobert.

Contre la mère. Mais il ne s'en agit pas; mais l'avis des parens n'est pas rétracté par une déclaration prétendue d'un seul parent; mais le sieur de Saint-Gobert avoit un juste et plus que juste sujet d'être mécontent de sa femme, il n'y a qu'à lire les lettres qu'elle lui a écrites.

Contre la fille. L'unique reproche est de l'avoir fait enfermer dans la maison de Gilles; mais rien de plus ordinaire que de choisir une semblable retraite. Que pouvoit faire un père malheureux?

2.° Le sieur de Saint-Gobert est, dit-on, lui-même coupable du malheur de sa fille, par les entrées trop libres qu'il a données à des Marests.

Il est certain, en général, qu'on ne peut approuver la conduite d'un père qui souffre que sa fille soit souvent avec des personnes de l'état de des Marests. Leur art est une école de plaisir, de mollesse, de sensibilité.

Mais dans le fait particulier, cinq choses qui excusent le sieur de Saint-Gobert.

La première, est la disproportion d'âge, de naissance, de biens, qui ne lui permettoit pas de penser que des Marests fût assez téméraire, ou sa fille assez foible, pour former le dessein d'un mariage.

La seconde, est que la plupart des faits ont précédé la mort de la première femme de des Marests.

La troisième, est l'opinion favorable qu'il avoit conçue du caractère de des Marests. C'est cette grande domesticité, ou familiarité, qui le charge encore plus; les degrés de la confiance du père sont les degrés de son crime, et en augmentent la mesure.

21 *

La quatrième, que la mère étoit coupable, et le père assez foible pour avoir voulu l'épargner.

La cinquième enfin, quand tout cela pourroit adoucir les peines que mérite la première séduction, qu'en pourroit-on conclure pour la détention actuelle de la personne ravie ?

Ainsi, le crime de rapt demeure en son entier ; il est inutile de l'exagérer.

Quelle famille seroit en sûreté ? Répétons ce qu'on a dit tant de fois en de pareilles occasions ; que c'est la cause de tous les pères.

Vous êtes les pères communs des citoyens.

Mais ce qui caractérise ici le crime d'une manière singulière, c'est qu'au moins les autres criminels ne le sont pas actuellement, quand ils paroissent devant la justice : il s'agit, dans toutes les autres affaires criminelles, d'un crime passé, et non présent.

Ici le crime dure encore actuellement ; chaque jour le voit croître ; et que peut-on concevoir de plus criminel, que l'opiniâtreté, la rébellion, la contumace d'un indigne ravisseur, qui ose paroître devant vous, et plaider sa cause avec hardiesse, dans le temps qu'il continue le crime de rapt en retenant la personne ravie, en sorte qu'il n'est point de momens dans lesquels il ne se rende de nouveau criminel ?

C'est peut-être ce qui n'a jamais eu d'exemple.

Appliquons, en un mot, ces réflexions à la procédure.

Un simple décret d'ajournement personnel sur une semblable accusation est contraire, premièrement à l'ordonnance, puisqu'il s'agit d'un cas qui mérite peine afflictive ; secondement, au bien public, qui nous oblige d'adhérer à l'appelant.

SECONDE PARTIE.

Assassinat.

Nous n'avons pas besoin d'entrer dans une longue

discussion sur l'accusation d'assassinat, qui peut s'expliquer en deux mots.

Il suffit de distinguer les deux différentes procédures faites sur les deux plaintes de des Marests, et de vous donner une idée de chacune.

La première est nulle dans la forme. On permet d'informer d'un fait : on informe d'un autre. C'est une vraie récrimination. La lettre de l'accusateur en est une preuve irréprochable.

Dans le fonds, cette procédure est inutile. Les charges sont si légères, qu'il n'y a eu qu'un renvoi à l'audience.

Quels témoins y a-t-on fait entendre? Les complices du rapt de séduction.

La seconde procédure ne présente autre chose qu'une rixe fortuite, déguisée sous le nom d'assassinat prémédité.

Tout s'oppose à cette dénomination, et détruit l'idée d'un pareil crime.

1.º Les personnes. Le sieur de Saint-Gobert père étoit sans épée.

2.º L'heure. C'étoit à trois heures après midi.

3.º Le lieu. Dans une rue aussi fréquentée que la rue aux Ours.

4.º Les circonstances. On ne parle que d'avoir voulu traîner des Marests chez un commissaire.

La fin de ce plaidoyer n'a pas été écrite. M. d'Aguesseau fit lecture des dépositions de quelques-uns des témoins entendus sur le prétendu assassinat.

Arrêt du 5 août 1699.

ENTRE Henri des Marests, pensionnaire de la musique du roi, appelant de la permission d'informer, contre lui décernée par le lieutenant-criminel du châtelet de Paris, information faite en conséquence, et décret d'ajournement personnel contre lui décerné le sept février mil six cent quatre-vingt-dix-neuf; comme aussi appelant comme de déni de justice de l'ordonnance du six dudit mois de février, portant que M.ᵉ Jacques de Saint-Gobert et son fils seront assignés pour être ouïs, d'une

part; et M.⁹ Jacques de Saint-Gobert, conseiller du roi, président à l'élection de Senlis, et Charles-Alexandre de Saint-
Gobert, son fils, intimés, d'autre part; et entre lesdits sieurs de
Saint-Gobert, demandeurs en requête par eux présentée à la
cour le dix-neuf février dernier, à ce qu'en venant plaider sur
les appellations dudit des Marests, il plût à ladite cour recevoir les sieurs de Saint-Gobert, appelant, comme de déni de
justice, en ce que le lieutenant-criminel du châtelet n'a décrété
que d'ajournement personnel contre ledit des Marests, au lieu
de décret de prise de corps; et encore appelans de la permission d'informer, et décret d'assignés pour être ouïs contr'eux
fait et décerné en récriminant devant ledit juge, à la requête
dudit des Marets, et autres ordonnances rendues sur information faite au mois de janvier mil six cent quatre-vingt-dix-huit;
par ledit lieutenant-criminel, contre ledit de Saint-Gobert fils;
faisant droit sur lesdites appellations, que lesdits sieurs de
Saint-Gobert fussent renvoyés absous des téméraires accusations
contr'eux faites, en récriminant par ledit Desmarests, avec
dommages, intérêts et dépens, et ordonner que ledit des
Marets sera pris au corps, pour lui être son procès fait et
parfait par-devant tel autre juge qu'il plaira à la cour commettre sur l'accusation contre lui intentée par lesdits sieurs
de Saint-Gobert, jusqu'à sentence définitive inclusivement,
sauf l'exécution, s'il en est appelé, et à cette fin que les informations faites à la requête desdits sieurs de Saint-Gobert
seroient portées au greffe du juge qui sera commis par la cour,
et ledit des Marets condamné aux dépens, d'une part; et ledit
des Marests, intimé, défendeur, d'autre part; et entre ledit des
Marests, opposant par requête du dix-sept juin mil six cent
quatre-vingt-dix-neuf, à l'arrêt du neuf juin mil six cent
quatre-vingt-dix-neuf, d'une part, et ledit Jacques de Saint-
Gobert, défendeur, d'autre part, sans que les qualités puissent
préjudicier aux parties. Après que Joly de Fleury, avocat pour
ledit des Marests, et du Mont, avocat pour lesdits de Saint-
Gobert, ont été ouïs pendant cinq audiences, ensemble
d'Aguesseau, pour le procureur-général du roi, qui a fait récit
des informations :

LA COUR, sans s'arrêter à la requête de la partie de Joly,
en tant que touche l'appel interjeté par les parties de Dumont,
de la procédure extraordinaire contr'eux faite, et l'appel
comme de déni de justice de la partie de Joly, a mis et met
les appellations et ce dont a été appelé au néant; émendant,
évoque le principal; y faisant droit, renvoie lesdites parties
de Dumont de l'accusation contr'elles intentée; condamne la
partie de Joly aux dépens; et, sur l'appel interjeté par la
partie de Joly de la procédure extraordinaire contre lui faite,
a mis l'appellation au néant, ordonne que ce dont a été appelé sortira effet; et, faisant droit sur l'appel, comme de déni

de justice, interjeté par la partie de Dumont, du décret d'ajournement personnel décerné contre la partie de Joly, a mis l'appellation et ce dont a été appelé au néant; émendant, ordonne que ladite partie de Joly sera prise au corps, et menée prisonnière ès prisons de la conciergerie du palais, pour lui être son procès fait et parfait par le bailly du palais, ou son lieutenant, à la requête de la partie de Dumont, jusqu'à sentence définitive inclusivement, sauf l'exécution, s'il en est appelée, si prise et appréhendée peut être, sinon assigné suivant l'ordonnance, ses biens saisis et annotés, et commissaires y établis jusqu'à ce qu'elle ait obéi; et, à cette fin, que les informations seront portées au greffe du bailliage du palais; condamne ladite partie de Joly en l'amende ordinaire de douze livres et aux dépens de la cause d'appel.

CINQUANTE-SEPTIÈME PLAIDOYER.

DU 5 JANVIER 1700.

Dans la cause de l'héritier de Madame la comtesse
DE BOSSU, et des héritiers de M. le duc DE GUISE.

*Les deux questions principales de cette cause
étoient de savoir si le mariage de M. le duc de
Guise, avec Madame la comtesse de Bossu, étoit
valable, comme sacrement, et s'il pouvoit produire,
en France, les effets civils.*

*A ces deux questions générales, se joignoient
des questions incidentes sur l'autorité du tribunal
de la Rote, sur la force des usages des Pays-Bas,
sur le pouvoir du roi dans les mariages des grands
seigneurs de son royaume, sur la capacité ou l'incapacité des étrangers et des ennemis de l'état, sur
l'interprétation des grâces du prince, sur l'effet des
lettres d'abolition, etc.*

PREMIÈRE AUDIENCE.

JAMAIS cause n'a été plus propre à faire éclater la
grandeur et l'étendue du pouvoir de la justice, que
celle qui est aujourd'hui soumise à votre jugement.

Les noms les plus augustes que l'Europe respecte,
et que la France révère, paroissent devant vous,
bien moins pour relever l'éclat de ce célèbre différend, que pour rendre hommage à l'empire de la
loi. Si, par-tout ailleurs, ils sont au-dessus du reste
des hommes, ils viennent reconnoître ici que la loi
est encore au-dessus d'eux, et qu'elle ne règne

jamais d'une manière plus éclatante, que lorsqu'elle exerce son autorité sur ceux mêmes que l'élévation de leur naissance a placés si près du trône de la majesté royale.

Un seigneur étranger, distingué dans sa patrie, par l'ancienneté de sa noblesse, et par la grandeur de ses alliances, honoré des marques les plus précieuses de l'estime et de la confiance de son roi, réclame l'équité du premier sénat de la France, qu'il regarde comme un asile assuré, et comme une espèce de temple toujours ouvert aux étrangers, où ils ont souvent éprouvé que votre sagesse est également incapable de faire accune acception et des personnes et des pays; qu'elle ne distingue l'étranger et le citoyen que par le mérite de leur cause, et non par le hasard de leur naissance; et que, dans un tribunal où la justice préside toujours, il n'y a que l'injustice qui puisse être regardée comme étrangère.

Les lois dont vous devez être les oracles dans cette cause, ajoutent encore un nouveau degré au pouvoir que vous y allez exercer. Dans les autres différends, quelque étendue que soit votre autorité, elle est néanmoins renfermée, et par rapport aux personnes, et par rapport aux lois, dans celle du royaume. Mais aujourd'hui votre justice s'étend au-delà de ses limites ordinaires. Arbitres souverains non seulement des mœurs de la France, mais des usages de l'Espagne et des Pays-Bas, vous allez apprendre à toute l'Europe que la division des empires peut bien mettre des bornes à votre pouvoir, mais qu'elle ne peut jamais en donner à vos lumières, et que, si les étrangers trouvent en vous des juges équitables, les lois de leur pays n'y trouvent pas moins de sages interprètes, et de dignes protecteurs.

Que, si après avoir envisagé cette cause par rapport à ces circonstances extérieures, nous jettons les yeux sur l'intérieur, et sur la substance même d'une si illustre contestation, que ne pourrions-nous point dire d'abord de son importance, de son étendue, de sa difficulté ?

Juger de la validité d'un mariage soixante ans après qu'il a été contracté; décider d'un état sur lequel il semble que la mort ait déjà prononcé; révoquer en doute la vérité d'un sacrement, à la sainteté duquel Rome même semble avoir rendu un témoignage éclatant : attaquer la capacité de celui qui a contracté ce mariage, quoique la grâce du prince ait effacé le crime qui le rendoit incapable : voilà les grandes, les célèbres questions que cette cause renferme. Ne nous arrêtons pas plus long-temps à vous en donner une première idée; entrons dans le détail des faits qui leur servent de matière; et dans une cause de la nature de celle que nous examinons, tâchons d'éviter l'écueil également à craindre, et d'une longueur ennuyeuse, et d'une dangereuse briéveté.

Distinguons d'abord deux temps et comme deux époques différentes, auxquelles ont peut rapporter les principaux faits qui composent la longue narration de cette affaire.

Un premier temps, dans lequel tout concourt à former ou à resserrer les nœuds qui ont uni M. le duc de Guise à la dame comtesse de Bossu.

Un second temps, où M. le duc de Guise, devenu entièrement contraire à lui-même, n'a plus pensé qu'à rompre l'engagement qu'il avoit contracté.

En un mot, l'état de la dame comtesse de Bossu paisible et tranquille, ce même état troublé et contesté.

Ce sont, MESSIEURS, les deux idées qui vont nous servir de guide dans le vaste pays que nous avons à traverser.

HENRI DE LORRAINE, qui est devenu dans la suite chef du nom et des armes de la maison de Lorraine en France, n'avoit pas reçu en naissant le titre et la qualité d'aîné; il avoit un frère qu'il sembloit que la nature avoit destiné à soutenir l'éclat de sa race, et à remplir les grandes dignités de sa maison.

Aussi, dans ses premières années et dans sa plus

tendre jeunesse, celui que nous ne connoissons dans cette cause que sous le nom de duc de Guise, fut choisi par sa famille, pour recueillir cette espèce de succession ecclésiastique qui conservoit depuis long-temps dans la maison de Guise, l'archevêché de Reims, et les plus riches abbayes du royaume.

Appelé à la profession ecclésiastique, plutôt par une ambition, étrangère, que par son propre choix, il en porta les marques extérieures, mais il n'en prit jamais, ni le caractère ni les sentimens ; et la mort de M. son frère aîné, arrivée en 1637, le trouva encore en état de prendre dans le monde, le rang et les honneurs qui convenoient à l'aîné de la maison de Guise.

Il sut allier, pendant quelque temps, en sa personne, les grandeurs de l'église avec les dignités du siècle, et il devint duc de Guise, sans cesser d'être archevêque de Reims.

Telle étoit la situation de sa fortune vers le commencement de l'année 1641, lorsque les premières saillies d'une jeunesse inquiète et ambitieuse, la vivacité d'un génie aussi prompt à entreprendre qu'ardent à exécuter, de mauvais conseils, et des exemples encore plus dangereux, le précipitèrent dans le parti de M. le comte de Soissons, sous le prétexte, si ordinaire alors à tous les mécontens, de servir le roi, en attaquant son premier ministre.

Il eut le malheur d'être un de ceux qui signèrent le traité de Sedan, et l'on vit en sa personne, un archevêque de Reims et un duc de Guise, le premier des pairs d'église, et le plus ancien des pairs laïcs, rompre tous les liens d'honneur et de dignité qui l'attachoient si étroitement au service du roi, pour se livrer aux ennemis de la France, et entrer dans cette ligue fameuse, qui se donna le nom spécieux de *Ligue confédérée pour la paix universelle de la chrétienté*.

Flatté par les conditions honorables qu'on lui offrit, et surtout par le titre de général, que l'empereur et le roi d'Espagne lui déférèrent également,

rien ne put le détourner d'une entreprise si téméraire ; ni la condamnation capitale que vous pronon-
câtes contre lui, ni la mort tragique de M. le comte
de Soissons, que ce prince reçut dans le sein de la
victoire, ni même la clémence du roi pour M. le
duc de Bouillon, et pour tous ceux qui avoient pris
les armes avec lui. Après l'avoir suivi dans ses égaremens, il ne voulut pas l'imiter dans son repentir,
et il mérita, par sa conduite, d'être presque seul
excepté dans l'amnistie générale que le roi accorda à
à tous ceux que la révolte de M. le comte de Soissons et de M. le duc de Bouillon avoit entraînés.

Retranché du nombre des citoyens, devenu non-
seulement étranger, mais ennemi de sa patrie, privé
de ses bénéfices, dépouillé de tous ses biens, M. le
duc de Guise mit toutes ses espérances dans la protection du roi d'Espagne et de l'empereur, qui avoient
déjà cherché à le consoler des grandes pertes qu'il
faisoit en France, par les grandes sommes qu'ils lui
donnèrent, et par la promesse d'une pension de
5ooo écus par mois, qu'ils lui feroient payer pendant
la durée de la guerre.

Voilà, Messieurs, quel étoit alors l'état de M. le
duc de Guise. Un grand nom, de grandes espérances,
et, sous ces dehors éclatans, un sujet rebelle à son
roi, qui vivoit encore parmi les étrangers, mais que
les lois de sa patrie avoient déjà mis au nombre des
morts.

Ce fut pendant cette espèce de mort que la fortune
le conduisit à Bruxelles, comme pour y préparer la
matière de cette fameuse contestation.

C'étoit en cette ville que vivoit dame Honorée
de Berghes, veuve du comte de Bossu, illustre par
a grandeur de sa naissance, distinguée par l'éclat de
sa beauté, et plus célèbre encore par le bruit de ses
malheurs.

Le ciel l'avoit fait naître d'une des plus anciennes
maisons de la province de Brabant. Elle comptoit
les maisons de Bavière, d'Egmont, de Hornes, de

Nassau, dans le nombre de ses alliances. Tous les grands noms des Pays-Bas sembloient avoir joint leur éclat à celui du nom qu'elle portoit; et l'on a eu raison de vous dire, que, quelque grande que soit et l'antiquité et la splendeur de la maison de Lorraine, un duc de Guise pouvoit, sans rougir, épouser l'héritière de la maison de Berghes.

Les présens qu'elle avoit reçus de la nature, surpassoient encore les avantages de sa naissance, et elle ne pouvoit se plaindre que de la fortune, qui, bien loin d'avoir été aussi libérale pour elle que la nature, ne lui avoit laissé que 60,000 liv. de patrimoine.

Tels étoient tous ses biens, lorsqu'en l'année 1638 elle épousa le comte de Bossu. Sa mort augmenta le revenu de sa veuve d'un douaire de 7,500 liv. et d'un préciput, ou, pour nous servir des termes du pays, d'*une chambre étoffée*, qui paroît avoir été fixée par le contrat de mariage à 12,500 liv. Ainsi, 10,000 liv. de rente, tout au plus, dont la plus grande partie ne consistoit que dans un simple usufruit, composoient toute la fortune de la dame comtesse de Bossu, dans le temps de son mariage avec M. le duc de Guise.

Après la campagne de l'année 1641, M. le duc de Guise vint à Bruxelles. Il y trouve la dame comtesse de Bossu : sa présence allume un feu dont les suites malheureuses durent encore entre leurs héritiers. Une longue recherche, si l'on en croit la partie de M.e Nouet, instruit le public des vues de M. le duc de Guise pour ce mariage, long-temps avant qu'il soit accompli. Si l'on écoute au contraire le défenseur des princes qui paroissent comme partie dans cette cause, une inclination subite fut bientôt suivie d'un mariage encore plus précipité. Pour nous, MESSIEURS, souffrez que nous suspendions encore ici notre jugement, et que nous nous arrêtions uniquement aux faits dont la vérité paroît établie sur la foi des actes les plus authentiques.

Aucune publication de bans, aucuns articles de mariage ne précèdent l'engagement de M. le duc de

Guise avec la dame comtesse de Bossu. Un jour seul (si nous nous attachons aux faits contenus dans les actes) a éclairé le commencement, le progrès, la fin de cet événement. Le contrat de mariage, la permission du curé, la dispense de la publication des bans, la célébration, tous ces actes, encore une fois, sont renfermés dans le cercle d'une même journée.

Le contrat est passé sous signature privée, soit pour dérober au public la connoissance de cet engagement, soit (comme la partie de M.ᵉ Nouet le prétend) pour suivre l'usage des plus grandes maisons de Flandre, qui n'empruntent presque jamais le ministère des notaires dans les contrats de mariage, pour pouvoir en produire les originaux dans les preuves rigoureuses de noblesse, que quelque chapitres et quelques communautés de Flandre ont accoutumé d'exiger.

M. le duc de Guise paroît seul dans ce contrat : aucun officier de l'armée, dont il étoit le général, aucune personne de sa famille n'y assiste ou n'y souscrit. On vous a fait même remarquer que Madame de Chevreuse, sa tante, n'y a point été présente, quoique l'on apprenne, et par des mémoires secrets et par les nouvelles publiques, qu'elle étoit alors dans la ville de Bruxelles.

Ce n'est pas encore ici le lieu d'examiner si cette solitude a été affectée pour ne confier qu'au silence et aux ténèbres le mystère de cet engagement, ou si au contraire, on a suivi avec simplicité l'usage des Pays-Bas, où l'on prétend que les contrats de mariages ne sont jamais signés que par les contractans mêmes, lorsqu'ils sont majeurs. Ne prévenons point le temps d'agiter ces questions, et n'interrompons point le récit des faits, par des réflexions prématurées.

Achevons d'expliquer la forme de ce contrat de mariage, et disons, en un mot, que la dame comtesse de Grimberghes, mère de la comtesse de Bossu, que le sieur comte de Meghen, son oncle, l'autorisent tous deux, et par leur présence et par leur signature, et qu'enfin, deux témoins étrangers y ajoutent, par leur souscription, le dernier degré de solennité que l'on a jugé à propos de lui donner.

La substance et l'intérieur de cet acte sont plus aisés à expliquer, que son extérieur et son écorce.

On n'y trouve aucune mention de la dot, ni des biens de la dame comtesse de Bossu. On y peut cependant distinguer trois parties différentes.

Dans la première partie, M. le duc de Guise promet à la dame comtesse de Bossu un douaire de 40,000 florins, c'est-à-dire de 50,000 liv. de notre monnoie. Il ajoute à ce premier avantage, *une chambre étoffée* de 60,000 florins, ou si l'on veut accommoder cette clause à notre style et à notre usage, un préciput de 75,000 liv.

Dans la seconde partie de cet acte, la dame comtesse de Bossu jetant les yeux sur la situation de M. le duc de Guise, dont tous les biens avoient été confisqués, et craignant le malheur auquel elle seroit exposée s'il venoit à mourir avant que d'être rétabli dans la possession de ses biens, lui fait promettre qu'il employera son crédit et sa faveur auprès du roi d'Espagne, pour faire en sorte que la comtesse de Bossu soit comprise dans le traité de paix, pour les droits qui pourront lui appartenir sur les biens de celui qu'elle regardoit déjà comme son mari.

Enfin, on ajoute, dans la dernière partie de ce contrat, que si la comtesse de Bossu meurt sans enfans, avant M. le duc de Guise, *tout ce qu'elle aura apporté en mariage, de quoi sera tenu notice* (ce sont les termes du contrat), *retournera à ses plus proches parens, sans aucune charge de dettes.*

Ainsi se formoient les premiers nœuds de cette union, qui alloit bientôt être honorée, ou du caractère, ou du nom de sacrement.

Déjà le curé de Sainte-Gudule, dans la paroisse duquel la dame comtesse de Bossu faisoit sa demeure ordinaire, avoit donné au sieur de Mansfeld cette permission, si fameuse et si importante dans cette cause; permission nécessaire selon les uns, surabondante selon les autres; permission vague et indéterminée, si l'on en croit les appelans comme d'abus, certaine et suffisamment limitée, si l'on écoute l'intimé; permission enfin, que l'on regarde d'un côté, comme l'ouvrage de la fraude et de la surprise, et que l'on considère de l'autre, comme l'effet de la juste confiance que le curé de Sainte-Gudule avoit en la personne du sieur de Mansfeld.

Arrêtons-nous ici, et avant que de vous rapporter les termes mêmes dans lesquels cette permission est conçue, traçons en un mot, le caractère de celui auquel elle est adressée.

Charles de Mansfeld réunissoit en sa personne plusieurs titres qui le distinguoient également, et dans l'ordre de la noblesse, et dans celui du clergé.

Chevalier d'honneur dans le sénat de Luxembourg, il n'avoit pu acquérir cette qualité, que par la preuve d'une noblesse exempte de tout reproche.

Maître de la chapelle de l'infante, doyen du chapitre de Sainte-Gudule; enfin, choisi par l'archevêque de Malines pour exercer dans les armées du roi d'Espagne cette fonction singulière de vicaire et de subdélégué apostolique, et cette espèce d'épiscopat militaire dont on vous a parlé tant de fois dans cette cause. Tels étoient les titres et les degrés d'honneur de celui qui reçoit du curé de Sainte-Gudule la permission d'assister à un mariage.

Mais quels sont ceux qui doivent contracter ce mariage en sa présence? C'est, MESSIEURS, ce que nous ne saurions vous expliquer plus naturellement, que par les termes mêmes de la permission.

Do licentiam et facultatem assistendi matrimonio cujusdam nobilis fœminæ parochianæ meæ, quod contractura est cum quodam nobili viro militari, quorum nomina, contracto matrimonio, in hoc albo à domino præfato assistenti adscribantur.

Ne cherchons point ici ni dans le fait, si cette désignation convenoit uniquement aux personnes illustres qui devoient contracter ce mariage, ni dans le droit, s'il étoit nécessaire qu'elles fussent plus clairement et plus expressément désignées.

Disons seulement, que c'est avec cette permission de marier *une certaine dame de la paroisse de Sainte-Gudule, avec un certain homme de qualité engagé dans les armées*, que M. le duc de Guise et la dame comtesse de Bossu se présentent devant Charles de Mansfeld.

Comme l'on prétend qu'il réunissoit en lui la qualité de pasteur ordinaire, par rapport à M. le duc de Guise, à celle de pasteur délégué, par rapport à la dame comtesse de Bossu, il semble aussi qu'il ait voulu multiplier les actes de célébration, et en donner un dans chacune de ses qualités.

En effet, nous trouvons deux actes que l'on prétend également authentiques, et qui concourent également à prouver la vérité du mariage dont vous avez à examiner la validité.

L'un est un acte inséré dans les registres de la paroisse de Sainte-Gudule, par lequel il paroît que Henri de Lorraine, duc de Guise, et Honorée de Berghes, comtesse de Bossu, ont contracté un mariage solennel en présence de Charles de Mansfeld, vicaire-général de l'armée, en vertu de la permission du curé, *solemniter contraxerunt coràm D. Carolo à Mansfeld vicario generali exercitûs, ad hoc authorisato per D. Cassier plebanum;* et que la dame comtesse de Grimberghes, le sieur comte de Meghen, Grégoire Happart, official d'Anvers, Guillaume Wandewelde, chanoine de Cambray, ont assisté, comme témoins, à cette célébration.

On prétend que cet acte est écrit dans les registres, de la main du curé de Sainte-Gudule. Il est certain au moins, que la foi en est attestée par la signature de Charles de Mansfeld, qui a inséré ces mots sur le registre, *Ita est, Carolus à Mansfeld.*

La forme de l'autre acte peut paroître moins authentique, mais elle n'est pas moins importante pour la décision de cette cause.

Au bas de la permission du curé, Charles de Mansfeld certifie qu'il a assisté au mariage de Henri de Lorraine et d'Honorée de Berghes, tant en vertu de la permission du curé de Sainte-Gudule, qu'en conséquence, de l'autorité qu'il exerce, comme vicaire apostolique, sur tous ceux qui portent les armes en Flandres pour le service du roi catholique. Il déclare en même temps, qu'après un sérieux examen, n'ayant trouvé dans la personne des contractans, aucun empêchement légitime, il les a dispensés de la proclamation des bans, pour des raisons qui lui ont paru suffisantes, *ob causas animum nostrum moentes*.

Nous lisons, à la fin de ce certificat, les mêmes noms de témoins qui se trouvent dans le premier acte de célébration ; mais nous ne voyons point leurs signatures, ni dans l'un ni dans l'autre de ces actes. Est-ce une circonstance indifférente, conforme à l'usage des Pays-Bas soumis à la domination espagnole ? Est-ce, au contraire, une marque et un argument de la clandestinité dont on accuse ce mariage ? C'est, MESSIEURS, ce que nous serons obligés d'examiner dans la suite de cette cause.

Mais ce que nous ne pouvons nous dispenser d'observer dès à présent, ce sont les différences considérables que l'on remarque entre les deux actes de célébration du même mariage.

L'un est un acte revêtu de toutes les formes authentiques, inscrit dans les monumens publics de la naissance et de l'état des hommes, devenu public lui-même par cette inscription, incapable d'être changé, altéré, effacé par l'une ou par l'autre des parties, capable au contraire de leur servir de titre commun, pour prouver la validité ou la nullité de leur engagement.

L'autre, au contraire, est une feuille volante, dont l'autorité dépend uniquement de la force et de la validité du témoignage de Charles de Mansfeld ; c'est un acte qui, n'ayant point été fait double, ni remis dans aucun dépôt public, a toujours été, si on ose le dire, entre la vie et la mort : déposé entre les mains de la dame comtesse de Bossu, son existence ou sa suppression, a été également en son pouvoir.

Dans le premier, Charles de Mansfeld n'agit que comme autorisé par la permission du curé de Sainte-Gudule, et si l'on y trouve la qualité de vicaire-général de l'armée, c'est un titre d'honneur qu'on lui donne; mais on n'ajoute point que ce soit en vertu de ce titre qu'il ait été ou le ministre ou le témoin nécessaire du mariage de M. le duc de Guise.

Dans le second, il ne se contente pas de prendre à la tête de cet acte, le titre de vicaire-général des armées; il marque expressément, que c'est en cette qualité qu'il a assisté à la célébration de ce mariage, et non pas seulement comme représentant la personne du curé de Sainte-Gudule.

Une troisième différence distingue essentiellement ces deux actes.

Celui que l'on a transcrit sur le registre public ne fait aucune mention ni de la publication des bans, ni de la dispense de les publier. Nous apprenons au contraire par le second, que Charles de Mansfeld a dispensé les contractans de cette formalité dans le moment même de la célébration.

Achevons ce parallèle par une dernière observation sur la date de ces actes.

L'un et l'autre nous assurent que le mariage a été contracté le 16 novembre; mais l'un et l'autre n'ont point été rédigés dans le même temps, ni dans le même jour de la célébration.

Quelque idée que l'on se forme de l'ordre que l'on observe à Bruxelles dans les registres des mariages, il est au moins certain, et la partie de M.e Nouet l'a déclaré plusieurs fois, que le premier acte qui contient la preuve de l'existence du mariage dont il s'agit, n'a été inséré dans le registre que le 20 novembre au plutôt; et que le second, que Charles de Mansfeld a donné en son nom, n'est daté que du 30 novembre, c'est-à-dire, près de quinze jours après le mariage.

Nous nous arrêtons peut-être trop long-temps à faire la comparaison de ces deux actes. Mais vous vous souvenez, MESSIEURS, des inductions considérables qui en ont été tirées; et dans une cause de cette importance, nous oserions presque dire que c'est être négligent que de ne pas porter l'exactitude jusqu'au scrupule.

Reprenons l'ordre que nous nous sommes prescrit à nous-mêmes, et passons aux principaux faits qui ont suivi ce mariage, par lesquels on prétend qu'une possession publique a confirmé l'ouvrage qu'une recherche publique avoit commencé.

Ici nous avons cet avantage, que les parties, divisées et souvent contraires sur le reste des circonstances de cette cause, s'accordent du moins dans celle-ci, et qu'elles reconnoissent également, que ce mariage, clandestin dans son principe selon les uns, et solennel selon les autres, a été bientôt public et connu dans toute l'Europe.

A peine avoit-il été célébré, que la renommée en porta la nouvelle en Italie. Un bruit confus s'étoit répandu que M. le duc de Guise avoit contracté de premiers engagemens avec la princesse Anne de Mantoue; et lorsqu'on y apprit son mariage avec la comtesse de Bossu, on condamna également et son inconstance et la précipitation criminelle de Charles de Mansfeld, que l'on accusoit d'avoir été, par son imprudence, le ministre d'un sacrilége.

M. le cardinal Barberin, entraîné lui-même par l'opinion publique, écrivit à l'internonce du pape résidant à Bruxelles, que l'archevêque de Malines devoit procéder dans toute la rigueur des canons contre le prêtre qui avoit célébré le mariage de M. le duc de Guise; et qu'en cas que la vérité du mariage de M. le duc de Guise avec la princesse Anne se trouvât suffisamment établie, l'archevêque de Malines devoit le contraindre à se séparer de la comtesse de Bossu, pour se réunir avec son épouse légitime.

N'oublions pas de remarquer ici la date importante de la lettre du cardinal Barberin. Elle est écrite de Rome, le 4 janvier de l'année 1642. Il falloit donc que le mariage de M. le duc de Guise fût public en Flandre, dès le mois de décembre de l'année 1641. Donc l'on doit retrancher de cette cause jusqu'à l'ombre, jusqu'au simple soupçon de clandestinité ; c'est la conséquence que la partie de M.ᵉ Nouet a tirée de ce fait.

Sans examiner ici la justesse de ce raisonnement, contentons-nous d'observer que la lettre du cardinal Barberin obligea M. le duc de Guise à rendre un compte public et solennel de la qualité de ses engagemens.

Il déclara par un certificat authentique, dont l'original paroît avoir été remis entre les mains de Charles de Mansfeld, qu'il n'avoit donné à la princesse Anne de Mantoue, que ce qu'il appelle une promesse négative, c'est-à-dire, une promesse de n'épouser jamais aucune autre personne qu'elle ; qu'il n'auroit pu même l'épouser, sans obtenir une dispense du pape, parce qu'elle étoit sa parente au troisième degré, et que jamais il n'avoit fait aucune démarche pour l'obtenir ; enfin, qu'il avoit déclaré tous ces faits à Charles de Mansfeld dans le temps de son mariage, et qu'il lui en avoit fait voir la vérité, soit par les lettres d'Anne de Mantoue, soit par la promesse réciproque qu'elle lui avoit donnée.

M. de Guise justifié par son témoignage, et encore plus par le silence d'Anne de Mantoue, n'eut plus à craindre que madame sa mère, dont il avoit méprisé l'autorité en se mariant sans son consentement, ou pour mieux dire, il n'eut plus à craindre que lui-même, et les changemens imprévus d'une volonté inconstante.

Occupé de l'engagement dans lequel il étoit entré, et livré aux charmes d'une nouvelle passion, il ne fut pas meilleur fils que citoyen ; et ayant rompu tous les nœuds qui l'attachoient à madame sa mère, comme ceux qui le lioient à sa patrie, il ne pensa plus qu'à confirmer son mariage, non-seulement par une cohabitation certaine, publique, continuelle, mais par des actes importans, et par des lettres encore plus considérables.

S'il demeure à Bruxelles, c'est avec la dame comtesse de Bossu qu'il y établit son domicile.

S'il cherche à Namur une espèce d'asile contre les violentes poursuites de ses créanciers, la dame comtesse de Bossu l'y accompagne avec le nom et les honneurs d'une femme légitime.

S'il passe des actes, la providence permet qu'il les passe avec la dame comtesse de Bossu, afin que sa propre signature réitérée plusieurs fois en présence des officiers publics, puisse s'élever un jour contre lui.

Avec elle, il signe une procuration par laquelle il donne pouvoir à un procureur au grand-conseil de Malines d'occuper pour lui, et de poursuivre le paiement des sommes qui étoient dues par la maison de Bossu *à Madame la duchesse de Guise, sa femme.* C'est ainsi qu'il l'appelle dans cet acte.

Avec elle, il fait des transports; avec elle, il s'oblige envers ses créanciers.

Avec elle, enfin, il signe des décharges et des quittances, dont à la vérité on ne rapporte que des copies collationnées, mais dont les originaux ont été déposés pendant long-temps au greffe de Malines avant que d'être rendus à l'héritier de la maison de Bossu.

Enfin, les lettres se joignent aux actes, pour confirmer la possession publique dans laquelle la dame comtesse de Bossu a été du nom de duchesse de Guise. M. le duc de Lorraine la reconnoît publiquement; il lui écrit pour lui marquer la joie qu'il a d'apprendre son mariage, et il finit sa lettre par ces mots, qui contiennent une approbation solennelle de la qualité de la dame comtesse de Bossu; *Votre très-affectionné cousin et serviteur, le duc de Lorraine.*

Les grandes dépenses de M. le duc de Guise obligent la comtesse de Grimberghes de prendre des précautions nécessaires pour l'empêcher de dissiper les biens de la dame sa fille qui étoient sujets à retour, suivant la loi du contrat de mariage. Elle présente une requête au chancelier de Bruxelles; elle lui remontre que M. le duc de Guise avoit déjà commencé d'aliéner une partie de ces biens; elle demande, et elle obtient permission de saisir les arrérages du douaire qui étoit dû à la dame sa fille par la maison de Bossu.

M. le duc de Guise, étonné de cette saisie, lui écrit des lettres aussi pressantes que respectueuses, pour la supplier de s'en désister. Il lui fait une vive peinture de l'état malheureux de ses affaires, poursuivi par ses créanciers, pressant inutilement les officiers du roi d'Espagne d'exécuter les paroles qu'ils lui avoient données, et justement puni de son infidélité pour son roi légitime, par l'ingratitude des ministres d'un prince étranger dans lesquels il avoit mis toute sa confiance.

Toutes ces lettres sont pleines d'expressions qui marquent la ferme persévérance de sa volonté; partout, il donne à la comtesse de Bossu le nom de sa femme; partout, il traite la dame comtesse de Grimberghes comme sa belle-mère, et toutes ses lettres sont terminées par la qualité de *son très-humble et très-obéissant fils et serviteur*.

Tels furent les plus beaux jours de la dame comtesse de Bossu. Tranquille dans la possession de son état, elle jouissoit en paix, depuis dix-huit mois, du titre de duchesse de Guise, lorsque le départ de M. le duc de Guise pour la France, et les espérances prochaines qu'on lui fit concevoir de son rétablissement, donnèrent à la dame comtesse de Bossu des craintes et des inquiétudes que l'événement n'a que trop justifiées.

La constance de M. le duc de Guise fut néanmoins à l'épreuve de près de dix mois d'éloignement et d'absence.

Il arrive à Paris dans le mois de juin, ou au commencement de juillet de l'année 1643. Toutes les lettres qu'il écrit, soit à la comtesse de Grimberghes, soit à la dame comtesse de Bossu qu'il nomme toujours sa femme, paroissent de nouvelles confirmations de son état.

Tantôt il la console de son éloignement. Il s'afflige avec elle de l'ordre qu'il a appris que Madame la duchesse de Guise sa mère a obtenu de ne la point laisser entrer en France. Il l'assure de surmonter bientôt tous ces obstacles, et il la flatte continuellement de l'espérance d'une prompte réunion.

Tantôt il se justifie des reproches qu'elle lui fait. Il lui marque toutes les traverses qu'il est obligé d'essuyer ; mais il lui proteste en même-temps, qu'il a été également inaccessible et aux caresses et aux menaces par lesquelles on a voulu surprendre ou ébranler sa fermeté, et qu'il a ôté à sa famille toutes les espérances de trouver des *nullités dans son mariage, que quelques sots lui avoient persuadé s'y rencontrer.* Ce sont les termes dans lesquels il s'explique.

Dans quelques-unes de ses lettres, il témoigne l'attention continuelle qu'il a sur ce qui la regarde, et sur l'état de ses affaires. Il l'avertit qu'il lui envoie des secours d'argent dont elle pouvoit avoir besoin.

Et, dans toutes généralement, il la traite comme sa femme légitime. Il l'assure qu'*il est aussi incapable de légèreté que de foiblesse ; que son honneur et sa conscience sont également inébranlables ; que tout son désespoir est de voir que ses malheurs soient contagieux à une personne qu'il aime plus que sa vie, mais qu'elle doit être persuadée que la mort seule pourra les séparer.*

Flattée par ces témoignages réitérés d'une fidélité inviolable, la dame comtesse de Bossu méprisa les dangers auxquels il falloit s'exposer pour venir en France. Elle conçut le dessein d'y entrer déguisée, inconnue, conduite et rassurée, ou par l'excès de sa passion, ou par la force de sa vertu. Le succès répondit d'abord à ses espérances : elle surprit, elle trompa la vigilance de ceux qui étoient chargés de s'opposer à son passage. On prétend même qu'elle trouva le moyen de voir M. le duc de Guise, avant qu'on eût été averti de sa marche; mais ce secret ne put être long-temps caché. La reine en fut informée. Elle lui fit donner aussitôt un ordre rigoureux de sortir promptement du royaume. M. le duc de Guise fut obligé lui-même de hâter son départ, et de la presser, par plusieurs lettres, d'obéir sans hésiter aux commandemens de la reine, pour éviter un affront dont il ne pourroit plus la garantir, si elle osoit demeurer plus long-temps en France.

Elle sort du royaume : elle se retire en Hollande. M. le duc de Guise l'informe exactement des démarches les plus secrètes de sa famille, par rapport à la question de son mariage.

Il lui apprend que madame la duchesse de Guise sa mère a fait venir de Bruxelles tous les actes qui pouvoient servir à l'examen de cette question; qu'il s'est tenu *une assemblée de docteurs contre son mariage,* (ce sont ses termes) *que deux évêques lui en doivent apporter un résultat par ordre de la reine*; *qu'aussi-tôt après, il lui en mandera le particulier, et le remède qui s'y pourra apporter.*

Enfin, il lui fait part de la grâce et des lettres d'abolition que le roi lui avoit accordées. Il ajoute que le parlement doit s'assembler pour les entériner.

Ces lettres, et celles que M. le duc de Guise écrivit peu de temps après à la dame comtesse de Grimberghes, furent les derniers efforts de sa persévérance, déjà prête à expirer. Soit qu'une passion nouvelle eût effacé dans son cœur, jusqu'au souvenir des charmes de la dame comtesse de Bossu; soit que les avis des évêques et la consultation des docteurs qui avoient été assemblés par ordre de la reine, lui eussent ouvert les yeux sur les prétendues nullités de son mariage; soit que, pour se dégager absolument des traités qui l'attachoient à l'Espagne, il voulût rompre les liens qui l'avoient uni à la comtesse de Bossu, regardant cette union comme un engagement passager que sa révolte avoit produit, et que son

obéissance pouvoit détruire, et ne croyant pas que
le duc de Guise devenu innocent par la grâce du
roi, fût obligé d'exécuter les promesses du duc de
Guise coupable, il est certain au moins que le 2 du
mois d'avril de l'année 1644, fut le dernier moment
de sa feinte persévérance, et vous verrez bientôt,
MESSIEURS, qu'il ne fut pas le premier de son véritable repentir.

C'est en cet endroit que finit la première partie du
fait de cette grande cause. Vous y avez observé d'a-
bord la naissance, la fortune, l'état de M. le duc de
Guise et de la dame comtesse de Bossu. Vous y avez
remarqué ensuite les solennités qui ont précédé et
accompagné la célébration de leur mariage. Vous
venez d'entendre les faits qui l'ont suivi, la possession qui l'a rendu public, la persévérance de M. le
duc de Guise qui semble l'avoir affermi. Il est temps
de vous représenter ce mariage sous une autre face;
et, après vous avoir expliqué par quelles voies cet
engagement a été formé, il faut maintenant vous
remettre devant les yeux, en beaucoup moins de
paroles, les moyens dont on s'est servi pour le
détruire.

Nous vous avons dit que la constance de M. le duc
de Guise avoit paru se soutenir jusqu'au 2 du mois
d'avril de l'année 1644; c'est en effet le jour de la
dernière lettre qu'il a écrite à la dame comtesse de
Grimberghes, où il semble ne penser qu'à fortifier
ses liens, et à resserrer les nœuds qui l'attachoient à
la comtesse de Bossu.

Mais nous avons eu raison de vous dire, en même
temps, que cette constance n'étoit plus qu'apparente.

Dès le 22 mars précédent, M. le duc de Guise
avoit signé une procuration par-devant un notaire
apostolique, par laquelle il donnoit pouvoir à celui
qui en devoit être chargé, de porter à Rome la
cause de la validité ou de la nullité de son mariage,
et de la soumettre au *jugement du pape*, *en telle*

forme et manière que bon lui sembleroit. C'est ainsi qu'il s'explique dans sa procuration.

Madame la duchesse de Guise, sa mère, se joint à lui pour demander au pape qu'il lui plût de prononcer la nullité du même mariage. Elle signe une procuration semblable à celle de Henri de Lorraine. Elle y expose, comme lui, le suffrage unanime des plus célèbres théologiens du royaume, qui avoient tous estimé que l'engagement de M. le duc de Guise ne pouvoit mériter le nom honorable de mariage.

Sur le fondement de ces procurations, on présente une supplique au pape. Le procureur de M. le duc de Guise lui remontre que sa qualité d'étranger, et la conjoncture de la guerre entre la France et l'Espagne, ne lui permettent pas d'espérer aucune justice dans les Pays-Bas contre la comtesse de Bossu ; qu'il sait même que l'archevêque de Malines s'est déclaré ouvertement contre lui ; et qu'enfin, l'importance de sa cause demande toute l'autorité et toutes les lumières du tribunal apostolique.

Le pape, favorable aux prières de M. le duc de Guise, commet un des auditeurs de la rote, pour connoître, sans appel, de la validité de son mariage.

L'auditeur ordonne que la comtesse de Bossu sera citée à son tribunal, et cependant qu'il seroit permis de compulser les titres dont M. le duc de Guise auroit besoin dans le cours de la contestation.

On fait des efforts inutiles pour exécuter la commission de la rote : deux fois M. le duc de Guise envoie ses agens à Bruxelles : deux fois ils sont découverts, avant que d'avoir pu assigner la comtesse de Bossu, et compulser les actes qui concernoient son mariage. Le gouverneur des Pays-Bas veut les faire arrêter comme prisonniers de guerre, et ce n'est qu'avec peine, et sur les instantes prières de l'internonce de Bruxelles, qu'il leur accorde la permission de retourner en France.

Ils reviennent, après avoir fait cette inutile tentative. Mais, pour n'en pas perdre entièrement le fruit, on les fait comparoître devant l'official de Paris. Là , ils déclarent qu'il leur a été impossible d'exécuter la commission dont ils avoient été chargés. L'official donne acte à M. le duc de Guise de leur déclaration.

Elle est portée au tribunal de la rote ; et, sur cette preuve extra-judiciaire, on ordonne, qu'attendu que l'accès des Pays-Bas n'est pas libre, la comtesse de Bossu sera citée par édit, c'est-à-dire, par simples affiches attachées à la porte de l'auditoire de la rote.

Pendant que M. le duc de Guise commençoit cette procédure, la dame comtesse de Bossu réclamoit la protection du roi d'Espagne, pour empêcher qu'on ne violât les priviléges et les libertés des habitans des Pays-Bas, en l'obligeant d'aller chercher à Rome une justice qu'elle devoit trouver en sa patrie, suivant les lois de l'Espagne et de la Flandre.

Le gouverneur des Pays-Bas lui accorde son secours. Il écrit au cardinal protecteur de la nation d'Espagne, et à l'ambassadeur de cette couronne. Il les charge de représenter au pape la justice des prétentions de la dame comtesse de Bossu ; et il finit sa lettre en protestant que, si le saint-siège ne déféroit pas à ces remontrances, on seroit obligé de recourir aux remèdes que les lois mettoient entre les mains des officiers du roi d'Espagne, pour réprimer de pareilles entreprises.

Ces remontrances et ces protestations ne purent ralentir l'ardeur de M. le duc de Guise. Il alla lui-même à Rome, pour y presser le jugement d'une cause qui lui étoit si importante.

Le fameux événement de la révolte de Naples fut seul capable d'interrompre le cours de ses poursuites. Elles furent comme étouffées par la voix de tout un peuple qui l'appeloit à son secours.

Ebloui par le titre de restaurateur de la liberté de Naples, et peut-être encore plus, par l'espérance d'en être bientôt l'usurpateur, il entreprit de se jeter dans cette ville. Il conçut ce dessein, que toute l'Europe condamna comme téméraire, lorsqu'il le forma, et dont toute l'Europe fut étonnée, lorsqu'il l'eut accompli. La fortune le trahit, après lui avoir été fidèle dans les commencemens de son entreprise. Elle ne voulut en faire qu'un héros malheureux ; et il paya bien cher ses premières faveurs, par les longues horreurs d'une captivité de sept années.

Ce fut pendant les premières années de cette dure prison, que les créanciers de M. le duc de Guise firent acheter aussi chèrement à la dame comtesse de Bossu, le titre de duchesse de Guise, par les poursuites rigoureuses qu'ils exercèrent contr'elle.

Ils firent saisir les arrérages de son douaire. La distribution en fut ordonnée par une sentence du conseil de Malines ; et c'est cette distribution prétendue qui sert aujourd'hui de fondement à une des demandes particulières de la partie de M.e Nouet.

A peine eut-elle été obligée de payer ces dettes, qu'elle apprend que M. le duc de Guise avoit été transféré en Espagne. Aussitôt, vous a-t-on dit, oubliant sa conduite passée, contente d'être la femme d'un captif, et d'un captif qui n'avoit que de l'infidélité pour elle, elle entre dans les sentimens d'une femme légitime ; et, prouvant sa qualité par ses actions, elle borne tous ses vœux à aller en Espagne, pour délivrer, s'il étoit possible, M. le duc de Guise de la servitude dans laquelle il gémissoit depuis si long-temps, ou pour y mourir avec lui.

C'est en ce moment qu'il semble que toutes les puissances de l'Europe se réunissent pour assurer la vérité de son état.

L'archiduc Léopold lui donne un passeport où il la traite de duchesse de Guise.

Le duc de Lorraine écrit au roi d'Espagne en sa faveur, et lui recommande les intérêts de M. le duc et de Madame la duchesse de Guise.

Le roi même lui permet, malgré la guerre, de passer par ses états, et l'appelle dans le passeport qu'il lui accorde, *Notre très-chère et bien-aimée cousine, Honorée de Berghes, duchesse de Guise.*

Enfin, le roi d'Espagne l'assure par une lettre

pleine de marques d'honneur et de considération, que c'est avec joie qu'il lui donne la permission de venir voir M. le duc de Guise, son mari, et qu'il lui témoignera, en toutes sortes d'occasions, l'estime qu'il fait de sa personne et de sa maison.

Au milieu de tant de reconnoissances si favorables à son état, elle part de Bruxelles; elle vient en France. Des raisons que nous n'apprenons point par les actes de cette cause, mais qu'il n'est peut-être pas impossible de pénétrer, l'arrêtent au milieu de sa course, et l'empêchent d'achever son voyage.

Le succès n'en fut pas moins heureux pour elle, que si elle avoit pu exécuter ses premiers desseins. Elle trouva à la cour de France, si l'on en croit les lettres dont on vous a parlé, les mêmes avantages qu'elle auroit pu espérer à la cour du roi d'Espagne.

Ces lettres portent en elles-mêmes un caractère respectable. Elles sortent d'une main pour laquelle on ne sauroit avoir trop de vénération. Elles sont écrites par Madame Marguerite de Lorraine, femme de feu Monsieur, duc d'Orléans; et l'on peut dire ici, que quand la dame comtesse de Bossu les auroit dictées, elles n'auroit pu être, ni plus honorables pour elle, ni plus avantageuses pour son état.

C'est dans ces lettres écrites en l'année 1652, à la dame comtesse de Grimberghes, que Madame lui témoigne la grande satisfaction qu'elle a eue de l'arrivée de la duchesse de Guise, qu'elle nomme sa sœur. C'est là qu'elle assure la comtesse de Grimberghes, que toute la maison de Guise reconnoît sa fille pour ce qu'elle est. Que même, Madame la duchesse douairière de Guise est sur le point de se déclarer hautement pour elle. Que la reine l'a reçue comme une personne de son rang, qu'elle ne lui a point donné d'autre nom que celui de la duchesse de Guise. Qu'elle lui a promis toute sorte de protection. Que la cour a suivi avec plaisir le suffrage de la reine, et qu'il faut présentement poursuivre avec ardeur le jugement de Rome, afin d'obtenir une sentence favorable, après laquelle Madame la duchesse de

Guise puisse revenir en France, se mettre en possession des biens de M. le duc de Guise, son mari.

Enfin, c'est dans ces mêmes lettres que nous apprenons que la reine fit prendre le tabouret à la dame comtesse de Bossu ; fait important qui n'est devenu douteux dans cette cause, que depuis qu'un grand prince, dont le témoignage ne perd rien de sa force par la qualité de partie qu'il a dans cette affaire, a ordonné à son défenseur de déclarer en votre présence, qu'il savoit certainement que cette circonstance n'étoit pas véritable, et que feu Madame avoit été mal informée de ce qui s'étoit passé entre la reine-mère, et la dame comtesse de Bossu.

Deux années d'un profond silence suivent ce voyage de 1652. La comtesse de Bossu ne put profiter du conseil que feu Madame, duchesse d'Orléans, lui avoit donné de presser le jugement de la rote ; et la prison de M. le duc de Guise fut pour elle un obstacle insurmontable.

L'année 1654 vit finir la captivité de M. le duc de Guise, mais elle vit croître les malheurs de la dame comtesse de Bossu.

Elle conçut d'abord de meilleures espérances à la vue d'une lettre que Madame la maréchale de la Mothe écrivit à la dame comtesse de Grimberghes, sa mère, par l'ordre de feu Monsieur, de feu Madame, et de feu Mademoiselle d'Orléans. Vous vous souvenez, MESSIEURS, des termes dans lesquels cette lettre est conçue ; vous avez vu avec combien de force Madame la maréchale de la Mothe presse la dame comtesse de Grimberghes, de faire partir incessamment Madame la duchesse de Guise (c'est ainsi qu'elle l'appelle); elle lui proteste qu'elle trouvera partout des dispositions favorables; que Madame la duchesse douairière de Guise est très-bien intentionnée, *mais qu'elle ne veut pas le faire paroître publiquement; de peur que cela ne rende M. le duc de Guise encore plus opiniâtre.* Elle l'avertit de se hâter de prévenir par sa présence, l'impression que la vue d'un autre objet pourroit faire sur M. son mari; et elle finit sa lettre, en l'assurant que ce n'est pas tant elle qui lui donne cet avis, que Monsieur, Madame et Mademoiselle, par l'ordre desquels elle lui écrit cette lettre.

Pressée par cette lettre, excitée par les promesses que feu Mademoiselle d'Orléans lui avoit faites elle-même dans ses lettres, de lui accorder sa protection; déterminée, enfin, par une lettre sans date, sans signature, mais écrite de la main de madame la coadjutrice de Montmartre, sœur de M. le duc de Guise, qui l'assuroit d'une prompte réconciliation si elle revenoit à Paris, elle entreprend une troisième fois ce voyage : elle se rend à Montmartre, où elle devoit avoir une entrevue avec M. le duc de Guise.

Dispensez-nous, MESSIEURS, de vous rendre un compte exact des discours de M. de Guise et de la dame comtesse de Bossu dans cette conférence.

S'il nous étoit permis d'ajouter foi au témoignage de la dame comtesse de Bossu dans sa propre cause, nous vous dirions, comme on vous l'a dit pour la défense de son héritier, que sa constance, sa fermeté sortirent victorieuses du plus rude combat par lequel elle pût jamais être éprouvée.

Enfermée dans l'abbaye de Montmartre, entre les bras de ceux qu'elle regardoit comme ses ennemis, on tenta sa pauvreté par les offres les plus avantageuses; on intimida sa foiblesse par les menaces les plus terribles. On lui dit qu'elle ne sortiroit jamais de la dure servitude dans laquelle elle étoit réduite, si elle ne renonçoit à la qualité et au nom de duchesse de Guise. On l'assura que le plus grand malheur qui lui pût arriver, étoit de réussir dans le procès de la rote, puisque, quand même elle auroit arraché de M. le duc de Guise une reconnoissance forcée, il s'en vengeroit aussitôt, en la mettant dans un lieu d'où elle ne sortiroit jamais.

Dans une si triste conjoncture, l'héritier de la dame comtesse de Bossu prétend que la providence lui

accorda la consolation de trouver un ami fidèle dans
la personne du sieur d'Apremont de Vandy. Ce fut
par son secours, et même en sa présence, qu'elle
trouva le moyen de faire une protestation pardevant
notaires, contre tous les actes que l'on pourroit exiger
d'elle, dans le malheureux état où elle étoit réduite.
Ce fut par lui qu'elle en donna avis à la dame comtesse de Grimberghes, sa mère; et qu'après lui avoir
expliqué le fait, ou véritable ou supposé, de cette
espèce de prison qu'on lui fit essuyer dans l'abbaye
de Montmartre, elle lui manda que la reine l'en avoit
enfin délivrée, et qu'elle étoit en lieu de sûreté dans
l'abbaye de Charonne. Elle ajouta, dans une autre
lettre, qu'elle avoit eu l'honneur de voir la reine, qui
lui avoit donné le tabouret, et qui l'avoit assurée de
lui accorder toute sorte de protection, aussitôt qu'elle
auroit obtenu une sentence favorable à la rote. Elle
lui marqua en finissant, l'honneur qu'on lui faisoit
de la renvoyer accompagnée des gardes du roi, et
défrayée jusqu'à Cambray.

Telle est la relation de ce voyage, honteux à M. de
Guise, et glorieux à la dame comtesse de Bossu, si
l'on en croit sa protestation et ses lettres. N'approfondissons point encore la vérité de tous ces faits.
Disons seulement, que les lettres de feu mademoiselle d'Orléans, et celles du duc François de
Lorraine, font naître, en cette occasion, des soupçons violens contre la conduite de M. le duc de
Guise.

Mademoiselle témoigne, dans ses lettres, le dé-
plaisir qu'elle a de voir partir Madame de Guise
avec si peu de satisfaction de M. son mari, dont
elle dit que tout le monde blâme *l'extravagant
procédé*. Elle exhorte M. le chevalier de Guise à
voir la comtesse de Bossu à Bruxelles, et à la reconnoître pour sa belle-sœur.

Le duc François de Lorraine, console, par sa
lettre, la dame comtesse de Bossu, qu'il appelle la
duchesse de Guise et sa cousine, du mauvais succès de son voyage; et il l'assure, que, puisqu'elle

a trouvé des dispositions toutes contraires aux promesses qu'on lui avoit faites, elle doit au moins s'estimer fort heureuse d'avoir fait connoître à tout le monde qu'elle a les sentimens qu'une femme doit avoir pour son mari.

C'est ainsi que se terminèrent les derniers efforts que la dame comtesse de Bossu fit en France, pour se réunir avec M. le duc de Guise.

Détrompée par une malheureuse expérience, de toutes les espérances qu'elle avoit conçues de pouvoir le fléchir par ses prières et par ses larmes, elle ne pensa plus qu'à le vaincre par la force et par l'autorité de la justice; et, se soumettant au tribunal de la rote, dont elle avoit autrefois décliné la jurisdiction, elle montra autant d'ardeur dans cette poursuite, que M. le duc de Guise y fit paroître de lenteur et de négligence.

Une première sentence de l'année 1656, lui adjugea une provision de 500 écus par mois, pendant tout le cours du procès.

D'autres jugemens lui permirent ensuite de faire preuve par témoins, et des usages des Pays-Bas, et des circonstances qui avoient accompagné la célébration de son mariage.

Les retardemens du nonce de Cologne, qui fut commis pour faire l'enquête, obligèrent la dame comtesse de Bossu à se plaindre plusieurs fois de sa lenteur affectée, et à faire proroger le premier délai qu'on lui avoit accordé.

Elle se se plaignit même dans la suite, que tout le monde la trahissoit, et que son propre agent, qu'elle avoit chargé de la poursuite de cette affaire, ne lui étoit pas plus fidèle que les autres.

Huit ans entiers s'écoulèrent au milieu de toutes ces procédures. La mort de M. le duc de Guise finit en 1664 la longue distraction qu'il avoit eue, si l'on ose le dire, sur une affaire aussi importante pour son repos et pour sa gloire, que la question de la validité de son mariage.

Ici, la face de la contestation commence à changer. De nouvelles parties prennent la place de M. le duc de Guise.

Mademoiselle d'Orléans, mademoiselle de Guise, et M. de Guise, son neveu, se déclarent ses héritiers; le scellé est apposé sur ses effets. La dame comtesse de Bossu y forme opposition, par le ministère de Baudouin, procureur au châtelet, chez lequel elle élit son domicile; on a méprisé cette opposition, et le scellé a été levé sans l'appeler.

Elle comprit par cette démarche qu'elle ne pouvoit faire aucune poursuite légitime, en qualité de veuve de Henri de Lorraine, jusqu'à ce que son état fût confirmé.

Elle ne confie plus à ses agens le soin de ses affaires. Elle entreprend elle-même le voyage de Rome, mais elle y fait assigner auparavant, ceux que la mort de M. le duc de Guise avoit rendu ses véritables parties.

L'assignation est donnée à mademoiselle de Guise, tant en son nom que comme tutrice de M. le duc de Guise, son neveu.

Mademoiselle de Guise s'adresse à vous, MESSIEURS; elle vous représente que la dame comtesse de Bossu veut la traduire à la rote, en abandonnant une opposition qu'elle avoit formée au scellé de M. de Guise, son frère. Elle obtint un premier arrêt sur requête, qui la reçoit appelante comme d'abus de toutes les procédures faites ou à faire dans le tribunal de la rote, et qui prononce des défenses générales d'y procéder.

Cet arrêt est signifié d'abord au notaire apostolique, chargé des affaires de la dame comtesse de Bossu, ensuite à Baudouin, procureur au châtelet, qui déclare que tout son pouvoir se bornoit à former une opposition au scellé; et que, comme il ne peut en excéder les limites, il n'agira point dans cette affaire, pour dame Honorée de Berghes, duchesse de Guise.

Un second arrêt du 16 septembre 1665, rendu

23 *

à l'occasion d'une sentence de la rote, qui fut signifiée à mademoiselle de Guise, réitère les mêmes
défenses, et prononce un décret d'ajournement personnel contre l'huissier qui avoit fait la signification.

Soit que ces arrêts aient été inconnus à la dame
comtesse de Bossu, soit qu'elle en ait été avertie, il est
toujours constant qu'ils n'ont ni arrêté ni interrompu
ses poursuites.

Le succès semble les avoir couronnées, et la sentence définitive rendue, par défaut à la vérité, mais
après une longue dissertation insérée dans ce jugement, sur les principales difficultés de cette cause,
est un titre que l'héritier de la dame comtesse de
Bossu regarde non-seulement comme un préjugé
avantageux, mais comme une décision juste, solennelle, irrévocable, de la question d'état que l'on renouvelle aujourd'hui.

Ce jugement ne confirme pas seulement l'engagement de M. le duc de Guise, par rapport au sacrement et au lien de mariage, il le confirme même, en
général, par rapport à toutes sortes d'effets.

*Declaramus præfatum matrimonium, uti ritè ac
solemniter celebratum, servatâ in omnibus formâ
sacri concilii tridentini, ac sacrorum canonum,
fuisse et esse ad quoscumque effectus validum et
legitimum.* Ce sont les principaux termes de la sentence de la rote.

Cette sentence produisit des effets bien différens
en France, et dans les pays étrangers.

En France, elle fut suivie d'un arrêt qui révo-
que et qui annulle tout ce qui avoit été fait au préjudice des défenses prononcées par les premiers
arrêts, et qui, ajoutant encore de nouvelles précautions à leurs dispositions, défend à la dame comtesse
de Bossu, de prendre la qualité de veuve du duc de
Guise, et à tous notaires, huissiers ou sergens de
faire aucunes significations en vertu des mandemens
de la rote : ordonne que l'arrêt sera lu et publié
dans les communautés.

En Italie, au contraire, en Espagne, en Flandre,

en Allemagne, la sentence de la rote a passé pour un jugement authentique.

De là ces honneurs que la dame comtesse de Bossu marque dans ses lettres, qu'elle reçut à Milan, lorsqu'elle revint en son pays, comme en triomphe, après le jugement de la rote.

De là cet ordre du roi d'Espagne, de la traiter, dans toute l'étendue de sa domination, comme l'on a accoutumé de traiter les femmes des grands d'Espagne.

De là, enfin, cette lettre de l'impératrice, écrite, en l'année 1668, à la comtesse de Bossu, dans laquelle elle lui donne le titre de duchesse de Guise, et le nom de sa cousine.

La guerre qui s'alluma entre la France et l'Espagne, peu d'années après le jugement de la rote, arrêta toutes les poursuites que la dame comtesse de Bossu auroit pu faire en France, sur les biens de M. de Guise, et l'obligea de se contenter des honneurs stériles dont elle jouissoit paisiblement dans les Pays-Bas.

Elle chercha vainement à profiter de la négociation de Nimègue, pour ménager ses intérêts dans la conclusion du traité qui fut fait entre les deux couronnes en 1678 : ses efforts furent sans effet, et ses démarches inutiles, parce que l'on jugea à propos de ne point mêler les intérêts particuliers dans la conciliation des droits des souverains.

Sa mort suivit de près le traité de Nimègue. A peine survécut-elle quelques mois à sa publication. Son tombeau fut honoré du nom de duchesse de Guise, mais son état n'en fut pas plus assuré.

La partie de M.e Nouet, qui réunit en sa personne la faveur de l'héritier du sang de la dame comtesse de Bossu, au titre d'héritier institué, a gardé après sa mort un profond silence pendant près de huit années. Il le rompit enfin en l'année 1687.

Il fit assigner Mademoiselle de Guise au châtelet. Il demanda que le contrat de mariage de dame Honorée de Berghes avec Henri de Lorraine, fût déclaré exécutoire contre Mademoiselle de Guise, comme il l'étoit contre M. le duc de Guise, son frère. Il prit ensuite deux sortes de conclusions.

Les unes, dépendantes de la question du mariage. Telles sont la demande des arrérages du douaire de 50,000 livres pendant quinze années, la demande du préciput de 75,000 livres, la demande des alimens et de la provision qui a été adjugée à la dame comtesse de Bossu par une sentence de la rote ; demandes tellement attachées au sort et à la destinée du mariage, que s'il subsiste, elles ne peuvent être contestées, et que s'il est détruit, elles ne peuvent plus être soutenues.

Les autres, si l'on en croit le demandeur, sont absolument indépendantes de l'état et de la condition de la dame comtesse de Bossu : ce sont tous les chefs de conclusions qui tendent à la restitution des sommes qu'on prétend que M. le duc de Guise a reçues, sur les biens de celle qu'il regardoit alors comme sa femme légitime.

Au premier bruit de cette prétention, Mademoiselle de Guise réclame encore la protection de la cour ; et, regardant ces demandes comme absolument connexes avec les premières appellations comme d'abus, qu'elle avoit autrefois interjetées des sentences de la rote, elle obtint un arrêt qui prononce des défenses de procéder ailleurs qu'en la cour, et de donner à Honorée de Berghes, la qualité de veuve de Henri de Lorraine. Le même arrêt prononce encore un décret d'ajournement personnel contre le sergent qui avoit signifié à Mademoiselle de Guise les demandes de la partie de M.° Nouet.

La Guerre a fait taire encore une fois, après cette assignation, la voix de la justice ; et ce n'a été qu'après le dernier traité de paix, que l'héritier de la dame comtesse de Bossu, instruit par la signification du dernier arrêt, de la qualité du tribunal qui pouvoit seul terminer ce célèbre différend, a renouvellé en la cour les mêmes demandes qu'il avoit d'abord portées au châtelet.

La mort de Mademoiselle de Guise l'a obligé de faire assigner les deux grands princes qui la représentent ; Monsieur, duc d'Orléans ; comme légataire universel de feu Mademoiselle d'Orléans ; M. le prince de Condé, comme exerçant les droits de Madame la princesse de Condé, héritières l'une et l'autre de feu Mademoiselle de Guise, et Madame d'Hanovre dans la même qualité.

Obligés de se défendre contre des demandes si importantes, ils ne se sont pas contentés de reprendre l'appel comme d'abus, que celle qu'ils représentent avoit interjeté de toute la procédure de la rote ; ils ont voulu attaquer le mariage de M. le duc de Guise dans le principe, par l'appel comme d'abus qu'ils ont interjeté de sa célébration.

La partie de M.e Nouet a formé, de son côté, trois demandes nouvelles.

L'une, pour le paiement de quelques sommes qui n'étoient pas comprises dans sa première demande.

L'autre, pour faire renvoyer la liquidation de toutes les sommes qu'il prétend se faire adjuger, même l'examen et la discussion de ses titres de créances, par-devant tel de Messieurs qu'il plaira à la cour de commettre.

La troisième enfin, pour faire déclarer nulles, et rejeter de cette cause, des informations dont on a tiré de grands avantages, pour répandre des soupçons injurieux à la réputation de la dame comtesse de Bossu.

C'est par tous ces degrés que cette cause immense dans ses faits, étendue dans ses questions, importante dans sa décision, s'est élevée au point de grandeur et de difficulté dans lequel elle paroît aujourd'hui devant vous.

Vous venez d'entendre les faits qui la composent, dépouillés de tous les ornemens de l'art des orateurs qui ont soutenu si dignement la fonction dont ils ont été chargés dans cette cause. Il est temps de les faire parler eux-mêmes, en vous proposant le précis de leurs discours. Heureux, si forcés par l'usage et par la longueur de cette cause, de les reprendre avec exactitude, nous pouvons ne rien diminuer de la solidité et de l'éloquence avec laquelle ils vous ont été expliqués!

DE LA PART des princes qu'un intérêt commun réunit dans cette affaire, l'on vous a dit, MESSIEURS, que, de quelque côté que l'on considère le mariage, qui est le principal, ou, pour mieux dire, l'unique sujet de cette contestation, on est également surpris de la témérité avec laquelle on entreprend d'exposer ce mystère d'iniquité aux yeux de la justice.

Si on l'envisage dans la sentence qui l'a confirmé, c'est un attentat qui viole également, et les libertés de l'église gallicane, et les droits sacrés de l'autorité royale.

Si l'on y veut chercher la dignité et la sainteté d'un sacrement, on n'y trouve qu'une profanation scandaleuse et un véritable sacrilége.

Enfin, si l'on ne regarde ce mariage que comme un contrat civil, l'on n'y découvre que séduction et artifice d'un côté, qu'aveuglement et incapacité de l'autre. La bonne foi s'élève contre cet engagement, et la loi ne sauroit le reconnoître. Elle n'y remarque que des sujets également dignes de sa juste sévérité; un Français rebelle à son roi, condamné dans ce royaume, et mort civilement; une étrangère, et une étrangère ennemie de l'état. La révolte a commencé cet ouvrage, la passion l'a entretenu, et la fraude l'a consommé.

Si l'on examine d'abord la procédure de la rote, l'éloquent défenseur des princes qui parlent par sa bouche dans cette cause, vous a dit que l'on est surpris de voir naître sous ses pas une foule de moyens d'abus, qui semblent croître et se multiplier à l'infini. Nullités générales, nullités particulières; il est plus difficile de les choisir que de les trouver.

Trois nullités générales, qui influent sur tous les jugemens de la rote, s'offrent d'abord à l'esprit : incompétence dans le tribunal; nullité de la citation

qui a été faite aux héritiers de M. le duc de Guise ;
mépris des défenses prononcées par vos arrêts.

Incompétence dans le tribunal. Est-il nécessaire,
vous a-t-on dit, de s'entendre sur ce moyen ? La
pragmatique-sanction et le concordat, l'usage qui les
a précédés et qui les a suivis, vos arrêts qui, dans
cette matière, comme dans plusieurs autres, ont eu
également la gloire, et de prévenir la disposition de
la loi, et d'en affermir l'exécution, sont autant de
titres inviolables qui s'élèvent aujourd'hui contre
cette procédure, inouie dans nos mœurs, par laquelle
on a entrepris de porter à Rome, en première instance, le jugement de la validité d'un mariage contracté par un Français.

En vain, pour donner quelque couleur à une
entreprise si nouvelle, on a voulu en rejeter toute
la faute sur M. le duc de Guise, unique auteur des
premières poursuites qui ont été faites devant les
juges de la rote.

Depuis quand ose-t-on soutenir dans ce tribunal,
que l'ordre des juridictions, que la conservation de
ces précieuses libertés, qui a coûté tant de soins et
tant de peines à nos pères, soient déposées entre les
mains des particuliers, et que le caprice ou l'intérêt
des parties puisse déroger à des lois qui font une
portion si considérable de notre droit public ?

S'agit-il même ici de relever scrupuleusement
toutes les démarches téméraires que M. le duc de
Guise a pu faire à Rome contre les lois du royaume,
contre ses propres intérêts ? Est-ce avec lui que la
cause se plaide aujourd'hui ? Est-ce avec lui qu'elle
a été jugée à la rote en 1666 ? et qui peut ignorer
le changement que sa mort a causé, non-seulement
dans les qualités extérieures, mais dans la substance
et dans l'intérieur même de la contestation ?

Avec lui, on a vu expirer et s'éteindre la question
du lien et de l'engagement de son mariage. Sa mort
a rompu les nœuds, ou véritables ou supposés, qui
l'unissoient à la comtesse de Bossu. Il ne s'agissoit

plus, après cela, ni d'examiner les défauts de solennités par rapport au sacrement, ni de prononcer sur les effets du contrat par rapport à l'obligation intérieure de la conscience. La matière, de spirituelle, ou, pour parler plus exactement, de mixte qu'elle étoit auparavant, étoit devenue toute séculière et toute profane. Car, quelle étoit la question qui devoit être décidée entre la comtesse de Bossu et les héritiers de M. le duc de Guise? Une question d'état, mais d'un état purement civil et politique, où il ne s'agissoit plus d'examiner le mariage comme sacrement, mais de le considérer comme contrat, et dans laquelle les juges avoient à prononcer, non sur les suites qu'une union sainte ou sacrilége devoit avoir dans l'église, mais sur les effets qu'un engagement légitime ou vicieux pouvoit produire dans l'état.

C'est cependant cette question, si naturellement soumise à la juridiction royale et séculière, que l'on entreprend de porter, non-seulement dans un tribunal ecclésiastique, mais dans un tribunal étranger.

Et qui sont ceux avec lesquels on prétend la faire juger? Ce sont les héritiers de M. le duc de Guise que l'on cite à Rome pour reprendre une instance périé avec lui.

Citation aussi abusive, que le tribunal étoit incompétent. Car, enfin, non-seulement la mort de M. le duc de Guise avoit changé la nature de la question principale : elle avoit effacé jusqu'aux qualités des parties. Avant ce moment fatal, la dame comtesse de Bossu étoit défenderesse, et M. le duc de Guise étoit demandeur. Mais, aussitôt que la mort eut terminé ce procès qui ne pouvoit jamais subsister qu'entre eux, les héritiers de M. le duc de Guise, saisis par la loi de la possession de ses biens, devoient attendre paisiblement que celle qui prenoit le nom de sa veuve vînt les attaquer dans le royaume. Ils devenoient défendeurs en France, au lieu que M. le duc de Guise avoit toujours été demandeur à Rome. Toutes les maximes du droit commun, tous les priviléges des Français, que M. le duc de Guise avoit oubliés ou méprisés, commençoient à revivre en faveur de ses héritiers.

On les viole une seconde fois en leur personne ; et, ce qui fait le troisième moyen d'abus général, on les viole contre l'autorité précise, contre la prohibition expresse de vos arrêts. Ni les défenses qu'il contiennent, ni l'appel comme d'abus qu'ils reçoivent, ne peuvent arrêter le cours des entreprises de la dame comtesse de Bossu ; et, pendant que les héritiers de M. le duc de Guise se croient assurés à l'ombre des lois générales du royaume, et sous la protection de la loi particulière de votre arrêt, ils apprennent que l'on a surpris à la rote une sentence par défaut, aussi injuste dans le fond, qu'elle est nulle et irrégulière dans la forme.

Mais, comme si ce n'étoit pas assez de tant de moyens généraux pour la combattre, on y découvre encore des moyens particuliers qui achèvent d'en effacer le préjugé, et qui ne permettent plus de la regarder que comme une procédure inutile, que l'on pouvoit et que l'on doit retrancher entièrement de cette cause.

C'est en effet dans cette sentence, que l'on reconnoît parfaitement que la surprise et les artifices de la dame comtesse de Bossu n'ont pas moins régné dans la procédure de la rote, que dans la célébration du mariage.

On y voit un juge d'église exercer directement son autorité sur les matières les plus séculières et les plus profanes, décerner des alimens à la dame comtesse de Bossu, et couronner enfin son ouvrage, ou plutôt celui de la partie qui a obtenu ce jugement, en déclarant son mariage légitime par rapport à toutes sortes d'effets, *validum ad quoscumque effectus*, confondant ainsi les limites des deux puissances, et exerçant sur le contrat, une autorité qui ne lui est donnée que sur le sacrement.

Tels sont les abus généraux et particuliers de la

sentence de la rote. Rien de plus abusif que ce jugement, si ce n'est le mariage qu'il a confirmé. C'est ce que l'on a tâché de vous prouver avec beaucoup plus d'étendue, dans la seconde partie de la cause.

L'on vous a dit d'abord que toutes les nullités qui sont répandues séparément dans les mariages que la sévère jurisprudence de vos arrêts déclare non valablement contractés et célébrés, sont toutes réunies dans celui-ci, comme pour en faire un assemblage monstrueux, également odieux à l'église et à l'état.

Inégalité dans les personnes; défaut de consentement de la mère; mariage du chef de la maison de Guise, sans aucun contrat public et authentique; clandestinité dans toutes les circonstances de la célébration ; nulle proclamation de bans; dispense ou fausse, ou plus abusive que le défaut de proclamation même; un ministre infidèle, sans caractère, sans autorité, sans autre pouvoir qu'une permission nulle et inutile; des témoins suspects et en petit nombre; enfin un mariage sans date ; le lieu où il a été célébré aussi inconnu que le jour de la célébration; la loi et la religion également violées dans un acte dont la perfection dépend du concours et de l'une et de l'autre. Voilà le précis et l'abrégé de tous les moyens d'abus qui s'élèvent aujourd'hui contre ce mariage.

Qui pourra envisager d'abord l'inégalité des parties et la différence de leur fortune, sans être convaincu que la séduction et l'artifice ont été les premiers conciliateurs de ce mariage?

D'un côté, un duc de Guise, aîné de sa maison, héritier des grands biens que ses ancêtres y avoient fait entrer, héritier du titre auguste de pair de France, grand dans sa disgrâce même; l'empereur et l'Espagne lui avoient déféré le titre de général de leurs troupes. Peu de personnes le précédoient en France, aucune ne le précédoit dans les armées des Pays-Bas.

De l'autre côté, Honorée de Berghes, veuve d'un seigneur d'une naissance distinguée, mais réduite à ne pouvoir presque soutenir l'éclat de ce nom, possédoit à peine cinquante ou soixante mille livres de patrimoine, lorsqu'elle a ravi M. le duc de Guise à la France, à sa famille, à lui-même.

Mais, heureusement l'autorité maternelle vient à son secours, pour rompre le charme de la séduction.

M. de Guise, quoiqu'âgé de 27 ans, étoit encore soumis à ce pouvoir salutaire.

Vos registres sont pleins d'arrêts qui, suivant l'esprit de l'ordonnance de 1556, ont prolongé cette espèce de minorité favorable aux familles, pendant laquelle les enfans ne peuvent encore se nuire à eux-mêmes, et trouvent, dans la puissance de leur père et dans la protection de la loi, un asile assuré contre une impression étrangère, et contre leur propre foiblesse.

Que si, après avoir examiné la qualité de ceux qui ont contracté ce mariage, on rassemble ou réunit toutes les circonstances de sa célébration, on n'en trouvera pas une seule qui ne soit une indice et une preuve infaillible de la clandestinité.

Première circonstance. Point de contrat de mariage, point de *Tables nuptiales*, si l'on ose se servir de ce terme, consacré par les lois. Car peut-on donner le nom de contrat à cet acte informe que l'on honore du titre de contrat de mariage, et dans lequel on ne trouve ni dot, ni conventions matrimoniales? Une promesse de douaire, une assurance de faire comprendre la dame comtesse de Bossu dans le traité de paix, composent toute la substance de cet acte. La forme en est encore plus extraordinaire; nul notaire, nul officier public n'en attestent la vérité par leur signature. Deux témoins, beaucoup moins connus et beaucoup moins croyables que les contractans mêmes, sont les seules personnes dans lesquelles réside la foi de la date de ce contrat.

Seconde circonstance, encore plus importante que la première. Défaut de publication de bans; défaut qui est la plus grande et la plus éclatante preuve de la clandestinité, défaut, enfin, qu'on a voulu réparer, mais trop tard, en supposant une dispense de bans,

qui n'a jamais été ni véritablement ni légitimement
accordée.

Où trouve-t-on cette dispense? Ce n'est point dans
l'acte de célébration inscrit sur le registre de la
paroisse de Sainte-Gudule. C'est dans un certificat
donné par le ministre sacrilège qui prétend avoir
célébré ce mariage.

Dans quel temps fait-on paroître ce certificat?
Quinze jours après la célébration.

Enfin, quel est celui qui a donné cette dispense,
si l'on peut ajouter quelque foi à un acte si suspect?
C'est ce même Mansfeld qui a assisté à la cérémonie
du mariage, c'est-à-dire, le complice et l'instrument, peut-être l'auteur, mais certainement le ministre de ce mystère d'iniquité. C'est un prêtre qui
usurpe une fonction réservée aux évêques. Enfin,
c'est un ecclésiastique indigne, qui abuse de la fonction qu'il usurpe, non-seulement parce qu'il entreprend de l'exercer à l'égard de la dame comtesse de
Bossu, qui n'étoit point soumise à son pouvoir, mais
encore plus par la précipitation téméraire avec laquelle il accorde verbalement, et dans le moment
même de la célébration, une dispense qu'il auroit
dû toujours refuser à un étranger de la qualité de
M. le duc de Guise.

Troisième circonstance, qui fait croître, comme par
degrés, la preuve de la clandestinité. Mariage sans
témoins, ou si l'on veut soutenir l'énonciation qui se
trouve dans l'acte de célébration, témoins suspects,
coupables eux-mêmes, du moins complices du rapt
de séduction, et peut-être de violence, que l'on a
commis en la personne de Henri de Lorraine.

Un duc de Guise, un général des armées de l'empereur et du roi d'Espagne se marie dans Bruxelles.
Comme duc de Guise, il y trouvoit alors des parens
considérables: madame de Chevreuse, sa tante, M. le
duc d'Elbeuf, chef d'une des branches de sa maison.
Comme général de l'armée, il semble qu'il devoit
avoir pour témoins de son mariage, tout ce qu'il y
avoit de principaux officiers dans les troupes qu'il

commandoit. Cependant, au milieu de cette foule de témoins, témoins étrangers, témoins domestiques, qu'il semble que la fortune avoit assemblés pour augmenter par leur présence la solennité du mariage de M. le duc de Guise, on ne trouve qu'une affreuse solitude; aucun témoin ne signe l'acte de célébration; et il faut croire, sur la parole d'un homme aussi suspect que Charles de Mansfeld l'est dans cette affaire, que deux ecclésiastiques, l'un d'Anvers, l'autre de Cambrai, tous deux dévoués aux intérêts de la dame comtesse de Bossu, ont assisté à cette profane célébration.

Dans quel lieu s'est accompli cet ouvrage de ténèbres? C'est un secret qui n'a été révélé qu'aux héritiers de la dame comtesse de Bossu. Eux seuls ont pu vous apprendre, MESSIEURS, qu'une chapelle domestique de l'hôtel de Grimberghes avoit été choisie pour dérober aux yeux du public la connoissance de ce mariage clandestin.

Les appelans comme d'abus tirent un grand avantage de cette reconnoissance, et elle forme le quatrième degré, ou la *quatrième circonstance* de la clandestinité.

Le temps de la célébration, et c'est la *cinquième circonstance* qui vous a été expliquée, n'est pas moins douteux et moins inconnu que le lieu même. Aucun acte public n'en assure la date. On convient qu'il n'y en a point eu de rédigé dans le jour même de la célébration : et qui peut savoir précisément combien de jours se sont écoulés, avant que l'on ait eu la pensée d'en laisser une preuve par écrit? Si l'on s'arrête à la première inspection des registres, il semble que l'on n'y ait inséré l'acte de célébration dont il s'agit, qu'au mois de février de l'année 1642, c'est-à-dire, près de trois mois après le mariage. Quand même l'on admettroit sur ce point tous les faits qui sont avancés par l'héritier de la dame comtesse de Bossu, il y auroit au moins quatre jours d'intervalle entre la célébration, et l'acte qui en établit la vérité. Où étoit alors l'existence, la certitude, l'indissolubilité d'un mariage, qu'il dépendoit absolument des parties, ou de faire subsister, ou d'anéantir ?

Mais, quelque fortes que paroissent toutes ces preuves de clandestinité, on permet presque de les oublier entièrement ; et l'on vous a dit, MESSIEURS, qu'il suffiroit de vous présenter cette nullité irréparable, que les lois de l'église et de l'état ont également attachée au défaut de présence du propre curé.

Car, enfin, Charles deMansfeld, qui a célébré ce mariage, n'a pu le faire qu'en deux qualités différentes ; ou comme vicaire-général des armées, ou comme exerçant le pouvoir du curé de la paroisse Sainte-Gudule, suivant la permission qui lui avoit été accordée.

Il n'y a point de milieu entre ces deux qualités ; mais laquelle choisira-t-on, puisque toutes les deux lui sont également inutiles, et qu'elles ne servent l'une et l'autre qu'à montrer en même-temps et le défaut de son pouvoir, et l'abus qu'il en a fait ?

Dira-t-on d'abord que, comme vicaire apostolique, comme délégué par le pape et par l'archevêque de Malines pour exercer toute sorte de juridiction spirituelle sur ceux qui servent le roi d'Espagne dans ses armées, il a pu être regardé, non seulement comme le curé légitime, mais comme l'évêque ordinaire de M. le duc de Guise, capable en cette qualité, non-seulement d'assister à la célébration de son mariage, mais de lui accorder toutes les dispenses, dont la concession appartient aux évêques ?

C'est en effet, MESSIEURS, ce que l'on ose soutenir ; mais pour pouvoir le faire avec succès, il falloit auparavant effacer la bulle du pape, qui est cependant l'unique titre sur lequel on appuie ce pouvoir imaginaire, dont on veut revêtir la personne de Charles de Mansfeld.

Il est vrai que cette bulle lui accorde une juridiction fort étendue sur ceux qui combattent en Flandre sous les auspices du roi d'Espagne.

Mais, sans vous faire remarquer ici que cette commission, quelque générale qu'elle soit, ne comprend
point le pouvoir de célébrer les mariages, et que
les plus savans canonistes ont soutenu que ce pouvoir
est si important et si délicat, qu'il ne peut être exercé
que par ceux auxquels il a été nommément et expressément accordé; sans ajouter qu'il paroît absurde
d'étendre à un étranger, et un étranger de la naissance et de l'élévation de M. le duc de Guise, ce qui
n'a été introduit que pour la discipline des simples
soldats, il suffit de s'attacher aux termes mêmes de
la bulle qui contient la délégation apostolique, pour
y découvrir les bornes légitimes du pouvoir des vicaires délégués, et pour y reconnoître en même-
temps combien Charles de Mansfeld les a excé-
dées.

Quel est le but et l'objet de cette bulle? De
pourvoir aux besoins spirituels de ceux qui sont
actuellement dans l'armée, de suppléer au défaut de
juridiction ordinaire, de donner des pasteurs légitimes à ceux que leur état, le lieu où ils servent,
les engagemens de leur profession, empêchent de
recourir à leurs supérieurs naturels.

Le préambule nous apprend d'abord que l'institution ou l'établissement du vicaire apostolique a été
faite, *pro salute eorum qui in castris degunt ac versantur... propterea quod non facilè ad locorum
Ordinarios aut ad Sedem Apostolicam recursus haberi potest.*

Le dispositif marque, d'une manière encore plus
expresse, que le pouvoir extraordinaire du vicaire
délégué cesse aussitôt que la juridiction ordinaire
de l'évêque peut être exercée. Car, selon le dispositif, qui sont ceux qui sont soumis au vicaire du
saint Siége? Ce sont ceux qui ne sont point dans
leur diocèse, dans lequel leurs supérieurs ordinaires
puissent exercer sur eux leur autorité ordinaire. *Qui
tamen in propriâ Diœcesi, sub quâ illorum Ordinarii
Jurisdictionem suam ordinariam in eos exercere
possint, non sint.*

Qui pourroit, après cela, appliquer la disposition de ce bref, à l'espèce du mariage dont il s'agit ?

M. le duc de Guise étoit-il actuellement dans l'armée, occupé à quelque expédition militaire, renfermé dans le camp, hors d'état de pouvoir recourir à la juridiction ordinaire ?,

N'étoit-il pas, au contraire, dans la capitale du Brabant, ou pour mieux dire, des Pays-Bas, dans un lieu que sa rébellion contre son roi et son union avec le roi d'Espagne faisoient alors regarder comme son véritable domicile ? Qui pouvoit l'empêcher de s'adresser à l'ordinaire ? Le curé de Sainte-Gudule étoit présent, l'archevêque même de Malines ne pouvoit-il pas être aisément consulté ? Mais le général des armées disposoit absolument de la personne du vicaire militaire, il ne pouvoit trouver ailleurs un ministre assez dévoué à sa passion et aux intérêts de la dame comtesse de Bossu, pour vouloir célébrer ce mariage. Voilà quel a été le véritable fondement de la juridiction de Charles de Mansfeld, fondement vicieux que la passion avoit jeté, mais que la raison a renversé, et qui n'est pas plus solide dans les maximes de la juridiction du vicaire apostolique, que dans celles du droit commun.

C'est en vain que l'on cherche à le soutenir par des certificats récens, accordés plutôt à la qualité de gouverneur de Bruxelles, dont la partie de M.ᵉ Nouet est revêtue, qu'à la justice de sa prétention ; certificats même qui prouvent seulement que les vicaires des armées peuvent marier des soldats qui sont soumis à leur juridiction, sans attendre la permission de leur pasteur naturel, mais qui ne sauroient jamais prouver que ces pasteurs extraordinaires aient étendu leur autorité, contre les termes mêmes de leur titre, sur ceux que leur domicile, ou du moins leur demeure actuelle, soumettoit à la juridiction ordinaire.

Que si ce premier titre est ébranlé, que deviendra le second ? Et comment pourra-t-on, dans un tribunal aussi instruit des véritables maximes de l'ordre public, soutenir la permission que le curé de Sainte-Gudule a donnée à Charles de Mansfeld ?

Acte incertain dans celle de toutes les matières où la certitude doit être la plus grande et la plus entière.

Acte vague et indéterminé, qui ne désigne pas plus M. le duc de Guise et la dame comtesse de Bossu, que toute autre personne. Qui pourra reconnoître un duc de Guise, général des armées d'une ligue puissante, au titre *de Nobilis vir Militaris?* Qui croira que la personne de la dame comtesse de Bossu est suffisamment déterminée par le nom de paroissienne de Sainte-Gudule? Qui sait même si cette permission a été accordée pour M. le duc de Guise et pour la dame comtesse de Bossu? Ne convient-elle pas également à tous les officiers qui servoient dans l'armée du roi d'Espagne, et à toutes les femmes qui demeuroient dans la paroisse de Sainte-Gudule.

Le curé n'a pu savoir à qui il accordoit cette dispense. Ceux qui l'ont obtenue, ne pouvoient pas même assurer que ce fût en leur faveur qu'elle eût été accordée. Enfin, le prêtre, le ministre auquel elle s'adressoit, ne pouvoit être instruit par cet acte, de la qualité des sujets que l'on soumettoit à sa juridiction.

Ignorance, aveuglement, incertitude de tous côtés. L'esprit, les termes mêmes du concile violés, la plus sainte loi que l'église ait jamais faite sur les mariages, éludée par un artifice criminel, la porte ouverte à la licence, les familles frustrées de la seule précaution que l'ordre public leur ait laissée pour s'opposer à des mariages qui les troublent ou qui les deshonorent, la profanation des sacremens devenue inévitable; telles seront les suites funestes de la tolérance que l'on ose vous demander.

Tolérance contre laquelle les docteurs et les canonistes les plus relâchés se sont élevés hautement. Il n'y en a pas un qui ne soutienne que la permission

24*

du curé doit être expresse; sans cela, tout prêtre deviendroit le véritable curé et le pasteur ordinaire des parties. En vain le concile auroit déposé sa vigilance et son autorité entre les mains de ceux qui portent le poids de la sollicitude pastorale; on surprendroit leur facilité, on abuseroit de leur confiance; et, sous le vain prétexte d'une permission limitée en apparence, mais indéfinie en effet, il n'y a point de mariage qu'un prêtre étranger ne pût célébrer.

Que si, pour éluder la force de cet argument, on veut confondre la permission dont il s'agit avec les permissions générales que les curés accordent à leurs vicaires, sans connoître la qualité des contractans, il est aisé de répondre avantageusement à cette objection.

Le curé partage, avec son vicaire, les fonctions de son ministère. Il le rend dépositaire de sa confiance, aussi-bien que de son autorité; il le charge de s'informer pour lui, de la condition de ceux qui se présentent pour être unis par les liens du mariage. Il n'y a donc nul inconvénient à craindre de ces sortes de concessions ou de commissions générales. Le vicaire représente parfaitement le véritable pasteur, ou plutôt, il est lui-même en ce point, le pasteur légitime. Il agit avec examen, il connoît, il délibère, et le curé est censé connoître, délibérer, agir en lui, par lui, avec lui.

Il n'en est pas de même d'un pouvoir singulier, accordé sans aucune désignation des personnes. Celui qui est délégué n'examine plus; l'examen est censé fait par le curé; et comment le curé a-t-il pu faire cet examen, puisqu'il ne paroît pas qu'il ait connu les personnes? Il accorde en aveugle, une grâce qu'il auroit peut-être refusée en connoissance de cause; et l'examen qui doit nécessairement précéder la permission, ne se fait ni par le curé, qui ne connoît pas les contractans, ni par le prêtre délégué, parce qu'il n'est délégué que pour célébrer le mariage, et non pour examiner la qualité des contractans?

Que dira-t-on donc pour soutenir une permission si abusive ?

Relevera-t-on ici l'autorité d'un certificat donné en 1643, augmenté en 1646, et perfectionné en 1652, par l'archevêque de Malines ? Certificat donné dans un temps où le retour de M. le duc de Guise en France avoit irrité tous les Espagnols contre lui, et où son mariage sembloit être devenu, non le simple sujet d'une cause particulière, mais une affaire d'état entre deux nations ennemies ; certificat donné sans avoir vu les pièces, et sans aucune connoissance de cause ; certificat enfin, qui ne contient tout au plus que l'opinion singulière de l'archevêque de Malines, contre laquelle toutes les lois civiles et ecclésiastiques réclament également.

S'arrêtera-t-on à de vaines conjectures par lesquelles on veut vous persuader que le curé de Sainte-Gudule a connu le nom et la qualité des contractans ? Comme si l'on pouvoit jamais s'imaginer que si ce curé avoit été un des confidens de cette intrigue criminelle, il n'eût pas exprimé le nom de M. le duc de Guise dans un acte qui ne devoit être connu que du seul Charles de Mansfeld. Mais enfin, est-ce par des présomptions et par de simples conjectures, que l'on doit être assuré d'un fait de cette qualité ? Sa vérité, sa certitude dépendront-elles de la subtilité de l'orateur, et de son adresse à répandre des couleurs apparentes sur les faits les plus douteux ; et, dans le temps que l'on peut trouver le vrai, écrit dans des actes authentiques, le négligera-t-on pour chercher le vraisemblable ?

Faut-il, après cela, entrer dans la discussion des prétendues fins de non recevoir dont on se sert ici, comme d'un voile favorable pour couvrir l'abus et la profanation d'un mariage si criminel ?

C'est en vain que l'on reproche aux parties de M.e Robert, la qualité d'héritiers collatéraux. Vous écoutez leurs plaintes tous les jours, lorsqu'ils opposent aux demandes d'une veuve, ou d'un fils illégitime, l'abus du mariage qui sert de titre à leur prétention.

La possession, qui est la seconde couleur dont on se sert pour réparer les défauts du mariage dont il s'agit, est une possession clandestine dans son origine, rapide dans sa durée, contestée dans ses effets.

Les prétendues reconnoissances de l'état de la dame comtesse de Bossu sont ou fausses, ou suspectes, ou inutiles.

Fausses, comme le fait du tabouret donné par la reine-mère à la prétendue duchesse de Guise; fait que feu Madame a cru trop légèrement, et qu'elle a mandé, sans examen, à la dame comtesse de Grimberghes.

Suspectes, par la division de sentimens, et par la contrariété d'intérêts qui partageoit alors la maison de Guise, unique source de l'approbation que les princes et les princesses, dont on vous a cité tant de fois les noms dans cette cause, ont donnée au mariage de la dame comtesse de Bossu.

Enfin, *reconnoissances inutiles*, soit parce qu'il n'y en a aucune qui soit écrite dans les actes publics; soit parce que la plupart de ces reconnoissances sont de simples témoignages d'amitié et d'honnêteté, contenus dans des lettres écrites à la dame comtesse de Bossu même; soit parce qu'au milieu de ces reconnoissances, on ne laisse pas de marquer toujours que son état est contesté, et qu'il faut qu'elle le fasse confirmer par un jugement authentique; soit, enfin, parce que des lettres et des déclarations de la qualité de celles qu'on allégue dans cette cause, ne sont point des titres capables de réparer les vices essentiels d'un mariage, ni des voies légitimes par lesquelles on puisse acquérir un état que la loi seule peut donner.

Que reste-t-il donc, après avoir montré que le mariage qui sert de fondement aux prétentions de la partie de M.ᵉ Nouet est un amas confus d'abus et de nullités également irréparables, si ce n'est d'ajouter dans la dernière partie de la cause, que, quand même on trouveroit dans ce mariage une union avouée par l'église, si l'on peut s'exprimer ainsi, on n'y reconnoîtroit jamais un contrat autorisé par la loi.

C'est ainsi, vous a-t-on dit, Messieurs, que la cause n'a pas besoin de preuves. Elle s'explique, et se démontre d'elle-même, par la simple proposition.

Deux sortes d'incapacités, ou si l'on veut, deux obstacles également insurmontables, anéantissent le mariage dont il s'agit, par rapport aux effets civils.

Quel étoit l'état de M. le duc de Guise? Quel étoit celui de la dame comtesse de Bossu?

L'un, condamné en France, et mort civilement dans le royaume; comment auroit-il pu donner à son engagement la participation des effets civils, qu'il avoit perdus lui-même par sa retraite, et par sa rébellion?

L'autre, étrangère par sa naissance, ennemie de l'état par la conjoncture du temps dans lequel le mariage a été célébré.

Qui pourra feindre un contrat légitime, dans le lien qui a uni deux personnes si incapables?

Dira-t-on que ce lien, nul et vicieux dans son principe, a commencé à acquérir une force qu'il n'avoit pas dans son origine, par les lettres d'abolition que le roi a accordées à M. le duc de Guise?

Mais la dame comtesse de Bossu n'a jamais été comprise dans cette grâce; elle n'a point partagé avec M. le duc de Guise, le bienfait de la clémence et de l'indulgence du roi.

Mais l'acte est demeuré toujours dans le vice et dans la honte de son origine; et c'est par son principe, que l'on doit décider de sa validité.

Mais, enfin, l'indulgence du prince note celui qu'elle absout; elle l'exempte de la peine, mais elle ne confirme point tous les actes qu'il a passés dans le temps de cette mort civile, que la loi retranche de la vie d'un citoyen. Elle n'admet point de fiction en faveur d'un coupable; et c'est attaquer la nature et l'essence même des lettres d'abolition, que de vouloir lui donner un effet rétroactif.

A quoi serviroit même cette fiction, si ce n'est à confondre encore la prétention de l'héritier de la dame comtesse de Bossu? Car, si les lettres d'abolition effacent tout le passé, elles font perdre à M. le duc de Guise ce domicile passager que son crime lui donnoit dans les Pays-Bas. Il redevient français, sujet du Roi, fils de famille, domicilié à Paris; et comment pourra-t-on feindre, dans cette supposition, qu'il a trouvé dans les Pays-Bas un pasteur légitime, un véritable curé, capable, par sa présence, de consacrer son engagement?

C'est ainsi que l'erreur, toujours contraire à elle-même, se détruit par ses propres mains, et que la crainte d'un précipice la fait tomber dans un autre.

Seroit-il même nécessaire d'entrer dans toutes ces maximes du droit public? Ne suffiroit-il pas d'opposer au contrat de mariage dont il s'agit, la forme même du contrat, nulle, irrégulière, vicieuse?

Passé sous signature privée, demeuré toujours dans la possession de la dame comtesse de Bossu, comment a-t-il pu produire un lien, une obligation réciproque? et s'il n'y a point d'obligation, où sera le fondement de la demande principale?

Que deviendront, enfin, toutes les demandes incidentes de la partie de M.e Nouet? suites naturelles du mariage, si le mariage est anéanti, pourront-elles se soutenir par elles-mêmes?

Effets de la même séduction qui a été l'ame de ce mystère d'iniquité, ne tomberont-elles pas du même coup qui punira la séduction dans les héritiers de la séductrice?

Enfin, des avantages indirects, des donations frauduleuses, extorquées par une personne beaucoup plus dangereuse et plus suspecte à la loi qu'une femme légitime, seront-elles traitées plus favorablement dans un engagement criminel que dans un véritable mariage?

S'il falloit même entrer dans le détail de toutes

ces demandes, que la partie de M.ᵉ Nouet forme,
pour être payée des sommes qu'on prétend que
M. le duc de Guise a touchées sur les biens de la
dame comtesse de Bossu, quels défauts, quelles nullités essentielles ne vous feroit-on pas remarquer
dans les actes qui leur servent de fondement ? On
n'y trouve nul titre original ; on n'y voit que des
copies collationnées en l'absence des parties intéressées, et souvent des copies collationnées sur d'autres
copies : voilà tout ce que près de 5o ans ont pu
fournir de titres à la partie de M.ᵉ Nouet. Il est
temps d'imposer silence à une si ancienne et si
odieuse recherche, et de venger, par un même
arrêt, l'autorité de nos libertés violée par la procédure de la rote, la sainteté du sacrement pro-
fanée par une célébration sacrilége, et la puissance
de la loi méprisée, et si l'on ose le dire, outragée
par le mariage d'un sujet rebelle à son roi avec une
étrangère, et une étrangère ennemie de l'État.

Le Public, emporté par des raisons si solides
et si victorieuses en apparence, sembloit déjà prévenir vos oracles, et se hâter de prononcer un premier jugement dans cette cause, lorsqu'une voix
éloquente a arrêté ces suffrages précipités ; et, sur-
montant le dangereux obstacle d'une prévention
contraire, elle a su entraîner les uns, faire douter
les autres, et jeter tous les auditeurs dans une attente
inquiète du jugement que vous prononcerez sur une
cause si difficile.

On a d'abord posé les fondemens solides de la
défense du sieur prince de Berghes, sur des fins de
non recevoir qui paroissent invincibles. La qualité
des parties, la possession publique et certaine de
son état dans laquelle la comtesse de Bossu a vécu ;
la confirmation de cet état, solennellement prononcée par un tribunal souverain ; enfin, la longueur du temps, et la mort même, sont autant de
retranchemens insurmontables, qu'il faut renverser
avant que de pouvoir attaquer un mariage, qui ne

se soutient pas moins par lui-même que par ces
avantages ex érieurs..

Qui sont ceux qui paroissent dans cette cause,
pour combattre l'état de la dame comtesse de Bossu?
Ce sont des princes que leur élévation et leurs vertus
rendent aussi dignes de la vénération des étrangers
que de celle des Français. Mais, quelque respect que
l'on doive à leur haute naissance, ils souffrent qu'on
ne les considère, dans ce tribunal, que comme de
simples parties.

Or, en cette qualité, on ose dire ouvertement
qu'ils ne sont pas recevables à attaquer le mariage
de M. de Guise, qu'ils représentent.

L'intérêt public ne souffre pas que l'on confie à
toutes sortes de personnes, la permission d'interjeter
appel comme d'abus de la célébration d'un mariage.

La loi n'admet à cette action, qu'elle regarde
comme toute publique, que ceux qui sont dépositaires d'une partie de son autorité.

Elle écoute les plaintes des pères et des mères,
des tuteurs et curateurs, mais elle rejette celles des héritiers collatéraux. Comme ils n'ont jamais eu aucune
puissance légitime sur l'état de celui dont ils veulent
détruire les engagemens, ils ne sont pas capables
d'intenter une action qui ne peut être solidement
établie que sur le fondement d'une puissance et
d'un caractère public.

Par combien d'arrêts avez-vous établi cette sage
jurisprudence, si favorable au repos et à la tranquillité des familles? Que si quelquefois vous avez jugé
à propos de vous en écarter, c'est lorsque vous avez
vu des enfans reprendre une poursuite commencée
par le père ou par la mère, et interrompue par leur
mort.

Mais ici, peut-on dire que madame la duchesse de
Guise ait intenté l'action que l'on porte aujourd'hui
devant vous? Toutes ses poursuites se sont terminées
à une seule procuration, qui a été inutile. Jamais
elle n'a fait entendre sa voix dans le tribunal de la

justice. Jamais elle n'a réclamé votre autorité ; et comment des collatéraux pourroient-ils être reçus à attaquer un mariage que la mère a respecté, et qu'elle semble avoir approuvé par son silence.

Mais, que sera-ce encore, si l'on passe de la qualité des parties, à l'examen de la possession qui a suivi le mariage ; ce qui forme une seconde fin de non-recevoir encore plus forte et plus puissante que la première?

Quelle possession a jamais été revêtue de caractères plus respectables ?

De quelque côté qu'on la considère, soit par rapport à M. de Guise, soit par rapport à la maison royale et à la maison de Lorraine, soit enfin par rapport aux plus grandes puissances de l'Europe, et au roi même, il semble qu'il sorte de toutes parts une voix éclatante qui prononce en faveur d'un état que tant d'illustres témoignages ont confirmé.

A peine M. le duc de Guise est-il marié, que toute l'Europe est instruite de la vérité et de la solennité de son mariage. Il demeure publiquement à Bruxelles avec la dame comtesse de Bossu. Elle prend hautement le nom, le rang, les honneurs de duchesse de Guise. Elle contracte, elle plaide, elle agit en cette qualité. Elle partage les disgrâces aussi bien que les avantages qui y sont attachés, et elle épouse le malheur encore plus que la fortune de M. le duc de Guise.

Qu'on ne dise point ici que M. de Guise étoit encore aveuglé par la passion, séduit par les charmes et captif dans les fers de la dame comtesse de Bossu. Il a recouvré une parfaite liberté ; et pendant long-temps il a conservé pour elle les mêmes sentimens. La France l'a vu pendant une année entière, aussi fidèle et aussi persévérant, que les Pays-Bas l'avoient vu pendant le séjour qu'il y avoit fait.

Un nombre infini de lettres écrites de Paris à la dame comtesse de Bossu, sont des témoignages irréprochables de l'attachement que M. de Guise conservoit pour elle, et de la persuasion intime dans laquelle il étoit de la validité de son engagement.

En cet état, qui oseroit dire que M. le duc de Guise fût recevable à attaquer lui-même un mariage qu'il avoit contracté majeur de vingt-cinq ans, et qu'il a confirmé majeur de trente années? L'auriez-vous écouté, MESSIEURS, s'il s'étoit plaint devant vous d'avoir été la victime d'un rapt de violence, ou d'un rapt de séduction?

Si vous n'auriez pu l'entendre lui-même, comment pourriez-vous écouter plus favorablement ceux qui le représentent? Et des héritiers de M. le duc de Guise seront-ils capables de former une demande que M. le duc de Guise ne pourroit pas intenter, s'il étoit encore vivant?

En effet, quelle nuée de témoins augustes, irréprochables ne s'éleveroient pas contre lui pour étouffer ses poursuites odieuses?

Ces mêmes témoins parlent encore aujourd'hui. Leurs lettres vivront toujours, et seront un obstacle éternel aux prétentions des héritiers de M. le duc de Guise.

C'est dans ces lettres qu'on apprend que feu Monsieur, Duc d'Orléans, que feu Madame, que feu Mademoiselle, et feu M. le prince de Condé, ont donné publiquement à la dame comtesse de Bossu, le nom et la qualité de duchesse de Guise.

Quels témoins plus dignes de respect, peut-on opposer aux grands princes qui sont parties dans cette cause?

Le premier est légataire universel de feu Mademoiselle d'Orléans; mais c'est cette princesse même qui s'est déclarée hautement la protectrice de l'état et de la personne de la dame comtesse de Bossu.

Le second est le digne héritier de M. le prince de Condé; mais ce grand prince est encore un des approbateurs illustres du mariage dont il s'agit.

Avec de tels défenseurs, la partie de M.e Nouet avoue qu'elle ne sauroit craindre les efforts que l'on fait aujourd'hui pour ébranler un état que tant de mains puissantes ont affermi.

Dans quels termes ces princes et ces princesses, dont l'autorité seule pourroit décider cette cause, se sont ils exprimés sur le mariage qui en fait le sujet ?

Tantôt, ils déclarent que toute la cour l'approuve, et blâme *le procédé extravagant* de M. le duc de Guise.

Tantôt, ils donnent à la dame comtesse de Bossu, des conseils salutaires.

Tantôt, ils l'assurent d'une puissante protection.

Les têtes couronnées se joignent à ces grands noms, et se hâtent à l'envi, de publier l'innocence de la dame comtesse de Bossu, et de condamner l'injustice de M. le duc de Guise.

Le roi d'Espagne lui donne le titre de sa cousine, et lui fait rendre les honneurs qu'on ne rend qu'aux femmes de grands d'Espagne.

L'Impératrice lui écrit dans la même qualité.

Le duc de Lorraine la félicite sur son mariage. Le duc François la console de l'inconstance de M. le duc de Guise.

Enfin, le roi même la reconnoît publiquement, et souffre que, dans un passeport, on lui donne le titre de sa cousine la duchesse de Guise. Et pour mettre le sceau et le dernier degré à cette reconnoissance, la reine-mère prononce une espèce de jugement en sa faveur, lorsqu'elle accorde à la dame comtesse de Bossu l'honneur du tabouret.

Opposera-t-on à une possession si publique et si solennelle, une contestation que M. le duc de Guise n'a jamais osé faire décider ? Il l'a abandonnée presque aussi-tôt qu'il a entrepris de la former ; et il semble que la providence n'ait permis qu'il intentât cette action, qu'afin de faire voir l'impossibilité dans laquelle il étoit de la soutenir.

A quoi s'est donc terminé ce procès commencé de sa part avec tant d'ardeur ? A mettre l'honneur et l'état de la dame comtesse de Bossu en sûreté, en

lui faisant obtenir une sentence favorable qui a décidé
la question que l'on renouvelle aujourd'hui, et qui
forme la troisième fin de non recevoir que l'on oppose aux prétentions des héritiers de M. le duc de
Guise.

En vain, pour détruire un titre si puissant, on a
recours à la voie de l'appel comme d'abus.

Appel comme d'abus aussi nouveau que téméraire,
puisqu'il attaque un jugement rendu dans un tribunal souverain.

Mais, appel comme d'abus, encore plus insoute-
nable dans le fond qu'il est extraordinaire dans la
forme.

Pour lui donner quelque couleur, on emprunte
l'autorité des lois les plus sacrées ; la pragmatique-
sanction, le concordat, les libertés de l'église gallicane. Mais toutes ces lois refusent également leur
secours à ceux qui veulent s'en servir dans une espèce à laquelle elles ne peuvent avoir aucune application.

Il est vrai que les Français ne peuvent être tra-
duits devant le tribunal de la rote. C'est une maxime
qui n'a pas besoin d'être prouvée. Mais dans quels
cas doit-elle avoir lieu, si ce n'est lorsque ce sont
les sujets du roi qui sont défendeurs, et qu'en cette
qualité, leur domicile décide de la juridiction dans
laquelle ils doivent procéder ?

Mais, lorsque ce sont les Français qui attaquent
des étrangers, comment peuvent-ils s'exempter de
subir la loi commune de toutes les nations, c'est-
à-dire, cette règle du droit des gens, plutôt que
du droit civil, qui oblige le demandeur à suivre la
juridiction du défendeur ?

Ainsi, dans cette espèce, l'officialité de Malines
étoit le tribunal naturel où les parties devoient procéder ; parce que, d'un côté, il est certain que la
dame comtesse de Bossu étoit défenderesse, et que
de l'autre, il n'est pas moins constant qu'elle avoit
son domicile dans l'étendue de l'archevêché de
Malines.

Mais ce tribunal paroît suspect à M. le duc de Guise; il demande au pape un juge extraordinaire; la dame comtesse de Bossu y résiste d'abord; enfin, elle aime mieux suivre M. de Guise dans toutes sortes de tribunaux, que de prolonger l'incertitude de son état, par celle de la juridiction; et c'est dans toutes ces circonstances, que les héritiers de M. le duc de Guise allèguent après sa mort, l'incompétence d'un tribunal qu'il a lui-même choisi, malgré la dame comtesse de Bossu.

Que si, pour colorer cette espèce nouvelle d'incompétence, on dit que la mort de M. le duc de Guise avoit rendu la cause profane et temporelle, de sacrée et de spirituelle qu'elle étoit auparavant, la partie de M.ᵉ Nouet soutient que ce prétexte spécieux tombe de lui-même, par une discussion solide que l'autorité de vos arrêts a confirmée.

Il est vrai qu'il ne s'agissoit plus de savoir, s'il y avoit un mariage subsistant entre M. le duc de Guise et Honorée de Berghes; mais il étoit toujours question de décider s'il y en avoit eu. Que cette question ait pour objet ou le présent ou le passé, c'est ce qu'il est assez peu important d'approfondir. Il suffit de savoir qu'il s'agit de prononcer sur la validité du lien, il n'en faut pas davantage pour assurer la juridiction du tribunal ecclésiastique.

Après cela, empruntera-t-on l'autorité de vos arrêts, et voudra-t-on vous persuader que l'on n'a pu procéder à la rote après les défenses qu'ils ont prononcées? Mais ces arrêts, sont, ou postérieurs à la sentence, ou inconnus à la dame comtesse de Bossu. Ils ne lui ont jamais été valablement signifiés. Le seul dont elle a pu avoir connoissance, a été obtenu sur un faux exposé. On a représenté à la cour, que la dame comtesse de Bossu vouloit obliger les héritiers de M. le duc de Guise à procéder à la rote, sur l'opposition qu'elle avoit formée à son scellé. La cour a regardé avec raison, cette procédure comme abusive, et même, si l'on veut, comme un paradoxe dans nos mœurs, et, jugeant du droit par le fait qui lui a été exposé, elle a accordé les défenses qu'on lui a demandées. Mais quel rapport a cet exposé, quel rapport ont ces défenses, avec la véritable et la seule question de la validité du mariage, que la dame comtesse de Bossu prétendoit faire décider à la rote?

Il faut donc les retrancher absolument de cette cause. Mais aurez-vous plus d'égard, MESSIEURS, au dernier moyen d'abus que l'on veut trouver dans la sentence qui a confirmé l'état de la dame comtesse de Bossu?

On se plaint qu'elle renferme un abus insupportable, parce qu'elle déclare le mariage valable, par rapport *à toutes sortes d'effets*, et l'on se récrie contre ce jugement, comme s'il s'agissoit d'une sentence rendue par un juge d'église dans l'étendue du royaume.

Mais on vous supplie, MESSIEURS, de vous souvenir que le tribunal de la rote représentoit dans cette cause, le tribunal naturel de l'official de Bruxelles. Or, cet official est constamment en possession de connoître des effets civils, incidemment aux causes de mariage. Un grand nombre de sentences rapportées par la partie de M.ᵉ Nouet, prouvent la certitude de cet usage; et qui peut douter que la rote, exerçant l'autorité du tribunal de Bruxelles avec un caractère encore plus éminent, n'ait pu faire, sans commettre aucun abus, ce que les juges naturels des parties étoient en possession de faire tous les jours?

Enfin, si cette partie de la sentence de la rote vous paroît trop contraire à nos mœurs, pour pouvoir être dissimulée, retranchez-la, par votre autorité souveraine; mais ne confondez pas ce qui est régulier, avec ce qui peut être abusif. Que la sentence soit détruite, si l'on veut, par rapport aux effets civils; mais qu'elle subsiste toujours par rapport au lien et au sacrement, c'est le seul fruit que la partie de M.ᵉ Nouet prétend en recueillir.

Quel est donc, encore une fois, la cause que l'on porte devant vous ? Une cause jugée, et jugée irrévocablement dans un tribunal souverain. Mais, est-il nécessaire de recourir à l'autorité de ce tribunal ? Le temps seul l'a décidée. Ecouterez-vous un appel comme d'abus de la célébration d'un mariage, cinquante-huit ans après qu'il a été contracté ? L'abus ne se couvre point, il est vrai ; mais n'est-il pas également certain qu'il n'y a point de cause où les fins de non-recevoir qui se tirent de la longueur du temps soient plus efficaces et plus invincibles que celles où il s'agit d'une question d'état ?

Enfin, la mort même joint son suffrage à celui du temps, pour assurer l'état de la dame comtesse de Bossu. Le droit romain lui prête son autorité, et ne souffre pas que l'on trouble l'état des morts, après un silence de cinq années.

Que si malgré tant de fins de non-recevoir, également solides, également insurmontables, on veut encore forcer la partie de M.ᵉ Nouet à se défendre dans le fond, on vous a d'abord représenté qu'il ne seroit pas juste de soumettre une partie et une cause, que l'on peut appeler également étrangères, aux lois et aux usages particuliers de ce royaume ; qu'il étoit de votre équité d'oublier, en ce moment, cette prévention si juste et si naturelle que vous avez dans les autres causes, pour ces loix saintes et salutaires que la France suit dans les causes de mariage ; de vous transporter en esprit dans les Pays-Bas, où le mariage dont il s'agit a été contracté, et d'y prononcer sur sa validité, avec encore plus de lumière que le conseil de Malines, mais non pas avec moins de déférence pour les lois du pays.

Après cela, on vous a dit que toute la cause se réduisoit à l'examen de deux points principaux ; la sainteté du sacrement, la capacité des effets civils.

Que, quoiqu'on eût d'abord accumulé un grand nombre de moyens d'abus, pour attaquer le mariage considéré en lui-même, et par rapport à la solennité de sa célébration , on a été obligé de les abandonner presque tous, pour se réduire à un seul.

Et en effet, comment auroit-on pu persister à soutenir :

Qu'il y avoit une si grande inégalité de naissance entre M. le duc de Guise et la dame comtesse de Bossu , qu'elle suffiroit seule pour faire présumer le rapt de séduction :

Que le défaut de consentement de la mère pouvoit donner atteinte au mariage d'un mineur de plus de vingt-sept ans, dans lequel on prétend néanmoins, d'un autre côté, que la condamnation avoit effacé non-seulement la qualité de fils de famille, mais les droits même et le nom de citoyen :

Que la proclamation des bans est une solennité si essentielle , que son défaut est seul capable de rompre le lien du mariage d'un majeur, et cela, contre l'autorité du concile de Trente, reçu dans les Pays-Bas (1), contre la jurisprudence certaine de vos arrêts :

Que l'on doit présumer qu'il n'y a point eu de bénédiction nuptiale, parce que l'acte de célébrabration n'en parle point expressément :

Que le mariage dont il s'agit, a été contracté sans témoins, quoique le prêtre qui l'a célébré, atteste le contraire; parce que, selon l'usage du pays, les témoins n'ont point signé l'acte de célébration :

Qu'un mariage est nul, parce qu'on n'a pas marqué le lieu où il a été célébré, ou parce qu'on ne l'a écrit sur le registre des mariages , que quatre jours après sa célébration ?

Encore une fois, comment auroit-on pu prouver de pareilles propositions? Aussi les a-t-on presque

---

(1) Ce concile n'y a été reçu qu'avec des modifications ; mais elles concernent d'autres dispositions. *Voyez* Stokman, *Jus Belgarum, circà bullarum pontificarum receptionem*, chapitre III, qui a pour titre : *Relatio Gestorum circà concilii tridentini in Belgico promulgationem et receptionem.*

toutes retranchées dans la suite de cette cause. Mais le moyen auquel on s'est réduit, n'est pas plus solide, lorsqu'il est proposé dans ses véritables circonstances.

C'est en cet endroit que l'on vous a dit, MESSIEURS, que personne ne pouvoit révoquer en doute la certitude de ce principe, tant de fois répété dans cette cause : Que le défaut de présence du propre curé est un empêchement qui suffit seul pour détruire le lien du mariage.

Quand on auroit pu autrefois douter en France de la vérité de cette maxime, on reconnoît qu'elle a toujours été incontestable dans les Pays-Bas, depuis que le concile de Trente y a été reçu d'une manière solennelle, sans aucune modification sur sa disposition à cet égard.

Mais, sans s'étendre sur des questions de droit inutiles, on soutient dans le fait, que Charles de Mansfeld, qui a célébré le mariage dont il s'agit, réunissoit en sa personne deux qualités différentes, dont une seule suffisoit pour assurer la validité du mariage.

Vicaire-général des armées du roi d'Espagne, et en cette qualité, pasteur ordinaire, propre curé de M. le duc de Guise.

Prêtre commis par le curé de Sainte-Gudule, pour la célébration de ce mariage, et dans cette qualité, regardé comme le propre curé de la dame comtesse de Bossu.

La première qualité est établie sur le bref de la délégation apostolique, tant de fois expliqué dans cette cause ; titre authentique, respecté dans les Pays-Bas, approuvé par les évêques, et confirmé par une longue possession.

Il suffit d'examiner ce titre, pour y découvrir le fondement solide du pouvoir de Charles de Mansfeld.

Qui peut douter, qu'il n'eût l'autorité d'assister à la célébration des mariages de ceux qui servent dans l'armée du roi d'Espagne, lorsque l'on voit

que l'administration des sacremens lui est confiée
en général? Cette commission, suivant les plus habiles
canonistes, renferme sans difficulté le pouvoir de
célébrer des mariages.

Mais le meilleur et le plus sûr de tous les in-
terprêtes, c'est-à-dire, l'usage et la possession ont
expliqué le titre en sa faveur.

Cet usage est prouvé;

Par les concordats passés entre l'archevêque de
Malines, comme vicaire délégué du saint Siége, et les
autres évêques des Pays-Bas;

Par le témoignage de Zypœus, official d'Anvers,
auteur également prévenu en faveur de la juridiction
ordinaire, et contre la juridiction déléguée du
commissaire apostolique;

Par un nombre infini d'actes de possession, et surtout par l'extrait de toutes les dispenses de bans que
le vicaire-général, établi en 1671 sur le modèle de
l'établissement qui avoit été fait en 1626, a accordées
à toutes sortes de personnes engagées dans les armées
du roi d'Espagne;

Par le certificat des curés de Bruxelles, témoins
d'autant plus dignes de foi, qu'ils déposent contr'eux-
mêmes, et que la seule force de la vérité les oblige à
parler contre leurs propres intérêts;

Enfin, par un témoin beaucoup plus illustre et
plus irréprochable; c'est M. l'archevêque de Malines,
qui joignoit à la qualité d'archevêque, celle de délégué
du saint Siége.

C'est lui qui, en l'année 1664, a donné une attes-
tation décisive dans cette cause. Il déclare, qu'après
avoir entendu le vicaire-général qui avoit assisté à
la célébration du mariage de M. le duc de Guise,
il tient cet engagement bon devant Dieu et devant
les hommes.

Quelle preuve, quel témoignage plus authentique,
quelle approbation plus honorable, de la qualité de
Charles de Mansfeld?

Mais si son pouvoir ne peut être révoqué en doute,
par rapport à la célébration des mariages en général,

il le doit être encore moins, par rapport à la célébration particulière du mariage dont il s'agit.

La juridiction du vicaire-général des armées, est une juridiction, et, si l'on peut parler ainsi, une espèce de paroisse personnelle, qui n'est bornée ni par la qualité des lieux, ni par la conjoncture des temps. Elle s'exerce dans les villes, comme dans les camps et dans les armées. Elle n'est point suspendue pendant l'hiver; et partout où elle trouve un sujet capable de la recevoir, elle s'y applique indifféremment. Elle ne reçoit qu'une seule exception à l'égard des officiers; elle cesse par rapport à eux, lorsqu'ils se retirent dans le lieu de leur domicile. Mais peut-on dire que M. de Guise eut un véritable domicile à Bruxelles? Il est donc toujours demeuré soumis à l'autorité du vicaire-général des armées.

C'est, en effet, ce que l'archevêque de Malines, parfaitement instruit de l'étendue et des bornes de la délégation apostolique, a bien reconnu, lorsqu'il a donné le certificat dont nous venons de parler.

Et pouvoit-il s'empêcher de le reconnoître, puisque lui-même, trois ans avant le mariage de M. le duc de Guise, avoit fait une ordonnance générale, par laquelle il défend à tous ses curés, sans distinction, de célébrer les mariages de ceux que l'usage du pays appelle les militaires, sans permission du vicaire-général. Il nous apprend donc par là, que sa juridiction s'étend partout, et que, dans tous les temps et dans tous les lieux, les curés sont obligés de la reconnoître.

Mais on va plus loin. On consent que l'on oublie tout ce que l'on vous a dit pour établir l'autorité du vicaire-général des armées du roi d'Espagne. On prétend que le mariage qui a été célébré par Charles de Mansfeld, ne seroit pas moins légitime, quand même il n'auroit eu pour titre, que le pouvoir qu'il avoit reçu du curé de Sainte-Gudule; pouvoir que l'on s'efforce inutilement de rendre suspect, en vous disant, qu'il ne contient aucune désignation expresse des personnes sur lesquelles il doit être exercé.

Où est la loi civile, où est la loi ecclésiastique, qui prescrivent la forme de ces sortes de permissions, et, surtout, qui ordonnent que l'on y marquera exactement le nom et la qualité des parties ?

L'usage n'autorise-t-il pas les permissions générales que les curés accordent à leurs vicaires ? Et souffririez vous, MESSIEURS, que l'on vînt attaquer en votre présence, un mariage célébré par un vicaire, sous prétexte que le curé ne lui a pas expliqué l'état et la condition des parties ?

Mais, enfin, peut-on dire que la personne de M. le duc de Guise et celle de la dame comtesse de Bossu, aient été inconnues au curé de Sainte-Gudule, lorsqu'il a donné à Charles de Mansfeld la permission d'assister à leur mariage ?

Qui pourra se persuader qu'il ait ignoré leurs noms, lorsque l'on voit qu'il prescrit à Charles de Mansfeld de les écrire au bas de la permission qu'il lui confioit ? Mais cette conjecture ne devient-elle pas une espèce de démonstration invincible, lorsqu'on se souvient que la permission, et que la célébration ont été faites dans le même jour, et presque dans le même moment ? Pourquoi auroit-on caché la qualité des parties au curé de Sainte-Gudule, en lui demandant sa permission, puisqu'il l'alloit apprendre par la célébration ?

Mais, enfin, ce curé a lui-même inscrit ce mariage dans les registres de sa paroisse. On a été obligé d'abandonner les argumens par lesquels on avoit voulu répandre ici quelque soupçon d'antidate et de fausseté. La seule explication de la forme des registres les dissipe tous ; et comment peut-on soutenir après cela, que le curé a signé en aveugle une permission inutile et abusive ? Si l'on avoit surpris sa simplicité, si l'on avoit abusé de sa confiance, auroit-il voulu confirmer, ratifier, approuver cet ouvrage de ténèbres, en lui donnant un caractère public, par l'inscription qu'il en a faite dans les registres ?

Il est même surprenant qu'on ose accuser aujourd'hui sa conduite, cinquante ans après que l'archevêque de Malines l'a justifiée publiquement. Il l'a entendu : il a su par sa bouche, aussi bien que par celle de M. le duc de Guise, la vérité de toutes les circonstances qui ont accompagné ce mariage ; et ce n'est qu'après un examen religieux, qu'il a déclaré la conduite du curé innocente, et le mariage bon devant Dieu et devant les hommes.

Que reste-t-il donc dans cette affaire, lorsqu'on a levé tous les voiles qui vous déroboient la connoissance des véritables faits qui la composent? Jamais engagement n'a été contracté avec tant de précaution. Une double qualité a été le fondement solide du pouvoir de Charles de Mansfeld. Celle de vicaire-général pouvoit suffire ; on y a joint celle de-prêtre commis par le curé de la dame comtesse de Bossu. La prévoyance et la circonspection des parties ont été portées si loin, que, bien loin d'avoir omis des formalités essentielles, elles ont pris même des précautions surabondantes.

Que reste-t-il encore une fois, pour assurer enfin l'état de la dame comtesse de Bossu, si ce n'est de repousser les derniers efforts que l'on fait pour l'attaquer, en refusant de reconnoître comme contrat civil, ce que l'église a certainement reconnu pour sacrement ?

Mais où en est-on réduit, lorsque l'on a recours à une si foible défense ?

Que l'on dise, si l'on veut, que l'engagement de M. le duc de Guise, condamné à mort, rebelle à son prince, ne pouvoit, dans son principe, produire aucuns effets civils.

Mais l'engagement de M. le duc de Guise revenu dans le royaume, fidèle à son roi, rétabli, par sa clémence, dans la possession de tous ses biens, est en même temps devenu un contrat capable de tous les effets civils.

Deux titres, également authentiques, parlent en sa faveur :

Le droit commun, et le privilége singulier que le roi lui a accordé.

Le droit commun ne permet pas que l'on puisse opposer une condamnation par contumace, à celui qui est venu lui-même s'offrir à la justice dans le terme fatal des cinq années.

Qu'on ne dise pas, que M. de Guise ne s'est pas représenté en personne. Le roi même l'en a dispensé.

Si la condamnation est détruite par le principe, comment pourra-t-on en faire subsister les effets ?

Mais la loi particulière concourt ici avec la loi générale, et le privilége ne sert qu'à confirmer le droit commun.

Qui pourra soutenir M. le duc de Guise incapable, lorsque le roi même l'a déclaré capable ?

Le roi le réputoit mort civilement, il l'avoit retranché du nombre de ses sujets; mais ce n'étoit qu'une fiction. L'auteur de la loi la dissipe ; et, effaçant de la vie de M. le duc de Guise, tout le temps qu'il n'avoit pas dévoué à son service, il veut qu'il ne reste plus aucune trace, aucun vestige, ni du crime, ni de la peine du crime ; et l'on peut dire qu'il a décidé, il y a cinquante-six ans, la question que l'on renouvelle aujourd'hui, lorsqu'il a rétabli M. le duc de Guise dans ses biens et dans ses dignités, pour en jouir comme auparavant les condamnations, et comme si rien n'étoit advenu.

Ainsi, tout est anéanti par la plénitude de la puissance et de la volonté du souverain. Il pardonne à M. de Guise toutes les erreurs, tous les égaremens de sa jeunesse : par là, il confirme tout ce qu'il a fait étant incapable ; il lui rend la capacité qu'il avoit perdue, il la rend à tous les actes qui sont sortis de ses mains, ou plutôt, il ne fait que lever l'obstacle qui suspendoit leur exécution.

Comment peut-on donc aujourd'hui faire revivre une loi de rigeur, qu'une loi de grâce a effacée ?

Dira-t-on que l'ordre public du royaume ne sauroit approuver les mariages des grands seigneurs, contractés sans la permission du roi ?

Mais où est la loi qui prononce la peine de la nullité ? On l'a alléguée plusieurs fois ; mais on ne l'a jamais pu montrer ; et, enfin, tous les nobles, assemblés à Saint-Germain en 1583, ont remontré au roi, que cette coutume, ou cette loi, étoit, ou inconnue dans le royaume, ou abolie par une longue désuétude.

Reprochera-t-on à la dame comtesse de Bossu, sa qualité d'étrangère ou celle d'ennemie ? Mais la première n'est point parmi nous un obstacle au mariage, et la seconde a été entièrement effacée par la paix.

On va encore plus loin. On soutient que le roi a prévenu ce temps, en faveur de la dame comtesse de Bossu. Dans un passeport signé de sa main, il l'a traitée comme duchesse de Guise ; il a approuvé son état, et par là, il a achevé de condamner par avance, ces vains efforts que l'on fait pour le troubler.

Ainsi, où se réduit la principale difficulté de cette cause ? Un mariage célébré il y a cinquante-huit ans, en fait la matière. Ce mariage est environné, et comme défendu, par une foule de fins de non-recevoir qui ne permettent pas qu'on ose l'attaquer, quand même les choses seroient encore entières. Il est aussi saint comme sacrement, que légitime comme contrat ; et il ne s'agit plus, en le confirmant, que de prononcer sur des demandes qui en sont des suites naturelles. Le douaire, le préciput, peuvent-ils être contestés dès le moment que la qualité de femme légitime sera assurée à la comtesse de Bossu ?

Les autres demandes ne peuvent souffrir aucune difficulté ; M. le duc de Guise et ses créanciers, ont touché plusieurs sommes qui appartenoient à la dame comtesse de Bossu ; la preuve en est constante, par des pièces publiques, ou par des pièces privées, mais collationnées, il y a cinq ans, par des officiers publics.

C'est ici, MESSIEURS, qu'il est indifférent pour la décision de cette partie de la cause, que M. le duc de Guise ait eu la qualité de mari de la dame comtesse de Bossu : qu'importe qu'il ait reçu sa dot comme mari légitime, ou comme en portant le nom, sans l'être véritablement? Il faut toujours que ses héritiers la restituent; et comme la discussion des titres de créance ne peut se faire à l'audience, on demande qu'il vous plaise de la renvoyer devant un de messieurs, qui fera en même-temps la liquidation des sommes qui sont dues à la partie de M.ᵉ Nouet.

Enfin, on a terminé toute cette cause par une requête, par laquelle on demande qu'une information faite en 1655 contre la dame comtesse de Bossu, information contraire à la vérité, contraire à l'ordonnance, véritable libelle diffamatoire, ouvrage du ressentiment et de la vengeance de M. le duc de Guise, soit déclarée nulle, et rejetée de de cette cause.

C'est ainsi que l'on soutient les trois chefs de demande sur lesquels vous avez à prononcer. L'on prétend qu'ils sont tous trois également bien fondés; et que la partie de M.ᵉ Nouet a lieu d'espérer, qu'en fixant enfin la destinée d'un mariage, douteuse et incertaine depuis près de soixante ans, vous rendrez à la dame comtesse de Bossu son état, ses biens, et ce qui doit être encore plus précieux à son héritier, son honneur et sa réputation.

Tels sont, MESSIEURS, tous les moyens qui vous ont été proposés de part et d'autre, moyens si spécieux et si apparens, qu'après vous les avoir expliqués, nous souhaiterions qu'il nous fût permis d'attendre demain en silence, avec le public, l'arrêt par lequel vous déciderez de leur solidité.

SECONDE AUDIENCE.

JUSQU'ICI nous n'avons envisagé que l'étendue, et,

si on ose le dire, l'immensité de cette cause. Simples
et fidèles historiens des circonstances du fait et des
moyens des parties, nous nous sommes acquittés du
premier et du plus facile de nos devoirs, qui nous
engage à être les organes de la vérité.

La justice attend de nous aujourd'hui, que nous
remplissions la seconde et la plus difficile partie de
nos obligations, et qu'après vous avoir expliqué la
cause des parties, nous commencions enfin à soutenir
la cause du public.

C'est donc en ce moment que nous sentons tout le
poids et toutes les difficultés de notre ministère. Une
multitude infinie de questions épineuses s'offrent en
foule à notre esprit, capables de le confondre par
leur nombre, de l'effrayer par leurs conséquences,
de le surprendre par leur nouveauté.

Ce que la religion a de plus sacré, ce que l'ordre
public a de plus important, ce que le droit des gens
a de plus difficile, est aujourd'hui soumis à votre
jugement.

La dignité d'un sacrement auguste, l'autorité émi-
nente du tribunal de la rote, la force des usages des
Pays-Bas, perpétuellement comparées dans cette
cause, et souvent opposées à nos mœurs; le pouvoir
du roi sur les mariages des grands seigneurs de son
royaume, la capacité ou l'incapacité des étrangers
et, des ennemis de l'état, l'interprétation des grâces
du prince, l'effet des lettres d'abolition, et presque
par-tout la loi même, aussi obscure que les faits
auxquels on veut l'appliquer : Voilà MESSIEURS, les
grands objets qu'une première vue nous montre de
loin dans cette affaire. Approchons-en par degrés,
et, si nous ne pouvons les embrasser dans toute leur
étendue, tâchons au moins de les envisager successivement, et distinguons d'abord les différentes faces
sous lesquelles nous pouvons les considérer.

Un mariage, si fécond en questions aussi illustres
que nouvelles, est le sujet commun de toutes les
parties de cette grande cause.

Mais tout mariage renferme en soi deux rapports

différens : l'un, à la religion qui le sanctifie, en l'é-
levant à la dignité de sacrement ; l'autre, à la loi qui
l'autorise, en lui imprimant le caractère de contrat.
Sans la religion, il est criminel ; sans la loi, il est inutile. Ouvrage commun de ces deux puissances, il doit
à l'une et à l'autre sa validité et sa perfection.

Ce sont ces deux vues qui ont fait, jusqu'à présent,
le partage de cette cause. On a d'abord envisagé le
mariage de M. le duc de Guise dans l'ordre de la
religion, et on vous l'a représenté, d'un côté, comme
un sacrement. On l'a considéré ensuite, dans l'ordre
de la société civile ; et l'on vous a dit, d'un côté, que
la loi doit être attentive à punir dans ce contrat, les
artifices d'une étrangère, et la révolte d'un Français ;
et de l'autre, au contraire, on a soutenu que la clémence du prince a effacé en même temps, et le crime
et la peine ; et que, par un effet de la plénitude de
sa puissance, il a rendu à M. le duc de Guise, ses
biens, son état, sa liberté, sa vie.

Ne craignons pas de marcher ici par une route
connue, et ne rougissons point de suivre l'ordre qui
nous a été tracé par ceux qui ont parlé avant nous.
Renfermons-nous¹ donc dans ces deux questions
générales : le mariage dont il s'agit peut-il être honoré du titre de sacrement ? Supposé qu'il mérite de
porter ce nom, peut-il produire en France des effets
civils ? C'est à ces deux points que nous devons nous
attacher uniquement.

Mais, avant que de nous engager dans ces questions
aussi vastes qu'importantes, deux grands obstacles
semblent nous arrêter dès l'entrée de cette cause, et
demandent d'abord toute notre attention.

Le premier est cette multitude de fins de non-recevoir, qui semblent mettre, et la sainteté du sacrement et la validité du contrat, à couvert de tous les
efforts que l'on fait pour les attaquer.

Le second est l'autorité d'un jugement solennel
qui paroît avoir décidé la question que l'on renouvelle aujourd'hui, et affermi l'état que l'on s'efforce
d'ébranler.

Attachons-nous donc, d'abord, à la discussion des fins de non-recevoir, mais commençons par en diminuer le nombre, en retranchant, de cet endroit de la cause, toutes celles que l'on tire de la possession publique dans laquelle on prétend que la dame comtesse de Bossu a vécu de son état, et des reconnoissances augustes qui semblent l'avoir confirmé.

Quelque importans que soient tous ces faits, ce n'est pas encore ici le lieu de les examiner. Ils sont trop étroitement liés à l'examen du mariage, considéré en lui-même, pour pouvoir en être détachés. Ce seroit vouloir diviser le principe et les conséquences, séparer la cause et les effets, partager les titres et la possession, et vous expliquer les suites d'un engagement avant que vous en avoir marqué l'origine et le progrès. Remettons donc la discussion de ces faits dans sa place naturelle, c'est-à-dire, dans le lieu où nous examinerons la validité du mariage, dans son commencement, dans ses suites, dans sa fin, et contentons-nous, à présent, de vous proposer nos réflexions sur les fins de non-recevoir, que nous pouvons appeler extérieures, parce qu'elles ne sont point tirées de ce qui compose le fond et la substance même de la contestation.

Nous en distinguons trois de ce caractère, qui peuvent toutes s'expliquer en très-peu de paroles.

La première est tirée de la qualité des parties.

La seconde, de la longueur du temps qui s'est écoulé depuis la célébration du mariage.

Et la dernière, de la mort de M. le duc de Guise et de la dame comtesse de Bossu, et de la prescription des cinq ans, prescription favorable, par laquelle les lois romaines ont voulu que toutes les questions d'état fussent terminées.

Commençons par examiner la première fin de non-recevoir, et demandons d'abord, en général, s'il est vrai comme on l'a soutenu, que la loi ne puisse presque jamais écouter les plaintes des héritiers collatéraux, lorsqu'ils entreprennent d'attaquer un mariage, contracté par celui qu'ils représentent; cherchons ensuite si cette jurisprudence peut être suivie dans l'espèce particulière de cette cause.

Si nous consultons les règles générales, nous y découvrirons trois ou quatre principes, tant de fois confirmés par l'autorité de vos arrêts, que c'est les avoir prouvés, que de les avoir simplement proposés.

Un mariage peut être attaqué, ou pendant la vie de celui qui l'a contracté, ou après sa mort.

Pendant sa vie, deux sortes de personnes ont seules le droit d'en faire prononcer la nullité; les unes, sont les parties mêmes entre lesquelles ce lien a été formé; les autres, sont les pères et les mères, les tuteurs et les curateurs. Ministres de la loi, dépositaires de son pouvoir, dans ce qui regarde la conduite des fils de famille et des mineurs, ils peuvent venger en même temps et l'offense publique et leur injure particulière.

Mais, comme les parens collatéraux ne sont point revêtus de cette espece de caractère public, qui est une image de la puissance du magistrat, ils ne peuvent jamais faire entendre leur voix dans le tribunal de la justice, jusqu'à ce que la mort de celui dont ils veulent contester le mariage, ait ouvert la bouche à leurs plaintes.

Ce n'est pas qu'ils acquièrent seulement, après sa mort, une autorité qu'ils n'ont point eue pendant sa vie; mais, comme l'intérêt des parties est la seule règle qui détermine la capacité qu'elles ont d'intenter une action, on juge qu'ils sont capables d'attaquer son mariage, parce qu'ils ont alors un intérêt sensible à le détruire.

Mais, comment doivent-ils user de ce droit, que vos arrêts ne leur ont jamais absolument refusé? C'est ce qui fait la matière du second principe, qui est comme une suite et une application du premier.

Deux sortes de nullités peuvent rendre le sort

d'un mariage douteux, ou plutôt deux sortes d'abus peuvent le faire déclarer non-valablement contracté et célébré.

Les uns, sont des nullités que le style barbare des docteurs scholastiques a appelé des nullités relatives; c'est-à-dire, des nullités qui ne sont établies qu'en faveur de certaines personnes. Ce sont des armes tellement propres, tellement attachées à leur caractère, qu'elles perdent toute leur force, et qu'elles deviennent absolument impuissantes, lorsqu'elles passent en d'autres mains que la loi n'honore pas de la même protection.

Mais il y a d'autres nullités, qui sont des armes communes à tout le monde. Comme les lois qui les prononcent, n'ont eu pour objet que l'utilité publique, tous ceux qui ont intérêt d'attaquer un mariage, ont également droit de les proposer. La justice les écoute plus favorablement dans la bouche des pères, mais elle ne les rejette pas lorsqu'elles sont expliquées par des collatéraux.

Votre audience a souvent retenti de leurs plaintes; chaque année en fournit plus d'un exemple éclatant. L'ancienne et la nouvelle jurisprudence sont parfaitement d'accord sur ce point; et, lorsque les collatéraux ont allégué des nullités générales, essentielles, absolues, comme, par exemple, le défaut de présence du propre curé, vous n'avez pas cru que la qualité de collatéraux pût faire passer pour légitime dans ses suites, ce qui avoit été nul et vicieux dans son principe.

C'est ainsi qu'en l'année 1642, vous déclarâtes le mariage du sieur comte de Laval non-valablement contracté, sur la plainte de M. le duc de la Trimouille, son frère et son heritier.

C'est ainsi que, l'année dernière, vous rendîtes un pareil jugement en faveur de parens collatéraux.

Avouons néanmoins, et c'est le troisième principe qui nous reste à vous expliquer, que lorsque vous voyez, d'un côté, un mariage suivi de la

naissance de plusieurs enfans, ratifié par une longue
cohabitation, confirmé par une possession tranquille,
publique, continuelle, dont la mort seule a interrompu le cours, sans que jamais le mari ou la femme,
leurs pères ou leurs mères, aient fait la moindre
démarche pour rompre les nœuds qui les unissoient,
et que, d'un autre côté, vous voyez des collatéraux
avides et intéressés, venir après la mort de l'un ou
de l'autre, troubler le repos de ses cendres, et
déshonorer sa mémoire, en attaquant un mariage
qui a éclaté pendant long-temps aux yeux de la
famille et du public, et qu'ils ont peut-être eux-
mêmes approuvé par leur conduite, vous rejetez
alors leurs plaintes avares avec une juste indignation;
et, par un de ces jugemens qu'une souveraine équité
dicte souvent dans ce tribunal, vous leur imposez
un perpétuel silence, en les déclarant non-recevables.

C'est par ces principes que l'on concilie parfaitement la contrariété apparente de vos arrêts sur
cette matière; la diversité des circonstances produit
seule la diversité des jugemens.

Vous admettez quelquefois les collatéraux, et par
là vous condamnez l'excès de ceux qui veulent étouffer
toujours la voix de leurs plaintes, en les déclarant
perpétuellement non-recevables.

Vous les excluez dans d'autres causes, afin de
réprimer l'aveugle témérité de ceux qui voudroient
rendre ces sortes d'actions trop fréquentes, et vous
nous prouvez, par là, que la seule règle que l'on
puisse suivre dans ces questions est de s'attacher
aux faits de chaque cause, à la grande vue de l'intérêt public, et de ne point établir de règle générale et sans exception (1).

Attachons-nous donc aux circonstances de cette
affaire. Qu'y trouverons-nous d'abord, et quelles

_____

(1) Voyez, sur cette question, ce qui est dit au trente-
troisième plaidoyer, tome III, page 10 et suivantes.

sont les parties que l'on prétend faire déclarer non-recevables ?

Sont-ce des parens collatéraux, qui veulent troubler l'union d'un mariage subsistant ? Mais il y a plus de trente-cinq ans que la mort l'a séparé ? Sont-ce des parens, qui ne proposent que des nullités relatives établies par les lois en faveur des pères, et dont toute la force soit renfermée dans leur personne ? Il est vrai qu'ils proposent quelques moyens de ce caractère ; mais ils en ajoutent d'autres, qui sont communs à toutes sortes de personnes : le défaut de présence du propre curé, l'incapacité des contractans, la clandestinité de leur engagement. Enfin, sont-ce des héritiers qui viennent attaquer une union dont les parties, qui l'ont contractée ont toujours reconnu, respecté, conservé la dignité ? Mais, au contraire, ne sont-ce pas des héritiers, qui ne font que reprendre une action déjà intentée, soutenue, poursuivie par celui qu'ils représentent ? Bien loin d'être mort dans la paisible possession de son état, M. de Guise n'a cherché lui-même qu'à la troubler. A peine dix-huit mois de cohabitation et deux ans de silence ont ratifié ses premiers engagemens. Le reste de sa vie a été une longue réclamation. Vingt années entières se sont écoulées, pendant lesquelles il n'a rien dit, il n'a rien écrit, il n'a rien fait, par rapport à son mariage, qui ne marque une volonté ferme de l'anéantir. Ce n'est donc pas ici le cas où l'on peut opposer aux héritiers collatéraux, qu'ils attaquent le jugement de celui qu'ils représentent.

Faut-il ajouter, à tout cela, que c'est à la partie de M.ᵉ Nouet à s'imputer l'appel comme d'abus, que les parties de M.ᵉ Robert interjettent de la célébration du mariage de M. le duc de Guise ?

Tranquilles possesseurs des biens de M. le duc de Guise, ils n'ont formé aucune contestation touchant l'état de la dame comtesse de Bossu. Son héritier vient les attaquer aujourd'hui. Il intente contr'eux une action contre laquelle ils n'ont aucune autre défense à opposer, que l'appel comme d'abus de la célébration du mariage? Seroit-il juste qu'il eût la liberté de les attaquer, et qu'ils n'eussent pas celle de se défendre?

Passons à la seconde fin de non-recevoir, qui mérite encore moins d'examen. C'est celle que l'on tire de la longueur du temps qui s'est écoulé depuis la célébration du mariage, que l'on attaque par la voie d'appel comme d'abus.

Quel mariage pourra être en sûreté, vous a-t-on dit, si l'espace de cinquante-huit ans ne suffit pas pour en fixer l'état et la destinée?

Mais, sans nous étendre en de longues dissertations, sans emprunter, en cet endroit, l'autorité de ces grandes maximes, tant de fois répétées dans votre audience, que l'abus ne se couvre point, que l'on ne peut prescrire contre la pureté de la discipline des mariages, que la nullité du titre réclame perpétuellement contre ceux qui veulent s'en servir, et qu'elle pousse toujours une voix éclatante, qui excite dans tous les temps la juste sévérité de la justice; disons seulement que l'on oublie encore, dans cette fin de non-recevoir, que l'appel comme d'abus de la célébration, n'est pas tant une demande formée par les héritiers de M. le duc de Guise, qu'une défense qu'ils opposent à la prétention de l'héritier de la dame comtesse de Bossu, et qu'ainsi cet appel ne doit jamais paroître trop lent, dès le moment que l'on convient qu'il a été aussi prompt que la demande à laquelle on l'a opposé. S'il falloit même imposer le silence à l'une ou à l'autre des parties, quel seroit ici le coupable de retardement et de négligence, ou de la dame comtesse de Bossu, que tant d'intérêts devoient exciter à parler, à agir, à poursuivre, ou de la maison de Guise, qui pouvoit se contenter de jouir en repos du silence et de l'oubli de son ennemie?

Retranchons donc ces vaines accusations de silence et d'inaction. La cause est portée toute entière devant vous, et le temps n'a rien décidé, dans une question qui devoit être uniquement réservée aux lumières de votre justice.

Retranchons, en même temps, la dernière fin de non-recevoir, que l'on emprunte de cette loi équitable du droit romain, qui consacroit l'état des morts, si l'on peut parler ainsi, et qui le rendoit fixe et immuable après l'espace de cinq années.

N'examinons point ici si cette espèce de prescription est reçue et adoptée dans nos mœurs. Peut-être auroit-on de la peine à trouver des arrêts, dans vos registres, qui l'eussent autorisée. Mais, quand même vous la regarderiez comme un exemple digne d'être imité, nous croirions pouvoir dire que cet exemple ne conviendroit pas à l'espèce de cette cause.

Deux conditions essentielles étoient requises par le droit romain, pour pouvoir profiter de cette favorable prescription :

La première, que celui dont on vouloit défendre l'état contre une recherche odieuse, après le laps de cinq années, fût mort dans une possession certaine et publique de sa condition. Tel qu'il avoit paru au moment de sa mort, tel la loi le réputoit toujours, lorsque le temps fatal de cinq années avoit mis le dernier sceau à sa destinée. *Si .... ut civis romanus usque in diem mortis vixit. Si quasi ingenuâ communi opinione vixit.... pro ingenuâ in die mortis egerit.* Ce sont les termes des lois 1, 4, 6. Cod. *Ne de statu defunctor. post. quinquenn. quæratur.*

Ce n'est pas tout. En vain cet état auroit-il été public, s'il avoit été contesté. La loi ne regarde favorablement que les possesseurs pacifiques. Le moindre trouble, la moindre interruption, sont suivis de la perte d'une grâce, qui n'est accordée qu'à la bonne foi de celui qui est mort en possession de son état.

Si quamdiù vixit, sine interpellatione ut civis Romana egit. Si.... velut ingenuus vixit, nec status controversiam passus est. L. 2. L. 7. Cod. eod. Telles sont les conditions sous lesquelles la loi protége l'état des morts ; conditions qui manquent toutes deux également dans l'espèce de cette cause. L'état de la

dame comtesse de Bossu n'a jamais été un état public, reconnu, approuvé dans ce royaume. Et, peut-
on alléguer, en sa faveur, une possession que la
différence des royaumes peut faire regarder comme
clandestine, ou du moins comme absolument inutile? Ne pourroit-on pas, au contraire, lui appliquer
ces termes d'une loi, qui conviennent si parfaitement
à son état : *Nec enim senatusconsultum intervenit,
si defunctus in fugam conversus atque latitans decessit ?* L. 8. *Cod, eod.*

La dame comtesse de Bossu a toujours fui la lumière de ce tribunal, et l'éclat du rang que sa qualité de veuve d'un duc de Guise auroit dû lui donner
en France. Elle a vécu, dans les Pays-Bas, pendant
plus de quatre années de paix entre les deux couronnes, obscure, inconnue, et presque ignorée des
héritiers de M. le duc de Guise. *In fugam conversa
et latitans decessit.*

Mais, enfin, cet état, ou public ou caché, n'a
point été paisible. C'est en vain que l'on veut se
servir ici de l'autorité de Papinien, qui décide que
la prescription des cinq ans peut revivre en faveur
de celui dont l'état a été contesté, lorsque la contestation est éteinte, et comme assoupie, par un long
silence. Il faudroit que ce long silence eût précédé
la mort de la dame comtesse de Bossu. Mais, comment feindre un moment de silence, dans un temps
où son héritier ne se défend de la prescription,
que par les guerres continuelles qui l'ont empêché
d'agir ?

Cette troisième fin de non-recevoir n'est donc pas
mieux établie que les autres. Le premier obstacle
qui nous empêchoit d'entrer dans le fond de la contestation est donc entièrement levé. Voyons si le
second ne sera pas plus insurmontable. Nous voulons
parler de la sentence de la rote, par laquelle on
prétend que la question que l'on agite devant vous
aujourd'hui a été non-seulement préjugée, mais décidée irrévocablement.

L'appel comme d'abus, que l'on interjette de ce

jugement renferme deux questions également considérables :

La première, consiste à savoir si cet appel est recevable dans la forme.

La seconde, se réduit à examiner si les moyens en sont solides et légitimes dans le fond.

Sur la première question, il semble que, sans s'expliquer trop ouvertement, on ait voulu vous insinuer que cet appel étoit, en même temps, et suspect., parce qu'il est nouveau, et téméraire, parce qu'il attaque l'ouvrage d'un tribunal souvrain.

Reconnoissons d'abord qu'il est très-rare, disons même qu'il est presque inoui, que l'on ait porté devant vous l'appel comme d'abus d'un jugement de la rote. Mais disons, en même temps, que ces sortes d'appellations ne sont pas néanmoins absolument nouvelles dans votre tribunal.

Nous en trouvons un exemple, dès l'année 1542, dans le savant et précieux recueil des libertés de l'église gallicane.

Nous y apprenons que Nicole le Pars, pourvu d'une cure dans le diocèse de Verdun, vous porta ses plaintes des efforts que l'on faisoit pour l'obliger de plaider en cour de Rome sur le titre de son bénéfice.

Il vous représenta qu'on l'avoit fait citer par-devant un auditeur de rote, et qu'on avoit obtenu, dans ce tribunal, une sentence contenant plusieurs clauses abusives. La cour ne fit aucune difficulté de le recevoir appelant de l'exécution de cette sentence, et de toutes les procédures qui avoient été faites contre lui : des incidens, encore plus importans que le principal même, rendirent cette affaire célèbre. On surprit, à Rome, un interdit, pour contraindre Nicole le Pars de déférer aux jugemens de la rote. Il fut déclaré abusif par un arrêt solennel. Il seroit superflu de vous expliquer le détail des dispositions de cet arrêt. Nous n'avons aujourd'hui qu'à en tirer une seule conséquence, et vous la tirez, MESSIEURS, avant nous.

Cet arrêt prouve manifestement que vous n'avez pas cru que la voie de l'appel comme d'abus fût interdite à l'égard des sentences de la rote.

Il est vrai que cet exemple est singulier ; mais, en faut-il chercher d'autres raisons, que la singularité du mal auquel ce remède est appliqué ? Pourquoi ne trouvons-nous presque point d'exemples d'appels comme d'abus, reçus et autorisés en France, contre les jugemens émanés du tribunal de la rote ? C'est parce qu'il est presque inoui, qu'un Français ait procédé dans cette juridiction. La pragmatique, le concordat, un usage plus ancien que l'une ou l'autre de ces lois, l'autorité perpétuelle de vos arrêts, tout s'oppose à une telle procédure. A peine trouve-t-on, dans ce siècle, une seule infraction d'une loi si favorable. Il ne faut pas s'étonner, après cela, si l'on ne trouve aussi qu'un arrêt qui ait réprimé une entreprise si rare. Le remède est presque ignoré, parce que le mal est presque inconnu. Mais, comme le mal n'est pas moins dangereux, parce qu'il est nouveau, aussi le remède n'est pas moins légitime, parce que depuis long-temps on n'a point éprouvé la malheureuse nécessité de s'en servir. Disons donc ce que disoit autrefois l'empereur Marc-Antonin, dans une semblable conjoncture : *Nova res novum Juris remedium desiderat.* Qu'il soit permis d'opposer à une entreprise nouvelle, un nouvel appel comme d'abus. Mais, si cet appel n'est pas indigne d'être écouté, parce qu'il est nouveau, sera-t-il moins recevable, parce qu'il est interjeté d'une sentence rendue par un tribunal auquel on donne le nom de souverain. C'est ce qu'il faut encore examiner très-sommairement.

Ce seroit d'abord une grande question de savoir si l'auditoire de la rote peut mériter en général, et sans aucune distinction, le titre de tribunal souverain. Si le temps nous permettoit d'entrer dans des dissertations plus curieuses qu'utiles, nous vous ferions voir, Messieurs, que, par sa nature, tout premier jugement d'un auditeur de rote est sujet à être réformé. Que, dans leur première origine, les auditeurs n'étoient pas même de véritables juges ; qu'ils recevoient les plaintes, qu'ils écoutoient les prières et les supplications de ceux qui avoient recours à l'autorité du saint Siège, faisant, auprès du pape, à peu près la même fonction que les maîtres des requêtes faisoient autrefois auprès du roi. Que, bien loin de rien prononcer par eux-mêmes, ils se contentoient de recevoir la décision du pape, et de l'annoncer aux parties. Que, depuis que Jean XXII en eut fait une espèce de tribunal ordinaire, quoique toujours délégué, ils ont commencé à faire véritablement la fonction de juges, mais que l'on a commencé aussi, en même temps, à demander la réformation de leurs jugemens.

C'est ce que nous apprenons de Guillaume Durand, dans son livre intitulé : *Speculum Juris*. C'est ce qui est confirmé par Gomez, sur les règles de chancellerie, et par Westrius, dans le traité singulier qu'il a fait des jugemens Romains. Enfin, c'est ce que nous apprend un auteur beaucoup plus illustre, dont toutes les paroles doivent être des oracles pour nous ; nous voulons parler de feu M. Bignon, dans le traité qu'il a donné au public, *de l'état de Rome.*

C'est dans cet ouvrage que ce grand homme nous explique une partie de la procédure de la rote. C'est là qu'il marque que, pour rendre une décision irrévocable dans ce tribunal, il faut qu'elle ait passé par trois degrés différens, dont le dernier est regardé comme le jugement définitif. C'est à cette condition que la rote peut porter, en Italie, le titre de tribunal souverain.

Enfin, nous vous observerions que, sans sortir des bornes de cette cause, il suffit de jeter les yeux sur la sentence de la rote, dont il s'agit aujourd'hui, pour être convaincu que les juges de ce tribunal ne sont pas toujours regardés comme juges souverains. Nous y apprenons qu'il a fallu insérer une clause précise dans la commission de l'auditeur que le pape a établi juge du mariage de M. le duc de Guise, pour interdire aux parties la liberté d'appeler du jugement qui seroit prononcé. Donc, pourrions-nous conclure, avec beaucoup de raison, que le droit de se plaindre des sentences d'un auditeur de rote est regardé, à Rome, comme le droit commun; et il resteroit, après cela, à examiner si la clause qui déroge à ce droit commun n'est point une clause abusive et contraire à nos libertés.

Mais, pourquoi nous étendrions-nous ici sur une question qui nous paroît absolument superflue ?

Accordons, ce qui pourroit être très-légitimement contesté, que l'auditeur de rote a pu exercer, dans cette cause, cette espèce de juridiction suprême qu'on lui attribue ; s'ensuivroit-il, pour cela, que l'on n'eût plus la liberté d'interjeter appel comme d'abus de sa décision ?

Son pouvoir ne seroit-il pas semblable, en ce cas, à celui des commissaires délégués par le saint Siége dans le royaume, pour y prononcer sur l'appel de deux sentences conformes ? Si ces commissaires rendent un troisième jugement conforme à ceux qui l'ont précédé, qui doutera, en ce cas, qu'ils n'aient exercé un pouvoir que l'on peut appeler souverain, puisque leur jugement ne peut plus être réformé par la voie de l'appel simple ?

Qui pourra cependant être assez peu instruit de nos maximes, pour soutenir que l'appel comme d'abus des premières et de la dernière sentence ne sera plus recevable ? Nos plus savans auteurs ne s'éleveroient-ils pas contre une semblable proposition, et ne lui apprendroient-ils pas que, si l'on ne peut plus faire réformer la dernière sentence par la voie de l'appel simple, on peut toujours l'attaquer par la voie de l'abus, si elle renferme une entreprise manifeste sur la juridiction séculière ?

Enfin, comment pourroit-on soutenir que l'appel comme d'abus des jugemens de la rote, ne soit pas recevable dans un tribunal qui, chargé, plus que tous les autres, du précieux dépôt des libertés de l'église gallicane, a tant de fois signalé son zèle et sa vigilance, toujours attentive à conserver la pureté de la discipline, en recevant les appellations comme d'abus, interjetées ou par les parties ou par nous-mêmes, de l'exécution et même de l'obtention des rescrits et des bulles de cour de Rome, sans croire manquer, pour cela, au profond respect et à la parfaite vénération qu'il a toujours eue pour la dignité, la primauté et l'autorité légitime du saint Siége ?

Et, en effet, l'appel comme d'abus, bien différent en cela de l'appel simple, ne suppose dans le juge qui le reçoit, aucune supériorité sur le juge dont on attaque la juridiction.

Il a succédé à l'ancienne voie du recours qui est encore usitée dans quelques royaumes, et qui l'a été pendant long-temps en France, jusqu'à ce que les appellations comme d'abus, devenues plus fréquentes vers la fin du quinzième siècle, aient fait oublier nos premiers usages, ou plutôt les aient perfectionnés, en conservant, sous un autre nom, la faculté de recourir aux dépositaires de l'autorité du souverain.

Qu'étoit-ce donc autrefois, que la voie du recours, et qu'est-ce, aujourd'hui, que l'appel comme d'abus, si ce n'est une prière respectueuse par laquelle on implore le secours de la juridiction séculière pour se mettre à couvert des entreprises de la juridiction ecclésiastique ? Ce n'est point précisément un acte de supériorité ; c'est un acte de défense et de protection, qui tend, non pas à élever l'empire au-dessus du sacerdoce, mais à empêcher que le sacerdoce n'usurpe les fonctions de l'empire, ou plutôt qui n'a pour but que de conserver les limites qui séparent les deux suprêmes puissances, et d'entretenir entre elles cette concorde et cette union qui leur sont également salutaires.

Il est donc inutile d'examiner ici la qualité du tribunal, dont on accuse le jugement d'abus et d'incompétence. Cette question, qui pourroit être importante, s'il s'agissoit d'un appel simple, est absolument étrangère dans un appel comme d'abus.

Telles sont, MESSIEURS, toutes les observations que la nouveauté de la demande nous a obligé de faire sur cette partie de la cause, plutôt pour la décharge de notre ministère, que pour la nécessité de la décision ; car on s'est défendu si foiblement sur ce point, que nous aurions pu même nous dispenser de le traiter, si, dans une question qui est toute de droit public, nous n'avions cru qu'il ne suffisoit pas d'avoir dissipé les doutes qu'on a formés, qu'il falloit encore éclaircir ceux que l'on auroit pu former, et qu'enfin, dans une matière si délicate, nous devions entendre non-seulement les paroles, mais même le silence respectueux des parties.

L'appel comme d'abus de la sentence de la rote nous paroît donc recevable dans la forme. Mais, est-il légitime dans le fond ? C'est, MESSIEURS, ce que nous osons dire, qui ne nous paroît pas difficile à décider.

En effet, si nous considérons toute la procédure que l'on a faite à la rote, si nous l'envisageons d'une seule vue générale, nous y découvrons d'abord deux nullités essentielles, que les couleurs les plus ingénieuses ne sauroient effacer.

Incompétence certaine dans le tribunal.

Procédure continuée devant un juge d'église, au préjudice des défenses prononcées par vos arrêts.

L'incompétence peut être envisagée dans deux temps différens ; pendant la vie de M. le duc de Guise, et après sa mort.

Pendant sa vie, on ne peut douter que la cause ne fût naturellement soumise à la juridiction ecclésiastique. Il s'agissoit du lien et de l'engagement de mariage ; et, lorsque ce nœud, ou véritable ou apparent, est attaqué directement par la voie de la demande en nullité, la matière, mixte en elle-même par les rapports qu'elle a nécessairement avec la religion et l'état, est regardée comme intéressant le spirituel, et portée, suivant nos mœurs, au tribunal du juge d'église.

Mais ce tribunal pouvoit-il être celui de la rote ? C'est ce qui résistoit, non-seulement à nos libertés (il est inutile de s'arrêter à prouver ici une vérité, que nous pouvons justement appeler un premier principe); mais ce que nous sommes indispensablement obligés de remarquer, c'est ce qui ne résistoit pas moins aux usages des Pays-Bas (1); usages reconnus par toutes les parties; usages approuvés par les papes mêmes; usages, enfin, si constans, que la dame comtesse de Bossu a long-temps réclamé contre la citation que M. le duc de Guise lui avoit fait faire de procéder à la rote, et que les officiers du roi d'Espagne se sont joints à elle pour soutenir et pour appuyer la justice de ses prétentions.

Ne nous étendons point ici sur les preuves que l'ancienne et la nouvelle discipline de l'église pourroient nous fournir de cette espèce de droit des gens, observé dans les royaumes les plus catholiques, qui ne permet pas que l'on oblige les sujets du prince à aller chercher à Rome, et surtout en première instance, des juges que sa protection doit leur faire trouver dans ses états.

Ce principe est également reconnu par l'une et par l'autre parties.

Mais, avouons, en cet endroit, que le défenseur de l'héritier de la dame comtesse de Bossu a eu

---

(1) Stokman, très-bon jurisconsulte, attaché au roi d'Espagne, a fait un Traité fort précis sur cette matière, intitulé : *Defensio Belgarum contrà evocationes et peregrina judicia*. On le trouve dans le Recueil de ses Œuvres. Il a été imprimé séparément, chez Sébastien Créel, en 1665. On voit, dans ce Traité et dans un autre du même auteur, intitulé : *Jus Belgarum circa bullarum pontificarum receptionem*, qui se trouve aussi dans le Recueil de ses Œuvres, et qui a été imprimé séparément par Créel, en 1645, que la Flandre a suivi, de tout temps, les maximes de la France, dont elle faisoit partie, et que les princes de la maison d'Autriche avoient toujours été attentifs à les maintenir dans cette province et dans tous les Pays-Bas, depuis qu'ils en étoient en possession.

raison de vous dire que l'application de ce principe pourroit être ici justement contestée, au moins pendant que M. le duc de Guise a vécu.

Quelle étoit, à Rome, sa qualité? Il y agissoit comme demandeur, pour faire déclarer son mariage nul; et, dans cette qualité, n'étoit-il pas obligé de suivre la loi du domicile de la dame comtesse de Bossu, qui étoit la défenderesse?

Ce n'est donc point ici le cas de faire valoir les priviléges des Français, ou plutôt le droit commun, que la France a toujours été plus attentive à conserver, que toutes les autres nations.

La France n'a point intérêt à empêcher que, dans une matière purement personnelle, ses sujets ne traduisent à Rome les sujets d'un autre prince.

C'étoit aux Pays-Bas à se plaindre, à reclamer la force de leurs priviléges et l'autorité du droit commun.

Mais, dès le moment qu'ils ne l'ont point fait, ou que, l'ayant fait, ils s'en sont désistés par un long silence, ou plutôt par une approbation expresse de la procédure de la rote, nous osons dire que, si la cause étoit reduite à cet unique moyen d'abus, elle ne paroîtroit pas soutenable. Nos libertés n'y seroient point intéressées, puisqu'il seroit indifférent à la France que M. le duc de Guise procédât, ou devant l'official de Bruxelles, juge naturel du différend, ou devant l'auditeur de rote, juge extraordinaire, approuvé par toutes les parties.

Ne relevons donc point tout ce qui s'est passé dans ce premier temps, et n'agitons point une cause qui étoit plutôt celle de la dame comtesse de Bossu et des Pays-Bas, que celle de M. le duc de Guise et de la France.

Mais, si la procédure a pu devenir juste et légitime, pendant la vie de M. le duc de Guise, comment a-t-elle pu cesser de l'être après sa mort? Ses héritiers ne succèdent-ils pas à ses droits, et ne sont-ils pas comme liés et engagés par les démarches de celui qu'ils représentent? C'est ce que nous avons à examiner dans le second temps que nous avons distingué d'abord, par rapport à la procédure de la rote.

Arrêtons-nous ici à une seule distinction.

Si la cause est demeurée la même, après la mort de M. le duc de Guise, qu'elle étoit pendant sa vie, il est évident que le tribunal a dû encore être le même entre les héritiers de la dame comtesse de Bossu.

Si, au contraire, la face de l'affaire a été entièrement changée; si de spirituelle ou mixte qu'elle étoit, elle est devenue toute profane, comment la même juridiction auroit-elle pu être encore compétente?

Nous n'avons donc qu'un seul point à examiner, qui consiste à savoir s'il est vrai que la question du mariage de M. le duc de Guise ait pu encore, après sa mort, être regardée comme une affaire purement spirituelle; et c'est, MESSIEURS, ce qu'il est aisé d'éclaircir, et par les premières notions des causes de mariage, et par les exemples sans nombre de ce qui se passe tous les jours dans ces sortes de questions.

Le mariage, nous l'avons déjà dit, peut être considéré, ou comme un lien indissoluble, honoré par l'église de la dignité de sacrement, ou comme un acte de la société civile, auquel la loi attache certains effets.

Lorsqu'il s'agit de ce lien même que l'église a consacré, c'est à elle qu'il appartient d'en connoître entre ceux qu'elle a unis par la bénédiction donnée par ses ministres. C'est à elle à considérer si leur union est sainte ou sacrilége, et à leur apprendre s'ils sont libres ou s'ils sont engagés : c'est à quoi se termine son pouvoir, et c'étoit ce que la rote avoit à prononcer entre M. le duc de Guise et la dame comtesse de Bossu.

Mais, lorsqu'il ne s'agit plus du sacrement, qu'il n'y a d'autre objet que le contrat civil, qu'il est question de décider des suites, des effets de ce contrat dans l'ordre de la société, d'examiner si les conventions en sont légitimes, si ceux qui les ont faites étoient capables de s'engager, par rapport aux règles de la police extérieure; en un mot, lorsqu'il est question, non de leur état intérieur et spirituel, si l'on peut s'exprimer ainsi, mais de leur état extérieur et politique, alors la puissance de l'église cesse absolument; elle rend à César ce qui appartient à César, et elle n'entreprend point de connoître de ce qui est essentiellement soumis à la puissance temporelle.

Or, telle étoit la nature de la contestation qui devoit être jugée entre les héritiers de M. le duc de Guise et la comtesse de Bossu.

Jamais question n'a plus porté les marques et les caractères d'une cause purement temporelle.

Temporelle dans son principe, puisqu'elle a pour fondement, non le sacrement, qui seul ne suffiroit pas pour former un état politique, mais uniquement le contrat et l'obligation extérieure.

Temporelle dans les personnes entre lesquelles elle doit être agitée. Le lien du sacrement n'a jamais uni les héritiers de M. le duc de Guise à la dame comtesse de Bossu. Ce lien a été rompu par la mort; l'obligation spirituelle est absolument détruite. Il ne reste donc plus, dans cette cause, que des laïcs qui ne sont pas naturellement soumis à la juridiction contentieuse de l'église, et des laïcs qui n'ont plus d'autre sujet de contestation qu'une obligation civile, séculière, telle que toutes celles qui font tous les jours la matière de vos jugemens.

Temporelle dans ses effets. Il n'y en a plus aucun qui regarde l'église et la religion; tous, au contraire, appartiennent uniquement à l'état et à la loi. Qualité de veuve, douaire, préciput, restitution de la dot, remploi des propres aliénés, indemnités des dettes. Qu'y a-t-il, en tout cela, qui puisse avoir le moindre rapport avec la juridiction ecclésiastique?

Mais, dit-on, il est vrai qu'il ne s'agissoit plus de savoir s'il y avoit un lien, un engagement, une obligation spirituelle subsistante entre M. le duc de Guise et la dame comtesse de Bossu; mais il s'agissoit au moins de décider s'il y en avoit eu; et sur le fondement de cette distinction, on demande si celui qui est juge d'un acte présent ne peut pas être juge d'un acte passé. Qu'importe, dit-on, qu'il soit question d'un lien qui existe, ou d'un lien que la mort a rompu ? Ne doit-on pas toujours décider par les mêmes règles, de sa validité ?

Nous croyons, MESSIEURS, qu'il est facile de dissiper la force apparente de cette objection.

Ce qui détermine la nature des actions, et par une suite nécessaire, ce qui distingue l'ordre des juridictions, n'est pas la raison ni le motif de décider; c'est la qualité et l'intérêt de la partie qui agit, l'objet direct et principal de son action. Souvent la même règle, la même maxime de droit et d'équité serviront à décider deux questions, l'une spirituelle, et l'autre purement temporelle. S'ensuivra-t-il, pour cela, qu'elles puissent être toutes deux décidées, indifféremment, par l'une et par l'autre juridiction ? Combien de principes sont communs aux juges laïcs et aux juges d'église ? Doit-on en conclure que les matières auxquelles ces principes s'appliquent, leur soient communes ? Non, MESSIEURS, encore une fois, ce qui détermine la diversité des actions, c'est la compétence des tribunaux; c'est l'objet auquel l'action se rapporte; c'est l'effet que l'on veut en tirer; c'est le fruit que l'on prétend en recueillir.

Quand l'objet auquel on aspire est purement spirituel, l'action est purement spirituelle; mais aussi l'action est toute profane, quand son objet est tout séculier.

Ce principe supposé, qu'est-ce donc qui distingue ces deux questions; l'une, dans laquelle il s'agit de savoir s'il y a un engagement véritable entre deux personnes encore vivantes; l'autre, dans laquelle il faut décider s'il y a eu un engagement entre deux personnes, dont il y en a une de décédée ?

C'est que, dans la première, l'objet de cette question est l'obligation spirituelle et intérieure, à laquelle on peut assujétir ceux dont le mariage est porté devant un tribunal ecclésiastique, au lieu que, dans la seconde, l'unique fin, l'unique but de l'action, est un avantage, une qualité, un état purement temporel et profane.

Donc, puisque la compétence du juge se détermine par l'objet de l'action, la première de ces questions sera justement déférée au tribunal de l'église ; mais la seconde ne pourra jamais être portée ailleurs que dans la juridiction royale et séculière.

Et, sans cela, MESSIEURS, quelles seroient les suites de la distinction nouvelle que l'on vous a proposée? De quoi ne connoîtroient point les juges d'église, s'il suffisoit de dire, pour soutenir leur juridiction, qu'il s'agit de savoir, non pas s'il y a actuellement, mais s'il y a eu autrefois, un mariage entre deux personnes ?

Ne seroient-ils pas en droit de prononcer sur l'état des enfans, sur la qualité de fils légitime et de bâtard, sur la parenté, sur le droit même de succéder, puisque toutes ces questions dépendent souvent de savoir s'il y a eu un mariage, ou s'il n'y en a point eu ?

La bigamie seroit toujours de leur compétence, puisque, pour juger si le second mariage est un crime, il faut commencer par examiner si le premier a subsisté.

Toutes ces conséquences, et une infinité d'autres semblables, ne suffisent-elles pas par elles-mêmes, pour rejeter la dangereuse distinction que l'on a imaginée dans cette cause?

Faut-il recourir aux exemples de ce qui se pratique tous les jours, pour achever de la réfuter ?

Qui a jamais prétendu que, lorsqu'une des parties meurt pendant le cours d'un procès, pendant en l'officialité, sur une promesse de mariage, on fasse assigner les héritiers pour reprendre le procès ?

Qui a jamais prétendu que, lorsqu'un ecclésiastique est poursuivi devant un juge d'église, pour une demande purement personnelle, on puisse, après sa mort, la faire juger, avec des héritiers laïcs, dans le tribunal de l'officialité ?

Cependant on pourroit toujours dire, dans ces espèces comme dans celle de cette cause, qu'à la vérité, il ne s'agit plus de savoir s'il y a une promesse ou une obligation capable de donner une action contre un ecclésiastique, mais qu'il s'agit d'examiner s'il y en a eu.

Si l'on n'a jamais soutenu de semblables prétentions, c'est parce que l'on sait que rien ne peut ébranler ce grand principe, que la compétence des juges se détermine par l'objet de la contestation, et que toutes les fois que l'objet change, l'ordre des juridictions est obligé de changer avec lui.

En vain, pour appuyer la distinction que nous avons tâché de détruire, l'on cite le préjugé d'un arrêt sans date, sans aucun auteur qui en atteste la vérité, inséré témérairement dans un recueil d'arrêts dont on ignore le compilateur. On a jugé, dit-on, par cet arrêt, que les héritiers qui attaquoient l'état d'une veuve, confirmé par le juge d'église pendant la vie de son mari, étoient obligés de relever, par-devant le métropolitain, l'appel qu'ils avoient interjeté du premier jugement.

Mais, quand même cet arrêt seroit véritable, son espèce est si différente de celle que nous examinons, qu'on peut dire que son application est ici absolument étrangère.

Il s'agissoit alors d'une affaire consommée par un jugement définitif; et, dès le moment que les héritiers du mari ne vouloient point en interjeter appel comme d'abus, il est certain que l'appel simple n'en pouvoit être relevé que par-devant le juge supérieur dans l'ordre ecclésiastique.

Mais, ici, tout étoit entier. Quelques instructions, à la vérité, avoient précédé la mort de M. le duc de Guise; mais l'auditeur de la rote n'avoit encore rien prononcé. C'est donc avant le jugement, que la question spirituelle a dégénéré dans une question purement temporelle. C'est donc avant le jugement que le juge a cessé d'être compétent.

Si cette vérité ne peut pas être révoquée en doute,

c'est avec raison que l'on en a tiré une conséquence nécessaire, certaine, infaillible, qui forme le second moyen, ou plutôt qui nous découvre une nouvelle espèce d'incompétence dans le tribunal de la rote.

Et quelle est cette conséquence? Le changement de la cause produisoit nécessairement un changement de qualité et d'actions dans les parties.

Les héritiers de M. le duc de Guise n'avoient plus d'intérêt à reprendre une instance qui étoit périe avec lui. Ils pouvoient, et ils devoient même abandonner la demande qu'il avoit formée, pour faire prononcer la nullité de son engagement.

Cette demande, encore une fois, ne les regardoit plus. La loi les avoit mis en possession des biens de M. le duc de Guise, et cette possession leur donnoit cet avantage, qu'elle obligeoit la dame comtesse de Bossu, non-seulement à les attaquer, mais à les attaquer dans le royaume, parce qu'elle étoit devenue demanderesse, et qu'ils étoient, au contraire, devenus défendeurs.

C'est donc en leur faveur que l'on peut justement alléguer ces maximes inviolables dont la défense vous est confiée, qui ne permettent pas qu'un Français puisse jamais être traduit, ni en première instance, ni même par appel, devant un juge étranger. En vain voudroit-il lui-même y donner son consentement; la loi réclameroit pour lui contre lui-même, et vous ne lui permettriez pas de violer cette portion de l'ordre public, qui regarde l'utilité commune de l'état, et non pas seulement l'avantage des particuliers.

Concluons donc, de toutes ces réflexions, qu'une double incompétence détruit le fondement de la juridiction de la rote dans cette affaire.

Incompétence, par rapport à la matière qui étoit devenue toute séculière; incompétence, par rapport aux personnes, qui n'ont jamais pu être obligées de reconnoître un tribunal étranger.

Et, comme si ce premier moyen n'étoit pas

suffisant, comme si ce n'étoit pas assez de la loi générale, pour attaquer la procédure de la rote, nous trouvons encore une loi particulière dans l'autorité de vos arrêts, qui achève de la condamner entièrement.

Il n'est pas nécessaire de prouver ici une maxime écrite dans l'ordonnance, confirmée par la tradition constante et invariable de vos arrêts en cette matière. Et qui peut ignorer que l'appel comme d'abus a la force de suspendre, d'interrompre le cours de toutes sortes de procédures, si ce n'est lorsqu'il s'agit de correction et de discipline? Qui ne sait encore que, lorsque la juridiction royale est une fois saisie de la connoissance d'une affaire, et surtout lorsqu'elle a prononcé des défenses de procéder dans un autre tribunal, le juge d'église commet une entreprise et un abus manifeste, lorsqu'il ose troubler l'empire et le sacerdoce, en ne respectant pas l'autorité de vos jugemens ?

Dans le droit, ces maximes ne peuvent jamais recevoir d'atteintes; dans le fait, elles en ont reçues. L'Appel comme d'abus est certain, vos défenses ne le sont pas moins; la dame comtesse de Bossu les a connues : c'est un fait que l'on a été obligé d'avouer, par rapport à un des arrêts. Que reste-t-il donc, si ce n'est de détruire un ouvrage que la surprise d'une partie a élevé sur les ruines de la juridiction séculière ?

Après cela, il est assez inutile d'entrer dans l'intérieur de la procédure de la rote, d'examiner si l'on peut exécuter, en France, un jugement ecclésiastique qui prononce des condamnations pécuniaires, qui déclare un mariage valable *par rapport à toutes sortes d'effets*. Encore une fois, MESSIEURS, il suffiroit presque de proposer le titre de ces questions, pour les faire décider. On rapporte, il est vrai, quelques sentences par lesquelles il paroît que les officiaux de Malines et de Bruxelles, ont quelquefois prononcé sur des demandes purement civiles, à l'occasion de la dissolution ou de la confirmation des mariages. On prétend que la rote, exerçant ici, en quelque manière, la juridiction qui auroit dû naturellement appartenir aux officiers des Pays-Bas, a pu se conformer à cet usage, et, prenant la place de ces juges, s'attribuer en même temps une autorité indirecte sur les effets civils.

Mais, sans examiner la force de cet argument, sans vous représenter la différence infinie qui reste toujours entre les sentences des officiaux de Malines, et celle de la rote, puisque, dans les unes, la question des effets civils n'étoit qu'accessoire, au lieu que, dans l'autre, elle étoit la principale, ou, pour mieux dire, l'unique question; renfermons-nous dans des principes dont il ne nous est pas permis de nous départir, et disons qu'en quelque tribunal qu'une sentence soit rendue, il faut qu'elle soit conforme à nos mœurs, pour pouvoir être exécutée sur des biens situés dans le royaume. Et, c'est en effet, ce que le défenseur du sieur de Berghes a bien senti, lorsqu'il vous a proposé de partager la sentence de la rote, d'en retrancher ce qui est abusif, et de laisser subsister ce qu'on prétend qui ne l'est pas. Distinction que vos arrêts ont faite quelquefois, mais qui ne peut jamais convenir à une procédure dans laquelle tout nous paroît également abusif, et à laquelle on peut plus justement appliquer qu'à aucune autre, cette ancienne formule dans laquelle on expédioit autrefois tous les reliefs d'appels comme d'abus, *Tanquam ab abusu notorio*, ou ce dispositif des premiers arrêts que vous avez rendus en ces matières, *Notoriè abusivum fuisse*.

Nous ne trouvons donc plus aucun obstacle qui nous empêche d'entrer dans l'examen du mariage. Les fins de non-recevoir sont trop foibles. La sentence de la rote est trop abusive, pour nous dispenser d'approfondir une question qui semble croître à nos yeux à mesure que nous approchons du moment où nous allons être obligés de la traiter.

Tout ce que nous avons dit jusqu'à présent ne fait point, à proprement parler, une véritable partie de cette cause ; questions étrangères, dissertations, si nous l'osons dire, indifférentes. Les parties, en les présentant, nous ont obligé d'y entrer ; c'est à elles que nous avons donné les premiers momens de ce discours. Il est temps de sacrifier tout le reste à la justice.

Et, pour ne point répéter ici l'ordre et le plan que nous nous sommes déjà tracés, hâtons-nous de traiter la première question qui se présente à nous sur le mariage de M. le duc de Guise, et envisageons d'abord ce mariage, par rapport au lien considéré en lui-même, et au sacrement.

Mais ce lien, qui fait ici le sujet d'une question importante, peut être envisagé dans deux temps différens, c'est-à-dire, dans son commencement et dans ses suites, dans le temps que le consentement l'a formé, et dans le temps que la possession l'a affermi.

Cette double idée renferme tout ce que l'on peut proposer touchant la validité du mariage. Examinons s'il est légitime dans son principe ; et, supposé qu'il renferme quelques défauts, examinons ensuite si le silence de M. de Guise, si l'approbation de sa famille, si la possession les ont réparés.

Lorsque nous considérons ce mariage dans son principe, nous sommes obligés de distinguer d'abord deux sortes de moyens d'abus ou de nullités, par lesquels on s'est efforcé de donner atteinte à cet engagement.

Les uns sont des moyens qui, quoique graves et importans, ne font néanmoins une impression solide que par leur réunion, mais qui, détachés les uns des autres, et proposés séparément, peuvent bien rendre le mariage suspect ou de surprise ou de clandestinité, mais n'ont pas assez de force par eux-mêmes pour le faire déclarer non valablement contracté.

Les autres, au contraire, sont des nullités et des vices tellement essentiels, que, sans le secours d'aucune autre circonstance, ils suffisent seuls pour détruire tout engagement qui en est infecté.

Attachons-nous d'abord à la première espèce de moyens d'abus, et contentons-nous de les parcourir rapidement.

L'inégalité des parties, le défaut de consentement de madame la duchesse de Guise, l'omission de la dispense de la proclamation des bans, la cérémonie de la bénédiction nuptiale négligée, le défaut de signature des témoins, et leur qualité; enfin, l'incertitude où l'on est du jour et du lieu de la célébration, voilà, MESSIEURS, le dénombrement exact de tous les moyens que nous avons à examiner.

Nous venons de vous dire qu'on peut les envisager, ou séparément, ou conjointement.

Si nous les considérons d'abord séparément, le premier qui se présente à nous est l'inégalité des parties.

Sans retracer ici l'histoire si connue de tout ce que la sagesse et la pureté des mœurs romaines avoit autrefois établi sur ce point, contentons-nous de remarquer, dans le droit, que ces lois saintes et salutaires n'ont point été reçues parmi nous, et ajoutons, dans le fait, que l'on peut distinguer deux sortes d'inégalités : inégalité de naissance; inégalité de biens et de fortune.

La première ne se trouve point dans cette cause, ou, si elle s'y trouve, elle n'est pas dans un degré et dans une disproportion capables de faire une présomption d'artifice et de séduction.

Personne ne peut révoquer en doute l'ancienneté, la grandeur et l'élévation de la maison de Lorraine; et, si M. le duc de Guise avoit voulu trouver une parfaite égalité dans un mariage, à peine un petit nombre de maisons de l'Europe auroient-elles pu lui offrir des partis convenables.

Mais, quelque justice que l'on rende à la splendeur de sa naissance, on doit avouer, en même temps, que son éclat n'a point été terni par l'alliance qu'il a contractée avec la maison de Berghes, qui, depuis très-long-temps, comme nous le disions hier, est en possession de voir son sang uni avec celui des plus illustres maisons de l'Allemagne et des Pays-Bas.

Aussi, quoique d'abord on eût paru insister sur cette première espèce d'inégalité, il semble qu'on l'a abandonnée dans la suite de cette cause, et qu'on s'est renfermé dans la seconde, qui ne regarde que les biens et la fortune.

Inégalité qui se rencontre certainement dans le mariage dont il s'agit.

Vous vous souvenez, Messieurs, de ce que nous avons déjà observé sur ce point.

Ne considérons point ici l'état malheureux où la faute de M. le duc de Guise l'avoit réduit par rapport à sa patrie; n'envisageons point cette éclipse passagère que sa fortune a éprouvée: ne pensons qu'à l'éclat qui l'a précédée et à celui qui l'a suivie. Quelque grand que fût le crime de M. le duc de Guise, l'exemple de M. le duc de Bouillon sembloit lui promettre une ressource assurée dans la clémence du Roi, et l'événement l'a bientôt justifié. Mais, quand même nous ne considérerions M. le duc de Guise que dans l'état de sa disgrâce, un tel proscrit pouvoit encore attirer les yeux de toute l'Europe, et un général de l'armée de l'empereur et du roi d'Espagne devoit naturellement espérer une meilleure fortune que celle d'épouser la dame comtesse de Bossu, qui n'avoit alors, tout au plus, que 60,000 livres de patrimoine, avec un douaire de 7500 livres.

Mais, quelque grande que fût l'inégalité dans les biens, c'est une circonstance qui, par elle-même, ne peut former qu'une présomption souvent équivoque de la séduction.

Ne nous y arrêtons donc pas davantage; passons à la seconde circonstance, et disons en un mot, que le défaut de consentement de madame la duchesse de Guise ne nous paroît pas non plus un moyen victorieux dans cette cause. La révolte de M. le duc de Guise, et la condamnation que vous

aviez prononcée contre lui avoient rompu, non-
seulement les liens qui l'attachoient à sa famille,
mais encore ceux qui le lioient à sa patrie; le nom
de fils de famille n'étoit pas moins effacé en sa personne que celui de citoyen. Et, comment madame
sa mère auroit-elle conservé sur lui cet empire domestique que la loi lui donnoit, puisque la loi
même l'avoit retranché du nombre de ceux sur qui
elle exerce sa puissance, en le mettant au nombre
des morts ?

Quand même il auroit conservé également le caractère de fils de famille et celui de citoyen, l'âge
de vingt-sept ans l'avoit presque affranchi de la
puissance paternelle, ou, s'il y étoit encore soumis,
ce n'étoit plus que pour porter la peine de l'exhérédation, et non pour pouvoir rompre un engagement criminel, en implorant le secours et la
protection de madame sa mère.

En vain cherche-t-on à appliquer ici l'autorité
de vos arrêts, qui, dans les causes de mariage,
semblent avoir étendu quelquefois les bornes de
la minorité jusqu'à l'âge de trente ans. Vous ne
l'avez jamais fait que dans quelques cas singuliers,
où vous avez considéré la séduction plutôt dans
son principe que dans ses effets; et, trouvant le
commencement du rapt de subornation placé dans
la minorité, vous avez jugé qu'il avoit la force de
la perpétuer, pour ainsi dire, et de faire toujours
réputer mineur celui qui étoit devenu majeur sans
cesser d'être séduit.

Ce défaut seroit donc encore trop foible par lui-
même, pour donner atteinte à un mariage contracté.

Celui qui le suit paroît beaucoup plus considérable.
La solennité si salutaire de la proclamation des
bans, introduite par la France, consacrée par le
concile de Latran, renouvelée par le concile de
Trente, a été entièrement négligée dans le mariage
de M. le duc de Guise. On ne trouve, dans un des

actes de célébration, aucune mention ni de publication ni de dispense, et cependant c'est l'acte le plus
important, puisque c'est celui qui a été inséré dans
les registres publics de la paroisse de Sainte-Gudule.
Il est vrai que, dans l'autre acte de la même célébration que Charles de Mansfeld a remis entre les
mains de la dame comtesse de Bossu, il est dit qu'il
y a eu une dispense de trois bans, accordée par le
même Charles de Mansfeld. Mais le pouvoir de ce
ministre est contesté par rapport à M. le duc de
Guise, et l'on convient qu'il n'avoit aucune juridiction sur la dame comtesse de Bossu. Tel est le fait.
Voyons maintenant quelle peut en être la conséquence.

N'examinons point encore ici quelle pouvoit être
l'autorité de la mission de Charles de Mansfeld ;
nous entrerons bientôt dans la discussion de cette
importante question ; et, dans l'impatience que nous
avons d'y arriver, supposons que la dispense de la
publication des bans soit ou fausse, ou abusive, et
par le défaut de cause légitime et par le défaut de
pouvoir de celui qui l'accorde ; quand même cette
supposition seroit véritable, que pourrions-nous en
conclure par rapport à la validité du mariage ?

Nous nous éléverions, à la vérité, contre la surprise des contractans, contre la prévarication d'un
ministre des autels : nous dirions que la célébration
du mariage est illicite, téméraire, criminelle, mais
nous ne pourrions pas aller jusqu'à soutenir qu'elle
est nulle, abusive, illégitime.

Vos arrêts arrêteroient notre zèle, et nous appren-
droient que, depuis long-temps, vous ne regardez
plus le défaut de publication de bans entre majeurs
comme un défaut, qui, par lui-même, et dégagé
de toute autre circonstance, puisse mériter le nom
d'empêchement dirimant.

Et, quand même nous serions encore dans le
temps qui a suivi immédiatement l'ordonnance de
Blois, et où une jurisprudence plus sévère regardoit
comme nuls tous les mariages qui n'avoient pas été

précédés d'une proclamation de bans, ne nous sou-
viendrions-nous point, ici, qu'il ne s'agit pas de
décider cette question suivant nos maximes et nos
usages, mais suivant les maximes et les usages des
Pays-Bas ; et, ne serions-nous pas forcés de vous
représenter que le concile de Trente a été reçu dans
ces provinces, et que ce concile permet de différer
la publication des bans jusqu'après la célébration des
mariages, loin de considérer le défaut de cette solennité comme une nullité irritante et irréparable ?

Disons presque la même chose du prétendu défaut
de bénédiction nuptiale.

Ici, MESSIEURS, nous pourrions nous engager dans
une longue dissertation sur l'antiquité d'une si sainte
cérémonie, vous faire voir que, dès les premiers
siècles de l'église, elle a été en usage, vous rapporter
ces célèbres paroles de Tertullien : *Felix connubium
quod ecclesia conciliat, consecrat oblatio, obsigna-
tum Angeli renuntiant*, où, sous le nom d'Anges,
il désigne les prêtres qui consacrent l'engagement
des fidèles par le sceau de leur bénédiction ; vous
citer les conciles d'Afrique, les décrets des papes,
les décisions de l'église gallicane, l'autorité des capitulaires, et composer, de tous ces témoignages, une
tradition suivie pendant plusieurs siècles, qui n'a
été interrompue que par les opinions nouvelles des
scholastiques, qui, dans cette matière comme dans
plusieurs autres, ont souvent prévalu aux grandes
règles que l'on puise dans les sources toujours pures
de l'ancienne discipline.

Enfin, nous ajouterions une autorité encore plus
singulière et plus propre à cette cause, et nous l'em-
prunterions du rituel même de Malines, imprimé
dès l'année 1598. C'est là que nous vous ferions voir
que, bien loin qu'il soit vrai, comme on vous l'a dit,
que l'on ne connoisse point, en Flandre et dans les
Pays-Bas, les termes de *célébration*, de *bénédiction*,
d'*administration des mariages*, et qu'on n'y parle
des curés, que comme de simples témoins du consentement des parties, il n'y a point de rituel ; au

contraire, dont les expressions s'accordent plus parfaitement avec les termes dont les anciens pères se servent pour exprimer les fonctions des curés dans les mariages des fidèles.

Vous trouveriez d'abord, dans ce rituel, ce titre si conforme à nos usages : *Canones administrationis sacramenti matrimonii.* Vous y remarqueriez ensuite un canon conçu en ces termes : *Benedictio nuptiarum à proprio parocho fieri debet.*

Vous y liriez ces paroles, aussi fortes que les précédentes : *Sacerdos celebraturus matrimonium*, etc.

Et, pour ne s'attacher qu'à ce qui est encore plus précis, vous y observeriez surtout, d'un côté, cette formule importante que le rituel met dans la bouche du curé : *Et ego, tanquam Dei minister, vos in matrimonium conjungo;* et de l'autre, ces mots, qui se trouvent encore dans le même endroit : *Sacerdos hujus sacramenti minister.*

Après cela, MESSIEURS, nous vous laisserions à décider avec quelle apparence on a pu vous dire que tout le devoir du curé se réduisoit à une simple assistance corporelle dans la célébration des mariages qui se contractent dans le diocèse de Malines.

Mais, après toutes ces observations, que nous nous contentons d'indiquer en passant, nous sommes obligés de reconnoître que le prétendu défaut de bénédiction nuptiale ne vous paroît pas encore ici un obstacle insurmontable; et cela, par deux raisons.

L'une, que l'église n'a point prononcé entre l'ancienne discipline, d'un côté, qui semble attacher à la bénédiction du prêtre toute la sainteté du mariage, et une grande partie des théologiens scholastiques, qui ont cru que la seule présence du curé pouvoit être suffisante; il semble même que la congrégation des cardinaux, établie pour l'interprétation du dernier concile, ait plus incliné vers cette dernière opinion; et, quoique son autorité ne pût pas être citée dans une autre cause, elle est néanmoins de quelque poids dans une affaire qui doit être jugée par les lois d'un pays où nous apprenons, par les auteurs qui ont écrit sur ces matières, que l'on tire souvent un grand avantage de ces sortes de décisions (1).

L'autre raison, encore plus forte que la première, qui ne nous permet pas de nous arrêter à ce défaut, c'est que nous ne pouvons savoir précisément si la bénédiction exigée par le rituel a été omise ou donnée en effet. L'usage du pays n'est point constamment de marquer, dans les registres, que l'on a satisfait à cette cérémonie. On rapporte plusieurs extraits non suspects, des registres publics, où l'on ne trouve aucune mention de la bénédiction nuptiale; on la donne, mais on n'écrit point qu'on l'a donnée.

Achevons d'expliquer le reste des moyens qui sont de même nature.

Les témoins, dit-on, n'ont point signé l'acte de célébration; mais, comme il n'y a point de loi dans les Pays-Bas, ni civile, ni ecclésiastique, qui les oblige à le signer (2), c'est à l'usage à prononcer sur cette question. Or, l'usage, prouvé par les mêmes

(1) On pourroit douter, si même, dans les Pays-Bas, l'autorité de cette congrégation pourroit balancer les anciens usages de ces pays, fondés sur les maximes de la France, l'esprit général des modifications sous lesquelles le concile de Trente y a été reçu, ayant été de les conserver, et ces termes du Rituel de Malines : *Tanquam Dei minister..... vos conjungo,* décident clairement pour la première opinion. L'auteur de ce plaidoyer, sans traiter expressément ce point, indique, en peu de mots, ce qui doit décider entre ces deux sentimens. L'un est conforme à l'ancienne discipline et aux premiers monumens de la tradition de l'église; l'autre vient de plusieurs scholastiques. L'un a donc un fondement solide; l'autre n'a été introduit que depuis un certain temps. La règle, *Quod sempèr..... creditum est,* peut s'appliquer au premier, et non pas au second. L'un paroît approuvé par l'église; l'autre ne paroît que toléré.

(2) La déclaration du 9 avril 1736, sur les registres des baptêmes, mariages, sépultures, etc., qui est un des fruits du travail de M. le chancelier d'Aguesseau, sur la législation, exige, par l'article VII, la signature des témoins, au nombre de quatre au moins, aussi bien que celle du célébrant et des contractans, dans les actes de célébration de mariage, ou qu'il y soit fait mention

extraits des registres, nous apprend que toute la preuve des mariages consiste dans la foi du curé, qui se contente de les insérer dans les registres, sans même les signer, et dans l'autorité du registre, qui en est regardé comme un monument authentique.

Le concile de Trente semble se contenter de cette formalité, *Habeat librum*, etc.

Zypœus marque même que, quand le mariage ne seroit point du tout inscrit, il ne seroit pas nul, s'il étoit certain qu'il eût été célébré véritablement (1).

Enfin, le jour et le lieu du mariage sont incertains.

Le jour paroissoit d'abord suspect d'une antidate; mais cette suspicion a été dissipée par l'explication que l'on vous a faite de la manière de tenir les registres.

Quand même cette explication seroit aussi solide qu'elle est vraisemblable, il faudroit toujours convenir que le mariage n'a été inscrit sur le registre que le 20 novembre, car il y est placé après un acte de fiançailles qui est de ce jour.

Donc, pendant quatre jours, l'état des contractans étoit incertain, *Pendebat ex dubiâ fide Ministri, imò ab ipsis contrahentibus.*

S'il falloit même ajouter foi aux nouvelles publiques, nous dirions ici que le mariage a été célébré

de la déclaration de ceux qui ne sauroient ou ne pourroient signer; et l'article IX défend d'écrire les actes de célébration sur les feuilles volantes, à peine de déchéance de tous avantages portés par le contrat de mariage, même de privation des effets civils.

(1) Notitia juris Belgici, lib. 5, cap. 2.

Idem. Resp. Jur. Can. tit. Qui accusat. matrim. posses.

Et quidquid videri potest fidei testium deesse, hodiè suppletur per presentiam parochi.

dès le 11 novembre : la gazette dit que le duc de Guise a déclaré, le 3 décembre, à Bruxelles, le mariage qu'il avoit contracté le 11 novembre précédent.

Si le jour de la célébration est incertain, le lieu l'est encore plus ; il n'est marqué ni dans l'acte inscrit sur le registre, ni dans le certificat de Charles de Mansfeld ; et ce n'est que par ce qui a été dit dans la plaidoirie de cette cause, que nous pouvons apprendre que le mariage fut célébré dans la chapelle de l'hôtel de Grimberghes.

L'incertitude du lieu est regardée, par tous les auteurs, comme un argument de clandestinité; et, si l'on prétend que ce lieu est une chapelle domestique, on retombe encore, non-seulement dans une autre suspicion de mystère et d'obscurité, mais dans une contravention manifeste au rituel de Malines, qui ordonne aux curés de ne célébrer les mariages que dans l'église : *Sacerdos celebret Matrimonium in Ecclesiâ tantùm.* On ne rapporte point de permission de l'archevêque, ainsi le droit et le fait sont également certains sur ce point, mais également incapables de rompre le lien du mariage.

Que nous reste-il donc, après avoir prouvé par une induction exacte de toutes ces prétendues nullités, qu'il n'y en a pas une qui, considérée séparément, puisse entraîner avec soi la ruine du mariage où elle se trouve? Que nous reste-t-il, encore une fois, si ce n'est de réunir ce que nous avons divisé, et vous dire que, quoique ces moyens, détachés les uns des autres, ne soient peut-être absolument décisifs, il est difficile néanmoins de résister à l'impression qu'ils font, lorsque leur force est réunie, et comme rassemblée en un seul point.

Traçons donc, ici d'un seul coup de pinceau, la description abrégée, et la peinture générale du mariage que nous examinons.

Un Français, et un fils de famille, sort du royaume, pour un crime qui le jette entre les bras des étrangers; il acquiert, dans leur pays, une espèce de

domicile qui n'est fondé que sur la mort civile, par
laquelle il avoit été retranché en France du nombre des
citoyens ; il trouve, dans Bruxelles, une veuve d'une
naissance distinguée, mais qui n'avoit pour dot qu'une
beauté, plus fatale encore à elle-même qu'aux autres ;
il l'épouse, oubliant également les engagemens qui
l'attachoient, et à sa famille et à sa patrie ; nulle publication de bans ne précède son mariage ; une
dispense sans cause, et accordée par un ministre
dont le pouvoir est douteux, est le voile sous lequel
on cache, et le violement des lois et le renversement
de la discipline ; des témoins dévoués à la maison
de Berghes sont les seuls confidens du mariage d'un
duc de Guise, d'un général de l'armée de l'empereur
et de l'Espagne, qui devoit naturellement avoir
tout le camp et toute la ville de Bruxelles pour
témoins ; on ignore jusqu'au jour de la célébration ;
quatre jours, au moins, se sont écoulés, avant qu'on
en ait osé confier la preuve aux registres publics ;
le lieu même où ce mystère s'accomplit est absolument
inconnu ; et, si l'on veut bien nous l'apprendre,
après cinquante-huit années, c'est pour nous découvrir encore une nouvelle infraction des lois ecclésiastiques du diocèse de Malines, qui enjoignent aux
curés de ne célébrer les mariages que dans le lieu
qui représente l'assemblée des fidèles ; ce mariage
est un secret pendant trois semaines, dans Bruxelles
même, où il est contracté, car nous pouvons au
moins, sur un fait de cette qualité, donner quelque
créance aux nouvelles publiques : telles sont, Messieurs, toutes les circonstances dans lesquelles on
porte ce mariage aux yeux de la justice : circonstances nouvelles, singulières, incroyables, dont le
concours semble former une preuve parfaite de clandestinité.

Mais, suspendons encore notre jugement ; ne regardons point toutes ces circonstances comme véritablement décisives ; ne leur donnons point d'autre
nom que celui de suspicions générales, ou de simples
préjugés contre le mariage dont il s'agit ; et venons

à la grande et importante nullité qui fait le nœud
de toute la difficulté de cette première partie de la
cause : nous voulons parler du défaut de la présence
du propre curé; défaut essentiel dans le droit; mais
est-il véritable dans le fait? C'est l'unique question
qui nous reste à examiner, par rapport au mariage,
considéré dans son principe et dans son commencement.

Ne nous arrêtons point ici à prouver ce qui n'a
pas été contesté dans cette cause. Il n'y a point de
loi plus sainte, plus salutaire, plus inviolable, dans
tout ce qui regarde la célébration des mariages,
que la nécessité de la présence du propre curé; loi
qui fait en même-temps et la sûreté des familles et
le repos des législateurs. Unique conservatrice de la
sagesse du contrat civil et de la sainteté du sacrement,
elle a mérité d'être reçue avec soumission par les
pays qui ont accepté la discipline du concile de
Trente, et d'être enfin imitée avec joie par les états
qui ne l'ont point reçue; et nous pouvons justement
l'appeler une règle du droit des gens, dans la célébration du mariage des chrétiens.

Les conciles de Malines et de Cambray, tenus
depuis le concile de Trente, ne se sont pas contentés
d'exécuter cette loi; ils ont cherché encore à en
assurer l'observation par de nouvelles précautions;
et, soit que l'on examine ces conciles, soit que l'on
considére les rituels de ces archevêchés, on reconnoît
partout qu'il n'y a aucun point dans la discipline
ecclésiastique pour lequel les Pays-Bas aient plus de
vénération.

C'est donc de l'examen d'une loi si respectable
qu'il s'agit aujourd'hui; et, pour mettre la question
dans tout son jour, supposons, ce qui vous a été
observé par les deux parties, que Charles de Mansfeld,
qui a célébré le mariage de M. le duc de Guise, n'a
pu être considéré comme le véritable ministre de
l'église, dans l'esprit du concile général et des conciles particuliers, qu'en deux qualités différentes, ou

comme vicaire général des armées, délégué par l'archevêque de Malines, ou comme représentant le pasteur ordinaire, et délégué par le curé de Sainte-Gudule.

Telle est, en ce point, la différente condition des parties, qu'il semble suffisant à celle de M.ᵉ Nouet d'établir solidement l'une ou l'autre de ces qualités ; au lieu que l'on prétend qu'il seroit inutile aux parties de M.ᵉ Robert d'avoir effacé l'une, s'ils ne pouvoient arvenir à détruire l'autre.

Mais, sans pousser plus loin les réflexions générales, commençons d'abord par examiner quels étoient le pouvoir et les fonctions de Charles de Mansfeld, en qualité de vicaire général des armées ; cherchons ensuite quel titre et quel caractère la permission du curé de Sainte-Gudule a pu lui imprimer ; et, quelque importantes que soient ces deux questions, tâchons néanmoins de les renfermer dans des bornes étroites.

Remarquons d'abord que toutes les difficultés qui ont été formées, touchant le pouvoir du vicaire général des armées, se réduisent à deux points principaux :

Le premier consiste à savoir si son autorité s'étendoit même sur la célébration des mariages ;

Le second, si M. de Guise pouvoit y être soumis, soit par rapport à la dignité de sa personne, soit par rapport à la qualité du lieu dans lequel le mariage a été célébré.

Sur le premier point, après avoir supposé, avec tous les docteurs, que tout privilège, toute délégation, toute exception du droit commun sont odieux, et que, par conséquent, ils ne doivent pas être facilement étendus, nous croyons, MESSIEURS, que l'on peut ou considérer le bref de la délégation apostolique en lui-même, ou l'envisager dans l'usage qui l'a interprété.

Si nous l'examinons d'abord en lui-même, son esprit et ses dispositions, l'opinion des plus graves auteurs, et même les sentimens des docteurs les plus

relâchés, semblent réclamer également contre l'exercice de ce pouvoir que les vicaires généraux se sont
attribué, dans la suite, de célébrer les mariages.

Sans nous étendre sur les preuves de cette vérité,
qui n'est pas absolument essentielle à la décision
de cette cause, contentons-nous de faire quelques
observations générales.

1.º Sur l'esprit du bref, qui donne à l'archevêque
de Malines une juridiction extraordinaire sur les
armées du roi d'Espagne dans les Pays-Bas.

Quel est le motif de cette délégation ? Nous serons
obligés de le répéter plus d'une fois.

Il arrive plusieurs choses dans les armées, dit le
pape, qui demandent le secours et la vigilance d'une
personne constituée en dignité ecclésiastique, parce
qu'il n'est pas facile de recourir, ou aux ordinaires
ou au saint-siége.

Cum militantibus multa sæpè pertingant, in
quibus pro salubri directione, et animarum salute
eorum qui in castris degunt, et versantur, proque
cognoscendis et decidendis inter eos causis et con-
troversiis ad forum ecclesiasticum pertinentibus.
Operâ et industriâ unius personæ in dignitate eccle-
siasticâ constitutæ opus est, proptereà quod non
facilè ad locorum ordinarios, aut ad nos, et sedem
apostolicam recursus haberi potest.

C'est ainsi que le pape explique les motifs de la
délégation. Pesons-en tous les termes, et voyons si
l'administration du mariage y est comprise.

Cum militantibus multa sæpè pertingant, etc. Il
n'y a personne qui ne conçoive d'abord, par ces
termes, une idée d'accidens, d'occasions subites,
d'événemens fortuits. Mettra-t-on le mariage dans
le nombre de ces sortes de rencontres inopinées ?

Le pape ajoute que, dans ces cas imprévus, qui
se trouvent dans les armées, on ne peut recourir
facilement aux ordinaires, encore moins au saint
Siége.

Dira-t-on encore que cela convienne au mariage ?

Est-il donc si difficile, ou d'obtenir une permission de l'évêque, pour célébrer le mariage dans le camp, ou de différer son accomplissement jusqu'après la campagne? Est-ce là un de ces cas, où la difficulté de s'adresser à la juridiction ordinaire puisse être un fondement solide de la juridiction déléguée?

2.º Si l'esprit du bref pouvoit être douteux, ses dispositions acheveroient de l'éclaircir et de le fixer absolument.

Qu'on entre dans le détail des clauses qu'il contient; qu'on parcoure les différentes espèces de pouvoir qu'il donne au vicaire délégué, il n'y en a pas une seule qui ne convienne uniquement au motif général exprimé dans le commencement de ce titre, et qui ne se renferme dans les cas de nécessité.

Exercer sommairement, et sans aucune forme de justice ordinaire, une juridiction ecclésiastique sur les prêtres séculiers ou réguliers, et sur les laïcs, dans les cas de droit;

Entendre les confessions de toute l'armée; absoudre, sous certaines conditions, de tous les cas réservés aux évêques et au saint Siége;

Permettre aux officiers principaux de l'armée d'avoir un autel portatif;

Réconcilier les églises, les chapelles, les cimetières profanés, dans les lieux où l'armée se trouvera.

Voilà, MESSIEURS, l'énumération de tous les cas qui sont renfermés dans la disposition de la bulle.

Vous voyez, par ce seul dénombrement, que, comme nous l'avons déjà dit, il n'y en a aucun qui ne suppose, d'un côté, une nécessité pressante, et de l'autre, une impossibilité morale d'obtenir le secours de la juridiction ordinaire.

3.º Il est vrai que l'on observe, dans ce bref, quelques clauses générales, dont nous osons dire que l'on a abusé, contre l'intention du pape, pour étendre le pouvoir du vicaire-général; et c'est ici où nous aurons besoin de l'autorité de quelques docteurs,

28*

pour achever de terminer le véritable sens de la bulle.

Deux seules clauses peuvent faire le sujet de la difficulté :

L'une, est celle qui donne au commissaire apostolique, *omnem et quamcumque jurisdictionem ecclesiasticam, in eos qui ibi pro sacramentis ecclesiasticis militibus ministrandis pro tempore erunt... perindè ac si quoàd clericos sæculares eorum verus præsul et pastor, quoàd regulares verò illorum superior generalis esset.*

L'autre clause, est celle qui, après avoir expliqué toutes les fonctions du vicaire des armées, ajoute, en général, le droit de faire et d'exécuter tout ce qui semblera nécessaire et convenable dans les cas ci-dessus exprimés...... *Cæteraque faciendi et exequendi in præmissis necessaria, et quomodolibet opportuna.*

Retranchons d'abord cette clause, qui est manifestement restreinte par les termes mêmes dans lesquels elle est conçue, aux dispositions nommément exprimées dans le bref : *Cætera faciendi in præmissis necessaria*, etc.

Il ne reste donc plus que la première clause, qui puisse mériter quelque attention ; mais, plus nous l'examinons, plus nous sommes surpris de voir que, sur un fondement aussi foible, on ait élevé un pouvoir aussi important que celui de célébrer les mariages.

Première observation sur les termes de cette clause. Elle n'accorde pas même directement, le pouvoir d'administrer les sacremens ; elle donne seulement toute sorte d'autorité, toute sorte de juridiction, à l'évêque militaire, sur les prêtres qui seront établis dans l'armée pour administrer les sacremens aux soldats. Ce n'est donc qu'en passant, ce n'est que par une simple énonciation, que le bref parle en général des sacremens ; et, comment pourroit-on conclure, de cette énonciation, que le pouvoir d'administrer toutes sortes de sacremens, et même le mariage, est accordé au vicaire de l'armée, puisqu'il n'y est fait mention des sacremens qué pour marquer ce fait, et non pour attribuer aucun droit? *In eos qui ibi pro sacramentis ecclesiasticis militibus ministrandis erunt.*

Seconde observation. Quand même le pouvoir d'administrer les sacremens seroit nommément, expressément, directement accordé par cette clause, pourroit-on soutenir que la célébration des mariages y seroit renfermée?

Ici, MESSIEURS, et les maximes générales, et la qualité particulière du bref, s'élèvent également contre cette prétention.

Dans la thèse générale, c'est un principe établi par Pontius, par Zypœus, et par la plus saine partie des canonistes, que le pouvoir d'administrer les mariages est si délicat, si important, si dangereux, qu'il doit être nommément compris dans la permission d'administrer les sacremens, ou du moins qu'il faut que cette permission contienne ces mots essentiels : *Omnia et quæcumque sacramenta.*

Les docteurs les plus relâchés soutiennent ce sentiment, comme les plus sévères ; et celui même que vous n'avez jamais souffert que l'on citât en cette audience, et qui mériteroit de ne l'être en aucun endroit, Sanchez, dont nous prononçons le nom avec peine dans la place que nous avons l'honneur de remplir, n'a pu s'empêcher, en cette occasion, d'être dans le parti de la règle, et de s'attacher à la seule opinion qui puisse paroître légitime.

Comment donc peut-il se faire qu'on vous l'ait cité comme favorable à l'extension que l'on a donnée à la bulle ? Le voici, MESSIEURS, et il est facile de concilier cette contrariété par une seule distinction.

Dans quels cas les docteurs, et entr'autres celui dont nous sommes forcés d'examiner l'autorité, ont-ils décidé qu'un pouvoir général comprenoit même l'administration des mariages ? C'est lorsque ce pouvoir est donné pour exercer tout ce qui appartient à la cure des ames : *Cùm datur licentia alicui, ut exerceat pertinentia ad animarum curam.*

Alors la généralité de ces termes comprend, sans difficulté, la célébration du mariage, qui fait une partie essentielle du soin des ames et de la sollicitude pastorale.

Mais, lorsqu'au contraire on s'est contenté de permettre l'administration des sacremens, alors on distingue, comme on vous l'a dit, entre les sacremens que les théologiens appellent sacremens de nécessité, et ceux auxquels ils donnent le nom de sacremens de volonté.

Les premiers sont censés compris dans les concessions générales ; les autres méritent une expression spéciale, et une mention particulière.

Si ces maximes étoient véritables avant le concile de Trente, *quantò magis* depuis ce concile, qui a rendu la permission expresse de l'ordinaire, ou du curé, absolument nécessaire dans la célébration des mariages?

Sanchez, lui-même, qui doit avoir encore plus de poids qu'un autre docteur, lorsqu'il parle de la régularité de la discipline, Sanchez nous rapporte un exemple; qui est celui de tous les exemples qui a le plus de rapport avec la délégation apostolique que nous examinons.

Il parle deux fois des bulles générales accordées pour les croisades, et deux fois il soutient que, quoique ces bulles contiennent une faculté générale d'administrer les sacremens, elles ne doivent jamais êtres appliquées à la célébration des mariages : *Quia videtur ea licentia intelligenda de sacramentis confessionis et eucharistiæ, quæ sunt maximæ necessitatis.*

L'esprit général de l'église s'accorde donc parfaitement avec l'esprit et l'intention particulière du souverain pontife, qui a accordé le bref que nous examinons; et l'un et l'autre concourent également

à restreindre, à limiter ces sortes de concessions ou
de délégations générales, aux seuls sacremens de
nécessité ; et, s'il falloit encore ajouter de nouvelles
raisons, nous releverions ici la différence essentielle
qui se trouve entre le bref de 1626, et celui qu'on a
ait renouveler en 1670.

On a inséré, dans le dernier, ces termes essentiels,
qui ne se trouvent point dans le premier.

Mais, quelque solides que soient toutes ces raisons, lorsque nous envisageons le bref en lui-même,
avouons qu'elles changent de face, lorsque nous les
comparons avec l'usage qui l'a suivi.

Or, quel a été cet usage ? C'est, MESSIEURS, ce
que nous apprenons par la bouche d'un témoin irréprochable. Nous entendons parler de Zypœus, official d'Anvers, dont on a eu raison de citer les écrits
avec éloge ; témoin non suspect, encore une fois,
puisqu'étant occupé des règles du droit commun, et
plein des grands principes par lesquels on doit fixer
les bornes de la juridiction ordinaire et de la juridiction déléguée, il a lui-même soutenu, dans le
livre premier de ses consultations canoniques, que
l'esprit, que les termes du bref, que les maximes
générales et particulières résistoient également au
pouvoir que les vicaires militaires s'étoient attribué
de célébrer les mariages des soldats.

Cependant ce même auteur atteste la certitude de
l'usage, non-seulement dans le même endroit où il en
attaque le fondement, mais encore dans le quatrième
livre de ses consultations, *Consult.* 14, qui commence par ces termes :

*Matrimonium ut contrahi debet coram proprio
cujusque parocho ex concilio Tridentino ; ita miles
coram proprio etiam parocho contrahere hîc intelligitur, dùm contrahit coram cohortis suæ sacellano à
vicario-generali exercitûs Belgici ex delegatione
apostolicâ deputato.*

Il assure encore cette vérité dans la consultation 23.

Il prétend même, comme on vous l'a dit, que

cet usage est prouvé par les concordats passés entre les ordinaires et l'archevêque de Malines, pour l'exécution du bref; mais, sans examiner si ces concordats, qui ne parlent point de la célébration des mariages, ont donné néanmoins la naissance à l'établissement de cette coutume, il est certain, au moins, qu'elle avoit passé en force de loi, du temps de Zypœus; et, ce qui est encore plus important à observer, c'est que son livre des consultations canoniques a été imprimé, la première fois, en l'année 1638, c'est-à-dire, environ dans le temps de la célébration du mariage de M. le duc de Guise.

Il est inutile, après cela, d'examiner si cet usage étoit légitime.

Trois propositions également certaines :

L'une, que, quoiqu'il soit opposé à l'esprit de la bulle, il n'est pas néanmoins absolument contraire à ses termes;

L'autre, que l'usage a donc pu l'étendre, sans que l'on puisse dire : *Titulus perpetuò clamat*, etc.

La troisième, que cet usage a été observé sous les yeux des ordinaires, uniquement intéressés à s'y opposer; ils l'ont souffert, ils l'ont approuvé par leur silence. Zypœus a donc raison de conclure que cette espèce de ratification ou de ratihabition générale, qui comprend et le présent et le passé, peut s'étendre aussi sur l'avenir, et assurer les mariages contractés sur la foi de cet usage, contre toute sorte d'événemens : *Ratihabitio de præsenti et præterito sanat in omnem eventum castrensium matrimonia.*

Ainsi, si nous ne pouvons point dire, en cette occasion : *Optima legum interpres consuetudo*, disons au moins : *Error communis facit jus;* car il s'agit ici, *de jurisdictione, non de ordine.*

Exemple du curé intrus, qui est : *In quasi possessione beneficii.*

Mais ce pouvoir, que l'usage a étendu par rapport à la matière, doit-il aussi être étendu par rapport aux personnes? C'est la seconde difficulté que

nous avons à examiner sur la juridiction du vicaire-
général de l'armée.

Et, comme cette difficulté peut devenir un principe
de décision dans cette cause, souffrez, MESSIEURS,
que nous supposions ici quelques faits historiques
qui peuvent donner un grand jour à toutes les observations que nous ferons dans la suite sur une question
si importante.

L'établissement ou la délégation d'un vicaire apostolique dans les armées du roi d'Espagne est plus
ancienne que ce siècle.

Dès l'année 1594, le pape adressa un bref à l'archevêque de Cambray, par lequel il le choisissoit
pour exercer cette fonction.

Ce même pouvoir fut accordé à l'archevêque de
Malines, en l'année 1597; et, depuis ce temps-là,
cet archevêque a toujours été en possession d'être
appelé, par le saint Siége, à l'exercice de ce ministère.

La trève que les Provinces-Unies firent, en 1609,
avec le roi d'Espagne, fit apparemment cesser la
juridiction du vicaire délégué, elle fut du moins suspendue comme la guerre; mais la guerre ayant recom-
mencé en 1621, il y a lieu de croire que le pouvoir
du commissaire apostolique commença à revivre
avec elle. Mais, sans examiner les conjectures, qui
semblent établir la vérité de ce fait, attachons-nous
à ce qui est absolument certain; et disons seulement
que le pape Urbain VIII renouvela le pouvoir et
l'autorité de la délégation en l'année 1626, par le
bref qui est devenu si célèbre dans cette cause; que
ce bref n'a fini qu'avec la guerre, c'est-à-dire,
qu'il a duré jusqu'à la paix des Pyrénées; et qu'enfin,
dans les deux dernières guerres qui ont agité si
long-temps la France et l'Espagne, il paroît que la
même délégation a encore été accordée, par le saint
Siége, à l'archevêque de Malines.

Telle a été, MESSIEURS, l'origine, le progrès et les
suites de ce pouvoir extraordinaire, qui paroît si

contraire à nos mœurs, mais qui a été désiré plusieurs fois, et toujours reçu par les Pays-Bas, avec
approbation.

Il n'y a eu que les Evêques qui aient supporté
avec impatience cette puissance nouvelle, qui les
dépouilloit d'une partie de leur juridiction.

Leurs plaintes suivirent de près l'établissement
du vicaire général ; mais elles furent bientôt apai-
sées par les concordats dont on vous a parlé :
concordats passés en l'année 1595, renouvelés en
1624 et en 1628, qui semblent avoir rétabli la paix
et l'union entre l'archevêque de Malines et les autres
Evêques des Pays-Bas.

Outre cette première espèce de loi, qui a interprété le bref du pape, nous trouvons encore une
ordonnance de l'archevêque de Malines, qui peut
y avoir quelque rapport.

C'est celle dont la partie de M.ᵉ Nouet prétend
tirer de si grands avantages. Ordonnance de l'année
1638, qui fait défenses aux curés de marier les
soldats, sans la permission ou le consentement,
par écrit du vicaire général de l'armée, ou du
chapelain de leur régiment.

Voilà, MESSIEURS, quels sont tous les actes authentiques par lesquels on peut juger du pouvoir
et de l'autorité que la qualité de commissaire apostolique donnoit à Charles de Mansfeld, sur la personne de M. le duc de Guise.

Après vous avoir donné une première idée de ces
actes, cherchons à en pénétrer le véritable esprit ;
et, pour y parvenir, envisageons d'abord le bref
en lui même, et voyons si l'on peut présumer qu'il
s'applique à la personne de M. le duc de Guise,
demeurant actuellement dans la ville de Bruxelles.
Considérons ensuite ce même bref, par rapport aux
lois qui l'ont suivi, c'est-à-dire, aux concordats des
évêques, et aux ordonnances de l'archevêque de
Malines. Enfin, examinons les preuves de cet usage
qu'on allègue, et par lequel on prétend que ce bref
a été interprété en faveur de la partie de M.ᵉ Nouet ;

c'est par cette voie que nous espérons de parvenir à la connoissance certaine de la vérité.

Le bref en lui-même.
Réflexion générale.

C'est déjà donner une grande extension à un privilége de la qualité de celui dont il s'agit, que de l'appliquer à la célébration des mariages, qui, certainement, n'est comprise ni dans ses termes ni dans son esprit.

Mais c'est étendre l'extension même, que de vouloir qu'un privilége, qui n'est accordé que pour exercer une juridiction sur le camp et sur l'armée, puisse avoir lieu dans les villes, et sur une personne de la naissance et du rang de M. le duc de Guise.

Rien donc qui soit moins favorable que l'interprétation étendue que l'on donne au bref du pape.

Mais, est-elle juste en soi, quoique peu favorable ? c'est ce qu'il faut examiner plus en détail.

Le préambule, le dispositif, tout conspire à exclure cette explication.

Le préambule.

Quels termes plus forts et plus décisifs que ceux qu'on vous a lus tant de fois ? 1.º *Pro salubri directione, et animarum salute eorum qui in castris degunt et versantur.*

C'est donc avec raison que Charles de Mansfeld dit lui-même, dans les traités dont nous allons vous parler incontinent, que le lieu qui sert de théâtre à la guerre est, à proprement parler, le territoire, ou, si l'on veut, le diocèse de l'évêque militaire, auquel on donne le nom de vicaire général des armées.

Pour quelles personnes sa juridiction a-t-elle été établie ? Pour ceux qui vivent, qui habitent continuellement dans le camp, *Qui in castris degunt et versantur.*

On ne sauroit trop remarquer la force de ces termes, qui marquent une espèce de domicile du soldat dans l'armée ; *degere* emporte avec soi l'idée d'une habitation constante et presque perpétuelle.

Or, qui pourra appliquer ces mots à M. le duc de Guise ? Étoit-il dans l'armée, lorsqu'il a contracté le mariage dont il s'agit ? Étoit-il même tellement attaché à cette armée, que l'on pût dire, qu'il n'avoit point d'autre demeure ? Qui ne voit combien cette interprétation est forcée, etc.

2.º Le préambule ajoute le motif de la disposition.

Propterea quòd non facile ad locorum ordinarios recursus haberi potest.

Qui dira que M. le duc de Guise, dans Bruxelles, c'est-à-dire, dans la capitale des Pays-Bas, au milieu de la cour de l'archiduc, ne pouvoit pas trouver de pasteur ordinaire auquel il lui fût facile de s'adresser ?

Et, que deviendra la juridiction du vicaire général, si son principal fondement est détruit ? Et si la seule cause, le seul motif d'un privilége si extraordinaire sont anéantis, comment le privilége pourra-t-il subsister ?

Le dispositif.

Il semble que la clarté croisse, que les ténèbres se dissipent, et que la vérité éclate dans toute sa pureté, à mesure que l'on avance dans la lecture du bref.

Sur qui le pape donne-t-il toute juridiction au vicaire apostolique ? Directement sur les clercs, indirectement sur les laïcs, mais avec cette restriction importante, *qui tamen in propriâ diœcesi non sunt sub quâ illorum ordinarii jurisdictionem suam ordinariam in eos exercere possunt.*

Toutes les réflexions que l'on pourroit faire sur ces paroles, ne serviroient qu'à les obscurcir. Nous osons dire que, quand le bref auroit été dressé par rapport à la décision de cette cause, on n'auroit pu y mettre une disposition plus claire, plus précise, pour exclure le cas dont il s'agit, du nombre de ceux qui sont soumis à la juridiction extraordinaire du délégué.

Supposons, en effet, qu'on eût voulu marquer dans ce bref, qu'un général d'armée, et tous les autres officiers, ne pourroient se marier devant le vicaire militaire, dans les villes, et dans les autres lieux où la juridiction ordinaire peut exercer librement toutes ses fonctions. Que devoit-on, ou plutôt que pouvoit-on faire, si ce n'est de décider, en général, que l'autorité du délégué ne s'étendroit point sur la personne de ceux qui seroient dans le diocèse en état de s'adresser à leur pasteur naturel ?

Voilà ce que l'on devoit faire pour prévenir le cas dont il s'agit, et voilà, en même temps, ce que l'on a fait : ce cas est arrivé ; qui osera dire qu'il n'est pas dans l'exception de la loi ?

Si le bref étoit le seul titre par lequel on pût décider la question que nous examinons, pourroit-elle paroître douteuse et problématique ? Quoi de plus simple et de plus facile à décider ? Et, ne devroit-on pas raisonner en cette manière ?

Il s'agit de savoir si un vicaire-général des armées du roi d'Espagne a pu être considéré comme le propre curé et le pasteur légitime de M. le duc de Guise.

Voyons d'abord quel est son titre ; mais nous trouvons, en le lisant, qu'il n'est établi que pour le secours de ceux qui demeurent dans le camp, c'est-à-dire qu'il est institué pour l'armée, et non pour les villes. Cette expression inspire d'abord quelque défiance du droit du vicaire-général. Nous allons plus loin, et nous voyons que cette juridiction extraordinaire ne lui est accordée que parce qu'il est souvent très-difficile, dans les armées, d'avoir recours aux ordinaires ; alors les doutes augmentent, et l'on a de la peine à concevoir comment on pourra persuader aux hommes qu'un duc de Guise ne pouvoit avoir recours aux supérieurs ordinaires dans la ville de Bruxelles. Enfin, nous lisons un peu plus bas que ceux qui sont dans le lieu de leur demeure, où ils peuvent facilement jouir du secours de la juridiction ordinaire, ne sauroient plus s'adresser au vicaire-général ; c'est en ce moment que la difficulté semble devenir insurmontable, et que l'on est prêt à conclure, que, pour confondre le ministre du mariage dont il s'agit, il suffit de lui opposer son propre titre, et que rien ne détruit davantage sa prétendue juridiction, que le bref même sur le fondement duquel il ose l'élever.

Ajoutons à tout cela que l'esprit, que les termes, que l'effet de la délégation apostolique s'appliquent beaucoup plus naturellement aux simples soldats, qu'aux officiers, et surtout à un général d'armée. Que si les évêques ont souffert que, contre la première intention du pape, les vicaires militaires se soient attribué indirectement le pouvoir de célébrer des mariages, ils n'ont eu cette tolérance, que parce qu'ils ont cru que les vicaires, que les chapelains de l'armée connoissoient souvent mieux l'état et la condition des simples soldats, que les curés auxquels ils pourroient s'adresser ; mais que cette raison ne peut jamais convenir à une personne du rang et de l'élévation de M. le duc de Guise, chef des armées de l'empereur et du roi d'Espagne.

Ce seul nom, cette seule qualité, réclament perpétuellement contre l'entreprise du vicaire-général. Il n'en faudroit presque pas davantage pour montrer combien il a abusé du pouvoir que le pape et l'archevêque de Malines ne lui avoient pas confié pour l'exercer si indignément.

Mais, c'est trop s'arrêter au bref même. Voyons si les concordats, et les autres lois qui l'ont suivi ont dérogé à sa disposition.

Ici, MESSIEURS, nous avouons que nous avons été surpris d'entendre citer des concordats comme favorables à la cause de la dame comtesse de Bossu : nous les avions jusques-là regardés comme un des plus forts argumens que l'on pût lui opposer ; et quelque tour ingénieux qu'on ait voulu leur donner, nous ne pouvons nous empêcher de les considérer encore comme des titres aussi forts que le bref même, pour condamner le mauvais usage que Charles de Mansfeld a fait de son autorité.

Trois articles importans dans ces concordats.

Nous ne parlons point du premier, par lequel il est dit que le gouverneur des Pays-Bas n'est point soumis à la juridiction du vicaire-général, si ce n'est pendant qu'il est actuellement dans l'armée.

Attachons-nous à trois autres, qui peuvent avoir une relation plus immédiate à la matière que nous traitons.

PREMIER ARTICLE.

Similiter omnes nobiles et alii inferiores qui, cessante exercitu, habent suos ordinarios in his partibus, quando subsistunt iis in locis ubi est fixum eorum domicilium, censentur subditi eorumdem locorum ordinariis, etiamsi alioqui habeant officia et stipendia ratione dicti exercitûs.

DEUXIÈME ARTICLE.

Qui verò non habent in his partibus suos ordinarios, et castra sequuntur, habentque officia et stipendia regia ratione ejusdem exercitûs, ii censentur, quamdiù exercitus consistit, subditi delegato apostolico.

TROISIÈME ARTICLE.

Personæ autem castra sectantes, et ad exercitum spectantes, si de exercitu sese ad tempus negotiorum causâ ad urbes, et alia loca extrà exercitum recipiant, manent in omnibus subjecti delegato apostolico.

Par le premier de ces articles, les nobles qui ont un domicile fixe dans les Pays-Bas, et qui se retirent dans les lieux où ils ont leur domicile ordinaire, rentrent aussitôt sous le joug et l'autorité de leur supérieur naturel.

Par le second, ceux qui n'ont point de domicile ordinaire dans les Pays-Bas, sont soumis au vicaire-général tant que l'armée est assemblée ; ce que Charles de Mansfeld, dans la paraphrase qu'il a laissée sur cet article, étend avec raison aux corps de troupes qui sont en quartier d'hiver. Les officiers, étant obligés d'y être avec leurs soldats, demeurent aussi soumis au subdélégué du saint Siége.

Enfin, par le troisième, tous ceux, en général, qui suivent l'armée et qui la quittent pour un temps, pendant que leur devoir les y fait réputer présens, demeurent aussi assujettis à l'autorité du vicaire apostolique.

Tel est le précis de ces trois articles.

Nous croyons pouvoir dire qu'il n'y en a pas un qui ne contienne une décision contre l'usurpation que Charles de Mansfeld a faite en mariant M. le duc de Guise, en qualité de vicaire militaire.

Argument tiré du premier article.

Tous les nobles, qui reviennent dans le lieu de leur demeure ordinaire, sont affranchis de la juridiction du délégué, et soumis à la juridiction de leurs évêques.

En faut-il davantage pour décider la question du pouvoir de Charles de Mansfeld ?

Dira-t-on que M. de Guise n'avoit point de domicile, ou dira-t-on qu'il ne l'avoit pas à Bruxelles ?

Dire que M. de Guise n'avoit point de domicile, *absurdum;* ce seroit faire un vagabond du général des armées de l'empereur et du roi d'Espagne.

Dire que son domicile n'étoit pas à Bruxelles, *absurdius;* tous ceux qui servent le roi d'Espagne en Flandre ne peuvent être censés avoir leur domicile ailleurs que dans la capitale des Pays-Bas ; exemple de Paris, réputé domicile de tous les grands seigneurs qui n'en ont point d'autre de fait.

Or, si le domicile de M. de Guise étoit à Bruxelles, le premier article des concordats exclut toute juridiction du subdélégué apostolique. Donc, etc.

Cet argument est d'autant plus fort, que, suivant l'aveu même de Charles de Mansfeld, dans un traité dont nous parlerons incontinent avec plus d'étendue, il ne s'agit point, dans cette question, d'examiner scrupuleusement la qualité du domicile; on regarde plutôt la demeure, l'habitation actuelle, et, pour nous servir de ses termes mêmes : *Quasi domicilium.*

Après avoir marqué que le gouverneur des Pays-Bas est soumis, non au vicaire militaire, mais à l'évêque de son domicile ou de son habitation, il ajoute ces paroles remarquables : *Eâdem ratione alii qui domicilium vel quasi domicilium habent, quando in illis subsistunt.*

Or, peut-on dire que M. le duc de Guise n'avoit pas au moins *un quasi domicile* dans la ville de Bruxelles?

Argument tiré du second article.

Quand même on voudroit soutenir que M. le duc de Guise n'avoit aucune espèce de domicile dans les Pays-Bas, quelle seroit la loi qu'il faudroit suivre? Ce seroit celle de l'art. 2.

Qui décide expressément que les officiers qui n'ont point de domicile dans les Pays-Bas sont soumis au délégué apostolique, *quandiù exercitus consistit.* Donc, quand l'armée n'est plus assemblée, quand le devoir des officiers leur permet de la quitter, ils cessent de reconnoître l'autorité du vicaire des armées.

C'est ainsi que Zypœus explique cet article, dans ses réponses du droit canonique, au tit. *de off. jud. delegati.*

Et c'est ici, MESSIEURS, que, pour mieux comprendre son raisonnement, il faut joindre l'article trois au second que nous examinons.

L'art. 3 décide en général, que toutes personnes attachées au camp et à l'armée demeurent sujettes à la juridiction du délégué, quoiqu'elles soient pour un temps dans une ville, ou dans un autre lieu éloigné de leur station militaire.

Pourquoi, dit Zypœus, l'art. 2 décide-t-il que ceux qui n'ont point de domicile ordinaire dans les Pays-Bas sont seulement soumis au délégué apostolique, tant que l'armée est en campagne, *quandiù exercitus consistit;* et pourquoi, au contraire, l'article suivant semble-t-il décider le contraire, en disant que ceux qui sont attachés au camp demeurent toujours assujettis à ce même subdélégué, quoiqu'ils soient absens de l'armée?

C'est, dit cet auteur, que l'art. 2 a lieu pour les étrangers qui ont, dans les Pays-Bas, une demeure comparée, en cette matière, à un véritable domicile; c'est dans cette demeure qu'ils ont accoutumé de laisser leur femme, leur maison, leur équipage, lorsqu'ils partent pour la campagne. C'est-là qu'ils reviennent, lorsque le temps de l'expédition est fini.

Mais l'art. 3, continue cet auteur, a rapport à ceux qui sont tellement attachés à l'armée, qu'ils n'ont nulle autre espèce de demeure et d'habitation véritable : *Personæ castra sectantes, et ad exercitum spectantes.*

Les paroles de cet auteur sont trop importantes pour n'être pas rapportées : *Si uxorem, familiam, impedimenta, ibi relinquant dùm ipsi in expeditionem proficiscuntur, illâ finitâ eodem reversuri proxima domicilio est hujusmodi commoratio quasi incolatus, eoque dictus art. secundus non simpliciter videtur tales relinquere Delegato, sed quandiù, inquit, exercitus consistit, eos autem qui sine hujusmodi laribus, extrà exercitum ex causâ temporali divertunt, simpliciter art. 3.*

Talis igitur distinctionis summa. Ou les officiers ont une espèce de domicile où ils ont accoutumé de revenir tous les ans, ou ils n'en ont point; dans le premier cas, ils ne sont soumis au délégué, que *quandiù exercitus consistit;* dans le second cas, ils demeurent toujours assujettis à son autorité.

La raison de cette distinction est une dernière ve de sa vérité.

Nous avons vu plusieurs fois des seigneurs étrangers venir se dévouer au service du roi pendant la guerre. Ces officiers n'avoient point de domicile en France ; mais cependant ils revenoient presque tous les hivers à Paris, où ils avoient leur maison et une partie de leur équipage. Si la sévérité de notre discipline avoit pu recevoir l'établissement des vicaires militaires, y a-t-il quelqu'un qui osât dire, que de tels officiers auroient été assujettis, dans Paris, à l'autorité du délégué apostolique, et qu'il auroit eu un caractère suffisant pour les marier légitimement ?

Concluons donc que les concordats se joignent au bref qu'ils expliquent, pour anéantir la juridiction que Charles de Mansfeld a voulu usurper dans la ville de Bruxelles.

Achevons d'expliquer, en un mot, la seconde loi, qui a quelque rapport avec le bref ; nous voulons parler de l'ordonnance de l'archevêque de Malines.

Cette ordonnance, dont on a relevé ici l'autorité, ne contient rien qui puisse donner la moindre couleur à l'entreprise de Charles de Mansfeld. C'est une simple précaution que l'archevêque de Malines est obligé de prendre, pour empêcher les profanations fréquentes des mariages contractés par des soldats, qui dissimuloient aux curés leur premier engagement. Il ordonne que les curés ne pourront les marier qu'en vertu d'une permission du vicaire-général de l'armée, ou d'un consentement par écrit du chapelain, qui attestera qu'il croit que le soldat est libre et en état de s'engager.

Et de-là, on conclut, que le vicaire des armées a eu le droit de célébrer, dans la ville de Bruxelles, le mariage de M. le duc de Guise.

Quelle conséquence fut jamais plus éloignée ? etc.

Toutes les lois ecclésiastiques s'élèvent donc également contre l'extension que l'on a voulu donner au pouvoir de Charles de Mansfeld.

Mais, au moins, l'usage sera-t-il pour lui ; c'est le dernier point qu'il faut achever de discuter.

Deux sortes de preuves de l'usage.

29*

Les unes sont des actes en grand nombre, par lesquels il paroît que le vicaire-général de l'armée a donné des dispenses de bans, célébré des mariages, prononcé des jugemens sur leur validité.

Mais,

1.° Actes tous postérieurs à l'année 1671, et au nouveau bref que Clément X accorda, en cette année, à l'archevêque de Malines; incapables, par conséquent, de prouver l'usage qui s'observoit en 1641.

2.° Actes qui ne prouvent rien, quand même ils seroient tous du temps fatal dans lequel le mariage a été contracté.

Tous ces actes nous apprennent, à la vérité, que le vicaire-général a assisté à la célébration de plusieurs mariages, qu'il a accordé des dispenses, qu'il a rendu plusieurs jugemens sur différentes causes de mariage qui ont été portées devant lui. Mais on ne voit point si ces mariages ont été célébrés dans l'armée ou dans les villes, s'ils ont été contractés par des personnes qui eussent un domicile ou une habitation certaine, ou par des soldats qui n'eussent point d'autre habitation que leurs tentes ou leurs garnisons; enfin, si les curés ont donné une permission au vicaire-général, ou s'ils ne lui en ont point donné.

Tant qu'on ignorera ces circonstances, qu'il est absolument impossible de savoir ce sera en vain que l'on multipliera les actes de possession de la part du vicaire-général. Il a pu célébrer des mariages, l'usage le lui a permis. Ce n'est pas la question sur laquelle vous avez à prononcer. Il s'agit de décider sur quelles personnes, et dans quels lieux, il a pu exercer cette autorité. Or, c'est ce que ces actes ne sauroient jamais nous apprendre.

Faisons presque la même réflexion sur l'autre espèce de preuve qu'on allègue de l'usage, preuve infiniment plus foible encore que la première.

Elle n'est composée que de certificats donnés par

des curés et par des officiaux de Bruxelles, en 1687,
en 1698 et en 1699.

Certificats suspects, par la qualité de celui auquel
on les donne, gouverneur de Bruxelles, etc.

Certificats inutiles par leurs dates, pour prouver
l'usage de 1641.

Certificats encore plus inutiles, par ce qu'ils contiennent. Car, qu'est-ce que nous apprennent ces
certificats ? Que l'on regarde comme légitimes, les
mariages que la présence du vicaire-général de l'armée
a consacrés; qu'il est en possession d'accorder des
dispenses, et de prononcer même sur la validité
des mariages que les chapelains militaires ont célébrés.

Quel fruit la partie de M.ᵉ Nouet peut-elle espérer
de toutes ces déclarations vagues et générales ? Tout
au plus elles confirment l'usage dont nous avons
déjà parlé tant de fois; mais nous instruisent-elles
sur le point essentiel de la difficulté ? Nous mar-
quent-elles cette étendue indéfinie sur les lieux et
sur les personnes, que l'on veut attribuer ici au
vicaire-général, contre le bref qui le commet, et
contre les concordats qui expliquent le bref?

C'est, MESSIEURS, ce qui n'est pas seulement indiqué de loin, et comme en passant, par ces certificats.

Ceux qui les ont donnés, se sont étendus sur la
partie la plus facile de cette cause; mais ils sont
muets, lorsqu'il s'agit de parler sur la véritable,
sur la solide difficulté qu'elle renferme.

Ou plutôt, disons que leur silence parle en cette
occasion.

Auroient-ils manqué d'assurer que le vicaire-général célèbre les mariages des officiers, même pendant
l'hiver, même dans la ville capitale des Pays-Bas,
et sous les yeux des curés, sous ceux de l'archevêque, si ce fait avoit eu la moindre couleur, s'ils
n'avoient pas appréhendé que tout le pays, que
la notoriété publique, que leur conscience ne s'é-
levât contre leur témoignage?

On ne peut pas dire qu'ils aient ignoré que c'étoit-là
la principale difficulté de cette cause, sur laquelle

on les consultoit. Il y a des certificats, parmi ceux qu'on rapporte, qui ont été donnés depuis que la plaidoierie de cette cause est commencée.

Que reste-t-il donc à conclure, si ce n'est que leur silence est un aveu formel, qu'ils n'ont trouvé aucun usage, aucun fait même, qui pût appuyer les prétentions de la partie de M.ᵉ Nouet ?

L'induction de ce silence est confirmée encore par la proposition que quelques-uns d'eux avancent témérairement, que les vicaires de l'armée sont en possession de marier les soldats, sans obtenir la permission ou le consentement des curés des filles qu'ils épousent.

Proposition inutile ici, puisque, quand elle seroit véritable, il resteroit toujours à examiner si M. de Guise étoit de la qualité des soldats soumis à la juridiction du vicaire-général.

Mais ajoutons encore, proposition téméraire, dont la fausseté évidente répugne également au concile de Trente, au concile de Malines, au rituel de cet archevêché, à l'usage même observé dans cette cause, où vous voyez que Mansfeld a cru devoir obtenir une permission du curé.

Croira-t-on des témoins convaincus de fausseté dans une matière si importante ?

Mais au défaut de témoins dignes de foi, produits par les parties, qu'il nous soit permis, MESSIEURS, d'en faire entendre un, qui ne peut pas être justement suspect à la partie de M.ᵉ Nouet.

C'est ce même Charles de Mansfeld, qui a célébré le mariage de M. le duc de Guise.

Deux traités composés par lui, comme pour faire l'éloge de son pouvoir, en qualité de vicaire-général . . . . Espèce d'apologie de sa juridiction.

Le premier, appelé *Castra Dei, sive parochia militaris*, imprimé à Bruxelles en 1642.

Le second, qui a pour titre : *Magisterium militare, sive de jure et jurisdictione militiæ Belgicæ*, imprimé à Anvers en 1649.

Nous avons examiné ces deux traités ; et quelques

efforts que Charles de Mansfeld y fasse, pour proroger sa juridiction, et pour l'étendre à l'infini, il faut néanmoins avouer qu'il est beaucoup plus sage et plus modéré lorsqu'il écrit comme auteur, que lorsqu'il agit comme grand-vicaire.

Trois passages entr'autres, où lui-même il nous fournit des armes pour détruire l'ouvrage que ses propres mains ont élevé.

Premier passage, que nous avons déjà rapporté, où il dit qu'il suffit d'avoir un domicile, *ou un quasi-domicile*, dans une ville, pour n'être plus soumis à la juridiction militaire du vicaire-général, lorsqu'on y est une fois revenu.

Second passage, encore plus important, qui se trouve dans le chapitre V, qui a pour titre : *Finis delegationis et subdelegationis.*

C'est là qu'il établit ce grand principe, qui suffit seul pour décider cette partie de la cause : Que la juridiction déléguée cesse toutes les fois que le recours à la juridiction ordinaire est certainement et évidemment aussi sûr, aussi facile, aussi utile au public, que le pourroit être l'autorité du subdélégué.

Verùm enim verò cùm hæc delegatio præcipuè data videatur, ut pontificæ potestati, ordinariorumque sollicitudini substitueretur, quia non facilè ad hanc, vel illam recursus militi esset. Itaque, dùm hæc præest, cessare, illa videtur, nam constituendæ personæ quæ exercitui præesset, necessitas. Ipsa est recurrendi difficultas quæ omninò cohæret sanctæ sedis constitutioni, cujus tam est sine effectu ordinatio, quàm reipsà amota est illa difficultas, est enim ipsius constitutionis ratio et causa.

Troisième passage, non moins démonstratif.

Il est tiré du livre intitulé, *Castra Dei*, chap. 3.

Charles de Mansfeld s'oppose, en cet endroit, ces termes décisifs du bref : *Nisi in Diœcesi propriâ sit, sub quâ illius ordinarius jurisdictionem suam ordinariam exercere posset.*

Et voici comme il y répond.

Il dit, que cela s'entend d'une possibilité morale ; car autrement, dit-il, le salut des soldats seroit trop exposé, si l'on prétendoit que toutes les fois qu'il y a une possibilité physique de recourir à l'ordinaire, le pouvoir du subdélégué est suspendu.

Donc, il reconnoît qu'au moins il est suspendu, lorsqu'il y a une possibilité morale.

Il continue ensuite son raisonnement, et il distingue entre les officiers et les simples soldats.

A la bonne heure, dit-il, qu'on soutienne que les premiers peuvent être soumis, sans inconvénient, aux pasteurs ordinaires, quand ils reviennent au lieu de leur domicile ; mais il y auroit beaucoup de danger à établir la même chose pour les simples soldats.

Donc il reconnoît que l'exception du bref a lieu, pour les officiers, toutes les fois qu'ils sont dans une impossibilité morale d'avoir recours à l'ordinaire.

Voici ses termes :

Après avoir rapporté ceux du bref qui contiennent l'exception : *Verendum est*, dit-il, *ne non salvâ militum salute, cum effecta sit exceptio, si ad physicam, non moralem possibilitatem exercitium episcoporum reducamus, moralem autem non esse, verùm sciens fatebitur, ubi recta ratio iniri non potest curandæ subditorum saluti, possunt fortassis qui cingula habent, ubi belli sors ad domicilia deduxit, pagano eique soli parochiæ juri subjici absque damno, at quis poterit gregarius procurare.*

Remarquez ici trois choses essentielles.

L'une, qu'il convient que la lettre de la loi est contre lui.

L'autre, qu'il tâche de l'éluder, par une distinction dans laquelle il abandonne les officiers à l'ordinaire, ce qui suffit.

La troisième, qu'il ne rapporte aucun fait, aucun usage, qui aient confirmé son opinion.

Ainsi Charles de Mansfeld, contraint par la force de la vérité à être contraire à lui-même, est devenu

une des plus grandes preuves de l'abus qu'il a
commis.

Finissons cette longue discussion par trois réflexions importantes.

1.º Si la qualité de vicaire-général étoit un titre
suffisant, pourquoi obtenir une permission de l'ordinaire, qu'il semble même que Charles de Mansfeld
ne pouvoit jamais recevoir, sans déroger à son
droit, puisque, comme vous le voyez par les certificats que l'on rapporte, une des prétentions des
vicaires-généraux est de n'avoir jamais besoin du
consentement, ni de la permission des curés?

2.º Si cette même qualité étoit le titre de Mansfeld, pourquoi n'en a-t-il rien dit dans l'acte inscrit
sur le registre? Il y prend la qualité de vicaire-général, mais comme un simple titre d'honneur; et,
quand il est question de la célébration, il dit qu'il
l'a faite comme autorisé par le curé. D'où vient ce
grand oubli de ses intérêts? etc. Ce n'est que quinze
jours après la célébration que l'on s'avise de faire
donner un certificat par Mansfeld, où il ajoute que
c'est en qualité de vicaire-général, et non pas seulement en vertu de la permission du curé qu'il a célébré le mariage.

Certificat qui n'a été fait que pour donner au
mariage une nouvelle couleur qui pût couvrir le défaut de la permission, mais qui ne sert qu'à faire
voir qu'on a senti le défaut, et qu'on n'a pu le
réparer.

Certificat même qu'on doit rejeter comme une
pièce informe, soit parce qu'il n'a jamais été déposé
dans aucun registre public, soit parce qu'il n'a jamais
été remis qu'entre les mains de la comtesse de
Bossu.

3.º Enfin, la rote même, dont on a voulu vous faire
passer la décision comme l'ouvrage du pape, inter-
prétant le bref de délégation, etc.; la rote même,
comment a-t-elle traité ce moyen? Il n'y a qu'à lire
l'endroit de la sentence où il en est parlé, vous y

verrez, Messieurs, la timide défiance avec laquelle on le propose.

Après s'être beaucoup étendu sur la permission du curé, qu'on regardoit comme la principale défense de la dame comtesse de Bossu, l'on ajoute à la fin : *Addebant aliqui ex doctoribus, quòd cùm dux Guisiæ tempore contracti matrimonii militaret in Belgio, in exercitu regis Catholici, subjacebat in spiritualibus eidem à Mansfeld, vicario generali.*

Addebant aliqui. Sentiment particulier de quelques docteurs, c'est ainsi que parle une sentence par défaut, dans laquelle on a pu insérer tout ce que l'on a voulu, etc.

Passons maintenant à la seconde qualité de Charles de Mansfeld, et voyons si la qualité de prêtre commis par le curé a été, pour lui, un titre plus solide que celle de commissaire subdélégué par l'archevêque de Malines.

Trois principes à supposer.

1.º Que *Licentia tacita non sufficit, nisi forte adsit parochus et subscribat. Expressa requiritur;* tous les docteurs conviennent sur ce point, et même celui que l'on a cité avec tant d'éloges. Les deux parties reconnoissent également la vérité de cette première maxime.

2.º Qu'il y a deux sortes de permissions.

Permission générale ;

Permission spéciale et particulière.

Différence de ces deux espèces de permissions.

La première attribue toujours, à celui qui la reçoit, une juridiction inséparable de la qualité de la permission. Il n'a pas seulement droit d'assister au mariage ; il a droit de l'examiner, d'entrer en connoissance de cause. Délégué général du curé, il doit faire tout ce que le curé feroit, si ses occupations lui permettoient d'agir par lui-même.

La seconde, renfermée dans certaines personnes, ne suppose aucune juridiction, aucun examen, aucune connoissance de cause, dans celui qui la reçoit.

Le curé est censé avoir rempli ce qui est de sa juridiction, et ne laisser, à celui qu'il commet, que ce
qui regarde la cérémonie extérieure.

3.º Ces conditions une fois observées, il n'y a
point de forme essentielle à ces sortes de permissions ; parmi nous, elles doivent seulement être par
écrit. Le concile de Trente, ni les usages des Pays-
Bas, n'ayant rien dit sur ce point, il semble que la
preuve devroit s'en faire de la même manière, pour
la sûreté publique ; mais, *non de hoc agitur*, car
ici, *scripta licentia*.

Après ces principes généraux, passons à l'examen
particulier de la permission dont il s'agit.

Trois raisons la rendent absolument nulle.

Son incertitude ;

Sa convenance à toute sorte de personnes ;

Sa fraude, par laquelle les plus saintes lois pourroient être impunément éludées.

Incertitude de la permission.

Principe général, que tout acte incertain est nul
de sa nature, surtout lorsqu'il demande quelque connoissance de cause.

Principe établi par le droit, qui, bien loin d'admettre la moindre incertitude dans les actes solennels,
ne souffriroit pas même qu'on y ajoutât un temps
ou une condition.

*Actus legitimi... vitiantur per temporis vel con-
ditionis adjectionem*, dit la loi *Actus* 77, ff. *de diversis reg. juris*.

Or, qu'est-ce qu'un acte légitime ? C'est celui qui
doit se faire, aux yeux de la justice, avec une certaine solennité prescrite par la loi.

Tels étoient l'émancipation des enfans, la création
d'un tuteur, l'adition d'hérédité.

Y a-t-il aucun de tous ces actes qui soit comparable au mariäge ? Comment donc l'incertitude, qui
détruit les uns, ne pourroit-elle pas vicier l'autre ?

Suivons encore cette comparaison.

Supposons qu'une émancipation soit conçue en ces termes : *J'émancipe un de mes enfans, sans dire lequel.*

Qu'une création de tuteur se fasse en cette manière ; *un certain chevalier romain sera tenu de se charger de la tutelle.*

Qu'une adition d'hérédité s'écrive ainsi : *J'accepte la succession d'un certain homme mort il y a quarante jours.*

Qui ne regarderoit tous ces actes comme des actes dérisoires ? Tombera-t-il dans l'esprit de quelqu'un de les soutenir aux yeux de la justice ?

C'est cependant ce que l'on fait aujourd'hui, dans l'acte le plus important de la société civile.

Ajoutez l'exemple des dispositions testamentaires incertaines.

Que diroit-on d'un legs conçu en ces termes : *Je donne ma maison à un certain officier de l'armée des Pays-Bas ?*

Le droit canonique est parfaitement d'accord avec le droit romain sur cette matière.

Qu'un évêque donne des lettres de démissoire à un certain homme en général, sans le désigner, l'évêque auquel ces lettres seront adressées, pourra-t-il l'ordonner légitimement ?

Et, pour réunir le droit civil avec le droit canonique,

Qu'un juge soit commis pour une certaine affaire qui est entre certaines personnes, qui osera dire qu'il a un pouvoir suffisamment expliqué ?

Nous nous arrêtons avec peine, etc.

Convenance de la permission à toute sorte de personnes.

C'est l'effet naturel et la suite nécessaire de l'incertitude.

Ce qui ne convient à personne en particulier, convient à tous en général.

Or, jamais vérité fût-elle mieux appliquée ?

Que l'on nous dise comment on peut déterminer la permission dont il s'agit, à M. le duc de Guise et à la dame comtesse de Bossu ?

Nous savons que souvent, *demonstratio nominis vice fungitur*; mais il faut que ce soit une désignation si caractérisée, que l'on ne puisse jamais s'y méprendre.

Or, ici, quelles sont les désignations ?

Un noble homme d'épée, une noble dame de la paroisse de Sainte-Gudule. Sont-ce là donc ces désignations qui tiennent lieu du nom de la personne? N'y auroit-il qu'un homme noble dans l'armée du roi catholique, qu'une noble dame dans la paroisse de sainte-Gudule? Il faudroit pourtant que cela fût, etc.

Expliquons encore plus cette pensée.

Toute permission particulière est nulle, inutile, abusive, lorsque celui qui la donne, ceux qui l'obtiennent, celui auquel on l'adresse, ne peuvent montrer, par la permission même, qu'il connoissent les personnes qu'elle regarde.

Or, comment le curé prouvera-t-il, par sa permission même, qu'il a connu M. le duc de Guise et la dame comtesse de Bossu ?

Comment M. le duc de Guise et la dame comtesse de Bossu ont-ils pu persuader aux autres, qu'ils étoient nommément désignés dans cette dispense?

Enfin, comment Charles de Mansfeld l'a-t-il pu connoître ?

Ne devoit-il pas rejeter cette permission indéterminée, et dire que, comme elle ne convenoit pas plus à M. de Guise qu'à tout autre, il n'avoit aucune autorité, jusqu'à ce que le curé se fût expliqué.

Quel est donc cet ouvrage de ténèbres, où l'aveuglement semble également répandu, et sur le curé qui accorde la permission, et sur ceux qui l'obtiennent, et sur celui qui la reçoit?

Que diroit-on d'un mariage célébré par un prêtre commis par le curé, sous le nom vague et indéfini d'un certain prêtre ? .... *Cuidam presbytero damus licentiam.*

Que jugeriez-vous, MESSIEURS, d'une célébration où l'on se contenteroit de dire que certains témoins y ont assisté, sans marquer leurs noms ?

Les personnes des contractans seront-elles plus incertaines, plus douteuses, que le prêtre et les témoins ? etc.

Enfin, fraude contre les lois les plus saintes ; point sur lequel il est inutile de s'étendre.

Le concile désire en vain une permission du curé, si, par une exécution feinte de la loi, on trouve le moyen de l'éluder impunément.

Car, enfin, si cette permission peut être utile à M. le duc de Guise, elle peut l'être également à tous ceux qui peuvent prendre, avec vérité, le titre de *noble homme militaire,* pour ne rien changer aux termes mêmes dans lesquels elle est accordée.

Donc, en vertu d'une permission, qui cependant, dans l'esprit de celui qui l'accorde, et dans ses termes mêmes, est limitée à un seul, on pouvoit marier aisément toute l'armée, ou du moins tous les nobles qui s'y trouvoient.

Pourquoi s'arrêter à exagérer un tel abus ? La chose parle plus fortement que les plus vives expressions ne pourroient le faire.

Deux grandes objections :

L'une de droit, l'autre de fait.

Dans le droit, on vous a dit qu'une permission générale suffit ; or, les personnes ne peuvent pas y être désignées ; donc, etc.

Le principe que nous avons établi d'abord, a prévenu cette objection.

Différence infinie entre les permissions générales et les permissions particulières.

Et pour développer cette différence d'une manière plus sensible,

Supposons ici ce qui ne peut être contredit par personne :

Que deux choses sont également essentielles, par

rapport au ministère du curé, dans la célébration
du mariage.

1.º La connoissance exacte de l'état et de la condition des parties.

2.º Sa présence actuelle à la célébration du mariage.

Le concile, à la vérité, semble d'abord charger
uniquement le curé de ces deux obligations ; mais
il l'en dispense, en quelque manière, en lui permettant de commettre un autre prêtre à sa place.

Or, ce prêtre peut être commis en deux manières
différentes ; ou de telle manière, que non-seulement
il soit chargé du ministère de la célébration, mais
encore de cette espèce de juridiction, qui consiste
à s'informer soigneusement de la qualité des contractans ; ou, au contraire, de telle sorte, que toute
sa fonction consiste à donner aux contractans la
bénédiction nuptiale.

Dans le premier cas, qui est celui des permissions
générales, le vicaire représente absolument le véritable pasteur. Il est pour lors le propre curé, et
pour l'examen de l'état des contractans, et pour la
célébration du mariage. Les lois de l'église, l'intérêt
public, tout est en sûreté ; et voilà pourquoi il n'est
pas nécessaire alors, que le curé sache le nom des
personnes qui veulent s'engager par le lien sacré du
mariage. Il est censé le savoir par l'organe de son
vicaire, avec lequel il partage le poids de la sollicitude
pastorale.

Mais il n'en est pas ainsi dans les permissions
particulières, si ce n'est qu'elles contiennent une
clause expresse, qui commette aussi au prêtre délégué, l'examen de l'état des contractans ; sans cela,
il n'y a que le seul ministère de la bénédiction, qui
passe dans la personne du prêtre commis. Le curé
est toujours censé s'acquitter de la plus importante
de ses fonctions, qui est celle qui regarde la qualité
des contractans ; mais comment a-t-il pu s'en acquitter
ici, puisqu'il ne les connoissoit pas ?

Une partie essentielle, intégrante, disons même

la principale partie de ces sortes de permissions, y manque donc absolument, c'est-à-dire, l'examen et la connoissance. Le curé ne l'a point eue, la permission en est une preuve incontestable. Charles de Mansfeld n'avoit point de caractère pour exercer cette espèce de juridiction, puisque la permission du curé ne lui accordoit que le droit d'assister à la célébration du mariage, et non pas de l'examiner.

Donc, nul examen, nulle connoissance de cause, et par conséquent nulle permission, puisqu'elle ne peut jamais être légitime, que sur cet unique fondement.

Les exemples éclairciront encore cette vérité.

Qu'un évêque permette à un autre évêque d'ordonner tous les clercs qui se présenteront à lui dans son diocèse, alors il ne faudra point d'expression ni de désignation particulière, parce que ce n'est pas seulement la puissance de l'ordre, et le ministère de l'imposition des mains, qui sont exercés, en ce cas, par un évêque étranger. L'examen des personnes lui est confié par cette espèce de délégation; il est donc inutile de les spécifier chacune en particulier, parce qu'elles doivent être connues toutes, non par celui qui délègue, mais par celui qui est délégué.

Supposons, au contraire, qu'un évêque n'accorde qu'une permission particulière à un autre évêque, de consacrer un de ses clercs; suffira-t-il qu'il lui envoye ce clerc sous le nom équivoque, *d'un certain clerc de mon diocèse?*

Qu'un juge soit délégué pour connoître de toutes les contestations qui naîtront dans l'étendue d'un certain territoire, il seroit inutile et impossible de les désigner toutes séparément.

Mais que l'on ne commette ce juge que pour une affaire singulière, suffira-t-il de dire, qu'on le commet pour juger une cause qui s'agite entre deux personnes désignées par un nom aussi incertain que celui de *Quidam?*

Et, pour ne point sortir de l'espèce de cette cause,

supposons que la question du mariage de M. le duc de Guise eût été renvoyée par l'archevêque de Malines, par-devant Charles de Mansfeld ; auroit-il suffi, pour lui donner un pouvoir légitime, de lui dire, en imitant le style de la permission du curé de Sainte-Gudule, qu'on le commet pour juger de la validité du mariage contracté entre un certain homme noble de l'armée, et une certaine dame de la paroisse de Sainte-Gudule ? Et si, sur le fondement de cette absurde délégation, il avoit connu du mariage de M. de Guise, se trouveroit-il quelqu'un qui osât soutenir son jugement ? Souffririez-vous, MESSIEURS, que, pour le défendre, on vous dît, que les personnes n'étant point désignées dans les délégations générales, elles peuvent ne l'être pas non plus dans les délégations particulières, comme si une différence essentielle ne les distinguoit pas ?

Allons plus loin, et disons, qu'il est même impossible de fixer la nature et la qualité de l'acte que nous examinons.

Est-ce une permission générale ? Mais les termes de la permission y résistent. C'est un seul mariage, dont on confie la célébration à Charles de-Mansfeld. Un homme noble de l'armée, une dame de la paroisse de Sainte-Gudule, rien de plus singulier.

Est-ce une permission particulière ? Mais elle ne désigne, elle ne détermine, elle ne caractérise point les contractans ; elle peut s'appliquer également à un nombre infini de personnes.

Elle n'est donc ni générale ni particulière ; cependant toute permission doit être rapportée à l'une ou à l'autre de ces deux espèces. Qu'est-elle donc, si ce n'est un acte incompréhensible, un acte qu'on ne sauroit définir, un acte qui n'est qu'erreur, illusion, aveuglement, mais une erreur essentielle, une illusion criminelle, un aveuglement sacrilége, dont le but et la fin ont été la profanation du sacrement.

Seconde objection, dans le fait.

Il est à présumer que le curé de Sainte-Gudule a été parfaitement instruit de la qualité des parties.

Mais comment le prouve-t-on?

Est-ce par la permission même? Mais cette permission y résiste ouvertement.

Est-ce par des conjectures étrangères? Mais, 1.º l'utilité publique ne souffre pas qu'on les écoute. Dépendra-t-il du caprice ou de la complaisance d'un curé, d'anéantir à son gré, ou de faire subsister un engagement? La destinée des contractans est fixée dans le moment de la célébration. Si le mariage est légitime, toutes les puissances de la terre, etc. S'il est abusif, toutes les puissances de la terre, etc.

On écoute le curé, lorsque dans les fonctions de son ministère, soutenant le caractère d'une personne publique, honoré de la confiance des ordinaires, et soumis aux canons, il atteste un fait qui s'est passé à la face des autels.

Mais, lorsqu'il commence à reprendre le caractère d'une personne privée, et qu'il veut, par des déclarations postérieures, réparer un vice essentiel, les mêmes lois, qui le font écouter comme un ministre, le rejettent comme particulier.

2.º Où est même ici cette déclaration du curé? On n'en rapporte point. Quelques témoins, dit-on, entendus à la rote, font présumer que le curé a su ce qu'il faisoit, en accordant la permission; mais où sont les dépositions de ces témoins? Que ne les rapporte-t-on aujourd'hui? Nous examinerons incontinent, la force et l'autorité du certificat de l'archevêque de Malines.

3.º Les conjectures peuvent-elles suppléer au défaut des preuves véritables?

Quelle apparence, dit-on, que le curé ait ignoré le nom de ceux auxquels il accordoit la permission? Il a lui-même ordonné, qu'après la célébration, leurs noms seroient marqués au bas de la permission même.

Vous entendez, Messieurs, la foiblesse de ce raisonnement.

Il faut le joindre à celui que l'on a tiré de l'inscription faite sur les registres, de la main du curé ou du vicaire.

Si cette inscription avait été faite, comme on le croyoit d'abord, et comme la rote l'a présumé, dans le jour et dans le moment même de la célébration, il faut avouer que cette conjecture seroit d'un très-grand poids.

La permission et l'acte de célébration seroient trop proches, pour présumer que le curé eût connu les noms des parties dans l'une, et qu'il les eût ignorés dans l'autre; et cependant cette présomption ne seroit pas infaillible.

Mais, ici, le jour de l'inscription dans le registre est douteux. On est forcé de convenir que le mariage célébré dès le 16, n'a été au plutôt inscrit dans un dépôt public que le 20.

Il y a donc eu quatre jours d'intervalle, pendant lesquels on a pu surprendre la simplicité du curé, et, se servant auprès de lui du moyen ordinaire que l'on emploie auprès des esprits foibles, lui persuader que la chose étant consommée, il ne falloit plus penser qu'à en couvrir les nullités, et à en réparer les défauts, en adoptant l'ouvrage de Charles de Mansfeld.

Ajoutons une réflexion importante, qui n'a pas été touchée. Qui peut même savoir si la permission a précédé la célébration du mariage? Cette permission ne peut avoir de date que par l'acte de célébration : or, cet acte n'en peut avoir d'autre que le 20; donc, il n'est point certain que la permission ait été accordée plutôt le 16 que le 17, et les autres jours qui ont suivi la célébration, mais qui en ont précédé l'inscription dans le registre.

Enfin, s'il falloit exercer son esprit par la subtilité des conjectures, on peut dire qu'il y a presque une espèce de démonstration de l'ignorance où le curé étoit de la qualité des parties.

S'il étoit vrai qu'il l'eût connue, pourquoi se seroit-il exprimé en termes si vagues, si incertains, si absurdes? On ne fait pas gratuitement un acte aussi contraire aux bonnes mœurs et à la raison naturelle; on n'a pu le faire que pour cacher une célébration, que nous avons déjà appelée plusieurs fois, avec raison, un ouvrage de ténèbres.

Or, à qui prétendoit-on la cacher, dans un acte secret tel que la permission dont il s'agit? Car enfin, cet acte sepas soit entre le curé et Charles de Mansfeld. Etoit-ce donc aux contractans qui obtenoient cette permission, qu'on vouloit cacher leur nom et leur qualité? Etoit-ce à Charles de Mansfeld, confident et ministre de leur passion? Ce ne pouvoit donc être qu'au curé même. Qui pourra jamais répondre à cet argument?

Mais enfin, vous a-t-on dit, le supérieur a été consulté, il a approuvé également et la conduite de Charles de Mansfeld, et celle du curé de Sainte-Gudule, il en a donné une déclaration, qui renferme une espèce de jugement.

Examinons donc et la forme, et la substance, et l'autorité de ce certificat.

Dans la forme.

1.° Simple avis de l'archevêque de Malines, qui *ultrò et sponte*, sans que personne le requière, juge à propos de donner un certificat, non sur un point d'usage, mais sur une question importante, dont le jugement étoit déja porté à la rote.

2.° Avis donné depuis que M. le duc de Guise avoit abandonné le parti de l'Espagne, dans un temps où personne ne pouvoit expliquer ses raisons, et où la maison de Berghes avoit tout crédit dans les Pays-Bas.

3.° Avis donné par un homme suspect, qui, dès le commencement, s'étoit déclaré ouvertement contre M. le duc de Guise. C'est un fait que M. le duc de Guise a exposé dans la supplique qu'il a présentée au pape, où il représente qu'il ne lui est pas possible d'espérer aucune justice à Bruxelles, parce que l'archevêque de Malines s'y est déclaré ouvertement contre lui.

Aussi, dès l'année 1644, l'archevêque de Malines avoit déjà pris parti dans une affaire sur laquelle il devoit suspendre son jugement, puisqu'il en étoit le juge naturel, ou par lui, ou par son official.

En eût-il fallu davantage pour le récuser ? Et cet avis précipité, cette déclaration ambitieuse ; qu'il a donnés de lui-même, n'auroient-ils pas été une juste cause de suspicion contre lui ?

Comment pourra-t-on donc aujourd'hui faire passer pour un jugement, ce qui seul auroit pu suffire pour l'empêcher d'être juge ?

Dans le fond,

1.° Tout au plus, c'est le sentiment de l'archevêque de Malines : ce sentiment seroit bien plus fort, s'il l'avoit consigné dans une sentence authentique ; et cependant n'en recevriez-vous pas l'appel comme d'abus, et ne la déclareriez-vous pas aussi abusive que la célébration du mariage, si elle paroissoit, comme cet avis, dénuée de tout fondement légitime ?

2.° Nulle raison rapportée pour appuyer son sentiment.

3.° Il se fonde uniquement sur les circonstances qu'il dit avoir apprises du curé, de Charles de Mansfeld, des parties même ; mais il n'explique point quelles sont ces circonstances, et d'ailleurs n'est-il pas fort possible que, dans le dessein que l'on avoit de faire subsister ce mariage, à quelque prix que ce fût, on ait exposé de fausses circonstances à l'archevêque de Malines, et qu'on en ait supprimé de véritables ?

Comment tirer une conséquence certaine d'un fait aussi incertain que celui de l'exposé que l'on a fait à l'archevêque de Malines ?

4.° Qui sait même si l'archevêque de Malines n'a point été consulté sur une question toute différente de celle dont il s'agit ?

Vous avez vu, MESSIEURS, que d'abord on avoit voulu attaquer le mariage de M. le duc de Guise, sous prétexte qu'il avoit de premiers engagemens avec la princesse Anne de Mantoue ; et qui sait, encore une fois, si ce n'est point par rapport à cette première question, que l'archevêque de Malines a donné son certificat ?

Mais c'est trop s'arrêter à une preuve aussi légère.

Nota. *On voit par le manuscrit, que M. l'avocat général a récapitulé ce qui regarde le défaut essentiel, et qu'il a repris ce qui est plus haut, de la réunion des moyens particuliers. Puis il a continué ainsi qu'il suit.*

Mais si ce mariage, considéré en lui-même et dans son principe, n'est qu'une profanation manifeste d'un sacrement ; si les lois civiles et canoniques ne peuvent le regarder dans son commencement qu'avec indignation, se laisseront-elles désarmer par des considérations de faveur et d'équité ? Seront-elles vaincues par la force de la possession et par les approbations publiques que les plus grands noms de l'Europe ont données à ce mariage ? Tout ce qui a suivi la célébration, aura-t-il le pouvoir d'effacer les nullités qui l'accompagnent ? C'est, MESSIEURS, ce qui nous reste à expliquer en très-peu de paroles, sur la question du lien et de la validité du mariage.

Quatre confirmations différentes, qui méritent d'être discutées avec attention. De toutes les parties de la cause, il n'y en a aucune qui paroisse favoriser d'une manière plus éclatante les prétentions de la partie de M.e Nouet ; et il faut avouer que si la cause est difficile, c'est principalement par cet endroit.

Première espèce de confirmation. La cohabitation publique et la fidélité persévérante de M. le duc de Guise, depuis le mois de novembre 1641, jusqu'au mois d'avril 1744, près de deux années et demie.

Seconde espèce de confirmation. Le suffrage d'une partie de la maison royale et de la maison de Lorraine.

Troisième espèce de confirmation. Les honneurs qu'elle a reçus des rois étrangers.

Quatrième espèce de confirmation. L'approbation que le roi même et la reine régente ont donnée à sa qualité.

Quelque fortes que paroissent toutes ces approbations, attachons-nous néanmoins aux grands principes qui doivent décider de l'état des hommes, et ne les laissons pas ébranler par des raisons d'équité, qui rendroient arbitraires toutes les décisions de la justice.

Opposons donc deux sortes d'argumens à ces confirmations de l'état de la dame comtesse de Bossu.

Les uns, généraux et communs à toutes ces espèces d'approbations différentes.

Les autres, particuliers et propres à chaque espèce singulière de confirmation.

Argumens généraux.

1.º Principe certain de droit, que l'état des hommes ne peut jamais être que l'ouvrage de la loi. Les lettres, les déclarations, les reconnoissances des particuliers, ne peuvent rendre légitime ce qui est nul dans son principe; il faut toujours revenir à la vérité. La loi même n'impute que rarement ces sortes de reconnoissances à ceux qui les font; une erreur probable a pu les arracher, mais la vérité reconnue les fait tomber d'elles-mêmes et les dissipe absolument.

Faut-il citer encore une fois ici ces lois fameuses, dont votre audience retentit tous les jours.

Non epistolis necessitudo consanguinitatis, sed natalibus, vel adoptionis solemnitate conjungitur (1).

Non nudis asseverationibus, nec ementitâ professione (licet utrique consentiant) sed Matrimonio legitimo concepti, vel adoptione solemni filii civili jure patri constituuntur (2).

2.º Distinguons, comme nous l'avons déjà fait, deux sortes de nullités; les unes relatives à certaines personnes, les autres absolues.

(1) L. 13, *Cod. de Probationibus.*
(2) L. 14, *eod. tit.*

Les premières s'effacent souvent par la longueur du temps, par la possession, par le silence, ou par l'approbation de ceux qui pouvoient se plaindre dans le commencement du mariage.

Ainsi, un jeune homme séduit pendant sa minorité peut réclamer contre son engagement; mais s'il persévère pendant long-temps, si la majorité ne lui ouvre point les yeux, alors, après plusieurs années de possession, son mariage s'affermit si solidement, qu'il n'est plus possible de l'ébranler.

De même, si un père laisse passer un temps considérable sans se plaindre du mariage que son fils mineur a contracté à son insu, s'il l'approuve expressément ou tacitement, *quod ab initio non valet, tractu temporis non convalescit.*

Mais il n'en est pas de même des nullités absolues; ni le temps, ni la possession, ni l'approbation d'une famille entière, ne peuvent imprimer à un mariage le caractère de sacrement et de contrat civil, que l'église e la loi lui refusent également.

Or, le défaut de présence du propre curé est une de ces nullités victorieuses du temps, contre lesquelles il est presque toujours permis de réclamer.

3.º Lorsqu'il est question de réparer les vices d'un mariage par une longue, une favorable possession, il faut au moins que cette possession ait tous les caractères qui peuvent la rendre légitime.

C'est-à-dire, qu'elle soit libre et volontaire;

Longue et perpétuée pendant un grand nombre d'années;

Publique et connue de tout le monde;

Approuvée par ceux qui ont véritablement intérêt de la contester, et approuvée solennellement;

Enfin, jamais interrompue par une sérieuse contestation.

Si toutes ces considérations ne sont pas réunies en faveur de celui qui allègue la possession, il faut revenir au titre, et décider la cause par les règles générales.

Ces principes supposés, on doit examiner chaque espèce de confirmation en particulier.

1.º Cohabitation avec M. le duc de Guise, et témoignages réitérés de sa persévérance pendant deux ans.

Mais deux défauts : 1.º Possession courte, pour réparer une nullité essentielle ; 2.º Possession peu libre. Comment M. le duc de Guise pouvoit-il rompre les liens qui l'attachoient à la comtesse de Bossu, pendant qu'il conservoit encore quelque engagement avec l'Espagne ? Il falloit qu'il redevînt Français, avant que de cesser de paroître mari de la dame comtesse de Bossu. On ne peut donc presque tirer aucun avantage des reconnoissances de M. le duc de Guise, que depuis son retour en France ; mais alors il restera à peine dix mois de possession, et ce temps-là sera-t-il suffisant pour autoriser un mariage que l'église et l'état condamnent également ?

2.º Approbation d'une partie de la maison royale et de la maison de Lorraine.

Mais, 1.º De quelles personnes ?

Retrancher d'abord M. le duc de Lorraine et le duc François, son frère, qui n'avoient nul intérêt à examiner ce mariage, et qui peut-être se faisoient un devoir de politique de l'approuver, pour réunir M. le duc de Guise avec l'Espagne, et pour le brouiller avec la France.

Retrancher aussi M. et madame d'Orléans, qui n'étoient point non plus les héritiers présomptifs de M. de Guise.

Retrancher de même M. le prince de Condé.

Il ne reste donc que mademoiselle d'Orléans, qui avoit une qualité beaucoup plus importante, puisqu'elle étoit nièce de M. le duc de Guise.

Mais ce seul suffrage sera-t-il plus fort que tant de lois qui s'élèvent contre son mariage ?

Madame sa mère, mademoiselle de Guise, M. de Joyeuse l'ont-ils approuvé ? Or, il s'agit ici de la succession de mademoiselle de Guise ; ce seroit d'elle qu'il faudroit, par conséquent rapporter des reconnoissances.

2.° Dans quels actes se font ces prétendues reconnoissances ?

Est-ce par des partages, des contrats de mariage, des créations de tuteur, en un mot, par des actes de famille ?

C'est uniquement par des lettres écrites à la dame comtesse de Bossu, ou à la dame sa mère, dans la fausse persuasion où ceux qui ont écrit ces lettres étoient que le mariage étoit légitime.

Et comment est-ce que la loi s'explique sur ces sortes de reconnoissances ? Elle déclare expressément, que l'on ne doit y avoir aucun égard.

Sive quasi ad sororem..... epistolam emisisti, dit la loi 13 au code *de Probationibus, fraternitatis quæstio per hæc tolli non potuit.*

Loi qui semble faite pour l'espèce de cette cause.

Car enfin, le plus grand avantage que la partie de M.ᵉ Nouet puisse tirer des lettres qu'il rapporte, est de vous montrer que la comtesse de Bossu a été honorée du nom de sœur par Madame, et de celui de tante par Mademoiselle.

Que dit cependant la loi *Sive quasi ad sororem epistolam emisisti ?*

Ces reconnoissances n'ont donc point un des caractères essentiels pour produire une possession légitime, soit parce qu'elles ne sont point écrites dans des actes de famille, soit parce qu'elles ne sont faites, la plupart, que par des personnes qui n'avoient nul intérêt d'attaquer le mariage de M. le duc de Guise.

Dans quelles circonstances et dans quel temps sont ces reconnoissances ?

Au milieu du trouble que la dame comtesse de Bossu éprouvoit dans son état.

Toutes les lettres supposent ce trouble ; et puisque les princesses qui les ont écrites, conseillent à la dame comtesse de Bossu de faire confirmer à Rome son état, elles ne peuvent l'approuver que conditionnellement, c'est-à-dire, en supposant qu'il sera

confirmé. Donc le dernier caractère de la possession, qui est d'être paisible, manque ici, comme les
autres.

3.º Enfin, qui peut savoir quels motifs secrets
font souvent faire ces sortes de reconnoissances dans
les maisons les plus illustres ?

4.º Les rois étrangers.

L'Espagne, l'empereur.

Mais unis de politique, n'est-il point naturel de
soutenir son sujet contre un étranger, et contre un
étranger qui avoit abandonné le roi d'Espagne,
contre la promesse qu'il lui avoit faite de ne quitter
les armes qu'avec lui.

5.º Le roi même et la reine régente.

Mais reine régente, fait incertain.

Les rois n'agissent pas toujours en législateurs.

Toutes leurs paroles ne sont des lois que quand il
leur plaît.

Exemple des mariages dont le roi a signé le
contrat.

Il a trouvé bon que l'on soutint l'exhérédation
prononcé par le père.

Deux faits : tabouret incertain ;

Passeport inutile.

1.º Quel acte ?

2.º Pendant contestation.

Si *non licet in medio litis preces offerre*, combien
moins est-il permis de travestir un passeport en jugement.

Après toutes les observations que nous venons de
vous faire sur le lien du mariage, considéré en lui-
même, et sur la sainteté, ou plutôt, sur la profanation du sacrement, il est peut-être assez inutile
d'entrer dans l'examen de ce même mariage, considéré par rapport à ses suites et aux effets civils qu'il
peut avoir dans ce royaume.

Mais, comme il ne nous appartient pas de pénétrer dans le secret de vos jugemens, et que l'honneur que nous avons d'approcher, plus près que le

autres, du sanctuaire de la justice doit nous inspirer
encore plus de respect pour le mystère de vos déli-
bérations, nous croyons devoir examiner cette seconde question avec autant d'exactitude que si elle
nous paroissoit absolument nécessaire pour former
les conclusions que l'ordre public nous oblige de
prendre dans cette affaire. Mais, pour ménager les
derniers momens de votre attention et de nos forces,
nous nous contenterons de proposer ici simplement,
et sans aucune explication, les faits et les principes
par lesquels cette dernière partie de la cause peut
être décidée.

Commençons d'abord par mettre l'état de la question dans tout son jour.

Deux sortes d'incapacités différentes peuvent servir
d'obstacle à l'exécution du contrat de mariage de
M. le duc de Guise.

Première incapacité, tirée non seulement de la
condamnation prononcée contre lui, mais du crime
même ; car telle est la nature du crime de lèze-majesté, qu'il prévient la condamnation ; ou plutôt,
telle est l'horreur que la loi a pour cet attentat,
qu'elle n'attend point l'office du juge pour livrer le
coupable à cette espèce d'interdiction, qui est la
première peine de son crime. Ne nous arrêtons
point encore ici à l'explication de cette maxime,
elle est si certaine, qu'elle n'a pas besoin de preuve ;
mais d'ailleurs nous serons bientôt obligés de l'approfondir, en examinant la question que nous nous
contentons à présent de proposer.

Seconde incapacité, qui peut être établie et sur
le mépris de l'autorité du roi, qui n'a point été consulté sur le mariage d'un pair de France, et du chef
de la maison de Guise, ou sur la qualité d'étranger,
ou enfin sur celle d'ennémie, qu'on ne sçauroit nier
que la comtesse de Bossu n'eût dans le temps que le
mariage a été contracté.

Or, toutes ces incapacités, ou certaines, ou douteuses, ont-elles pu être tellement effacées, tellement anéanties par les lettres d'abolition, que l'on

doive, par une fiction favorable, supposer qu'elles
n'aient jamais subsisté ? En un mot, les lettres
d'abolition ont-elles un effet rétroactif ? S'étendent-
elles également, et sur le passé, et sur l'avenir ?
C'est la question importante que vous avez à décider.

Supposons d'abord deux propositions générales, qui
peuvent écarter une partie des difficultés de cette
question, et la renfermer dans ses bornes légitimes.

Première proposition. Il ne s'agit point ici d'examiner scrupuleusement, comme on l'a fait, si cette
loi fameuse, tant de fois citée dans ce tribunal, *indulgentia Principis quos liberat, notat*, est reçue dans
nos mœurs; si la grâce du prince efface jusqu'au
moindre vestige de cette honte, qui est inséparable
du crime ; ou si, remettant la peine, il n'est pas en
son pouvoir de réparer l'atteinte mortelle que la réputation du criminel a reçue par sa faute.

S'il falloit expliquer nos sentimens sur ce point,
non-seulement nous embrasserions avec plaisir cet
usage favorable, attesté par Papon, par Denis Gode-
froy et par Bugnion, qui a tempéré dans ce royaume
l'extrême rigueur de cette loi romaine; nous irions
encore plus loin, et nous soutiendrions que, dans le
droit romain même, le jugement de cette question
dépendoit uniquement de la manière et des termes
dans lesquels le prince avoit expliqué sa volonté.

S'il n'avoit accordé qu'une rémission et une indulgence imparfaite, c'est-à-dire, s'il paroissoit avoir
voulu seulement faire grâce de la peine civile, la
peine naturelle, qui n'est autre que l'infamie, survi-
voit à la restitution.

Mais, lorsque l'empereur avoit donné une entière
abolition, l'honneur, la dignité, la réputation du
coupable étoient rétablis dans leur premier état.

Il n'en faut point d'autres preuves que la définition célèbre de cette espèce d'indulgence parfaite que
nous trouvons dans la loi première, au code *de Sententiam passis et restitutis. Ut autem scias quid sit*

integrum restituere honoribus et ordini tuo, et om-
nibus cœteris te restituo ; formule remarquable.

La même idée se trouve encore dans la loi dernière du même titre, § 4. *Utque deportationis ipsum*
per se nomen rerum omnium spoliatio est, ita indul-
gentiâ restitutio bonorum ac dignitatis suo nomine
amissorum omnium fit recuperatio : ensorte que la
loi veut que, *tantùm ad restitutionem indulgentia*
valeat, quantùm ad correctionem sententia valuit.

Mais ces dissertations sont inutiles dans cette
cause. Il ne s'agit pas de savoir s'il est resté sur la
personne de M. le duc de Guise quelque impression
de cette note que son crime avoit répandu sur sa
réputation. Personne ne peut douter ni du pouvoir,
ni de la volonté du roi. Le premier est écrit dans le
cœur de ses sujets ; le second est marqué trop clairement dans les lettres d'abolition, pour pouvoir être
contesté.

Seconde proposition. On peut distinguer en général deux sortes de restitution ; les unes de justice, et
les autres de grâce ; et cette distinction s'applique à
celles qui rétablissent les condamnés dans la possession de leur état.

Les premières sont des restitutions accordées par
la loi même à celui qui vient se justifier devant la
justice, des absolutions plutôt que des restitutions,
des preuves de l'innocence du sujet et non pas de
l'indulgence du souverain.

Les secondes sont, au contraire, de véritables
grâces, marques éclatantes de la bonté du prince,
qui, comme loi vivante, a le droit de faire cesser, en
certaines occasions, le pouvoir des lois générales, et
de suspendre le cours de sa justice, pour signaler sa
clémence.

Telle est la différence qui distingue ces deux espèces de restitutions, que dans l'une on ne doute
point que le jugement n'ait un effet rétroactif. Il
attaque le principe et le fondement de l'incapacité ;
et dès que l'innocence paroît, non-seulement toutes
les suites du crime sont effacées de plein droit, mais

on juge qu'elles n'ont jamais subsisté. Le ministère du juge déclare l'innocence et ne la donne pas ; c'est même parler improprement que de dire qu'un jugement d'absolution a un effet rétroactif, disons plutôt que l'innocence n'a été qu'obscurcie pendant que la condamnation par contumace a subsisté ; elle a souffert une espèce d'éclipse, son éclat extérieur a été effacé, mais sa pureté intérieure n'a jamais souffert d'atteinte ; et, bien loin qu'il faille emprunter le secours de la fiction pour détruire dans le passé l'effet d'une telle condamnation, on peut dire, au contraire, qu'il faudroit admettre une espèce de fiction pour réputer coupable celui qui a toujours été innocent.

Mais est-il aussi facile de donner un effet rétroactif à l'autre espèce de restitution, qui ne vient point de l'innocence de celui qui l'obtient, mais de la clémence du prince qui l'accorde ? Nous ne disons point encore qu'elle ne puisse pas avoir un effet rétroactif, mais c'est au moins une très-grande question qu'il faut maintenant examiner le plus sommairement qu'il nous sera possible.

Mais auparavant, commençons par écarter la couleur que l'on a voulu répandre dans cette cause, en faisant passer la restitution de M. le duc de Guise pour une de ces restitutions favorables que la justice prononce en faveur de ceux qui se représentent dans les cinq ans, après avoir été condamnés par contumace.

Nous ne disons point qu'il ne s'est pas présenté, nous savons que le roi l'en a dispensé.

Mais ce qui est décisif, c'est qu'il ne peut jamais y avoir de différence entre la condamnation par contumace, et la condamnation contradictoire, en matière de crime de lèze-majesté, lorsqu'une fois le crime est aussi public et aussi constant qu'il l'étoit dans la personne de M. le duc de Guise. Non-seulement cela est décidé par la loi fameuse *post contractum*, mais il y a une loi plus précise : c'est la loi 31, §. 4. au digeste *de donationibus*.

Ratæ donationes esse non possunt post crimen

perduellionis contractum , cùm heredem quoque teneat , etsi nondum postulatus vitâ decesserit.

Le moment qui l'a rendu coupable d'un tel crime, voilà le temps de l'incapacité marquée par la loi 6 au Code *ad legem Juliam majestatis ,* §. 1.

Qui incidit in hoc crimen , neque vendere potest, neque manumittere , neque ullo modo alienare , nec rectè ei solvit debitor.

La loi 8, au même titre , répète la même décision.

Ce principe supposé , remarquons d'abord que personne ne doute que le roi n'ait le pouvoir de donner telle étendue qu'il lui plaît à ses grâces. La justice a des bornes : il n'y en a point à sa bonté. Il peut donc donner un effet rétroactif à ses grâces, pourvu que ce ne soit pas au préjudice d'un tiers ; parce qu'en accordant un bienfait à un de ses sujets, le roi n'ôte jamais le droit acquis à un autre.

Mais il faut que cette volonté soit connue par les lettres mêmes ; et , lorsque le roi ne s'y est point expliqué précisément sur les actes passés pendant que l'incapacité a subsisté, alors quelle règle doit-on suivre ? C'est ce qu'il est assez difficile de décider dans une matière où nous trouvons peu de guides, soit dans les lois, soit dans les arrêts , soit dans les écrits des docteurs.

. Essayons cependant d'en découvrir les véritables principes , et distinguons deux cas différens, dans lesquels on peut demander si la grâce du prince confirme tous les actes qui sont placés dans l'intervalle odieux de l'incapacité.

Premier cas. Lorsque l'acte en soi est valable, et n'a d'autre défaut que l'incapacité qui résulte d'un crime précédent , sans qu'on puisse le regarder comme un nouveau crime.

Second cas. Lorsque l'acte est non-seulement défectueux par le temps dans lequel il est passé , mais augmente encore le crime qui avoit produit l'incapacité.

Le premier cas peut paroître très-difficile.

D'un côté, on peut dire :

1.º Que l'incapacité est une partie de la peine, et que, la loi éteignant la peine avec le crime même, on ne peut en faire subsister une partie contre l'intention du prince.

2.º Que les lettres d'abolition, et surtout celle de M. le duc de Guise, contiennent une clause expresse par laquelle on le rétablit dans la possession et jouissance de ses biens, *ainsi qu'il a fait ou pu faire auparavant toutes les procédures et condamnations, et comme si rien ne fût advenu.* Paroles si fortes, qu'il semble qu'elles décident nettement la question.

3.º Enfin, que l'on ne sauroit donner trop d'étendue à ces sortes de grâces, puisque, suivant la remarque de M. Cujas, c'est à elles que s'appliquent ces paroles de la loi 3, ff. *de constitutionibus principum : Beneficium imperatoris... quam plenissimè interpretari debemus.*

D'un autre côté, on peut répondre :

1.º Que la peine n'est effacée, n'est remise, n'est abrogée que pour l'avenir, et non pour le passé ; et que, puisqu'on veut regarder l'incapacité comme une partie de la peine, on doit en conclure que l'incapacité ne cesse aussi que du jour des lettres d'abolition.

2.º Que c'est un principe général, que les lettres d'abolition n'ont d'effet que pour ce qui est expressément contenu dans la grâce du prince ; et, comme il n'y est point parlé du passé, on ne doit pas faire violence aux termes des lettres, pour leur donner une extension qui n'est point comprise dans l'intention du roi.

Au reste tous ces termes, *pour en jouir comme auparavant les condamnations, et comme si rien ne fût advenu,* se rapportent toujours au temps présent.

Et il y en a même deux preuves écrites dans l'espèce de cette cause.

Une, dans l'arrêt d'enregistrement, qui a ordonné que l'amende ne seroit point rendue à M. le duc de Guise.

Et pouviez-vous marquer plus évidemment, MESSIEURS, que vous n'avez pas cru que l'on puisse donner un effet rétroactif à la grâce du prince; que c'étoit assez pour M. le duc de Guise de recouvrer son premier état, par rapport à l'avenir, sans faire revivre ce même état, par rapport au passé; et qu'enfin, il étoit du bien public et du salut de l'état, qu'il restât toujours quelque trace de cette juste sévérité avec laquelle vous avez puni la révolte d'un pair de France contre son roi?

L'autre preuve, est dans les mêmes lettres d'abolition. Lorsqu'il a été question de faire revivre les titres de duché et de principauté, que le roi avoit éteints dans le temps de la retraite de M. le duc de Guise, et de révoquer le don qui avoit été fait de ses biens à Madame sa mère, s'est-on contenté de ces clauses générales qu'on relève ici avec tant de soin, et n'a-t-on pas jugé qu'il étoit nécessaire d'insérer une clause spéciale dans les lettres d'abolition? etc. Donc, le prince qui a accordé la grâce n'a pas cru qu'elle eût de plein droit un effet rétroactif, et, surtout, sur ce qui n'étoit qu'une suite de la condamnation, parce que les choses n'étoient plus entières, et qu'elles avoient été consommées dans le temps de l'incapacité.

3.° N'y aura-t-il point de différence entre un innocent absous par la justice, et un coupable absous par la grâce du prince? Le roi peut, à la vérité, égaler l'un à l'autre, mais ne faut-il pas qu'il le déclare?

Nota. *M. l'avocat-général le prouva par la différence qui est entre les lettres de naturalité et les lettres de déclaration, entre la légitimation* per subsequens matrimon. *et la légitimation* per rescriptum principis. *Puis il continua ainsi :*

4.° Qu'il doit y avoir quelque différence entre un

sujet fidèle, qui, après avoir été pris par les ennemis
de l'état, revient en France jouir du droit de retour, appelé *postliminium*, et un sujet auquel le
prince fait grâce par un excès d'indulgence. La loi fait
aisément des fictions favorables, lorsqu'il s'agit du
premier; mais elle refuse d'en faire pour le second.

*Transfugæ nullum postliminium est, nam qui
malo consilio et proditoris animo patriam reliquit,
hostium numero habendus est.* L. 19, §. 4, ff. *de
captivis et postliminio*

Il n'est pas à présumer que la loi fasse une fiction
en faveur d'un coupable : il faudroit donc qu'elle
l'eût expliquée expressément, sinon cette fiction ne
peut être suppléée.

5.º Que le droit romain nous apprend que l'on
ne donne point un effet rétroactif aux lettres d'abolition, contre les actes consommés pendant l'incapacité de celui qui est condamné.

Un père, à la vérité, recouvre, par l'indulgence
du prince, les droits de la puissance paternelle
qu'il avoit sur ses enfans avant la condamnation;
mais tout ce que ses enfans ont fait pendant son
incapacité, est confirmé par la loi, même leur testament, à l'égard duquel on ne peut pas dire cependant qu'il y eût encore de droit acquis irrévocablement à un tiers, de peur, dit la loi dernière,
§. 1, Cod. *de Sententiam passis et restitutis*, que,
par une étrange absurdité, il n'arrive que l'on juge
que le fils a été en même temps, père de famille
et fils de famille, affranchi de la puissance paternelle
et soumis à cette même puissance. *Nec eorum res-
cisio efficiat (quod est maximè absurdum) eodem
tempore nec in patris nec in suá fuissè potestate.*

Disons ici la même chose.

N'est-il pas également impossible de présumer
que M. le duc de Guise a été en même temps capable et incapable de contracter un mariage légitime?
Capable, si on examine son domicile actuel dans
les Pays-Bas, qui le soumettoit au curé de Bruxelles:
incapable, si l'on admet l'effet rétroactif que l'on veut

donner aux lettres, puisqu'alors, il faudra supposer que son domicile a toujours été en France, et qu'ainsi il ne pouvoit trouver ailleurs un pasteur légitime et un véritable curé.

Partagera-t-on la grâce du prince? etc.

6.º Que notre usage confirme encore l'autorité du droit romain (1), puisque c'est une maxime incontestable que les successions échues depuis la condamnation ou depuis le crime, lorsqu'il s'agit d'un crime de lèze-majesté, ne sont point rendues au condamné lorsque le prince le restitue.

Nota. M. l'avocat-général a étendu cet argument par l'exemple des condamnations par contumace, par la diversité de la jurisprudence du parlement de Paris et du parlement de Toulouse. Ensuite il a continué ainsi.

7.º Que les traités de paix parlant de ceux qui possèdent des biens dans les deux royaumes, ou qui ont suivi le parti d'un des deux rois, ne les remettent en possession que pour prendre les biens dans l'état où ils sont.

Ces exemples peuvent souffrir un contredit, qui est que partout il s'agit *de jure alteri quæsito quod principis gratia auferre non potest.*

Mais : 1.º Cela seul, qu'*interim alteri jus irrevocabile quæri potuit*, ne suffit-il pas pour montrer que la loi n'a point pensé à donner jamais un effet rétroactif à la grâce du prince?

2.º La raison du droit romain *suprà* 5.º est indépendante, etc.

3.º Il faudroit donc faire voir que, dans les autres cas où il ne s'agit point de préjudicier à un tiers, on a donné un effet rétroactif à l'abolition; mais nul exemple allégué.

Telles sont toutes les raisons de cette opinion,

_____

(1) *Hieron. Gig. tract. sing. de crim. læs. maj. quæst. negat donationem post crimen læs. majest. factam convalescere, si reus à principe restitutus sit.*

raisons au moins aussi fortes que celles de l'opinion contraire.

Nous avouons que notre esprit demeure presque suspendu entre les deux parties; mais, pour finir ce doute, il semble qu'il faut passer au second cas que nous avons proposé d'abord.

Second cas d'un acte criminel en lui-même, indépendamment de la qualité de celui qui l'a passé.

Trois sortes de crimes que l'on prétend trouver en un seul.

Mariage d'un des plus grands seigneurs du royaume, d'un pair de France, d'un possesseur de plusieurs fiefs qui le soumettoient également au roi, et comme vassal, et comme sujet, sans avoir obtenu son consentement avant que de le contracter.

Mariage avec une étrangère.

Mariage enfin avec une ennemie.

Examinons si ces trois circonstances réunies suffisent pour rendre l'*acte criminel*.

Et, supposé qu'on ne puisse douter que cet acte ne renferme un nouveau crime ajouté à celui de la rébellion de M. le duc de Guise, nous n'aurons plus qu'à tirer des conséquences justes et précises de cette vérité, pour achever de vous expliquer nos sentimens sur le mariage que nous examinons depuis si long-temps.

Première circonstance. Mariage d'un pair de France et d'un des plus grands seigneurs de l'état, sans le consentement du roi.

Ce n'est point ici le lieu d'approfondir la grande, la célèbre question, qui semble renfermée dans l'examen de cette première circonstance.

Une question si importante demanderoit des forces toutes nouvelles, et un discours tout entier.

Ou plutôt, disons que cette question a été si doctement traitée et si savamment approfondie dans ce siècle, par des écrits qui sont entre les mains de tout le monde, que cette matière, toujours grande et toujours illustre en elle-même, semble être devenue commune par les dissertations qui l'ont éclaircie et qui l'ont presque entièrement épuisée.

Contentons-nous donc de remarquer en général :

Que les mariages des princes du sang, et même des grands seigneurs, ont toujours été regardés comme une action, qui, loin de se renfermer dans leur famille particulière, intéressoit toute la république.

On a jugé qu'ils appartenoient à la patrie et à leur prince, d'une manière encore plus étroite et plus singulière que le reste des citoyens ; et que toutes leurs actions devant avoir pour but le bien et la gloire de l'état, c'étoit à l'état, encore plus qu'à eux-mêmes, à examiner si l'alliance qu'ils vouloient contracter pouvoit lui être avantageuse.

Enfin, que les rois étant regardés comme les pères, les tuteurs, les gardiens et les protecteurs des princes du sang, et de ceux que leur naissance élève aux premières dignités de l'état, ils commettoient un véritable crime lorsqu'ils méprisoient tant de titres et tant des qualités réunies à celles de souverain, en se mariant sans avoir obtenu la permission du roi.

Qu'autrefois même, ce droit n'étoit pas uniquement propre aux rois et aux souverains ; que les simples seigneurs l'exerçoient sur leurs vassaux ; et que l'église même a reconnu cette autorité dans le huitième siècle, puisque, par un canon du concile de Compiégne, de l'an 757, elle déclara le mariage d'un vassal absolument nul, parce qu'il l'avoit contracté sans le consentement de son seigneur.

Que depuis, cette obligation, renfermée dans la personne des rois, a été renouvelée de temps en temps, par des conventions expresses, qui ne doivent pas être regardées comme des lois particulières, mais comme une simple confirmation de la loi générale.

Que ceux qui ont osé violer cet engagement, et rompre ce nœud qui doit paroître si précieux aux seigneurs du royaume, puisqu'il les attache si étroitement à la personne du roi, ont souvent été regardés, poursuivis, punis, comme criminels d'une espèce d'attentat contre l'autorité du souverain. Les exemples fameux du comte d'Armagnac et du comte d'Alençon sous Charles VII, sans remonter plus haut, l'exemple du procès du maréchal de Biron, en font des preuves éclatantes.

Enfin, nous pouvons ajouter que, quoique dans ces derniers temps, l'on ait souvent dissimulé ces sortes de mariages par rapport aux grands seigneurs, comme on l'a voulu prouver par la réponse de la noblesse à la proposition que le roi Henri III fit dans l'assemblée de Saint-Germain de les rétablir, il faut néanmoins avouer que la raison d'état qui subsiste toujours, et les circonstances qui accompagnent ces mariages, peuvent donner lieu aux juges de les regarder, ou comme tolérables, ou comme absolument criminels.

Pour se réduire, attendu la longueur de la cause, on se bornera à ces deux maximes :

L'une, que le mariage des princes du sang est absolument nul, même *quoad fœdus*, et que cette loi est encore dans sa pleine vigueur, comme le prouve l'exemple de feu Monsieur (1).

L'autre, qu'à l'égard des grands seigneurs, attendu la longue désuétude, il n'en est pas de même; mais que ces mariages, à leur égard, sont sujets à des peines arbitraires selon la gravité des circonstances.

Or, entre les peines, quelle peine plus douce et plus proportionnée, que la privation des effets civils ?

Or, quelles sont ces circonstances? C'est ce qui nous conduit nécessairement à l'examen des deux derniers degrés qui peuvent rendre cette faute plus inexcusable.

Seconde circonstance. Mariage avec une étrangère.

Nota. *M. l'avocat-général dans son manuscrit, indique qu'il ne citera point le droit romain, où le*

---

(1) On peut voir la décision du clergé de France, sur cette affaire, et l'avis de M. Molé, dans la même affaire.

mariage exigeoit la qualité de citoyen romain.
Justas nuptias inter se cives romani contrahunt:
Instit. de Nuptiis, *ni même le droit romain dans
le dernier âge de la république, presqu'entièrement
aboli sur ce point, et, par conséquent, qu'il ne parlera
ni de Cléopâtre ni de Bérénice. Puis reprenant son
texte, il continue ainsi qu'il suit.*

Mais il est certain toujours que c'est un crime,
quandò, rege inconsulto, alienigena uxor ducitur.

Et, en effet, c'est presque toujours dans ce cas
que l'on s'est élevé autrefois contre les mariages
contractés par les grands seigneurs, etc.

Troisième circonstance. Mariage avec une ennemie.

Ou il faut abolir tout vestige de cet ancien usage,
conforme à la raison naturelle et à l'utilité publique,
ou il faut avouer que jamais il n'y a eu plus de
sujet d'en réserver au moins quelques restes par
rapport aux effets civils.

Nota. *M. l'avocat-général a repris ici les principales circonstances de l'affaire; après quoi il a dit:*

Un duc de Guise se lier aux ennemis de l'état,
et sceller son union par un mariage qui le lie étroitement avec une des plus puissantes maisons du Brabant, etc.

S'il est défendu, comme le dit M. le Bret, aux
grands seigneurs, d'équiper des vaisseaux, d'avoir
des maisons fortes, etc. *quantò magis*, de se lier,
par le plus inviolable de tous les engagemens, avec
les ennemis de l'état.

Ce crime, qui a paru si grand à nos pères, deviendra-t-il léger par l'oubli des anciennes maximes,
et parce qu'il se présente rarement des occasions
de le punir?

Au contraire, c'est parce qu'il est rare qu'il semble
que l'on est plus obligé de saisir une occasion de
soutenir avec fermeté l'intérêt de l'état.

Cela supposé, peut-on dire que les lettres d'abolition ont confirmé un tel acte?

S'il étoit innocent en soi, grande question, et la rigueur du droit seroit contre, etc.

Mais il est coupable, et nous venons de compter jusqu'à trois différens degrés dans un seul crime.

Comment appliquer à ce crime des lettres d'abolition qui n'en parlent point ?

1.° Les lettres ne se rapportent qu'aux faits qui y sont énoncés, quelque générales qu'elles paroissent; or, ce fait n'y est point marqué.

2.° Damhouder, et autres praticiens, tiennent que l'omission, ou la réticence d'un crime, rend les lettres subreptices et inutiles pour le crime qui y est expliqué, de même que dans les provisions de cour de Rome, etc.

On ne peut point présumer que le roi ait eu intention de l'y comprendre.

1.° S'il avoit eu cette intention, certainement on n'auroit pas négligé de l'exprimer; conseil de M. de Guise trop habile pour tomber dans cette négligence.

2.° On a bien pris la précaution de marquer que les lettres auroient un effet rétroactif par rapport à la confiscation et au rétablissement des dignités; et cependant ce rétablissement, effet beaucoup plus naturel de la grâce du prince ; pourquoi a-t-on donc omis de parler du contrat ?

3.° Nous apprenons, par un fait singulier, qu'il n'est pas nouveau de faire mention de cette espèce de crime dans des lettres d'abolition.

Il est nommément exprimé dans celles que Charles VII accorda au comte d'Armagnac, et qui furent enregistrées au parlement de Tholose en 1446.

4.° Enfin sans cela, quelle différence y auroit-il entre un mariage contracté en France avec une Française, avec l'agrément du roi, et un mariage contracté pendant la guerre avec une étrangère et une ennemie de l'état ?

Et cela, n'y ayant eu aucune possession en France, *quod imprimis notandum :* car, c'est une plaisante possession que le passeport.

S'il y avoit eu une possession de l'état publique

et certaine en France, on pourroit dire que le roi auroit approuvé, que la loi auroit tacitement confirmé ce mariage, quant aux effets civils ; et, alors, on examineroit si cette espèce de ratification remonteroit jusqu'au contrat, ou si son effet n'auroit lieu que du jour des lettres d'abolition ; mais ici rien de tout cela.

Nota. Le manuscrit indique en abrégé que M. l'avocat-général conclut ici, que ce mariage est aussi indigne d'être regardé comme légitime dans l'état, que comme sacrement dans l'église ; qu'ensuite il récapitula et expliqua les demandes incidentes, et qu'il continua ainsi qu'il suit.

Sur l'appel comme d'abus, tant des procédures de la rote que de la célébration du mariage, dire qu'il y a abus, et, en conséquence, débouter la partie de M.ᵉ Nouet de toutes les demandes par elle formées en exécution du contrat du 16 novembre 1641 ; et, sur le surplus des demandes, les parties hors de cour, si ce n'est que la cour ne juge plus à propos d'accorder un délai à la partie de M.ᵉ Nouet, pour rapporter les titres originaux et pièces justificatives de ses prétendues créances.

Arrêt du 5 janvier 1700.

Entre *Monsieur, fils de France, frère unique du roi, duc d'Orléans*, légataire universel de feu Mademoiselle Anne-Marie-Louise d'Orléans, duchesse de Montpensier, héritière bénéficiaire, quant aux meubles et acquêts et propre maternel, de feu damoiselle Marie de Lorraine, duchesse de Guise, et encore de son chef héritière bénéficiaire de Henri de Lorraine, duc de Guise, second du nom, et ayant repris, par acte du vingt-six février mil six cent quatre-vingt-dix-neuf, au lieu de ladite feue demoiselle d'Orléans ; Henri-Jules de Bourbon, *prince de Condé*, prince du sang, duc d'Enghien, Châteauroux, pair et grand-maître de France ; Anne Palatin de Bavière, princesse, son épouse ; et Henriette-Bénédicte Palatin de Bavière, *duchesse douairière d'Hanower* ; lesdites dames princesse de Condé et duchesse d'Hanower, héritières par bénéfice d'inventaire, quant aux propres paternels de feu ladite demoiselle de Guise, et ayant repris au lieu d'elle, par acte du dix-sept août mil six cent quatre-vingt-dix-neuf, appelans comme d'abus, de toutes les procédures faites à la rote de Rome, commissions qui y pourroient être décernées, et exécution d'icelles. Commissions de ladite rote, du trois janvier mil six cent soixante-cinq. Citation faite en conséquence du jugement rendu à la rote, le neuf juin mil six cent soixante-six, d'une part ; et messire *Philippe-François de Berghes*, seul et unique héritier de défunte Honorée de Berghes, au jour de son décès, veuve du comte de Bossu, intimé et demandeur, aux fins de la commission par lui obtenue en chancellerie, le vingt octobre mil six cent quatre-vingt-dix-huit, et exploit fait en conséquence, le dix-neuf novembre audit an, à ce qu'il fût reçu opposant à l'exécution des arrêts de la cour, des trente-un mars, seize septembre mil six cent soixante-cinq, dix décembre mil six cent soixante-six, et six septembre mil six cent soixante-sept ; faisant droit sur son opposition, ensemble sur lesdites appellations comme d'abus, il fût dit qu'il n'y avoit abus, les appelans condamnés en l'amende de l'ordonnance, en conséquence, que les parties seroient renvoyées au châtelet, pour y procéder sur la demande dudit de Berghes, du treize août mil six cent quatre-vingt-sept, suivant les derniers erremens ; si mieux n'aime la cour, ainsi que ledit de Berghes le requiert, évoquer le principal différend des parties pendant audit châtelet, sur ladite demande ; et, y faisant droit, déclarer le contrat de mariage d'entre Henri de Lorraine, duc de Guise, et ladite dame Honorée de Berghes, du seize novembre mil six cent quarante-un, exécutoire contre lesdits héritiers et biens tenant desdites damoiselles de Montpensier et de Guise, comme il étoit contre icelles, en qualité d'héritières dudit Henri de Lorraine, duc de Guise ; ce faisant, qu'ils seroient condamnés personnellement, pour telles parts et portions qu'ils seront héritiers desdites damoiselles de Montpensier et de Guise, hypothécairement et solidairement pour le tout, payer audit de Berghes, audit nom de seul héritier de ladite feu Honorée de Berghes, premièrement, les arrérages du douaire de ladite Honorée de Berghes, à raison de quarante mille florins par chacun an, valant cinquante mille livres, monnoie de France, à compter du deux juin mil six cent soixante-quatre, jour du décès dudit sieur duc de Guise, jusqu'au dix-neuf août mil six cent soixante-dix-neuf, jour du décès de ladite de Berghes ; soixante mille florins, valant soixante-quinze mille livres, monnoie de France, pour la chambre étoffée, et pierreries, accordées à ladite feu de Berghes par ledit contrat de mariage ; la somme de huit mille florins, valant dix mille livres, monnoie de France, prétendue reçue par ledit feu sieur duc de Guise, de Eugène de Bossu, frère et héritier de Albert, comte de Bossu, vivant, mari de ladite de Berghes, suivant l'acte du treize août mil six cent quarante-deux, et faisant partie de quatorze mille florins prétendus apportés en dot, par ladite de Berghes, audit comte de Bossu, et adjugés par jugement rendu à Malines, entre ledit sieur de Guise et la-

dite de Berghes, et ledit Eugène de Bossu, le dix-huit juillet
mil six cent quarante-deux; la somme de quinze cents livres
par chacun mois de provision, adjugés à ladite dame de
Berghes, contre ledit feu sieur duc de Guise, par le jugement
rendu à la rote de Rome, le trente-un mai mil six cent cinquante-six, jusqu'au décès dudit sieur duc de Guise; la somme
de sept mille neuf cent cinquante-cinq florins, valant onze
mille cinq cent cinquante-quatre livres huit sols, monnoie de
France, pour la valeur de la chambre étoffée, adjugée par
jugement du grand-conseil de Malines, rendu contre ledit
Eugène de Bossu, héritier dudit comte de Bossu, des dix-huit
juillet mil six cent quarante-deux, et vingt-huit juin mil six
cent quarante-sept, déduction faite de huit cent quarante-
cinq florins douze sols, pour la valeur des chevaux et autres
meubles reçus par ladite de Berghes, après le décès dudit
Albert, comte de Bossu; la somme de trente-un mille six cent
cinquante-neuf florins quatre sols, revenant, monnoie de
France, à trente-neuf mille cinq cent soixante-quatorze livres,
prétendues employées pour ledit sieur duc de Guise au paiement de ses créanciers, demeurant à Bruxelles, auxquels on
prétend qu'il avoit fait obliger, avec lui, ladite Honorée de
Berghes, suivant la liquidation faite par le commissaire du
grand-conseil de Malines, par l'état du vingt-six février mil
six cent quarante-neuf; lesquelles trente-neuf mille cinq cent
soixante-quatorze livres ledit de Berghes prétend provenir des
arrérages du douaire de ladite Honorée de Berghes, à cause
de son mariage avec ledit comte de Bossu; la somme à laquelle se trouvera monter la valeur d'une boîte à portrait de
diamans, et d'une paire de pendans d'oreilles, couverte de
diamans, qui étoient engagés; et ledit feu sieur duc de Guise,
et ladite de Berghes, par leur prétendu écrit du vingt-huit
août mil six cent quarante-deux, ont reconnu que ledit Eugène de Bossu leur a fait rendre la somme de quatre mille
neuf cents florins, valant, monnoie de France, six mille cent
vingt-cinq livres, contenues en quatre prétendues quittances
des douze, dix-neuf et vingt-quatre décembre mil six cent
quarante-un, prétendues données par la dame de Grimberghes
à Allonzo Lopez, en l'acquit dudit sieur duc de Guise, au
moyen de l'obligation de ladite de Berghes, du vingt-un décembre mil six cent quarante-un, au profit de ladite dame de
Grimberghes, sa mère, de lui faire désengager ses hardes et pierreries, qu'elle avoit engagées au Mont-de-Piété, à Bruxelles,
la somme de six cents livres de gros, valant six florins chaque
livre de gros, revenant à six mille livres, monnoie de France,
portée par la prétendue obligation du quinze mai mil six cent
quarante-cinq, faite par ladite de Grimberghes, au profit du
nommé Dahose, et à lui, par elle, payée, suivant la quittance
du vingt novembre mil six cent quarante-huit, en l'acquit de
ladite dame de Berghes, pour sa dépense, à Douvres; la

somme de trois mille deux cents florins, valant, monnoie de France, quatre mille livres, pour la valeur de deux rentes héréditaires de deux cents florins chacune, transportées par ladite de Berghes aux nommés Lemire et Marie Vennel, sa belle-sœur, qui étoit due à ladite de Berghes par ledit comte de Bossu, et constituée le neuf mai mil six cent quarante-huit; ledit transport, fait pour demeurer quitte de six mille cinq cents florins, pour marchandises de drap et autres denrées, suivant la sentence rendue au grand-conseil de Malines, le vingt-quatre décembre mil six cent quarante-six, contre ledit sieur duc de Guise et dame de Berghes; aux intérêts au denier seize desdits arrérages de douaire, à raison de cinquante mille livres par an; soixante-quinze mille livres de préciput; huit mille livres, faisant partie de quatorze mille livres des deniers dotaux apportés en mariage par ladite de Berghes, audit comte de Bossu; onze mille cinq cent cinquante-quatre livres huit sols, pour le prix de la chambre étoffée, adjugée à ladite de Berghes, et par jugement rendu à Malines, les dix-huit juillet mil six cent quarante-deux, et vingt-huit juin mil six cent quarante-sept; trente-neuf mille cinq cent soixante-quatorze livres, prises sur le douaire de ladite de Berghes, avec ledit Albert, comte de Bossu, prétendue employée au paiement des dettes dudit sieur duc de Guise, à compter du jour qu'ils ont été reçus par ledit sieur duc de Guise, et des autres sommes, à raison de l'ordonnance, d'une part; et Monsieur, fils de France, duc d'Orléans, frère unique du roi; Henri-Jules de Bourbon, prince de Condé, prince du sang; Madame Anne Palatin de Bavière, princesse, son épouse, et ladite dame duchesse douairière d'Hanower, esdits noms, défendeurs, d'autre part; et encore entre Monsieur, fils de France, duc d'Orléans, frère unique du roi, le prince de Condé et Madame Anne Palatin de Bavière, princesse, son épouse, Madame Henriette-Bénédicte Palatin de Bavière, duchesse douairière de Hanower, esdits noms, demandeurs en requête des trois juin et vingt novembre mil six cent quatre-vingt-dix-neuf, à ce qu'en plaidant sur les appellations et demandes dudit sieur de Berghes, et sur les appellations comme d'abus, interjetés par Mademoiselle d'Orléans, duchesse de Montpensier, et damoiselle duchesse de Guise, reçues par lesdits arrêts des années mil six cent soixante-cinq et mil six cent soixante-six, les parties viendroient pareillement plaider sur les appellations comme d'abus, permission du curé de Sainte-Gudule, célébration dudit mariage, du seize novembre, sentence de la rote, de provision des trente-un mai mil six cent cinquante-six, et cinq mars mil six cent soixante-six, commission du neuf juin mil six cent soixante-six, contenues dans les lettres de la grande chancellerie, données à Versailles, les vingt-huit mai et dix-huit novembre mil six cent quatre-vingt-dix-neuf; et, y faisant droit, il soit dit qu'il a été mal, nullement et abusivement permis, procédé et célébré, tant par Jacques Cossier, curé de Sainte-Gudule de Bruxelles, que par Charles de Mansfeld; qu'il a pareillement été mal, nullement et abusivement procédé et jugé à la rote, débouter ledit sieur de Berghes de ses demandes et oppositions, et le condamner aux dépens, et ledit sieur de Berghes, intimé et défendeur, d'autre part; et encore entre Monsieur, fils de France, duc d'Orléans, M. le prince de Condé, Madame la princesse, son épouse, et ladite dame duchesse douairière de Hanower, demandeurs en requêtes par eux présentées en la cour, les vingt et vingt-trois novembre mil six cent quatre-vingt-dix-neuf, à ce qu'en prononçant sur lesdites appellations comme d'abus, et oppositions; et, déboutant ledit de Berghes de ses oppositions, il soit dit qu'il a été mal, nullement et abusivement procédé, célébré, décerné et jugé, et, en tant que besoin est ou seroit, leur donner acte de ce qu'ils consentent, même requièrent l'évocation des demandes dudit de Berghes, pendantes au châtelet, du treize août mil six cent quatre-vingt-sept, et à laquelle évocation ledit de Berghes a aussi conclu; et, y faisant droit, le débouter de toutes ses demandes, tant formées au châtelet qu'en la cour, par sa commission du vingt-six octobre mil six cent quatre-vingt-dix-huit, et le condamner aux dépens, d'une part, et ledit de Berghes, défendeur, d'autre part; et encore entre ledit de Berghes, demandeur en trois requêtes; la première, du quatorze, et les seconde et troisième, du quinze décembre mil six cent quatre-vingt-dix-neuf; la première, tendante à ce que Monsieur, fils de France, duc d'Orléans, M. le prince de Condé, Madame la princesse, son épouse, et ladite dame duchesse de Hanower, soient condamnés pour telles parts et portions qu'ils sont héritiers de ladite feue demoiselle duchesse de Guise, et hypothécairement pour le tout, lui payer premièrement vingt mille florins, valant vingt-cinq mille livres, d'une part, prétendues dues par la succession du feu comte de Bossu, mari de ladite de Berghes, pour partie des arrérages de son douaire; secondedement, six mille quatre cents florins, valant, monnoie de France, huit mille livres, faisant partie du douaire de deux cents florins par an, à prendre, par ladite de Berghes, sur la succession dudit sieur comte de Bossu, le tout prétendu cédé et transporté par ledit feu sieur Henri de Lorraine, duc de Guise, et ladite dame de Berghes, à Henri Boudon, marchand en la ville de Bruxelles, suivant l'acte passé par-devant notaires, contenant ledit transport, du neuf octobre mil six cent quarante-deux; en troisième lieu, seize mille florins, valant, monnoie de France, vingt mille livres, aussi dues à ladite de Berghes, pour arrérages de son douaire, sur la succession dudit feu comte de Bossu, aussi transportées par ledit feu sieur duc de Guise et ladite dame de Berghes, audit Boudon, avec huit cents florins, valant, monnoie de France, mille livres, pour deux années desdites rentes de deux cents florins chacune, par acte prétendu passé par-devant notaires, à Bruxelles, le dix octobre mil six cent quarante-deux; en quatrième lieu, la somme de vingt mille florins, valant, monnoie de France, vingt-cinq mille livres, pour la valeur des meubles et pierreries appartenant à ladite dame de Berghes, et dont l'on prétend que ledit sieur duc de Guise a disposé, ainsi que l'on prétend qu'il résulte de la lettre écrite, par ledit sieur duc de Guise, à dom Francisco de Meslo, du douze octobre mil six cent quarante-deux, reconnue dudit sieur duc de Guise par deux autres lettres par lui écrites à ladite dame de Berghes, les huit août et six septembre mil six cent quarante-trois, et par la requête présentée, par ladite dame de Grimberghes, au chancelier de Brabant, aux intérêts desdites sommes, à raison des ordonnances, à compter des jours que ledit sieur duc de Guise a disposé et reçu lesdites sommes, et aux dépens; la seconde desdites requêtes, à ce qu'en adjugeant, audit de Berghes, les conclusions par lui prises, les informations faites à la requête dudit feu sieur duc de Guise, de l'ordonnance du lieutenant-criminel du châtelet, à l'encontre de ladite feue dame de Berghes, et qui ont été apportées au greffe de la cour, de l'ordonnance d'icelle, et depuis, mises entre les mains des gens du roi, soient déclarées nulles, et, comme telles, qu'elles seront rejetées de la cause, avec défenses de s'en servir, et, en cas de contestation, condamnés aux dépens; et la troisième desdites requêtes, à ce qu'en adjugeant audit de Berghes les fins et conclusions par lui prises en l'instance, et particulièrement des premier, deuxième, quatrième et neuvième chefs de sa demande, comme dépendante de la question du mariage, qui sera confirmé, le surplus de ses autres chefs, concernant la restitution des sommes prétendues touchées par ledit feu sieur duc de Guise, en vertu d'aliénation que l'on prétend avoir été par lui faites des biens appartenant à ladite dame de Berghes, ou prétendues payées par elle aux créanciers dudit feu sieur duc de Guise, et à son acquit, renvoyer les parties par-devant tel des conseillers de la cour qu'il lui plaira commettre, pour procéder à la liquidation des sommes qui doivent être restituées, sur les pièces qui seront représentées par ledit de Berghes, d'une part; et Monsieur, fils de France, frère du roi, duc d'Orléans, M. le prince de Condé, Madame la princesse, son épouse, et Madame la duchesse douairière de Hanower, esdits noms, défendeurs, d'autre part, sans que les qualités puissent nuire ni préjudicier. Après que Nouet, avocat du sieur de Berghes, et Robert de Saint-Martin, avocat de Monsieur, du sieur prince de Condé, de son épouse, et de ladite de Hanower, ont été ouïs pendant quinze audiences, ensemble d'Aguesseau, pour le procureur-général du roi:

LA COUR, ayant aucunement égard à la requête de la

partie de Nouet, du quinze décembre mil six cent quatre-vingt-dix-neuf, concernant l'information faite au châtelet ; le dix-neuf novembre mil six cent cinquante-cinq ; ordonne que ladite information sera rejetée ; et, sans s'arrêter aux oppositions formées par la partie de Nouet, aux arrêts des trente-un mars et seize septembre mil six cent soixante-cinq, dix décembre mil six cent soixante-six, et six septembre mil six cent quatre-vingt-sept, en tant que touchent les appellations comme d'abus, interjetées par les parties de Robert, tant de la célébration du prétendu mariage que des jugemens intervenus à la rote de Rome, dit qu'il a été mal, nullement et abusivement procédé, célébré, statué et ordonné ; et, en conséquence, évoquant le principal sur les demandes de la partie de Nouet, résultant du prétendu contrat de mariage du seize novembre mil six cent quatre-vingt-un, met les parties hors de cour et de procès, et la condamne aux dépens ; et, sur les autres demandes de la partie de Nouet ; ordonne qu'elle se pourvoira ainsi qu'il verra bon être ; défenses et fins de non-recevoir des parties de Robert au contraire. Fait ce cinq janvier mil sept cent.

MÉMOIRE

Sur la nécessité de la présence ou du consentement du propre curé de chacun des contractans, pour la validité du mariage.

La présence du propre curé est considérée aujourd'hui comme une solennité qui est en même temps ecclésiastique et politique. Ainsi, pour juger de sa nécessité, il faut consulter également et les canons et les lois. On peut dire même que les canons peuvent mériter, en cette matière, une attention encore plus grande que les lois mêmes, parce que les lois ayant adopté, en ce point, la disposition des canons, il semble que, pour bien entendre les lois, il faut recourir aux canons, qui en ont été la source, le fondement et le modèle.

On ne connoît point de concile qui ait établi clairement et formellement la nécessité de la présence du propre curé, avant le concile de Trente, adopté, à cet égard, par les ordonnances du royaume. C'est donc par les termes du décret de ce concile que l'on doit juger si l'intention de l'église assemblée a été de rendre la présence du propre pasteur tellement nécessaire à la validité des mariages, que son absence emportât une nullité absolue.

Mais, avant que d'entrer dans cet examen, il faut supposer qu'entre les empêchemens que les canonistes appellent dirimans, il y en a de deux sortes : les uns ont la force de rendre le mariage nul d'une nullité absolue, qui a eu lieu dans toutes sortes de cas et à l'égard de toutes sortes de personnes ; les autres ne produisent qu'une nullité relative, qui ne donne atteinte au mariage que dans certaines circons-tances et par rapport à certaines personnes.

Ainsi, par exemple, l'empêchement du sang et de la parenté est suivi d'une nullité absolue, même à l'égard des contractans, et sans attendre que ce défaut soit relevé par d'autres parties intéressées à combattre la validité du mariage.

Mais il n'en est pas de même du défaut de consen-tement des pères et mères, et du défaut de publi-cation de bans. Il est constant, suivant l'esprit des ordonnances et la jurisprudence des arrêts, que ces deux défauts n'opèrent qu'une nullité relative; c'est-à-dire, que leur effet est renfermé dans le cas du ma-riage des mineurs, et lorsque les pères ou les mères ou les tuteurs s'en plaignent.

Cette distinction étant une fois supposée, il faut examiner de quel genre est la nullité fondée sur le défaut de présence du propre curé; c'est-à-dire, si elle est absolue suivant le concile de Trente, ou si elle est seulement relative.

Cette question peut être traitée en deux cas dif-férens.

Le premier, lorsqu'aucun des deux curés des con-tractans n'a célébré le mariage.

Le second, lorsqu'au moins un des curés y a as-sisté, sans qu'il paroisse que l'autre curé ait approuvé ni permis la célébration du mariage.

Dans le premier cas, les termes du concile de Trente ne paroissent susceptibles d'aucune difficulté.

Qui aliter, dit ce concile, *quàm præsente paro-cho, vel alio sacerdote de ipsius parochi sui ordi-narii licentiâ, et duobus vel tribus testibus, matri-monium contrahere attentabunt, eos sancta synodus ad sic contrahendum omninò inhabiles reddit, et hujusmodi contractus irritos et nullos esse decernit.*

Il n'y a rien, dans ces termes, qui n'établisse une nullité absolue; on n'y trouve ni condition ni res-triction. La loi n'est point faite en faveur d'un cer-tain genre de personnes dont l'expression modifie, limite et détermine son application : il n'y est fait mention ni des mineurs, ni des majeurs, ni des pères de famille, ni de ceux qui sont en la puissance d'autrui ; au contraire, le concile y déclare, en termes généraux et absolus, que tous ceux qui voudroient contracter un mariage hors la présence de leur propre pasteur sont, par là même, incapables de contracter valablement, et que les contrats qu'ils pourroient passer en ce cas sont nuls et inutiles.

Si l'intention du concile pouvoit être douteuse, à n'envisager que les termes mêmes de sa disposition, il seroit aisé de montrer, par le préambule et par toute la suite de ce décret, qu'on ne peut y donner aucun autre sens légitime.

En effet, on voit, par tout ce qui précède et qui suit ces dispositions, que le but du concile a été d'empêcher les mariages clandestins, et que c'est dans cette vue qu'il a établi la nécessité de la présence du propre curé. Or, le vice de clandestinité pouvant infecter le mariage d'un majeur comme celui d'un mineur, on ne peut pas douter que l'intention du concile n'ait été de comprendre l'un et l'autre dans sa disposition ; et l'on en doutera encore moins, si l'on considère la différence que les pères du concile ont mise entre la proclamation des bans et la présence du propre curé. Ils ont regardé la première de ces solennités comme utile, non comme nécessaire, puisqu'ils laissent à l'ordinaire la liberté d'en dispenser dans certains cas, au lieu que le défaut de l'autre emporte, selon eux, une incapacité absolue dans les contractans, et une nullité essentielle dans le contrat.

Il n'est plus temps de dire, comme on l'a dit autrefois, que ce décret ne devoit pas être reçu dans le royaume, parce que le concile y avoit étendu son autorité sur le contrat, au lieu de ne régler que ce qui regarde le sacrement uniquement soumis à la puissance de l'église.

Les ordonnances du royaume ont trouvé ce réglement si utile, que, sans s'arrêter aux expressions dans lesquelles il est conçu, et allant jusqu'au fond de la chose, qui a paru salutaire, elles en ont, pour ainsi dire, purifié la disposition en l'adoptant, et en lui prêtant, par là, le secours de la puissance séculière, dont ce réglement avoit besoin. C'étoit à elle, en effet, qu'il appartenoit de prononcer sur la nullité du contrat; mais elle l'a fait par les ordonnances qui ont adopté une règle si utile.

Aussi, depuis ces lois, et surtout depuis l'édit de 1697, il ne paroît pas qu'on ait douté qu'un mariage, même entre des majeurs, ne fût nul, lors-qu'il avoit été célébré sans la participation d'aucun des curés des contractans, et sans la permission de l'évêque.

Il n'y a donc que le second cas qui puisse faire la matière d'une véritable difficulté, c'est-à-dire, celui d'un mariage célébré par un des curés sans la permission de l'autre.

Ce cas peut arriver en trois manières.

Car, ou la proclamation des bans a été faite dans les deux paroisses, et alors il est constant que, quoi-qu'il n'y ait point de permission expresse de la part du curé qui ne célèbre point le mariage, le simple certificat de la publication des bans délivré par lui, a la même force qu'un consentement formel donné à la célébration du mariage.

Ou il n'y a point, à la vérité, de proclamation de bans, mais ce défaut est couvert par une dispense de l'évêque; et, en ce cas, comme l'évêque est le pasteur des deux parties, comme le premier curé de son diocèse, si l'une et l'autre y demeurent, et que d'ailleurs les ordonnances qui ont établi la né-cessité de la permission du curé des contractans y ont toujours ajouté, à l'exemple du concile de Trente, l'alternative de la permission de l'évêque, on peut encore soutenir qu'en ces cas, l'esprit du concile et des ordonnances est suffisamment rempli, et que le propre curé des deux contractans est censé avoir ap-prouvé la célébration du mariage.

Ou, enfin, il n'y a ni proclamation de bans faite

dans une des deux paroisses des contractans, ni dispense de cette proclamation; et c'est là l'espèce véritable de la difficulté que l'on forme sur l'interprétation du concile et des ordonnances en cette matière.

Pour l'approfondir solidement, il faut observer d'abord que la loi qui établit la nécessité de la présence ou du consentement du propre curé, a pu avoir deux motifs différens.

Le premier, fondé sur l'opinion de plusieurs théologiens, qui regardent le curé non-seulement comme témoin nécessaire, mais même comme ministre du sacrement de mariage.

Le second, tiré de la nécessité de prévenir l'abus et les grands inconvéniens des mariages clandestins.

Si le premier motif étoit le seul fondement de la loi, la question seroit décidée par le principe même de cette loi; car, l'église ayant déclaré d'un côté qu'il n'y a point de sacrement sans ministre, si elle avoit décidé de l'autre que le propre curé des deux contractans est le ministre du sacrement de mariage, il seroit sans difficulté que tout mariage à la célébration duquel les deux curés n'auroient point concouru, seroit essentiellement nul à l'égard de l'église, par l'absence du ministre; et, les lois civiles ayant imité en ce point les lois ecclésiastiques, et ne reconnoissant plus de véritables mariages entre les catholiques, s'ils ne sont aussi élevés à la dignité de sacremens, ces sortes de mariages ne seroient pas moins nuls par rapport à l'état.

Mais on peut douter que ce premier fondement ait servi de motif à la loi, parce que l'église n'a point encore décidé absolument et expressément que le curé fût le ministre du sacrement de mariage. Plusieurs théologiens le soutiennent; d'autres le regardent seulement comme témoin nécessaire. On dispute tous les jours sur ce point, qu'on ne regarde que comme une opinion sur laquelle les théologiens peuvent exercer librement la subtilité de leurs controverses; et, s'il falloit même juger des sentimens des prélats qui ont assisté au concile sur cette question, par les termes dans lesquels leurs décrets ont été conçus, ils paroîtroient n'avoir considéré dans le curé que la qualité de témoin nécessaire.

C'est ce que la congrégation des cardinaux, établie pour l'interprétation du concile de Trente, paroît avoir aussi supposé dans la plupart de ses décisions ; il suffit de les parcourir pour en porter ce jugement ; et, quoique les décrets de cette congrégation ne soient d'aucune autorité dans ce royaume, ils peuvent néanmoins servir à faire connoître de quelle manière ceux qui sont beaucoup plus attachés que nous aux décisions du concile de Trente, en matière de discipline, l'ont entendu, et l'exécutent encore aujourd'hui (1).

On ne peut donc révoquer en doute que le second motif que l'on vient de marquer ne soit, en effet, la véritable raison qui a déterminé le concile à faire cette loi ; les pères du concile l'ont si clairement exprimé dans leur décret, qu'il est inutile de s'arrêter à prouver ici une vérité claire et évidente. Ils ont eu pour objet d'empêcher la clandestinité des mariages, et ils ont cru qu'il n'y avoit pas de moyen plus sûr pour y parvenir, que d'établir la nécessité de la présence du propre curé.

Or, la clandestinité des mariages a deux caractères différens.

1.º Elle renferme un défaut de forme et de solennité.

_____

(1) Les raisons de ceux qui regardent le célébrant comme ministre du sacrement ne sont pas rapportées dans ce mémoire, qui tend à prouver la nécessité de la présence du propre curé, quelque opinion qu'on puisse embrasser sur ce point. Ils répondent aux auteurs qu'on leur oppose, que, dans tous les sacremens, il y a un ministre différent de celui qui les reçoit ; qu'il y a des paroles prescrites pour l'administration de ce sacrement, où le célébrant parle comme unissant les contractans, et que, dans les rituels anciens, il disoit : *Ego, tanquàm Dei et ecclesiæ minister, vos conjungo ;* ce qui paroît indiquer la tradition de l'église de France, sur ce sujet.

2.º Par ce défaut de forme et de solennité, elle fait souvent un préjudice sensible à un tiers, qui avoit intérêt que la chose fût publique, afin de pouvoir l'empêcher.

Il faut donc examiner si la présence d'un des deux curés, sans la participation de l'autre, remédie à ces deux inconvéniens; car, si cela est, elle purge suffisamment le vice de clandestinité; au contraire, si cela n'est pas, comme ce défaut se trouvera toujours dans le mariage, il sera toujours justement soumis à la peine de nullité prononcée par la loi.

Or, peut-on dire d'abord qu'il n'y ait plus aucun défaut de forme et de solennité, lorsqu'un des deux curés célèbre le mariage sans que l'autre en soit averti?

Pour en bien juger, il faut entrer dans l'esprit du concile, lorsqu'il a établi la solennité de la présence du propre curé.

Il a voulu, par là, que l'église fût instruite de l'engagement des parties, parce que, suivant l'ancienne doctrine contenue dans ce passage de Tertullien : *Nuptiæ non priùs apud ecclesiam professæ juxtà mœchiam judicari periclitantur*, il faudroit régulièrement que les mariages se fissent devant toute l'église assemblée; mais, comme cela seroit impossible, il faut au moins que le pasteur de chaque église particulière, à laquelle les fidèles doivent rendre compte de leur conduite, soit témoin de leur engagement, et qu'il y représente, pour parler ainsi, tout le corps des fidèles, dont il est le pasteur. C'est en vain qu'on voudroit prétendre que l'église est suffisamment représentée par le curé de la paroisse dans laquelle le mariage se célèbre. Ce curé ne peut représenter que le troupeau dont il est pasteur; mais il ne sauroit représenter celui qui est sous la conduite d'un autre; et, pour développer encore plus clairement cette pensée, on peut dire que les deux paroisses des contractans, représentées chacune par leur pasteur, sont les dépositaires essentielles et nécessaires du mariage; ainsi, quand un des curés n'en est pas instruit, il en est de même que si, dans un acte dont la solennité dépend de la signature de deux témoins, il n'y avoit qu'un de ces témoins qui eût signé.

Celui des conjoints qui se marie hors de sa paroisse n'est pas moins assujetti que l'autre des conjoints aux lois de l'église, et ne doit pas moins lui déclarer son mariage, et il n'est pas moins obligé d'avoir son approbation ; cependant il ne le fait pas, dans le moment que son propre curé ignore l'engagement qu'il veut contracter, et, par conséquent, le mariage n'a point, à son égard, celle de toutes les formalités qui lui est la plus essentielle en genre de sacrement, c'est-à-dire, la connoissance et l'approbation de l'église.

Autrefois, dans le temps que l'évêque, seul, exerçoit les fonctions de pasteur dans son diocèse, comme il étoit toujours le propre curé de l'une et de l'autre parties, la solennité se trouvoit toujours également remplie à l'égard des deux contractans, qui lui déclaroient, l'un et l'autre, leur engagement ; mais la multitude des fidèles ayant obligé les évêques à partager le poids de la sollicitude pastorale entre plusieurs curés, il faut nécessairement que les deux curés, qui ne représentent qu'un seul évêque, fassent ce que l'évêque, seul, faisoit autrefois ; sans cela, l'église ne connoîtroit le mariage que d'un côté, et par rapport à l'une des deux parties. Ne connoître un acte qui est essentiellement le lien et l'engagement de deux personnes que par rapport à une seule, c'est ne le connoître par rapport à aucune ; et, en effet, l'expérience apprend tous les jours que la connoissance du curé qui célèbre le mariage est souvent presque aussi inutile dans les cas où l'on veut le tromper, que s'il ne connoissoit aucune des deux parties.

Il est donc évident que le premier caractère de la clandestinité, qui consiste dans un défaut de solennité, n'est point suffisamment réparé par la présence d'un des deux curés, sans la participation de l'autre, puisqu'en ce cas même, il est toujours vrai de dire qu'une des deux églises auxquelles le mariage doit être connu dans la personne de son pasteur, l'ignore néanmoins absolument.

Mais, si ce premier caractère de clandestinité se trouve encore dans ces sortes de mariages, le second en est encore plus inséparable, puisqu'il est certain que la présence d'un des curés n'empêche point que ceux qui auroient intérêt de s'opposer au mariage ne soient non-seulement surpris, mais dans une impossibilité morale de ne le pas être.

En effet, il est impossible d'exiger que les pères et les mères, les tuteurs ou les curateurs, et, en un mot, tous ceux qui peuvent s'opposer à un mariage, veillent également sur toutes les paroisses du royaume; et, c'est pour cela qu'on a jugé, avec beaucoup de raison, que rien n'étoit plus salutaire que la nécessité de la présence du propre curé, parce que, cette règle étant une fois établie, il suffit de veiller sur une seule paroisse pour être assuré qu'il ne se fera aucune surprise.

Or, cette précaution si utile, si nécessaire, sera continuellement éludée, si l'on autorise des mariages faits avec la participation d'un seul des curés des parties contractantes; car, quel est le père ou le tuteur qui puisse être assez heureux pour découvrir la demeure et la paroisse d'une fille qui voudra engager un fils de famille dans un mariage inégal, et peut-être honteux? Ainsi il arriveroit, si l'on s'écartoit de cette règle, qu'une loi qui n'a été admise dans la police extérieure de l'état que pour l'honneur et pour la sûreté des familles, seroit absolument inutile, par l'expédient toujours sûr d'aller célébrer le mariage dans la paroisse où la fille voudroit aller acquérir un domicile, sans en faire part au curé de celui qui vient l'épouser à l'insu de sa famille.

Ce raisonnement a toujours paru si puissant, qu'on ne doute point, au palais, que lorsqu'il s'agit du mariage d'un mineur, le défaut de présence, ou du moins de connoissance, de la part du curé du mineur, ne produise une nullité absolue; et on le jugeoit ainsi, même avant l'édit du mois de mars 1697, qui contient une disposition plus précise sur ce point que les ordonnances précédentes.

Mais toute la difficulté tombe sur le mariage des majeurs, dans lequel plusieurs sont d'avis que le défaut de consentement d'un des curés, n'est point une nullité.

Ils se fondent sur deux raisons qui méritent d'être examinées.

La première, que tout le monde convient que le défaut de publication de bans n'est point une nullité essentielle dans le mariage des majeurs; or, comme dans l'usage ordinaire, le curé de la paroisse où le mariage ne se célèbre pas, n'exprime le consentement qu'il donne au mariage que par le certificat de la publication des bans faite dans sa paroisse, il s'ensuit que le défaut de proclamation de bans et de certificat de cette proclamation, renferme aussi le défaut de consentement du propre curé d'un des conjoints; d'où l'on conclut, que les arrêts ayant jugé que le premier de ces défauts ne rendoit point le mariage d'un majeur nul, ils ont jugé tacitement que le second ne devoit pas non plus être regardé comme une véritable nullité.

La seconde raison est, que l'intérêt de ceux qui auroient pu s'opposer au mariage ne doit être considéré, que lorsqu'en s'y opposant ils auroient pu y mettre un obstacle insurmontable; mais lorsque leur opposition auroit été inutile, il est indifférent, par rapport à la validité du mariage considéré en lui-même, qu'ils aient été avertis ou qu'ils ne l'aient pas été. Ainsi, quand il s'agit du mariage d'un mineur, il est juste que l'intérêt d'un père qui réclame l'autorité des juges contre ce mariage, fasse admettre le moyen qui se tire du défaut de présence du propre curé, parce que, si le père avoit été averti du mariage de son fils avant que le mariage eût été célébré, son opposition auroit été capable de l'empêcher absolument. Mais, lorsque le fils est majeur, comme l'opposition du père auroit été inutile., on ne doit pas non plus écouter le moyen qu'il tire du défaut de présence du propre curé ; parce que, quand le propre curé auroit été averti de ce mariage., quand le père_l'auroit su par lui., il n'auroit pas eu l'autorité nécessaire pour l'empêcher : autrement, le défaut d'une précaution qui n'est établie que pour donner au père le moyen de s'opposer., auroit plus d'effet que son opposition même., et il pourroit rompre ce mariage déjà contracté par son fils., qu'il n'auroit pu empêcher son fils de contracter s'il s'y étoit opposé pendant que les choses étoient encore entières. En un mot, le défaut de la solennité établie principalement en faveur des pères., doit avoir des suites proportionnées au pouvoir des pères ; et rien ne paroît plus naturel que de décider que ce défaut aura l'effet d'anéantir le mariage., lorsque le père auroit eu le pouvoir de l'empêcher s'il en eût été averti, et qu'au contraire., ce même défaut ne pourra donner atteinte au mariage., lorsque le père n'auroit pas eu le pouvoir de l'empêcher, quand même il en auroit été averti.

Voilà tout ce qui se peut dire de plus fort pour soutenir cette opinion, que l'on croit avoir été autorisée par quelques arrêts.

Cependant on y peut faire plusieurs réponses, qui ne paroissent pas susceptibles d'aucune bonne réplique.

1.° On ne peut tirer aucune conséquence de la maxime reçue dans notre usage, que le défaut de publication de bans n'est point une nullité essentielle dans le mariage des majeurs ; car, quoique le curé de la paroisse où le mariage est célébré n'exprime ordinairement son consentement que par le certificat de la publication de bans, il ne s'ensuit pas de là que ce ne soient pas deux formalités distinctes et séparées, l'une, de faire publier des bans, l'autre, d'avoir la permission du curé. La première peut fort bien n'être pas regardée comme indispensable, sans que l'on puisse en conclure que la seconde ne l'est pas non plus; et si, dans quelques arrêts, on n'a pas distingué assez exactement ces deux choses, quelque différentes qu'elles soient, on ne peut établir sur de tels arrêts, qui d'ailleurs ont presque toujours été rendus dans des circonstances singulières, une jurisprudence fixe et certaine.

La seconde objection, qui suppose que le pouvoir de ceux qui ont intérêt de s'opposer à un mariage, est la seule mesure de l'effet que doit avoir le défaut de consentement des deux curés, ou de l'un d'eux, pèche manifestement dans le principe, puisqu'on a fait voir qu'indépendamment de cet intérêt, et à ne considérer le mariage qu'en lui-même, le consentement des deux curés étoit une solennité essentielle à ce sacrement.

Enfin, quand même l'intérêt des familles auroit été un des principaux motifs de la loi qui établit la nécessité de la présence du propre curé, il ne seroit point étrange que le défaut de cette solennité eût de plus grandes suites que l'opposition des pères et mères n'en auroit pu avoir; et il n'est pas nouveau que le défaut de formalités détruise un acte que la partie qui s'en plaint n'auroit pu empêcher, si elle s'y étoit opposée avant que la chose fût consommée.

Deux exemples, choisis entre plusieurs autres, éclairciront cette vérité.

Si une donation n'est pas insinuée, les héritiers du donateur ont droit de la faire déclarer nulle; et, cependant, les auroit-on écoutés s'ils avoient voulu l'empêcher?

Si la procédure sur laquelle un arrêt est rendu est contraire à l'ordonnance; si l'on trouve dans cet arrêt d'autres ouvertures de requête civile, n'est-on pas obligé de le détruire, quoique l'on prévoye bien que ceux en faveur desquels on le détruit, ne pourroient peut-être pas empêcher qu'on n'en rendît un semblable?

Dans ces deux exemples, qu'on pourroit aisément multiplier, il arrive que celui qui ne pouvoit pas empêcher la chose avant qu'elle fût faite, a néanmoins le pouvoir de la détruire lorsqu'elle est faite.

On ne doit donc pas être surpris si, dans un mariage, il arrive de même qu'un père qui n'auroit pu, à la rigueur, empêcher son fils de se marier, puisse réussir, par le secours de la forme, à faire casser ce même mariage qu'il n'auroit pu empêcher.

Mais, ce qui dans les autres matières arrive uniquement par la fatalité de la forme, et donne souvent lieu à des inconvéniens contraires au bien de la justice, est infiniment avantageux à toutes les familles en matière de mariage.

Car, quoiqu'à la rigueur un père ne puisse mettre un obstacle invincible au mariage de son fils majeur, il peut au moins le retarder, donner par là à son fils le loisir de rentrer en lui-même, et en un mot profiter du bénéfice du temps, qui amène souvent avec lui des dénouemens imprévus dans les affaires les plus désespérées.

Or, cela même est un si grand bien, qu'on ne sauroit être trop attentif à le procurer aux pères de famille; et voilà néanmoins ce qu'ils perdent, si l'on autorise les mariages des majeurs célébrés sans la permission d'un des deux curés des parties, puisqu'on prive par là les familles de la dernière ressource qui leur reste, pour faire tomber avec le temps le charme qui fascine souvent les yeux des majeurs comme ceux des mineurs.

Il est inutile de dire que le père peut, en ce cas, déshériter son fils. Les lois doivent lui épargner, autant qu'il est possible, la nécessité de recourir à ce dernier remède; et c'est pour cela même qu'il est très-important de réparer l'effet précipité d'un mariage clandestin, qui ôte au père le pouvoir d'empêcher le mal, et qui ne lui laisse que la triste consolation de le punir.

C'est sans doute par toutes ces raisons, que les ordonnances du royaume, qui ont adopté la disposition du concile de Trente avec peine, n'ont fait aucune distinction entre les majeurs et les mineurs, dans ce qui regarde la nécessité de la présence des propres curés; et c'est une dernière considération qui achève de fixer l'esprit dans une question d'ailleurs susceptible de doute et de difficultés.

En effet, on voit que lorsqu'il s'agit du rapt de violence ou de subornation, et du défaut de consentement des pères et mères, les ordonnances ont marqué expressément, ou par des termes équivalens, qu'elles avoient les mineurs pour objet, comme on peut le voir dans les articles 40, 41, 42 et 43 de l'ordonnance de Blois, dans l'article 25 de l'édit de Melun, dans l'article 169 de l'ordonnance de 1629, par les articles 1, 2 et 3 de la déclaration de 1639, par les articles 2, 4 et 5 de l'édit du mois de mars 1697.

Mais, lorsque nos ordonnances ont parlé de la nécessité de la présence du propre curé, il n'est échappé à ceux qui les ont rédigées, aucune expression qui pût faire connoître que leur intention étoit de restreindre cette disposition aux seuls mariages des mineurs; au contraire, elles sont conçues dans des termes si simples et si généraux, qu'il est évident qu'elles ont eu intention d'établir une nullité absolue pour toute sorte de personnes indistinctement.

Sans parler ici de l'ordonnance de 1629, qui est la première qui ait établi cette règle dans les mariages, il suffit, pour être persuadé de cette vérité, de peser les termes de la déclaration de 1639.

Faisons très-expresses défenses à tous prêtres, tant séculiers que réguliers, de célébrer aucuns mariages qu'entre leurs vrais et ordinaires paroissiens, sans la permission par écrit du curé des parties ou de l'évêque diocésain.

Il n'y a point là de distinction entre les majeurs et les mineurs; et ce qui rend cette observation plus forte, c'est qu'on ne peut pas dire qu'on ait oublié de parler des mineurs en cet endroit; puisque, dans le même article, il en est fait mention quelques lignes plus haut, par rapport au consentement des pères et mères, etc.

Aussi la différence de ces deux conditions est clairement marquée dans le même article, comme la dernière; c'est-à-dire, le consentement des pères et des tuteurs n'est nécessaire que par rapport à ceux qui sont dans la puissance d'autrui, elle n'est établie aussi qu'à leur égard : mais, comme la seconde est nécessaire à l'égard de toute sorte de personnes indistinctement, le même article l'exige aussi en termes généraux, sans faire autre distinction entre les majeurs et les mineurs.

Mais, comme on pourroit dire que cette déclaration ne prononce pas expressément la peine de nullité, il est nécessaire d'y jondre l'édit du mois de mars 1697, qui ne laisse aucun doute sur ce sujet.

Le préambule commence par ces mots :

Les saints conciles ayant prescrit, comme une des solennités essentielles au sacrement de mariage, la présence du propre curé de ceux qui contractent;

Donc, selon ce préambule, cette solennité *est essentielle au* sacrement;

Donc, selon ce même préambule, elle ne consiste pas dans la présence seule du curé d'un de ceux qui se marient, il faut que le propre curé *de ceux qui contractent,* c'est-à-dire, les curés de l'une ou de l'autre partie, y soient présens ou censés présens par permission;

Donc il n'y a point de distinction à faire, puisque, d'une part, il s'agit d'une solennité essentielle au sacrement, et que, de l'autre, elle l'est *pour tous ceux qui contractent.*

Le dispositif de l'édit n'est pas moins fort que son préambule :

Voulons que les dispositions des saints canons, et les ordonnances des rois nos prédécesseurs concernant la célébration des mariages, et notamment celles qui regardent la nécessité de la présence du propre curé de ceux qui contractent, soient exactement observées, etc.

Donc, la présence des deux curés est *de nécessité*; donc, le mariage est nul par le défaut de cette solennité *nécessaire*; donc, cette nécessité est générale, puisqu'on y assujettit tous ceux qui contractent.

Quoiqu'après cet édit on puisse dire qu'il ne manque rien à la plénitude de la loi sur cette matière, il semble néanmoins que la déclaration du 15 juin suivant y ait encore ajouté un dernier degré de lumière et d'évidence.

Le roi ne se contente pas, dans le préambule de cette déclaration, de traiter de profanation les mariages contractés devant des prêtres *autres que les propres curés des contractans*; il enjoint ensuite *aux parlemens, et aux autres juges et officiers, lorsqu'ils jugeront des causes ou des procès dans lesquels il s'agira de mariages célébrés par-devant des prêtres autres que les propres curés des contractans, sans en avoir obtenu les dispenses nécessaires*, d'obliger ceux qui prétendent avoir contracté des mariages de cette manière, *de se retirer par-devant leur archevêque ou évêque, pour les réhabiliter selon les formes prescrites par les saints canons*, etc.

Il n'y a aucune de ces expressions qui ne confirme et qui n'autorise pleinement le principe que l'on a entrepris d'établir dans ce mémoire.

Il ne reste, pour l'achever, que de répondre à une dernière difficulté qui se présente quelquefois en cette matière.

On voit des personnes qui, après avoir contracté un mariage dans une paroisse étrangère, sans permission de leur curé ou de l'évêque diocésain, après avoir vécu plusieurs années ensemble comme mari et femme en possession paisible et publique de leur état, se dégoûtent l'un de l'autre, et, remontant jusqu'à l'origine de leur engagement, veulent profiter de la nullité établie par les ordonnances, pour recouvrer leur liberté, sans que ni le père ou la mère de l'un des conjoints, ni aucune autre personne intéressée, attaque la validité de leur mariage. En ce cas, on peut justement douter s'il doit être permis aux contractans même, quand il n'y a eu ni violence ni séduction de la part d'une des parties, de réclamer contre leur engagement, parce qu'ils n'ont point obtenu la permission de leur curé pour se marier dans une paroisse étrangère à tous deux, ou à un seul des contractans.

D'un côté, il semble qu'on ne doive pas écouter ceux qui viennent alléguer leur propre turpitude, et qui cherchent à se faire, d'une faute dont ils sont coupables, un titre pour rompre leur mariage.

De l'autre côté, on peut répondre qu'il est vrai que c'est par leur faute qu'ils sont mal mariés, mais il n'en est pas moins vrai que leur mariage est nul; et il paroît difficile de soutenir que, par forme de peine, on puisse confirmer un engagement qui est nul par le défaut d'une solennité essentielle.

Au milieu de ces difficultés, il semble que, sur cette espèce, on ne peut établir une règle générale pour toute sorte de cas; mais, s'il y a quelquefois des circonstances assez fortes, suivant les règles de la police extérieure, pour fermer la bouche à la mauvaise foi et à l'inconstance de ceux qui réclament, sur ce fondement, contre un consentement libre et confirmé par une longue possession, il faut au moins, en ce cas, qu'il paroisse que la justice ne se détermine que par des fins de non-recevoir, et qu'en déclarant les parties non recevables, elle ajoute toujours que c'est sans préjudice à elles de se retirer par-devers l'évêque, pour réhabiliter leur mariage, si faire se doit.

CINQUANTE-HUITIÈME PLAIDOYER.

DU 12 AVRIL 1700.

Dans la cause des religieuses ursulines de Castel-
Sarrazin, appelantes, contre Guillaume-Gabriel
de Charron, intimé, et Jean de Charron, inter-
venant.

Question de suggestion de testament.

Lorsque l'on examine les circonstances nouvelles,
singulières, presque incroyables de cette cause, on
ne sait lequel doit paroître plus surprenant, ou
l'avidité des religieuses, s'il est vrai que, par des
artifices odieux et par une criminelle industrie, et
par une imposture punissable, elles aient abusé de
la foiblesse et de la crédulité de leur bienfaitrice;
ou la négligence des héritiers, si, pouvant établir
la vérité des faits graves et importans qu'ils avancent,
ils ont souffert que le nombre des années en ait
presque effacé le souvenir, et que la longueur du
temps ait fait passer du côté des religieuses toute la
faveur qui, dans les commencemens de la procédure,
sembloit appuyer les droits et les prétentions des
héritiers du sang.

Avant que de vous proposer nos réflexions sur un
doute si important, et d'examiner si l'on peut accuser
les religieuses d'avidité et les héritiers de négligence,
ou si au contraire, en déclarant les religieuses innocentes, on doit louer le long silence des héritiers,
et ne condamner que leurs nouvelles poursuites,
nous sommes obligés, MESSIEURS, de recueillir, en

très-peu de paroles, cette longue suite de faits que l'on a crus essentiels à la décision de cette cause.

Pour vous les expliquer dans un ordre aussi simple que naturel, nous les rappellerons à deux objets principaux, qui sont comme les deux points fixes sur lesquels roule toute la contestation des parties.

Deux testamens, titres des religieuses ; testament du mari, testament de la femme : dans le premier, fidéicommissaires de la moitié ; dans le second, héritières de la totalité des biens ; l'un et l'autre, sujets des procès, qui, depuis près de soixante années, ont rendu la succession du mari et celle de la femme également douteuses et incertaines.

Expliquons d'abord les faits qui regardent le testament du mari ; passons ensuite à ceux qui concernent le testament de la femme : c'est dans ces deux idées que nous renfermons tout le sujet de cette contestation.

Faits qui regardent le testament du mari.

François de Testas, mari de Gabrielle de Charron, fait son testament en l'année 1632, et institue sa femme son héritière universelle, pour jouir et disposer de tous ses biens *à ses volontés.*

Il survit douze années entières à sa disposition. Il meurt en l'année 1644 : on ouvre son testament ; sa femme entre en possession de tous ses biens.

A peine eut-elle commencé à en jouir paisiblement, qu'elle fut troublée par la prétention du nommé François Bernard, neveu de son mari.

Il soutint que l'institution, quoique libre en apparence, étoit en effet chargée d'un fidéicommis de la moitié du bien de François de Testas. Le testament ne lui fournissoit aucune conjecture de la volonté du testateur ; mais, au défaut de preuves écrites, il eut recours à la preuve testimoniale ; et, suivant l'usage dangereux des provinces qui se régissent par le droit écrit, il demanda permission de faire preuve, par témoins, de la vérité de ce fidéicommis verbal, dont il prétendoit que l'exécution avoit été confiée par le testateur à la bonne foi et à la prudence de Gabrielle de Charron sa femme et son héritière.

Sa demande fut portée par-devant le sénéchal de Toulouse.

Gabrielle de Charron comparut devant ce juge. Elle demanda à être entendue sur les faits contenus dans la requête de François Bernard. Le juge l'interroge ; il la presse de déclarer si François de Testas son mari ne l'a pas chargée de rendre la moitié de ses biens à François Bernard.

Elle ne répond pas directement à cette question ; mais elle déclare que son mari l'a chargée, en mourant, d'un fidéicommis universel en faveur des religieuses ursulines de la ville de Castel-Sarrazin, qui n'aura lieu qu'après sa mort : elle explique ensuite le détail des charges que le testateur avoit imposées à sa libéralité.

La moitié de la valeur des immeubles doit être employée à la construction d'une église et d'un collège portant le nom du testateur, dans lequel collège il y auroit une classe affectée et destinée à l'instruction des pauvres filles de Castel-Sarrazin, à quoi les religieuses pourront être obligées par les consuls.

La valeur de l'autre moitié sera employée en constitution au profit des religieuses ; mais à condition :

De faire célébrer deux messes par semaine ;

De faire tous les ans une aumône de 20 sous, tous les vendredis et samedis de chaque semaine, depuis le commencement de décembre jusqu'à la fin du mois de mai.

Enfin (ce qui est beaucoup plus important) à condition qu'il y aura quatre places de religieuses affectées à la famille de François de Testas et de Gabrielle de Charron ; deux pour chaque famille : places gratuites, où l'on sera reçu sans dot, sans pension, sans droit d'entrée, etc.

Tel fut le témoignage que Gabrielle de Charron rendit alors aux dernières volontés de son mari mourant ; témoignage très-suspect qu'elle a révoqué dans la suite, mais qui, tout suspect qu'il est, est néanmoins un des titres de la prétention des religieuses ursulines.

Sur la fin de cette déclaration, elles interviennent dans la cause, qui étoit pendante devant le sénéchal de Toulouse ; elles demandent à faire preuve de ce fidéicommis verbal, qui devoit un jour leur déférer la succession de François de Testas.

L'appel d'une sentence préparatoire porta l'affaire au parlement de Toulouse.

Une nouvelle partie y intervint. Jean de Testas, neveu du testateur, joignant à cette qualité l'avantage de porter son nom, prit la même route que les autres parties, pour aspirer à sa succession ; il allégua, comme elles, le fait important d'un fidéicommis tacite, dont il prétendit que Gabrielle de Charron étoit chargée à son profit.

Le parlement de Toulouse, par un premier arrêt, évoqua le principal, permit à toutes les parties de faire preuve de leurs faits ; et par un second arrêt, rendu sur les preuves respectives, il adjugea la moitié des biens à François Bernard, pour en jouir après la mort de l'héritière instituée ; et, faisant droit sur la requête des religieuses ursulines, il ordonna que l'autre moitié des mêmes biens leur appartiendroit après le décès de Gabrielle de Charron, en conséquence de la déclaration par elle faite, et aux conditions qu'elle avoit expliquées dans cette déclaration.

Quoique le parlement de Toulouse ait égalé François Bernard aux religieuses, et qu'il les eût admis concurremment à la portion des biens du testateur, leur sort étoit néanmoins bien différent, comme l'événement l'a justifié.

François Bernard étoit mortel, mais les communautés ne sont point sujettes à la mort : ainsi, ce qui n'étoit qu'une espérance fragile dans la personne de Bernard, étoit, à l'égard des religieuses, une assurance parfaite et infaillible.

François Bernard mourut avant Gabrielle de Charron instituée, et perdit, par sa mort, tout le droit qu'il auroit pu avoir sur la moitié des biens de François de Testas.

Ses héritiers voulurent inutilement, après sa mort et après celle de Gabrielle de Charron, demander la délivrance d'un fidéicommis qui étoit devenu caduc par le prédécès du fidéicommissaire : leur prétention, contraire aux règles du droit, fut condamnée par un arrêt du parlement de Toulouse, rendu en l'année 1615.

Faits qui regardent le testament de la femme.

Nous avons ici troublé l'ordre des dates, pour ne point interrompre la suite des faits qui regardent le testament du mari ; tel a été son sort et sa destinée : retournons à présent sur nos pas, et tâchons de vous expliquer, avec la même exactitude, quels ont été la forme, la disposition, l'événement du testament de la femme, c'est-à-dire, de Gabrielle de Charron.

Remarquons d'abord, comme une suite naturelle des faits que nous vous avons expliqués, qu'il paroît que Gabrielle de Charron, ou jalouse du titre de bienfaitrice, ou animée des sentimens plus élevés d'une piété pure et solide, avoit toujours voulu donner aux religieuses ursulines des marques éclatantes de son affection.

Vous l'avez vu, dès l'année 1644, faire, sans y être obligée, une déclaration authentique en leur faveur.

Déclaration que le parlement de Toulouse a jugée fausse pour la moitié des biens, puisque, sans y avoir égard, il a maintenu Bernard dans le fidéicommis de la moitié de la succession.

Déclaration que celle qui l'a faite a reconnue fausse

pour la totalité des biens : vous l'allez voir incontinent dans l'explication de son testament.

Il n'en faut pas davantage pour montrer l'excès de
sa bienveillance pour les ursulines.

Il paroît même qu'elle n'avoit que de la défiance
et de l'éloignement pour Etienne de Charron son
frère, c'est-à-dire, pour celui qui, dans l'ordre de
la nature et de la loi, devoit être son héritier. Quoiqu'elle le chargeât du soin et de la conduite de
ses affaires les plus importantes, elle ne laissa pas
de faire, en 1647, trois actes de protestations contre
toutes les donations que son frère pourroit exiger
d'elle; elle l'accuse même dans ces actes d'avoir abusé
de sa facilité pour exiger d'elle des transports, et pour
s'emparer d'une partie de son bien.

Telle étoit la situation de Gabrielle de Charron,
depuis l'année 1646 jusqu'en 1655. Aussi pleine d'affection pour les religieuses ursulines que de défiance
pour son frère, elle fit un testament qui ne permet
pas de douter de ses sentimens.

Tout est important dans cet acte, et la forme de ses
dispositions n'est pas moins remarquable que ses dispositions mêmes.

Dans la forme extérieure, tout ce qui peut rendre
un testament aussi inviolable que solennel s'y rencontre.

Testament écrit et signé de la main de la testatrice.

Testament revêtu de la forme solennelle des testamens mystiques : sept témoins y souscrivent, et le
confirment par leur sceau.

Dans la substance, on peut distinguer trois parties.

1.º Les legs, presque tous pieux, ou à des parens
proches, mais très-peu considérables, ne montent pas
à 2500 livres.

2.º L'institution. Les religieuses y sont les seules
héritières de Gabrielle de Charron : si elle fait quelque mention de son frère, c'est pour déclarer qu'elle
le prie de se contenter de ce qu'elle lui a donné
depuis sa viduité, qu'elle fait monter à une somme

de 15,000 livres, pour laquelle elle l'institue son héritier.

3.º L'explication de la déclaration, faite en 1644 en faveur des religieuses.

Gabrielle de Charron reconnoît *que son mari lui avoit donné tout son bien, sans aucun fideicommis ; que, pour se libérer de la persécution de François Bernard, elle fut obligée de déclarer que la volonté de son mari étoit que les religieuse ursulines fussent héritières de ses biens, quoique son mari ne l'y eût jamais obligée, ni par paroles, ni par écrit, lui ayant donné tous ses biens, pour en disposer à sa volonté.*

Elle ajoute ensuite qu'elle a fait *un vœu, du consentement de son mari, de faire une fondation de religieuses ursulines, et que son mari, à l'heure de sa mort, confirma ce vœu et le présenta à Dieu.*

Enfin, elle confirme de nouveau la déclaration de 1644, par rapport aux charges qu'elle impose aux religieuses : elle en modère une seule ; et au lieu que la déclaration portoit qu'il y auroit quatre places affectées à la famille du sieur de Testas et à celle de Gabrielle de Charron, elle oblige seulement les religieuses à recevoir gratuitement dans leur monastère deux de ses parentes qu'elle nomme.

C'est ainsi qu'en l'année 1655 elle explique ses dernières volontés. Treize années d'un long silence ont suivi ce testament, pendant lesquelles on ne trouve aucune preuve de changement de volonté.

Enfin, en l'année 1668, Gabrielle de Charron se retire dans le monastère des religieuses ursulines.

Quelle fut la cause de cette retraite ? L'attribuerat-on à ces vaines frayeurs dont on prétend que les religieuses avoient trouvé le moyen de remplir l'esprit de la testatrice ? N'en cherchera-t-on le motif que dans la piété de Gabrielle de Charron, qui, devenant toujours plus ardente à mesure qu'elle approchoit de sa fin, lui faisoit souhaiter de mourir entre les bras d'une communauté dont elle estimoit la vertu ? C'est, MESSIEURS, ce que nous examinerons dans la suite.

Contentons-nous d'observer à présent que Gabrielle de Charron entre dans le monastère des ursulines le 8 décembre 1668, et qu'elle y mourut environ six semaines après, le 28 janvier 1669.

Ce fut dans cet intervalle qu'elle fit un codicille, qui fut comme le dernier sceau de ses dispositions.

Elle change, dans ce codicille, un legs particulier contenu dans son testament, et au surplus, elle déclare qu'elle veut qu'il soit pleinement exécuté.

Elle meurt dans ces sentimens ; les religieuses recueillent sa succession.

Etienne de Charron, frère de la testatrice, attaque le testament ; il prétend qu'il est nul, par la captation dont il a été le fruit : il articule des faits ; il demande à en faire la preuve.

Sentence en 1675, qui appointe les parties, sans ordonner la preuve par provision.

Etienne de Charron en interjette appel, le 6 février 1675.

Un silence de vingt-trois années suit cet appel, et pendant ce temps, il semble que les héritiers de Gabrielle de Charron aient absolument oublié leurs intérêts.

Etienne de Charron meurt, laisse trois enfans, Guillaume, Léonard et Jean de Charron.

Héritiers du silence, encore plus que des prétentions de leur père, ils négligent pendant long-temps de faire aucunes poursuites.

Léonard de Charron agit le premier, non pour attaquer le testament de Gabrielle de Charron, sa tante, mais pour demander que deux de ses filles fussent reçues gratuitement dans le monastère, etc., suivant la déclaration de 1644.

Les religieuses refusent de subir cette loi, sur laquelle la moitié des biens de François de Testas leur avoit été adjugée.

Elles prétendent que le testament de Gabrielle de Charron les a affranchies de cette condition

onéreuse dont l'audition cathégorique les avoit chargées.

Par arrêt contradictoire du 12 juin 1697, on
condamne le refus injuste des religieuses; on ordonne
qu'elles seront tenues d'admettre dans leur communauté deux des filles de Léonard de Charron, après
que la vocation aura été examinée par l'évêque diocésain.

Ce fut alors que Guillaume de Charron commença
à sortir du long sommeil dans lequel il avoit été
comme enseveli pendant tant d'années, soit animé
par l'ingratitude des religieuses, soit déterminé par
la découverte de nouvelles preuves.

Reprenant l'instance d'appel abandonnée par son
père dès 1675, il demande qu'en attendant le jugement, il soit fait preuve des faits que son père
avoit avancés.

Premier arrêt qui joint sa requête à l'appel, le 9
avril 1698.

Second arrêt qui déclare l'appel péri, sauf à se
pourvoir par nouvelle action.

Il suit la voie que l'arrêt lui avoit indiquée.

Assignation, le 16 avril 1698, pardevant le sénéchal de Toulouse.

Jean de Charron, son frère, se joint à lui le 2 mai.

Le 5, requête où il articule trois faits.

1.º Les religieuses ont gagné les deux servantes
de la testatrice; elles firent un grand bruit pendant
la nuit : les servantes ont dit avoir vu l'ombre de
son mari, qui disoit qu'elle étoit obligée de donner
son bien aux religieuses, sinon qu'il étrangleroit
quelqu'un des neveux de la testatrice.

2.º La testatrice ayant fait coucher les servantes
auprès d'elle, le syndic des religieuses, logé dans
une maison voisine de celle de Gabrielle de Charron,
passoit pendant la nuit par-dessus des murs assez
bas, et alloit faire le même bruit, etc.

3.º Enfin les religieuses ont obligé la testatrice à se
retirer dans leur maison, où elle a fait le codicile
du 11 décembre 1698.

Le 17 mai 1698, sentence du sénéchal de Toulouse, qui appointe, cependant permet de faire preuve.

Les religieuses appellent le 16 par un simple acte, le 24 par un relief.

Le 28 mai, sur une requête non-communiquée, le parlement de Toulouse rend une ordonnance, par laquelle il déclare que, sans préjudice de l'appel, il n'entend empêcher la preuve provisionnelle pardevant le premier juge ou magistrat royal requis.

Le 31 mai, Guillaume de Charron requiert le juge royal de se transporter sur les lieux pour entendre les témoins.

Transport le deuxième juin : le syndic des religieuses compare, proteste et disparoît.

Les témoins prêtent le serment, et sont entendus le 2, le 3 et le 4.

Le 4 juin, les religieuses obtiennent une cédule évocatoire sur les parentés de Guillaume de Charron.

On procède au conseil; arrêt du consentement des parties, qui les renvoye en la cour.

Appel des religieuses, et demande en évocation du principal.

Requête d'opposition à l'ordonnance, qui permet d'exécuter la sentence dans les chefs qui regardent la preuve, et à tout ce qui a été fait en conséquence.

Telles sont les circonstances de la cause et les moyens des parties. Cause aussi difficile que singulière.

La négligence des héritiers et l'avidité des religieuses marchent d'un pas égal.

Elles sont portées l'une et l'autre à un tel degré, que, lorsqu'on écoute les religieuses, on ne sauroit concevoir quelle peut être l'espérance des héritiers qui veulent renverser un testament qu'une possession de plus de trente années paroît avoir confirmé, et qu'au contraire, lorsqu'on entend les héritiers, on admire comment les religieuses osent venir demander à la justice le prix de leur obsession, et la récompense de leur fraude.

Essayons néanmoins de nous déterminer dans une cause douteuse.

Divisons-la en deux parties.

1.º N'envisageons que la forme : y a-t-il des fins de non-recevoir ?

2.º Passons ensuite à l'examen du fond, et considérons le testament en lui-même : est-il nul par suggestion ? Les religieuses sont-elles indignes d'en recueillir l'effet par les voies indignes dont elles se sont servies pour en empêcher la révocation ?

1.º Forme ou fins de non-recevoir.

On peut les réduire à quatre principales.

1.º Les arrêts qui ont maintenu les religieuses.

2.º La péremption jugée par d'autres arrêts.

3.º Le laps du temps.

4.º L'exécution faite par un des héritiers du testateur, que l'autre attaque aujourd'hui.

Parcourons en un mot chacune de ces fins de non-recevoir.

1.º Arrêts qui ont maintenu les religieuses.

Si on avoit distingué la succession du mari de celle de la femme, on n'auroit pas pas relevé inutilement des arrêts qui sont de bons titres pour les religieuses lorsqu'on voudra leur enlever la succession du mari, mais qui sont des moyens absolument étrangers par rapport à la succession de la femme.

Reprenons le fait.

Arrêt de 1646, qui maintient Bernard et les religieuses chacun dans le droit à la moitié des biens.

Mais, comme ce droit ne pouvoit se consommer en la personne de Bernard que par le prédécès de Gabrielle de Charron, il n'avoit qu'une simple espérance qui a péri avec lui.

Après sa mort, vaine prétention de ses héritiers ; le parlement de Toulouse la condamne. Cet arrêt ne regarde que la moitié qui auroit appartenu à Bernard, s'il avoit survécu.

Il est vrai que les religieuses ont eu l'adresse de faire insérer dans l'arrêt une clause générale, par laquelle elles sont maintenues dans la totalité des biens ; mais clause inutile, puisqu'il ne s'agissoit que de ce que Bernard pouvoit prétendre, et à l'égard de cette moitié, les héritiers étoient sans qualité, le fidéicommis étant éteint par sa mort.

Expliquons ceci encore plus clairement.

Deux sortes de personnes pouvoient prétendre cette moitié :

Les héritiers de Bernard, mais sans aucun fondement ;

Les héritiers de Gabrielle de Charron, auxquels elle appartient sans difficulté, si le testament dont il s'agit est détruit.

On fait juger la cause avec les premiers : victoire facile ; mais on n'y a point fait appeler les derniers, avec lesquels il auroit fallu discuter la validité du testament.

Donc à l'égard des derniers, *res inter alios acta*.

2.° *Péremption.*

Reprenons aussi les faits.

Sentence en 1675 qui appointe : appel, interruption de poursuite, reprise en 1698. Appel jugé péri par l'arrêt du 14 avril 1698.

Or, dit-on, la péremption de l'appel emporte avec soi la confirmation de la sentence dont l'appointement de 1675 est confirmé ; il falloit reprendre cette ancienne instance au lieu d'en commencer une nouvelle.

Mais,

1.° L'arrêt contradictoire du parlement de Toulouse a jugé le contraire, *sauf à ce pourvoir par nouvelle action.* Ces termes sont importans ; donc jugé que tout étoit péri, et l'appel et ce dont avoit été appelé. Or, cet arrêt subsiste, il n'est point attaqué, il ne peut l'être.

2.° Cet arrêt, conforme à deux arrêts de 1603 et de 1607, qui ont jugé que la péremption de l'appel d'une sentence interlocutoire ou préparatoire n'emportoit pas la confirmation de la sentence , mais qu'au contraire tout étoit péri, et l'appel , et la sentence.

Deux motifs de cette jurisprudence.

1.° Dans les sentences définitives, il n'y a rien à imputer à l'intimé : bien loin d'être obligé d'agir pour faire juger l'appel ; il peut au contraire demeurer en repos, parce que le temps seul juge quelquefois sa cause. Il n'en est pas de même dans l'appel d'une sentence interlocutoire , le droit est encore *in pendente* ; donc l'intimé doit agir comme l'appelant.

2.° Dans le cas des sentences définitives, il n'y a plus d'instance principale ; au contraire , dans le cas d'une sentence interlocutoire ; donc l'intimé a dû poursuivre comme l'appelant. Si l'appel n'étoit pas suspensif, il devoit agir pour lever cet obstacle : n'ayant point agi, il suit que la péremption court contre lui comme contre l'appelant.

3.° Le laps du temps.

On peut l'examiner en deux manières, ou comme ayant éteint l'action , ou comme la rendant peu favorable.

Comme ayant éteint l'action ; non, car il n'y a pas trente ans.

Comme la rendant moins favorable ; c'est ce qu'on ne peut nier. A présent, il ne s'agit que des fins de non-recevoir.

4.° L'exécution faite par un des héritiers.

Reprenons ici.

L'audition cathégorique... charge de quatre places.

Le testament qui réduit à deux, et même pour une seule fois.

Cela supposé , point de fin de non-recevoir.

1.° Léonard de Charron qui a agi , n'étoit pas héritier.

2.° Quand il l'auroit été, il agissoit en vertu de l'audition cathégorique, non du testament. De plus, les religieuses lui opposoient le testament comme ayant dérogé à l'audition cathégorique.

Distinguons toujours la succession de la femme de celle du mari.

Les quatre places affectées à la famille étoient une charge de la succession du mari ; car, c'étoit une partie des conditions exprimées dans l'audition cathégorique ; donc, nulle exécution ; bien plus, ce que Léonard soutenoit, étoit directement contraire au testament.

Récapitulons . . , et concluons qu'il n'y a point de fins de non-recevoir capables d'éteindre l'action.

2.º Fond . . . . . ou validité du testament.

Pour traiter ce second point, beaucoup plus important et plus difficile que le premier, envisageons cette cause dans deux points de vue bien différens, ou ce qui est la même chose, distinguons deux temps.

Le premier, immédiatement après la mort de la testatrice.

Le second, après le grand nombre d'années qui s'est écoulé.

Examinons ce que l'on auroit dû décider, si la question eût été jugée aussitôt après la mort de Gabrielle de Charron.

Examinons ensuite si le temps qui s'est écoulé peut changer la face de cette cause, et rendre la décision absolument différente de ce qu'elle auroit été.

Premier temps. Immédiatement après la mort de la testatrice.

Avant que d'examiner quelle auroit dû être alors la décision de cette cause . . . supposer quelques principes généraux.

Les uns, par rapport à la preuve des faits d'artifice et de suggestion : les autres, par rapport à la qualité des héritiers.

Fins de non-recevoir contre un testament.

Premier principe. . voluntas in testamentis dominatur : tout ce qui diminue la plénitude de la liberté, odieux, détesté par la loi.

Second principe. On a agité autrefois la question

de savoir si l'ordonnance de Moulins avoit lieu pour les faits par lesquels on pouvoit attaquer les testamens; *post magnas dubitationes, perpetua et constans testatorum sententia per testes admitti.*

Deux raisons.

1.º La loi n'a été faite que pour les faits dont on peut avoir la preuve par des actes; ceux qui n'ont point fait de convention par écrit, doivent s'imputer à eux-mêmes leur négligence. Mais la loi n'a jamais prétendu réduire les hommes à l'impossible; or, comme celui qui se plaint de la suggestion n'a pu obliger celui qu'il a accusé de lui en fournir une preuve par écrit, il est absolument hors de l'esprit de l'ordonnance de Moulins, etc.

2.º Partout où il y a du crime mêlé, *cessat lex; non est malitiis hominum indulgendum;* et la loi n'a garde de favoriser les crimes, en retranchant de la société la seule voie par laquelle ils peuvent être connus.

Multitude d'arrêts: nos auteurs les rapportent; les religieuses en conviennent.

Troisième principe. Quoique la preuve soit admissible, elle est admise rarement; on ne doit pas confier légèrement le sort des dernières volontés à la foi souvent suspecte et toujours incertaine des témoins.

Quatrième principe. Bien moins encore dans un testament olographe, *undè exulat omnis suspicio.*

Cinquième principe. Quoique l'on ait confondu la preuve de la suggestion avec celle qui ne tend qu'à faire voir que le testateur n'a pas eu la liberté de révoquer son testament, ces deux preuves sont néanmoins extrêmement différentes.

L'une vaut *adversùs scriptum.* Le testament semble contenir en soi une preuve contraire à la suggestion qui est alléguée.

L'autre, au contraire, n'attaque point le testament; elle a pour but un fait étranger, indépendant du testament; elle ne fait point injure à la sagesse et à la fermeté du testateur.

Donc la preuve de l'une doit être plus aisément admise que celle de l'autre.

Sixième principe. Mais dans quel cas peut-on prouver *testatorem impeditum quominùs revocaret.*

Hoc in genere, statuere periculosum.

Rien de plus sûr cependant que de suivre les règles suivantes :

1.º Examiner la qualité de l'héritier institué par le testament, et voir si son caractère fait naître des présomptions ;

2.º Peser la qualité et l'importance des faits ;

3.º Juger par cet examen, si la violence, ou l'artifice, doit être portée assez loin pour faire un empêchement réel, en sorte que le testateur ait été dans une espèce d'impossibilité morale de révoquer son testament ;

4.º Y joindre un autre fait important, c'est-à-dire qu'il paroisse que le testateur ait eu intention de révoquer, etc. Boniface, Basset, Mainard, et autres auteurs ;

5.º Examiner la date du testament.........*si à longo tempore quod decennium excedat, faciliùs animus revocandi præsumitur.* Arg. duct ex. L. 6. Cod. Théod. de testam. et ex Leg. *Sancimus.* Cod. de testam. P..... Arrêt de 1596 Leg. Ricard.....

Septième principe. Tout ce qui vient d'être dit, doit avoir lieu, surtout en pays de droit écrit, où la preuve est admise beaucoup plus facilement. L'existence du testament, la suppression, les fidéicommis secrets, se prouvent par témoins. *Voyez* Cambolas, Mainard, et les autres.

Tels sont les principes qui regardent les fins de non-recevoir que l'on peut opposer à un testament.

Principes touchant la qualité des héritiers.

1.º Communautés religieuses, autrefois regardées comme incapables de recueillir l'effet d'une institution universelle... Raisons d'état, bien des familles, etc. Cependant la jurisprudence, se relâchant toujours en faveur de l'équité, a toléré plutôt qu'approuvé ces sortes de dispositions jusqu'à ce qu'il ait plu au roi de les défendre.

2.° Mais, quoique tolérées, toujours peu favorables ; et lorsqu'excessives ou *pravis artibus quæsitœ*, alors le zèle du bien public doit animer les juges à faire, dans une espèce particulière et par des raisons singulières, ce que le législateur devroit faire dans tous les cas et par des raisons générales.

Ces principes supposés, quelle en auroit été l'application, si la cause avoit été portée devant vous il y a trente ans ?

Deux objets principaux auroient frappé vos esprits.

1.° La qualité et la conduite des héritiers.

2.° La nature et l'importance des faits.

Qualité et conduite des héritiers.

Qualité. Communauté religieuse, peu favorable en général, encore moins en particulier ; et l'on voit qu'après avoir obtenu la moitié des biens du mari, elles veulent encore recueillir le reste des biens qu'elles tiennent confondus dans la succession de la femme.

Conduite. Trois traits, qui seroient comme autant de préjugés contre elles dans la question de la preuve.

Premier trait. convaincues d'avoir fait faire une fausse déclaration, pour s'emparer des biens de François de Testas.

Reprenons les faits.

Audition cathégorique, déclarée fausse pour une moitié, par l'arrêt de 1646 ; fausse, pour l'autre moitié, par le testament.

Que les religieuses ne disent point que la testatrice n'a pu leur nuire, etc.

1.° Elles soutiennent le testament dans lequel la testatrice se déclare coupable de cette fausseté.

2.° Elles ont elles-mêmes prétendu tirer avantage de cette déclaration, dans le procès qu'elles ont essuyé contre Léonard de Charron.

Or, *cui prodest scelus, is fecit.*

Ce sont donc elles qui ont parlé par la bouche de Gabrielle de Charron, en 1644, etc......

Or, *semel malus semper præsumitur malus in eodem genere mali.*

Qui a pu dicter une fausse déclaration, en 1644, a pu suggérer un testament en 1655, et empêcher de le révoquer en 1668.

Deuxième trait. La testatrice morte entre leurs bras et dans leur possession.

Nous savons que le testament est fait long-temps auparavant; mais le testament est un acte imparfait, que la mort seule a droit de sceller d'un sceau éternel.

Aussi c'est principalement au moment du décès que l'on considère l'état des testateurs, etc.

D'ailleurs on n'accuse pas tant ici les religieuses d'avoir suggéré le testament, que d'en avoir empêché la révocation.

Or, dans quel temps la testatrice auroit-elle pu naturellement, et suivant l'usage ordinaire, révoquer son testament, si ce n'est aux approches de la mort, etc.? Mais alors elle étoit obsédée par les religieuses.

Troisième trait. Ingratitude des religieuses; duplicité dans leur conduite.

En 1644, pour rendre leur cause favorable, elles chargent le fidéicommis qu'elles supposent avoir droit de demander, d'une infinité de conditions onéreuses.

En 1655, lorsqu'elles ont obtenu ce qu'elles demandoient, elles se font décharger des plus dures conditions par le testament; et enfin, en 1697, elles plaident contre l'héritier de leur bienfaitrice, et sont condamnées. Cette seule ingratitude pourroit aller jusqu'à les rendre indignes, etc......

Nature et importance des faits.

1.º La testatrice, enfermée dans le monastère, réduite à une impossibilité morale de changer son testament.

2.º On ne peut douter qu'elle n'ait eu desscin

34.*

de révoquer, surtout quand on considère les voies
dont on s'est servi pour l'obséder.

3.º Enfin, tous ces faits, dans l'espèce d'un testament, fait plus de dix ans avant la mort, forment
une circonstance qui paroît d'abord favorable aux
religieuses, mais qui peut se rétorquer contre elles.

Que dit-on contre ces faits ?

1.º Imaginaires...... *somnia nugæ ægrotantis
animi; informis partûs.*

Mais on doit distinguer, 1.º la question de savoir
s'il est vrai qu'il y ait de véritables apparitions, ou si
tout ce que l'on raconte est l'effet de la crédulité,
ou de l'imposture, ou d'une imagination malade.

2.º La question, si les esprits du commun des
hommes ne sont pas frappés de cette opinion : or,
qui en peut douter ? Les histoires sont pleines de
preuves de cette persuasion. L'histoire romaine,
Dion, l'histoire de l'église, le pape Célestin, Boniface VIII.

Qui peut ignorer quelle frayeur, quelle consternation
jettent dans les esprits la moindre apparition, etc. ?

Joindre ici toutes les circonstances.

Femme âgée, femme dévote jusqu'à la supers-
tition, femme très-foible, par là très-crédule.

Ainsi, faits non destitués de vraisembiance.

Mais, pourquoi chercher la vraisemblance où l'on
peut trouver la vérité ?

Reprendre ici les faits de l'enquête.

1.º Bruit très-grand entendu les nuits, auprès du
lieu de la testatrice ; les enfans s'attroupent.

2.º Point de bruit quand les étrangers couchent
dans la maison.

3.º Une des servantes a déclaré que les religieuses
lui faisoient faire ce bruit, lui ont promis de la
marier, et l'ont mariée effectivement : le mari a reçu
la dot des religieuses.

4.º Gabrielle de Charron a témoigné une grande
inquiétude, a dit qu'elle étoit obligée de se retirer
dans le couvent des ursulines.

5.º Le bruit de cette apparition a été si grand,

que l'on ne parloit d'autre chose à Castel-Sarrazin.

6.º Les religieuse-sont donné du blé à la servante, pour l'empêcher de parler ; l'ont gardée pendant trois jours en leur maison.

Nous examinerons incontinent ce que l'on oppose à la preuve dans l'ordre de la procédure.

Contentons-nous d'observer l'importance des faits, et concluons-en que si la cause avoit été portée devant vous aussitôt après la mort de la testatrice, vous n'auriez pu, en joignant la qualité des héritiers à celles des faits, refuser une preuve qui auroit été aussi favorable que légitime ; mais le temps a-t-il étouffé la voix des héritiers ? C'est ce qui reste à examiner.

Deux points à examiner.

1.º La régularité de la procédure.

2.º Le laps du temps.

Procédure.

1.º Il s'agit moins ici de statuer sur la preuve faite, que de savoir si la preuve est admissible.

Deuxième point de nullité.

1.º Appel n'est suspensif, ne s'agissant que d'instruction.

C'est par surabondance de droit et pour faire usage du jugement du parlement de Toulouse, qu'on a pris une espèce de *pareatis*.

Ce qui abonde ne vicie pas.

2.º Juge de Nayac compétent, puisque le parlement avoit commis le premier juge royal requis.

1.º Distance des lieux, suspicion qu'on peut faire valoir.

2.º Le laps du temps.

Avouer que c'est ici le nœud de la difficulté.

Cependant remarquer,

1.º Que le temps peut bien faire naître des présomptions fortes et véhémentes que les faits ne sont point tels que les héritiers du sang le prétendent : sans cela, comment auroient-ils presque abandonné leurs poursuites ?

Mais telle est la nature des présomptions, qu'elles

cèdent toujours à une preuve certaine; elles forment une vraisemblance, mais cette vraisemblance disparoît à la première lueur de la vérité.

Donc, si les faits sont prouvés, il est inutile de chercher pourquoi les héritiers ne les ont pas prouvés plutôt.

2.º Mille raisons étrangères, indifférentes, ont pu suspendre l'action des héritiers : s'ensuit-il pour cela qu'elle soit mal fondée ?

3.º Dès le moment qu'il n'y a point de prescription, l'action n'est pas éteinte ; et si elle n'est pas éteinte, ne faut-il pas en juger par le fond ?

4.º L'intérêt public supplée ici à ce qu'il pourroit y avoir de défectueux dans la conduite des particuliers.

Souffrira-t-on qu'à la vue de la justice, une communauté religieuse s'empare de toute une succession par des voies aussi criminelles ?

La pureté de nos mœurs, l'honnêteté publique, le bien de l'état, l'intérêt des familles, tout réclame ici contre la conduite odieuse des ursulines.

Par quels degrés sont-elles parvenues à la succession du mari et de la femme ?

Fausseté, artifices, ce qu'elles appellent pieuse fraude, persuadées que la sainteté de la fin consacre les moyens, quelque pernicieux qu'ils puissent être.

Il est encore temps d'y remédier, la prescription n'est point accomplie.

Nouvelle raison propre au parlement de Toulouse.

On y a jugé plusieurs fois que les successions, *quæ ut indignis auferuntur*, appartenoient au fisc, suivant la règle de droit.

Mainard, arrêt de 1674.

Ainsi, comme il n'y a point encore de prescription contre le roi, tous ces moyens cessent, etc.

Donc pour se réduire,

Peut-être que, dès à présent, il y en auroit assez pour juger;

Soit par toute la conduite des religieuses,

Soit par les faits de l'enquête.

Cependant, plus sûr de confirmer simplement la permission de faire preuve et la procédure qui l'a suivie.

1.º Les héritiers du sang ne demandent point l'évocation du principal.

2.º Les religieuses n'ont pu ni reprocher les témoins, ni faire la preuve contraire pendant l'appel; équitable de la leur permettre.

Arrêt du vendredi 13 août 1700.

ENTRE *les dames religieuses ursulines de Castel-Sarrazin*, et leur syndic, appelans, au parlement de Toulouse, de l'appointement ou sentence rendue par le sénéchal dudit Toulouse, le quinze mai mil six cent quatre-vingt-dix-huit, prononcé le dix-sept dudit mois, lequel appel, avec les circonstances, a été renvoyé en la cour par arrêt du conseil privé du roi, du seize septembre mil six cent quatre-vingt-dix-neuf, d'une part; *messire Guillaume-Gabriel de Charron, trésorier général* de France, en la généralité de Toulouse, intimé, d'autre part; et entre messire Jean le Charron, capitaine au régiment de la Marine, demandeur en requête du trente juin dernier, tendante à ce qu'il fût reçu partie intervenante en l'instance d'appel; faisant droit sur son intervention, qu'il lui fût donné acte de ce qu'il adhéroit aux conclusions dudit Guillaume-Gabriel de Charron, son frère, et que lesdites religieuses fussent condamnées aux dépens, d'une part; et les religieuses ursulines de Castel-Sarrazin, leur syndic..... et ledit Guillaume de Charron, défendeur, d'autre part; et encore entre lesdites religieuses ursulines de Castel-Sarrazin, demanderesses en requête du vingt-neuf juillet dernier, tendante à ce qu'en venant plaider la cause d'entre les parties, qui étoit au rôle des vendredis, elles fussent reçues opposantes à l'exécution de l'ordonnance obtenue sur requête non-communiquée au parlement de Toulouse, le vingt-huit mai mil six cent quatre-vingt-dix-huit, et à toute la procédure faite en conséquence, qui seroit déclarée nulle; faisant droit sur l'appel par elle interjeté de la sentence rendue par le sénéchal de Toulouse, mettre l'appellation et ce dont a été appelé au néant; émendant, évoquant le principal, et y faisant droit, débouter lesdits de Charron de leur demande, et les condamner aux dépens, d'une part; et ledit messire Guillaume-Gabriel de Charron, trésorier de France, à Toulouse, et ledit Jean Charron, capitaine de grenadiers, défendeurs, d'autre part. Après que Macé, avocat desdites religieuses, et Freteau, avocat desdites de Charron, ont été ouïs pendant deux audiences, ensemble d'Aguesseau, pour le procureur-général du roi :

LA COUR a reçu ledit Jean de Charron partie intervenante ; faisant droit, tant sur l'appel que sur l'intervention, sans avoir égard à la requête et oppositions des parties de Macé, dont elle les déboute, a mis et met l'appellation au néant ; ordonne que ce dont a été appelé sortira effet ; et, en conséquence, permet aux parties de Freteau de continuer leur enquête dans trois mois, par-devant le sénéchal de Toulouse, et aux parties de Macé, de faire preuve au contraire, si bon leur semble, dans ledit temps, par-devant ledit juge, même de fournir de reproches, si aucuns elles ont contre les témoins ouïs en l'enquête des parties de Freteau, défenses au contraire ; condamne les parties de Macé en l'amende ordinaire de onze livres, et aux dépens.

FIN DU TOME CINQUIÈME.

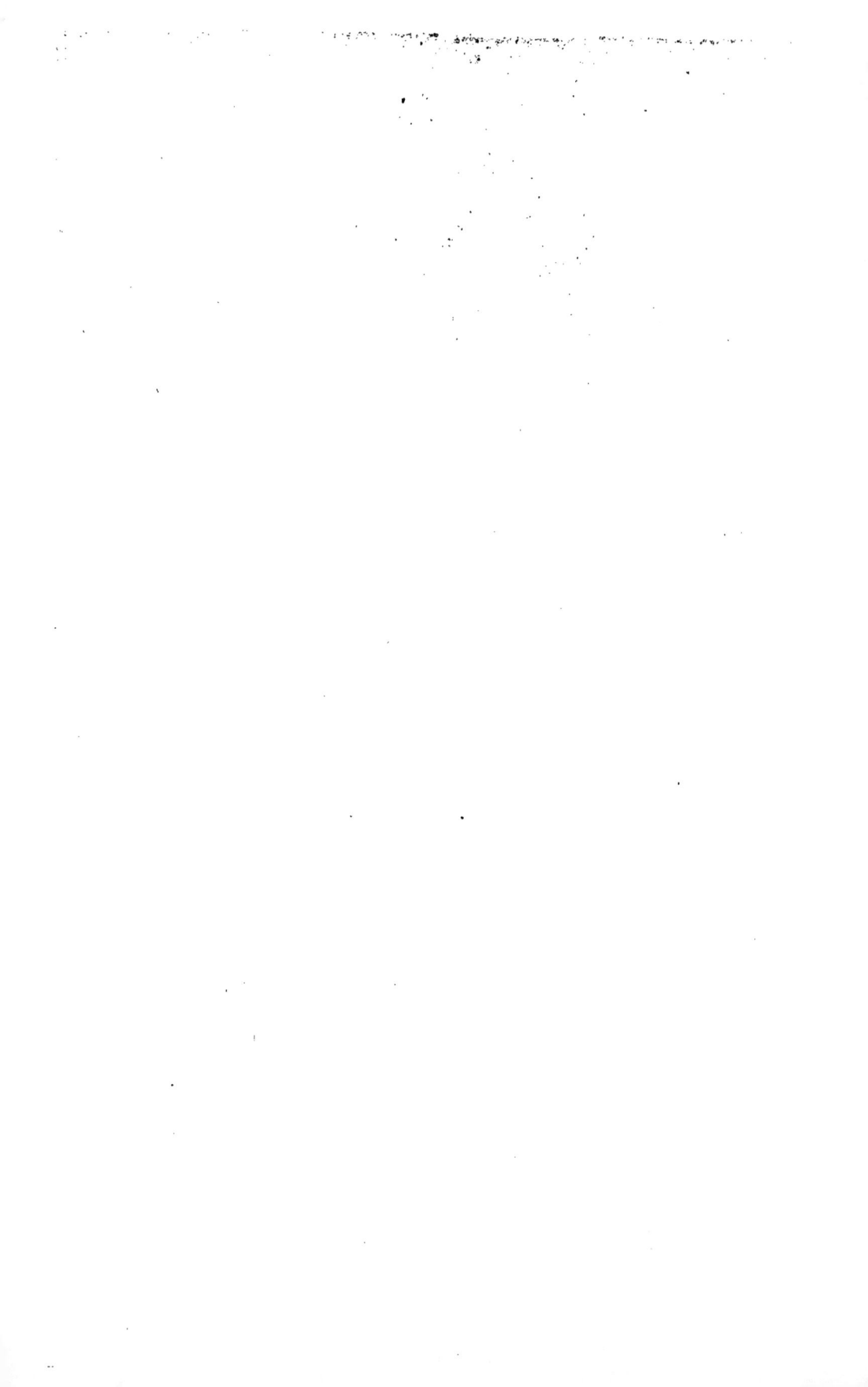